Words for Business

N E W
E D I T I O N

LERNWÖRTERBUCH
WIRTSCHAFTSENGLISCH

Words for Business Lernwörterbuch Wirtschaftsenglisch
wurde verfasst von Dr. Herbert Geisen und Dr. Dieter Hamblock.

Verlagsredaktion: Helga Holtkamp, unter Mitarbeit von Rob Packer

Grafik, Gestaltung, Satz und Herstellung: James Abram, Britta Dieterle

Datenbank: Udo Diekmann

 http://www.cornelsen.de

2. aktualisierte Auflage   Druck 4 3 2 1   Jahr 06 05 04 03

© 2003 Cornelsen Verlag, Berlin

Druck: CS-Druck Cornelsen Stürz, Berlin

ISBN 3 - 464 - 02550 - 0

Bestellnummer 25500

 Gedruckt auf säurefreiem Papier, umweltschonend
hergestellt aus chlorfrei gebleichten Faserstoffen.

INHALT

VORWORT

Words for Business ist ein Lernwörterbuch für alle, die die britische und amerikanische Wirtschaftssprache systematisch erlernen möchten. Wirtschaftsenglisch wird heute als Zusatzqualifikation in vielen Bereichen des Berufslebens verlangt und deshalb in einer Vielzahl von Kursen und Bildungsgängen angeboten. Die hier erworbenen Kenntnisse und Fertigkeiten können sodann in anerkannten Prüfungen dokumentiert werden.

Words for Business ist deshalb sowohl für den beruflichen Alltag als auch für die Prüfungsvorbereitung konzipiert, indem es genau das wirtschaftssprachliche Material anschaulich aufbereitet, das in allgemeinsprachlichen Wörterbüchern oft zu kurz kommen muss. Hier kann man schnell und unkompliziert auf genau die Begriffe und Wendungen zugreifen, auf die es in der Praxis ankommt.

Words for Business ist als Lernwörterbuch nach Themen gegliedert. Insgesamt werden mehr als 3 000 britische und amerikanische Fachbegriffe und Wendungen in 19 in sich gegliederten Sachgebieten präsentiert. Für jeden Begriff und jede Wendung werden die entsprechenden deutschen Fachbegriffe und Wendungen vorgestellt. Hierbei wird der sprachlichen Realität, in der es häufig mehr als eine Entsprechung gibt, Rechnung getragen. Wo sinnvoll, wird auch auf Synonyme des englischen Stichworts eingegangen, sodass der/die Benutzer/in auch hier die Möglichkeit hat, seinen/ihren Wortschatz zu erweitern. Besonders lerneffektiv sind die zu jedem Eintrag angebotenen Beispielsätze.

Der kritische Benutzer wird beim Studium der Beispiele feststellen, dass die Stilebenen von umgangssprachlichen Formen der mündlichen Kommunikation bis hin zu anspruchsvollen Erscheinungsformen der Schriftsprache variieren. Diese stilistische Breite ist von den Autoren so gewollt, spiegelt sie doch die Breite der Ausdrucksformen, in denen sich die wirtschaftliche Fachsprache manifestiert. Auch die Art der Übersetzung dieser Beispiele ins Deutsche ist mit Bedacht so gewählt. Geboten werden nicht von der ausgangssprachlichen Vorlage geprägte wörtliche Entsprechungen, sondern inhaltlich identische und gleichzeitig zielsprachlich idiomatische Übersetzungen.

Zwei alphabetische Indizes am Ende des Wörterbuchs erleichtern das Auffinden von Begriffen und Wendungen. Ein Verzeichnis der verwendeten Abkürzungen steht auf Seite 320.

Words for Business liegt jetzt in einer zweiten, aktualisierten Ausgabe vor – mit vielen neuen Begriffen besonders aus den Bereichen *Office* und *Banking*. Auch den aktuellen Veränderungen in den *Financial Markets* wurde Rechnung getragen. Sollten Sie weitere Verbesserungsvorschläge und Anregungen haben, freut sich die Redaktion über Post unter c-mail@cornelsen.de unter Angabe der Bestellnummer 25500.

Die Autoren möchten all jenen danken, die zum Gelingen dieses Projektes beigetragen haben. Wir danken Heike Dittrich und Barbara Hamblock für die Aufnahme von Teilen des Wörterbuchs auf Datenträger, Markus Geisen für seine Hilfestellung bei EDV-Problemen, Herrn Dipl.-Betriebswirt OStR Dietmar Schröder für inhaltliche Anregungen, insbesondere im wirtschaftstheoretischen Teil, Mark Adamson, M.A. (Cantab.) für entsprechende Beiträge zur juristischen Fachsprache und insbesondere Kirsten Fenner, einer in Theorie und Praxis erfahrenen Lexikologin, die das Material sichtete und bei der redaktionellen Bearbeitung assistierte.

Die Autoren

Dr. Herbert Geisen
Englisches Seminar der Ruhr-Universität Bochum,
Übersetzer und Herausgeber literarischer Texte,
Fachbuchautor, Prüfer für Wirtschaftsenglisch
an der IHK Dortmund

Dr. Dieter Hamblock
Englisches Seminar der Ruhr-Universität Bochum,
Übersetzer und Herausgeber literarischer Texte,
Fachbuch- und Wörterbuchautor, Prüfer für
Wirtschaftsenglisch an der IHK Dortmund

Hinweise zur Aussprache

Sämtliche englische Stichwörter werden mit Lautschrift angegeben. Die hier verwendete Lautschrift entspricht dem Internationalen Phonetischen Alphabet. Eine Erklärung der einzelnen Laute folgt unten. Die Betonung wird durch die Zeichen ' und ˌ markiert. Dabei wird der Nebenakzent (ˌ) gewöhnlich nur dann angegeben, wenn er vor dem Hauptakzent (') auftritt.

Vokale

[i]	media, happy, opinion
[iː]	eat, week, he
[ɪ]	listen, give, exam
[e]	end, get, many
[æ]	add, man, black
[ʌ]	under, come, young
[ɑː]	ask, half, car
[ɒ]	often, what, coffee
[ɔː]	all, four, door
[ʊ]	put, good, woman
[u]	situation, reputation, unite
[uː]	who, June, blue
[ɜː]	early, girl, work
[ə]	again, police, sister
[eɪ]	eight, table, play
[aɪ]	I, nice, by
[ɔɪ]	boy, toilet, noise
[əʊ]	old, road, know
[aʊ]	out, house, now
[ɪə]	we're, here, near
[eə]	wear, pair, there
[ʊə]	tourist, pure, during

Konsonanten

[p]	pen, speak, map
[b]	book, hobby, job
[t]	table, letter, sit
[d]	desk, radio, old
[k]	car, okay, back
[g]	get, bigger, bag
[f]	father, left, cliff
[v]	very, every, have
[θ]	thank, birthday, both
[ð]	this, father, with
[s]	sun, glasses, face
[z]	zoo, thousand, please
[ʃ]	shop, sugar, British
[ʒ]	television, usually
[tʃ]	child, kitchen, watch
[h]	help, who, home
[m]	mouse, number, film
[n]	name, window, pen
[ŋ]	sing, morning, long
[l]	like, blue, all
[r]	read, dream, very
[j]	yes, you, year
[w]	walk, where, quiz

Das englische Alphabet

a	[eɪ]
b	[biː]
c	[siː]
d	[diː]
e	[iː]
f	[ef]
g	[dʒiː]
h	[eɪtʃ]
i	[aɪ]
j	[dʒeɪ]
k	[keɪ]
l	[el]
m	[em]
n	[en]
o	[əʊ]
p	[piː]
q	[kjuː]
r	[ɑː]
s	[es]
t	[tiː]
u	[juː]
v	[viː]
w	[ˈdʌbl juː]
x	[eks]
y	[waɪ]
z	[zed]

ABBREVIATIONS

AA *GB* [ˌeɪ 'eɪ]
Automobile Association [ˌɔːtəməbiːl əˌsəʊsiˈeɪʃn]

Automobilclub

AAA [ˌeɪ eɪ 'eɪ]
American Automobile Association [əˌmerɪkən ˌɔːtəməbiːl əˌsəʊsiˈeɪʃn]

amerikanischer Automobilclub

ABTA [ˈæbtə]
Association of British Travel Agents [əˌsəʊsiˈeɪʃn əv ˌbrɪtɪʃ 'trævl eɪdʒənts]

britischer Reisebüroverband

ACAS *GB* [ˈeɪkæs]
Advisory Conciliation and Arbitration Service [ədˌvaɪzəri kənsɪliˈeɪʃn ənd ɑːbɪˈtreɪʃn 'sɜːvɪs]

Schlichtungskommission, Schiedsstelle

AFDC *US* [ˌeɪ ef diː 'siː]
aid to families with dependent children [eɪd tə ˌfæməliz wɪð dɪˌpendənt 'tʃɪldrən]

Kindergeld

AFL/CIO *US* [ˌeɪ ef 'el, ˌsiː aɪ 'əʊ]
American Federation of Labor/ Congress of Industrial Organizations [əˌmerɪkən fedəˌreɪʃn əv 'leɪbə, ˌkɒŋgres əv ɪnˌdʌstriəl ˌɔːgənaɪˈzeɪʃnz]

amerikanischer Gewerkschaftsdachverband

AGM [ˌeɪ dʒiː 'em]
annual general meeting [ˌænjuəl ˌdʒenrəl 'miːtɪŋ]

Jahreshauptversammlung, Haupt- versammlung

a.m. [ˌeɪ 'em]
ante meridiem [ˌænti məˈrɪdɪəm]

vormittags

AMEX *US* [ˈeɪmeks]
American Stock Exchange [əˌmerɪkən 'stɒk ɪkstʃeɪndʒ]
→ **AMSE, ASE**

amerikanische Wertpapierbörse

AMSE *US* [ˈeɪ em es ˌiː]
American Stock Exchange [əˌmerɪkən 'stɒk ɪkstʃeɪndʒ]
→ **AMEX, ASE**

amerikanische Wertpapierbörse

APEX [ˈeɪpeks]
advance-purchase excursion (ticket) [ədˌvɑːns 'pɜːtʃəs ɪkˌskɜːʃn 'tɪkɪt]

Exkursionsticket

APR [ˌeɪ piː 'ɑː]
annual percentage rate [ˌænjuəl pəˈsentɪdʒ reɪt]

effektiver Jahreszins

ASE *US* [ˈɑːsi]
American Stock Exchange [əˌmerɪkən 'stɒk ɪkstʃeɪndʒ]
→ **AMEX, AMSE**

amerikanische Wertpapierbörse

ASEAN ['æzɪæn]
Association of South-East Asian
Nations [əˌsəʊsɪ'eɪʃn əv ˌsaʊθ'iːst eɪʃn
'neɪʃnz]
                                                   Vereinigung südostasiatischer Nationen

ATM [ˌeɪ tiː 'em]
automated teller machine [ˌɔːtəmeɪtɪd
'telə məʃiːn]
→ **autoteller, cash dispenser, cash machine**
                                                   Geldautomat

attn. [ə'tenʃn]
attention [ə'tenʃn]
                                                   z. Hd. (zu Händen)

B.A. [ˌbiː 'eɪ]
bank acceptance ['bæŋk əkˌseptəns]
→ **bank bill**
                                                   Bankakzept

B&B, b&b [ˌbiː ən 'biː]
bed and breakfast [ˌbed ən 'brekfəst]
                                                   Übernachtung mit Frühstück, private Frühstückspension

B/E, b/e, b.e. [ˌbiː 'iː]
bill of exchange [ˌbɪl əv ɪks'tʃeɪndʒ]
                                                   Wechsel

B/L, b/l, b.l. [ˌbiː 'el]
bill of lading [ˌbɪl əv 'leɪdɪŋ]
                                                   Konnossement, Seefrachtbrief

BIFFEX ['bɪfeks]
Baltic International Freight and Futures
Exchange [ˌbɔːltɪk ɪntəˌnæʃnəl ˌfreɪt ənd
'fjuːtʃəz ɪkstʃeɪndʒ]
                                                   Londoner Börse für Warentermingeschäfte

BTA [ˌbiː tiː 'eɪ]
British Tourist Authority [ˌbrɪtɪʃ 'tʊərɪst
ɔː'θɒrəti]
                                                   britische Fremdenverkehrsbehörde

CAA *GB* [ˌsiː eɪ 'eɪ]
Civil Aviation Authority [ˌsɪvl eɪviˌeɪʃn
ɔː'θɒrəti]
                                                   Zivilluftfahrtbehörde

CAD [kæd]
computer-aided design [kəm'pjuːtə eɪdɪd
dɪˌzaɪn]
                                                   computergestütztes Konstruieren

CAM [kæm]
computer-aided manufacturing
[kəm'pjuːtə eɪdɪd ˌmænjʊ'fæktʃərɪŋ]
                                                   computergestützte Fertigung

CAP [ˌsiː eɪ 'piː]
Common Agricultural Policy [ˌkɒmən
ægrɪˌkʌltʃərəl 'pɒləsi]
                                                   Gemeinsame Agrarpolitik

CBI [ˌsiː biː 'aɪ]
Confederation of British Industry
[kənˌfedə'reɪʃn əv ˌbrɪtɪʃ 'ɪndəstri]
                                                   Verband der britischen Industrie

C&D [ˌsiː ən 'diː]
construction and demolition [kən'strʌkʃn
ən ˌdemə'lɪʃn]
                                                   Bau und Abbruch

CEO [ˌsiː iː 'əʊ]
chief executive officer [ˌtʃiːf ɪg'zekjətɪv
'ɒfɪsə]
                                                   Vorstandsvorsitzende(r), Generaldirektor(in), Hauptgeschäftsführer(in)

CET [ˌsiː iː 'tiː]
Central European Time [ˌsentrəl juərə'piːən 'taɪm]

MEZ (mitteleuropäische Zeit)

CET [ˌsiː iː 'tiː]
Common External Tariff [ˌkɒmən ɪkˌstɜːnl 'tærɪf]

gemeinsamer Außenzoll

CFC [ˌsiː ef 'siː]
chlorofluorocarbon
[ˌklɔːrəʊˌfluərəʊ'kɑːbən]

FCKW (Fluorchlorkohlenwasserstoff)

CFR Incoterm [ˌsiː ef 'aː]
cost and freight [ˌkɒst ənd 'freɪt]

Kosten und Fracht

CIF Incoterm [ˌsiː aɪ 'ef]
cost, insurance, freight [kɒst, ɪn'ʃuərəns, freɪt]

Kosten, Versicherung, Fracht

CIP Incoterm [ˌsiː aɪ 'piː]
carriage and insurance paid to ['kærɪdʒ ənd ɪnˌʃuərəns peɪd 'tuː]

frachtfrei versichert bis

c.o.d. GB [ˌsiː əʊ 'diː]
cash on delivery [ˌkæʃ ɒn dɪ'lɪvəri]

Barzahlung bei Lieferung, Nachnahme

COMEX US ['kəʊmeks]
Commodity Exchange [kə'mɒdəti ɪkstʃeɪndʒ]

Warenbörse

C/P, C.P. [ˌsiː 'piː]
charter party ['tʃɑːtə pɑːti]

Charterpartie, Chartervertrag, Befrachtungs-vertrag

CPT Incoterm [ˌsiː piː 'tiː]
carriage paid to ['kærɪdʒ peɪd 'tuː]

frachtfrei bis

CPU [ˌsiː piː 'juː]
central processing unit [ˌsentrəl 'prəʊsesɪŋ juːnɪt]

Prozessor

CST [ˌsiː es 'tiː]
Central Standard Time [ˌsentrəl ˌstændəd 'taɪm]

Zeitzone im amerikanischen mittleren Westen

CT [ˌsiː 'tiː]
Central Time [ˌsentrəl 'taɪm]

Zeitzone im amerikanischen mittleren Westen

CV [ˌsiː 'viː]
curriculum vitae [kəˌrɪkjələm 'viːtaɪ]

Lebenslauf

c.w.o. [ˌsiː dʌblju: 'əʊ]
cash with order [ˌkæʃ wɪð 'ɔːdə]

Bezahlung bei Auftragserteilung, Barzahlung bei Bestellung

DAF Incoterm [ˌdiː eɪ 'ef]
delivered at frontier [dɪˌlɪvəd ət 'frʌntɪə]

geliefert Grenze

DDP Incoterm [ˌdiː diː 'piː]
delivered duty paid [dɪˌlɪvəd ˌdjuːti 'peɪd]

geliefert verzollt

DDU Incoterm [ˌdiː diː 'juː]
delivered duty unpaid [dɪˌlɪvəd ˌdjuːti ʌn'peɪd]

geliefert unverzollt

DEQ *Incoterm* [ˌdiː iː ˈkjuː]
delivered ex quay (duty paid) [dɪˈlɪvəd
ˌeks kiː djuːti ˈpeɪd]

geliefert ab Kai (verzollt)

DES *Incoterm* [ˌdiː iː ˈes]
delivered ex ship [dɪˌlɪvəd eks ˈʃɪp]

geliefert ab Schiff

DIY [ˌdiː aɪ ˈwaɪ]
Do-it-yourself [ˌduːɪt jəˈself]

Baumarkt, Heimwerken

DLA *GB* [ˌdiː el ˈeɪ]
disability living allowance [dɪsəˌbɪləti
ˈlɪvɪŋ əˈlaʊəns]

Behindertenzuschuss

DTI *GB* [ˌdiː tiː ˈaɪ]
Department of Trade and Industry
[dɪˌpɑːtmənt əv ˌtreɪd ənd ˈɪndəstri]

Wirtschaftsministerium, Handelsministerium

Incoterms

EXW	FCA	FAS	FOB	CFR	CIF
ex works	free carrier	free alongside ship	free on board	cost and freight	cost, insurance and freight
ab Werk	**frei Frachtführer**	**frei Längsseite Schiff**	**frei an Bord**	**Kosten und Fracht**	**Kosten, Versicherung, Fracht**
Car prices are usually quoted ex works.	Free carrier means that the seller hands over the goods into the charge of the carrier.	If goods are quoted free alongside ship, the buyer has to bear all costs and risks from that point.	Free on board means that the seller is responsible for the goods until they have passed over the ship's rail.	Cost and freight is more attractive for the seller than CIF because the cost of insurance can be prohibitive.	Cost, insurance and freight is widely used because the buyer needs neither arrange nor pay for freight and insurance.

DWA *GB* [ˌdiː dʌbljuː ˈeɪ]
disability working allowance [dɪsəˌbɪləti ˈwɜːkɪŋ əˈlaʊəns]

Zulage für behinderte Arbeitnehmer

E.E.A. [ˈiː iː ˈeɪ]
European Economic Area [jʊərəˈpiːən ˌiːkəˈnɒmɪk ˈeəriə]

Europäische Wirtschaftszone

EC [ˌiː ˈsiː]
European Community [ˌjʊərəˈpiːən kəˈmjuːnəti]

EG (Europäische Gemeinschaft)

ECB [ˌiː siː ˈbiː]
European Central Bank [jʊərəˈpiːən ˈsentrəl bæŋk]

EZB (Europäische Zentralbank)

ECSC [ˌiː siː es ˈsiː]
European Coal and Steel Community [jʊərəˈpiːən kəʊl ənd ˌstiːl kəˈmjuːnəti]

EGKS (Europäische Gemeinschaft für Kohle und Stahl, Montanunion)

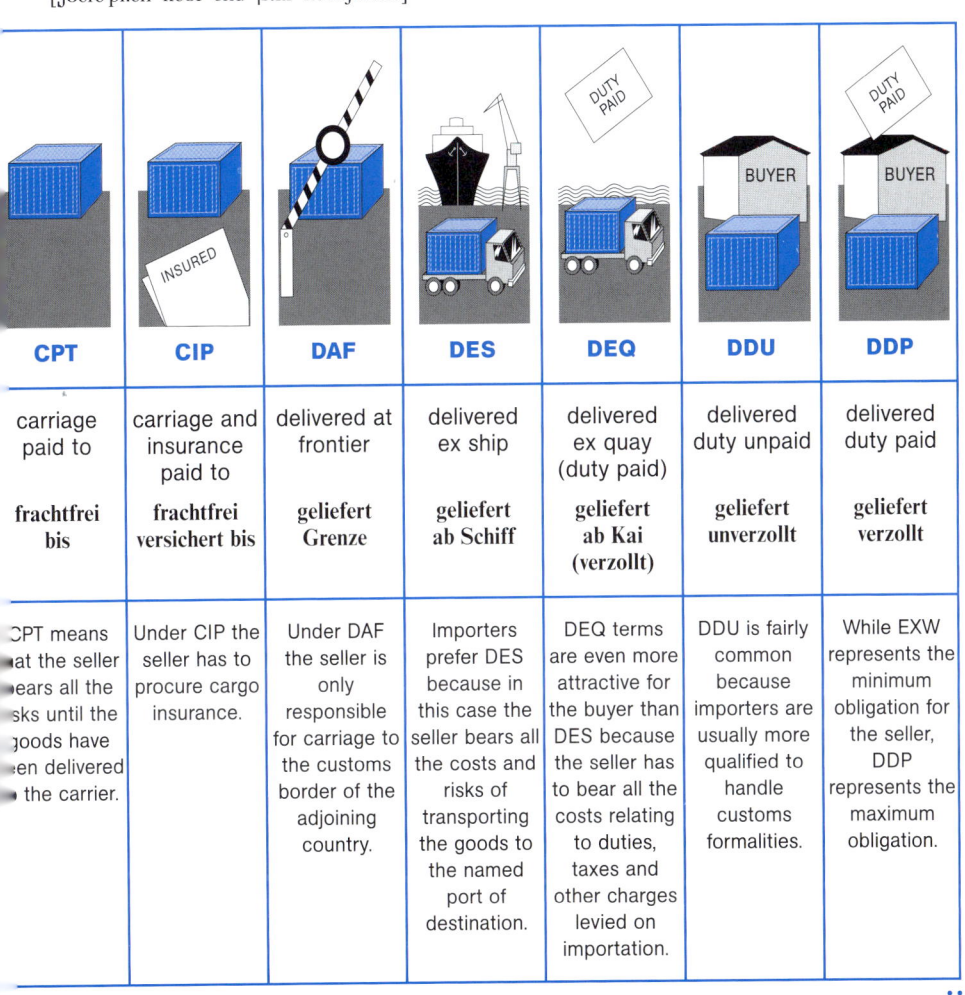

CPT	**CIP**	**DAF**	**DES**	**DEQ**	**DDU**	**DDP**
carriage paid to	carriage and insurance paid to	delivered at frontier	delivered ex ship	delivered ex quay (duty paid)	delivered duty unpaid	delivered duty paid
frachtfrei bis	**frachtfrei versichert bis**	**geliefert Grenze**	**geliefert ab Schiff**	**geliefert ab Kai (verzollt)**	**geliefert unverzollt**	**geliefert verzollt**
CPT means that the seller bears all the risks until the goods have been delivered to the carrier.	Under CIP the seller has to procure cargo insurance.	Under DAF the seller is only responsible for carriage to the customs border of the adjoining country.	Importers prefer DES because in this case the seller bears all the costs and risks of transporting the goods to the named port of destination.	DEQ terms are even more attractive for the buyer than DES because the seller has to bear all the costs relating to duties, taxes and other charges levied on importation.	DDU is fairly common because importers are usually more qualified to handle customs formalities.	While EXW represents the minimum obligation for the seller, DDP represents the maximum obligation.

EDP [ˌiː diː ˈpiː]
electronic data processing [ɪˌlekˈtrɒnɪk ˌdeɪtə ˈprəʊsesɪŋ]

EDV (elektronische Datenverarbeitung)

EEC [ˌiː iː ˈsiː]
European Economic Community [jʊərəˈpiːən ˌiːkəˈnɒmɪk kəˈmjuːnəti]

EWG (Europäische Wirtschaftsgemeinschaft)

EFTA [ˈeftə]
European Free Trade Association [jʊərəˈpiːən friː ˌtreɪd əˌsəʊsiˈeɪʃn]

EFTA (Europäische Freihandelsvereinigung)

EFTPOS [ˈeftpɒs]
electronic funds transfer at point of sale [ɪlekˌtrɒnɪk fʌndz ˌtrænsfɜː ət pɔɪnt əv ˈseɪl]

elektronischer Zahlungsverkehr an der Kasse

EIB [ˌiː aɪ ˈbiː]
European Investment Bank [jʊərəˈpiːən ɪnˈvestmənt bæŋk]

EIB (Europäische Investitionsbank)

EMS [ˌiː em ˈes]
European Monetary System [jʊərəˈpiːən ˌmʌnɪtri ˈsɪstəm]

EWS (Europäisches Währungssystem)

EMU [ˌiː em ˈjuː]
Economic and Monetary Union [iːkəˌnɒmɪk ənd ˌmʌnɪtri ˈjuːniən]

Wirtschafts- und Währungsunion

enc(l) [ɪnˈkləʊʒə]
enclosure [ɪnˈkləʊʒə]

Anlage

ERDF [ˌiː ɑː diː ˈef]
European Regional Development Fund [jʊərəˈpiːən ˌriːdʒənl dɪˈveləpmənt fʌnd]

EFRE (Europäischer Fonds für Regionalentwicklung)

EST [ˌiː es ˈtiː]
Eastern Standard Time [ˌiːstən ˌstændəd ˈtaɪm]

Zeitzone an der amerikanischen Atlantikküste

EU [ˌiː ˈjuː]
European Union [jʊərəˈpiːən ˈjuːniən]

(EU) (Europäische Union)

EXW *Incoterm* [ˌiː eks ˈdʌbljuː]
ex works [eks ˈwɜːks]

ab Werk

FAA *US* [ˌef eɪ ˈeɪ]
Federal Aviation Administration [ˈfedərəl eɪvɪˌeɪʃn ədminɪˈstreɪʃn]

Zivilluftfahrtbehörde

FAS *Incoterm* [ˌef eɪ ˈes]
free alongside ship [ˌfriː əlɒŋˌsaɪd ˈʃɪp]

frei Längsseite Schiff

FCA *Incoterm* [ˌef siː ˈeɪ]
free carrier [ˌfriː ˈkæriə]

frei Frachtführer

Fed [fed]
Federal Reserve [ˌfedərəl rɪˌzɜːv]

Zentralbank der USA

FIMBRA [ˌfɪmbrə]
Financial Intermediaries, Managers and
Brokers Regulatory Association [fɪˈnænʃl
ˌɪntəˌmiːdiəriz ˌmænɪdʒəz ən ˌbrəʊkəz
ˌregjələtəri əˌsəʊsiˈeɪʃn]

Aufsichtsvereinigung für Finanzmakler,
Finanzverwalter und Makler

FOB *Incoterm* [ˌef əʊ ˈbiː]
free on board [ˌfriː ɒn ˈbɔːd]

frei an Bord

Footsie *GB* [ˈfʊtsiː]
Financial Times Stock Exchange 100
Share Index [faɪˌnænʃl ˈtaɪmz ˈstɒk
ɪksˌtʃeɪndʒ wʌn ˌhʌndrəd ˌʃeər ˈɪndeks]
→ **FT-SE 100 Index**

Aktienindex

FOR [ˌef əʊ ˈaː]
free on rail [ˌfriː ɒn ˈreɪl]

frei Waggon

FT-SE 100 Index *GB* [ˈfʊtsiː wʌn
ˌhʌndrəd ˈɪndeks]
Financial Times Stock Exchange 100
share index [faɪˌnænʃl ˈtaɪmz ˈstɒk
ɪksˌtʃeɪndʒ wʌn ˌhʌndrəd ˌʃeər ˈɪndeks]
→ **Footsie**

Aktienindex

GATT [gæt]
General Agreement on Tariffs and Trade
[ˈdʒenrəl əˌgriːmənt ɒn ˌtærɪfs ənd ˈtreɪd]

GATT (Allgemeines Zoll- und Handelsabkommen)

GDP [ˌdʒiː diː ˈpiː]
gross domestic product [ˌgrəʊs dəˈmestɪk
ˈprɒdʌkt]

BIP (Bruttoinlandsprodukt)

GMT [ˌdʒiː em ˈtiː]
Greenwich Mean Time [ˌgrenɪdʒ ˈmiːn
taɪm]

WEZ (westeuropäische Zeit)

GNP [ˌdʒiː en ˈpiː]
gross national product [ˌgrəʊs ˌnæʃnəl
ˈprɒdʌkt]

BSP (Bruttosozialprodukt)

HGV [ˌeɪtʃ dʒiː ˈviː]
heavy goods vehicle [ˈhevi gʊdz ˈviːɪkl]

LKW (Lastkraftwagen)

IATA [iˈɑːtə]
International Air Transport Association
[ɪntəˌnæʃnəl eə ˌtrænspɔːt əˌsəʊsiˈeɪʃn]

IATA (Internationaler Luftverkehrsverband)

ICC [ˌaɪ siː ˈsiː]
International Chamber of Commerce
[ɪntəˌnæʃnəl ˌtʃeɪmbər əv ˈkɒmɜːs]

Internationale Handelskammer

ILO [ˌaɪ el ˈəʊ]
International Labour Organization
[ɪntəˌnæʃnəl ˌleɪbə ˌɔːgənaɪˈzeɪʃn]

IAO (Internationale Arbeitsorganisation)

IMF [ˌaɪ em ˈef]
International Monetary Fund
[ɪntəˌnæʃnəl ˌmʌnɪtri ˈfʌnd]

IWF (Internationaler Währungsfonds)

IMO [ˌaɪ em ˈəʊ]
international money order [ˌɪntəˌnæʃnəl ˈmʌni ˌɔːdə]
→ **foreign money order**

Auslandspostanweisung

Inc *US* [ɪŋk]
incorporated [ɪnˈkɔːpəreɪtɪd]

(als Kapitalgesellschaft) eingetragen

inst. [ˈɪnstənt]
instant [ˈɪnstənt]

d. M. (des Monats)

IOU [ˌaɪ əʊ ˈjuː]
I owe you [ˌaɪ əʊ ˈjuː]

Schuldschein

IR, I.R. *GB* [ˌaɪ ˈɑː]
Inland Revenue [ˌɪnlənd ˈrevənjuː]

Einkommensteuerbehörde, Finanzamt

IRS *US* [ˌaɪ ɑːr ˈes]
Internal Revenue Service [ɪnˌtɜːnl ˈrevənjuː ˌsɜːvɪs]

Bundessteuerbehörde

ISE [ˌaɪ es ˈiː]
International Stock Exchange [ˌɪntəˌnæʃnəl ˈstɒk ɪksˌtʃeɪndʒ]

(Londoner) Internationale Wertpapierbörse

L/C [ˌel ˈsiː]
letter of credit [ˌletər əv ˈkredɪt]

Akkreditiv, Kreditbrief

LIFFE [ˈlɪfi]
London International Financial Futures and Options Exchange [ˌlʌndən ɪntəˌnæʃnəl faɪˌnænʃl ˌfjuːtʃəz ənd ˈɒpʃnz ɪksˌtʃeɪndʒ]

Londoner Börse für Finanzterminkontrakte

LME n [ˌel em ˈiː]
London Metal Exchange [ˌlʌndən ˈmetl ɪksˌtʃeɪndʒ]

Londoner Metallbörse

LRB *US* [ˌel ɑː ˈbiː]
Labor Relations Board [ˌleɪbə rɪˈleɪʃnz ˌbɔːd]

Schlichtungskommission, Schiedsstelle

LSE [ˌel es ˈiː]
London Stock Exchange [ˌlʌndən ˈstɒk ɪksˌtʃeɪndʒ]

Londoner Wertpapierbörse

Ltd [ˈlɪmɪtɪd]
Limited [ˈlɪmɪtɪd]

Gesellschaft mit beschränkter Haftung

MLR *GB* [ˌem el ˈɑː]
minimum lending rate [ˌmɪnɪməm ˈlendɪŋ ˌreɪt]

Mindestdiskontsatz

MMC *GB* [ˌem em ˈsiː]
Monopolies and Mergers Commission [məˌnɒpəliz ənd ˌmɜːdʒəz kəˈmɪʃn]

Kartellamt

M.O. [ˌem ˈəʊ]
money order [ˈmʌni ˌɔːdə]

Postanweisung

MT [ˌem ˈtiː]
Mountain Time [ˈmaʊntɪn ˌtaɪm]

Zeitzone in den Rocky Mountains

MV [ˌem ˈviː]
motor vessel [ˈməʊtə vesl]

MS (Motorschiff)

NAFTA [ˈnæftə]
North American Free Trade Agreement
[ˌnɔːθ əˈmerɪkən friː treɪd eˈgriːmənt]

Nordamerikanische Freihandelszone

NASDAQ US [ˈnæzdæk]
National Association of Securities
Dealers Automated Quotation [ˌnæʃnəl
əsəʊsiˌeɪʃn əv sɪˈkjʊərətiz ˌdiːləz
ɔːtəmeɪtɪd kwəʊˈteɪʃən]

EDV-gestütztes Kursnotierungssystem

NHS GB [ˌen eɪtʃ ˈes]
National Health Service [ˌnæʃnəl ˈhelθ
sɜːvɪs]

Nationaler Gesundheitsdienst

NI GB [ˌen ˈaɪ]
National Insurance [ˌnæʃnəl ɪnˈʃʊərəns]

Sozialversicherung

NOx [ˌen əʊ ˈeks]
nitrogen oxide [ˌnaɪtrədzən ˈɒksaɪd]

NOx (Stickoxid)

NYSE [ˌen waɪ ˈes iː]
New York Stock Exchange [ˌnjuː ˈjɔːk
ˈstɒk ɪkstʃeɪndʒ]

New Yorker Börse

OAP GB [ˌəʊ eɪ ˈpiː]
old age pensioner [ˌəʊld eɪdʒ ˈpenʃənə]

Rentner(in)

OFT GB [ˌəʊ ef ˈtiː]
Office of Fair Trading [ˌɒfɪs əv feə
ˈtreɪdɪŋ]

Amt für Verbraucherschutz

OHP [ˌəʊ eɪtʃ ˈpiː]
overhead projector [ˌəʊvəhed prəˈdʒektə]

Tageslichtprojektor, Overheadprojektor

OPEC [ˈəʊpek]
Organization of the Petroleum
Exporting Countries [ɔːgənaɪˌzeɪʃn əv ðə
pəˌtrəʊliəm ɪkˌspɔːtɪŋ ˈk ʌntriz]

**OPEC (Organisation der Erdöl
exportierenden Länder)**

OTC [ˌəʊ tiː ˈsiː]
over the counter [ˌəʊvə ðə ˈkaʊntə]

außerbörslich

P.A. [ˌpiː ˈeɪ]
personal assistant [ˌpɜːsənl əˈsɪstənt]

persönliche(r) Assistent(in)

PAYE [ˌpiː eɪ waɪ ˈiː]
pay-as-you-earn [ˌpeɪ əz juː ˈɜːn]

Steuerabzug (bei Auszahlung des Lohns oder Gehalts)**, Quellenabzug**

PDS US [ˌpiː diː ˈes]
personal data sheet [ˈpɜːsənl ˈdeɪtə ʃiːt]

tabellarischer Lebenslauf

per pro lat. [ˌpɜː ˈprəʊ]
per procurationem [ˌpə
prɒkjʊərætˈrəʊnəm]
→ **p.p.**

im Auftrag (i. A.)

PIN [pɪn]
personal identification number [ˌpɜːsənl
aɪˌdentɪfɪˈkeɪʃn nʌmbə]

persönliche Geheimnummer

plc *GB* [ˌpiː el ˈsiː]
public limited company [ˌpʌblɪk ˌlɪmɪtɪd
ˈkʌmpəni]

AG (Aktiengesellschaft)

p.m. *lat.* [ˌpiː ˈem]
post meridiem [ˈpəʊst məˈrɪdɪəm]

nachmittags

P/N [ˌpiː ˈen]
promissory note [ˈprɒmɪsəri nəʊt]

Eigenwechsel, Solawechsel, Schuldschein

P.O. *n* [ˌpiː ˈəʊ]
postal order [ˌpəʊstl ˈɔːdə]

Postbarscheck (in festen Stückelungen)

p.p. *lat.* [ˌpiː ˈpiː,]
per procurationem [ˌpə
prɒkjʊəræt'rəʊnəm]
→ **per pro**

i. A. (im Auftrag)

PPP [ˌpiː piː ˈpiː]
polluter pays principle [pəˌluːtə ˈpeɪz
prɪnsəpl]

Verursacherprinzip

P.S. [ˌpiː ˈes]
postscript [ˈpəʊstskrɪpt]

PS (Postskript[um])

PSBR [ˌpiː es biː ˈɑː]
public sector borrowing requirement
[ˌpʌblɪk ˌsektə ˈbɒrəʊɪŋ rɪkwaɪəmənt]

Kreditbedarf der öffentlichen Hand

PT [ˌpiː ˈtiː]
Pacific Time [pəˈsɪfɪk taɪm]

Zeitzone an der amerikanischen Pazifikküste

Pty *Australia, South Pacific* [ˌpiː tiː ˈwaɪ]
proprietary company [prəˌpraɪətri
ˈkʌmpəni]

GmbH (Gesellschaft mit beschränkter Haftung)

RAC *GB* [ˌɑːr eɪ ˈsiː]
Royal Automobile Club [ˌrɔɪəl ˈɔːtəməbiːl
klʌb]

Automobilclub

R/D [ˌɑː ˈdiː]
refer to drawer [rɪˌfɜː tə ˈdrɔːə]

an den Aussteller zurück

R&D [ˌɑːr ən ˈdiː]
research and development [rɪˌsɜːtʃ ənd
dɪˈveləpmənt]

F&E (Forschung und Entwicklung)

RDF [ˌɑː diː ˈef]
refuse-derived fuel [ˈrefjuːs dɪˈraɪvd fjuːəl]

BRAM (Brennstoff aus Müll)

ref. [ref]
reference [ˈrefərəns]

Bez. (Bezug)

SDA *GB* [ˌes diː ˈeɪ]
severe disablement allowance [sɪˌvɪə
dɪsˈeɪblmənt əlaʊəns]

Schwerbehindertenzulage

SEA [ˌes iː ˈeɪ]
Single European Act [ˌsɪŋgl ˌjʊərəˈpiːən
ækt]

EEA (Einheitliche Europäische Akte)

SEC *US* [ˌes iː ˈsiː]
Securities and Exchange Commission
[sɪˌkjʊərətiz ənd ɪksˈtʃeɪndʒ kəˈmɪʃn]   Börsenaufsichtsbehörde

SERPS *GB* [sɜːps]
state earnings-related pension scheme
[ˌsteɪt ˌɜːnɪŋzrɪleɪtɪd ˈpenʃn skiːm]   einkommensabhängige staatliche Rentenversicherung

SIB *GB* [ˌes aɪ ˈbiː]
Securities and Investment Board
[sɪˌkjʊərətiz ənd ɪnˈvestmənt bɔːd]   Börsenaufsichtsbehörde

S&L *US* [ˌes ənd ˈel]
savings & loan association [ˌseɪvɪŋz ənd ˈləʊn əsəʊsiˈeɪʃn]
→ **thrift**   Spar- und Darlehenskasse, Bausparkasse

SSI *GB* [ˌes es ˈaɪ]
supplementary security income
[sʌplɪˌmentri sɪˈkjʊərəti ˈɪnkʌm]   Sozialhilfe

SSP *GB* [ˌes es ˈpiː]
statutory sick pay [ˌstætʃətri ˈsɪk peɪ]   gesetzliches Krankengeld

TALISMAN *GB* [ˈtælɪzmən]
Transfer Accounting Lodgement for Investors and Stock Management
[ˌtrænsfɜːr əˌkaʊntɪŋ ˌlɒdʒmənt fər ɪnˌvestəz ənd ˈstɒk mænɪdʒmənt]   computergesteuertes System zum Kauf und Verkauf von Wertpapieren

TAURUS *GB* [ˈtɔːrəs]
Transfer of Automated Registration of Uncertified Stock [ˌtrænsfɜːr əv ˌɔːtəmeɪtɪd ˌredʒɪˈstreɪʃn əv ʌnˈsɜːtɪfaɪd stɒk]
→ **NASDAQ**   EDV-gestütztes Kursnotierungssystem

TGWU *GB* [ˌtiː dʒiː ˌdʌbljuː ˈjuː]
Transport and General Workers' Union
[ˌtrænspɔːt ənd ˌdʒenrəl ˈwɜːkəz ˈjuːnɪən]   Transportarbeitergewerkschaft

TIR *frz.* [ˌtiː aɪ ˈɑː]
Transport International Routier
[ˌtrænspɔːt ɪntəˌnæʃnəl ruˈtjeɪ]   **TIR** (europäisches Straßenverkehrsabkommen)

TOFC [ˌtiː əʊ ef ˈsiː]
trailer on flat car [ˌtreɪlər ɒn ˈflæt kɑː]   Huckepack-

TOPIC [ˈtɒpɪk]
Teletext Output of Price Information by Computer [ˌtelitekst ˌaʊtpʊt əv ˈpraɪs ɪnfəmeɪʃn baɪ kəmpjuːtə]   EDV-gesteuertes Teletextinformationssystem der Börse

TUC *GB* [ˌtiː juː ˈsiː]
Trades Union Congress [ˌtreɪdz ˌjuːnɪən ˈkɒŋgres]   Gewerkschaftsdachverband

U/A [ˌjuː ˈeɪ]
unit of account [ˌjuːnɪt əv əˈkaʊnt]   Rechnungseinheit

UMTS [ˌjuː em tiː ˈes]
universal mobile telecommunications
system [ˌjunɪˈvɜːsl ˈməʊbaɪl
ˌtelikəˌmjuːnɪˈkeɪʃnz ˈsɪstəm]

UMTS (hoch entwickeltes Mobilfunknetz)

USM [ˌjuː es ˈem]
unlisted securities market [ˌʌnlɪstɪd
sɪˈkjʊərətiz mɑːkɪt]

Markt für nicht notierte Wertpapiere

UTC [ˌjuː tiː ˈsiː]
Universal Time Coordinated [ˌjuːnɪˈvɜːsl
taɪm ˌkəʊˈɔːdɪneɪtɪd]

Weltzeit

VAT [ˌviː eɪ ˈtiː]
value added tax [ˌvæljuː ˈædɪd tæks]

MwSt (Mehrwertsteuer)

VDU [ˌviː diː ˈjuː]
visual display unit [ˌvɪʒʊəl dɪˈspleɪ juːnɪt]

Bildschirmgerät

WTO [ˌdʌbljuː ˈtiː əʊ]
World Trade Organization [ˌwɜːld ˈtreɪd
ɔːgənaɪˌzeɪʃn]

Welthandelsorganisation

ZIP *US* [zɪp]
zone improvement plan [zəʊn
ɪmˈpruːvmənt plæn]

Postleitzahl(system)

COMMERCIAL CORRESPONDENCE

commercial correspondence n
[kə,mɜːʃl ,kɒrə'spɒndəns]
Our secretary administers all our
commercial correspondence.

Geschäftskorrespondenz, Geschäftsbriefe

Unsere Sekretärin verwaltet unsere gesamte
Geschäftskorrespondenz.

layout of a letter n [,leɪaʊt əv ə 'letə]
Careful attention should be paid to the
layout of a letter.

Briefgestaltung
Der Briefgestaltung sollte besondere
Aufmerksamkeit geschenkt werden.

letterhead n ['letəhed]
Business letters have a printed letterhead
which gives information about the
company.
→ heading

Briefkopf
Geschäftsbriefe haben einen gedruckten
Briefkopf, der Informationen zum
Unternehmen enthält.

heading n ['hedɪŋ]
The heading should comprise the sender's
name and address as well as the date.
→ letterhead

(Brief-)Kopf
Der Briefkopf sollte Name und Adresse des
Absenders sowie das Datum enthalten.

attention n [ə'tenʃn]
attn. [ə'tenʃn]
If you want to send this letter to Mr
Walmsley personally, you should write
'Attn. Mr Walmsley'.

zu Händen (z. Hd.)

Wenn Sie diesen Brief an Herrn Walmsley
persönlich schicken wollen, dann schreiben Sie
„z. Hd. Herrn Walmsley".

reference n ['refərəns]
Please quote our reference QR257 when
you pay the invoice.

Zeichen, Bezug
Geben Sie bitte unser Zeichen QR257 an, wenn
Sie die Rechnung bezahlen.

reference initials n pl ['refərəns ɪ'nɪʃlz]
The reference initials BPT/cm stand for
Brenda Powell Thomas and her secretary
Catherine Mullet.

Zeichen
Das Zeichen BPT/cm steht für Brenda Powell
Thomas und ihre Sekretärin Catherine Mullet.

reference line n ['refərəns laɪn]
The reference line is usually placed just
after the salutation.
→ subject heading, subject line

Bezugszeile
Die Bezugszeile steht normalerweise
unmittelbar nach der Anrede.

subject heading n ['sʌbdʒɪkt ,hedɪŋ]
The subject heading enables the reader
to see at once what the letter is about.
→ reference line, subject line

Bezugszeile
Die Bezugszeile gibt dem Leser sofort darüber
Aufschluss, worum es in diesem Brief geht.

subject line n ['sʌbdʒɪkt laɪn]
The subject line shows the reader what
the letter is about.
→ reference line, subject heading

Bezugszeile
Die Bezugszeile zeigt dem Leser, worum es in
dem Brief geht.

refer to v [rɪ'fɜːr tə]
We refer to your advertisement in today's
'Daily Telegraph'.

sich beziehen auf
Wir beziehen uns auf Ihre Anzeige in der
heutigen Ausgabe des „Daily Telegraph".

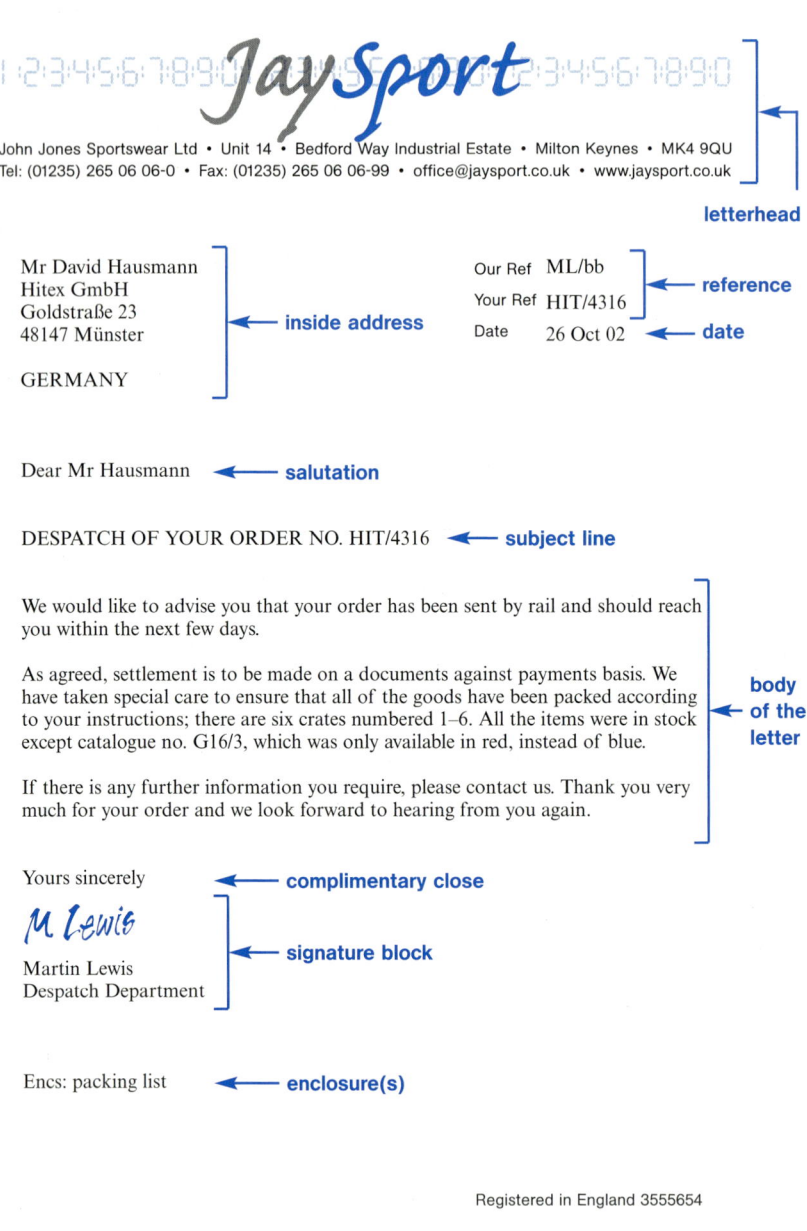

Jay Sport

John Jones Sportswear Ltd • Unit 14 • Bedford Way Industrial Estate • Milton Keynes • MK4 9QU
Tel: (01235) 265 06 06-0 • Fax: (01235) 265 06 06-99 • office@jaysport.co.uk • www.jaysport.co.uk

← **letterhead**

Mr David Hausmann
Hitex GmbH
Goldstraße 23
48147 Münster

GERMANY

← **inside address**

Our Ref ML/bb
Your Ref HIT/4316   ← **reference**

Date   26 Oct 02   ← **date**

Dear Mr Hausmann   ← **salutation**

DESPATCH OF YOUR ORDER NO. HIT/4316   ← **subject line**

We would like to advise you that your order has been sent by rail and should reach
you within the next few days.

As agreed, settlement is to be made on a documents against payments basis. We
have taken special care to ensure that all of the goods have been packed according
to your instructions; there are six crates numbered 1–6. All the items were in stock
except catalogue no. G16/3, which was only available in red, instead of blue.

← **body of the letter**

If there is any further information you require, please contact us. Thank you very
much for your order and we look forward to hearing from you again.

Yours sincerely   ← **complimentary close**

M Lewis

Martin Lewis
Despatch Department

← **signature block**

Encs: packing list   ← **enclosure(s)**

Registered in England 3555654

salutation n [ˌsælju'teɪʃn]
While 'Gentlemen' is used in American English, the typical British salutation is 'Dear Sirs' or 'Dear Sir or Madam'.

title n ['taɪtl]
The title 'Messrs' is used to address several male individuals or members of a partnership.

opening paragraph n [ˌəʊpənɪŋ 'pærəgrɑːf]
The opening paragraph often introduces the subject of the letter and conveys the writer's feelings on the matter.
→ opening lines

opening lines n pl [ˌəʊpənɪŋ 'laɪnz]
The opening lines will refer to the matter in hand and express the writer's attitude.
→ opening paragraph

body of the letter n [ˌbɒdi əv ðə 'letə]
Splitting the body of the letter into short paragraphs greatly facilitates reading.

indentation n [ˌɪnden'teɪʃn]
Indentations help to structure a letter.

closing paragraph n [ˌkləʊzɪŋ 'pærəgrɑːf]
The closing paragraph should serve as a summary of what has been said before.
→ closing lines

closing lines n pl [ˌkləʊzɪŋ 'laɪnz]
'We look forward to hearing from you at your earliest convenience' is a typical closing line.
→ closing paragraph

complimentary close n [ˌkɒmplɪˌmentri 'kləʊz]
If the addressee is addressed by his name, the complimentary close should be 'Yours sincerely'; otherwise 'Yours faithfully' is used.

per procurationem prep *lat.* [ˌpə prɒkjuəræt'ɪəʊnəm]
p.p. / per pro [ˌpiː piː, ˌpɜː 'prəʊ]
Per pro. or p.p. signatures are often used by secretaries in their bosses' absence.

Anrede
Während „Gentlemen" im Amerikanischen verwendet wird, ist die typische britische Anrede „Dear Sirs" oder „Dear Sir or Madam".

Titel
Der Titel 'Messrs' (Abkürzung von 'Messieurs') wird als Anrede für mehrere männliche Personen bzw. Teilhaber einer Personengesellschaft verwendet.

Einleitung, einleitender Absatz

Die Einleitung gibt oft Aufschluss über den Inhalt des Briefes und die Haltung des Schreibers zum Thema.

Einleitung, einleitende Zeilen
Die Einleitung geht in der Regel auf den jeweiligen Sachverhalt ein und drückt die Einstellung des Schreibers aus.

Hauptteil des Briefes
Das Lesen eines Briefes ist deutlich leichter, wenn der Hauptteil in kleinere Abschnitte unterteilt ist.

Einzug
Einzüge helfen bei der Gliederung eines Briefes.

Schlussteil

Der Schlussteil sollte als Zusammenfassung des zuvor Gesagten dienen.

Schlusszeilen, Schlussteil
„Wir sehen Ihrer Antwort zum schnellstmöglichen Termin (mit Interesse) entgegen" ist eine typische Schlusszeile.

Schlussformel

Wenn der Adressat mit Namen angeredet wird, dann sollte die Schlussformel „Yours sincerely" lauten; ansonsten wird „Yours faithfully" verwendet.

im Auftrag (i. A.)

Unterschriften mit dem Vermerk „i. A." (im Auftrag) werden oftmals von Sekretären/ Sekretärinnen verwendet, wenn ihre Vorgesetzten abwesend sind.

enclosure n [ɪn'kləʊʒə]
enc(l) [ɪŋk]
The reference 'encs.' indicates the presence of enclosures, although the latter should also be referred to in the letter itself.

Anlage

Der Hinweis „Anlagen" verweist darauf, dass Anlagen beigefügt wurden. Allerdings sollte auch im Brief selbst darauf hingewiesen werden.

postscript n ['pəʊstskrɪpt]
P.S. [ˌpiː 'es]
A postscript may be used if it refers to something that is best separated from the body of the letter.

Postskript(um) (PS)

Ein Postskriptum kann verwendet werden, wenn es sich auf etwas bezieht, das sinnvollerweise vom Hauptteil des Briefes getrennt werden sollte.

initial v [ɪ'nɪʃl]
Please initial the draft before passing it on.

abzeichnen, paraphieren
Bitte zeichnen Sie die Vorlage vor Weiterreichung ab.

initials n pl [ɪ'nɪʃlz]
Our head of department, Margaret MacGregor, uses the initials MM.

(Namens-)Kürzel, Initialen
Unsere Abteilungsleiterin, Margaret MacGregor, verwendet das Kürzel MM.

date n [deɪt]
When writing the date, Americans usually start with the month, but omit 'th', 'st', 'nd' or 'rd' after the day.

Datum
Wenn Amerikaner das Datum angeben, beginnen sie gewöhnlich mit dem Monat, lassen dafür jedoch die Endungen „th", „st", „nd" bzw. „rd" nach dem Tag entfallen.

post(al) code n *GB* ['pəʊstl kəʊd]
If you forget the post code, it might take longer for the letter to arrive.
→ Zip code

Postleitzahl
Wenn Sie die Postleitzahl vergessen, kann es länger dauern, bis der Brief ankommt.

ZIP code n *US* ['zɪp kəʊd]
zone improvement plan code [zəʊn ɪm'pruːvmənt plæn kəʊd]
The letter will probably take longer if you forgot to include the zip code in the address.
→ post(al) code

Postleitzahl

Der Brief wird wahrscheinlich später ankommen, wenn Sie die Postleitzahl vergessen haben.

enquire v [ɪn'kwaɪə]
We refer to your letter of the 3rd inst., in which you enquire about our latest range of home furnishings.
→ inquire

anfragen, sich erkundigen
Wir beziehen uns auf Ihr Schreiben vom 3. d. M., in dem Sie sich nach unserer neusten Heimtextilienkollektion erkundigen

enquiry n [ɪn'kwaɪəri]
We have received your enquiry of 21st inst.
→ inquiry

Anfrage
Wir haben Ihre Anfrage vom 21. d. M. erhalten.

inquire v [ɪn'kwaɪə]
We refer to your letter of the 3rd inst., in which you inquire about our latest range of home furnishings.
→ enquire

anfragen, sich erkundigen
Wir beziehen uns auf Ihr Schreiben vom 3. d. M., in dem Sie sich nach unserer neusten Heimtextilienkollektion erkundigen

inquiry n [ɪnˈkwaɪəri]
We have received your inquiry of 21st inst.
→ enquiry

Anfrage
Wir haben Ihre Anfrage vom 21. d. M. erhalten.

appreciate v [əˈpriːʃieɪt]
Delivery by the end of the month would be greatly appreciated.

dankbar sein, zu schätzen wissen
Wir wären Ihnen sehr dankbar, wenn Sie bis zum Monatsende liefern könnten.

be obliged v [bi əˈblaɪdʒd]
We should be much obliged if you would forward some samples.

verbunden sein
Wir wären Ihnen für die Zusendung einiger Muster sehr verbunden.

reminder n [rɪˈmaɪndə]
Perhaps we'd better send Messrs. Dunn & Ing a reminder.

Mahnung, Mahnschreiben
Vielleicht sollten wir der Firma Dunn & Ing eine Mahnung schicken.

letter of complaint n [ˌletər əv kəmˈpleɪnt]
Letters of complaint should be given instant attention.

Beschwerdebrief

Auf Beschwerdebriefe sollte sofort eingegangen werden.

complaint n [kəmˈpleɪnt]
We are currently looking into your complaint and will be in touch in due course.

Mängelrüge, Beanstandung
Wir bearbeiten zur Zeit Ihre Mängelrüge und werden Sie in dieser Angelegenheit auf dem Laufenden halten.

adjust a complaint v [əˌdʒʌst ə kəmˈpleɪnt]
We trust that we shall be able to adjust this complaint to your satisfaction.

einer Beschwerde abhelfen

Wir gehen davon aus, dass wir dieser Beschwerde zu Ihrer Zufriedenheit abhelfen können.

compensation n [ˌkɒmpenˈseɪʃn]
Demands for compensation should always be made in writing.
→ redress

Schadenersatz, Entschädigung
Schadenersatzforderungen sollten immer schriftlich geltend gemacht werden.

redress n [rɪˈdres]
If a buyer has sufficient reason for a serious complaint, he should demand redress.
→ compensation

Schadenersatz, Entschädigung
Wenn ein Käufer hinreichenden Grund für eine ernsthafte Mängelrüge hat, dann sollte er Schadenersatz fordern.

meet (the) requirements v [ˌmiːt ðə rɪˈkwaɪəmənts]
It is essential that the goods meet our requirements.

(den) Anforderungen genügen

Es ist unabdingbar, dass die Ware unseren Anforderungen genügt.

terms and conditions n [ˌtɜːmz ənd kənˈdɪʃnz]
Our terms and conditions are printed on the reverse.

allgemeine Geschäftsbedingungen

Unsere allgemeinen Geschäftsbedingungen sind auf der Rückseite abgedruckt.

order v [ˈɔːdə]
We are pleased to order another 50 copies of the new dictionary.

bestellen
Wir bestellen hiermit weitere 50 Exemplare des neuen Wörterbuchs.

order n [ˈɔːdə]
We have received your order of 21st inst, for which we thank you.

Bestellung, Auftrag
Wir bestätigen hiermit dankend den Eingang Ihrer Bestellung vom 21. d. M.

first order n [ˌfɜːst ˈɔːdə]
We would point out that this is only a first order and that others may well follow.
→ initial order

Erstauftrag
Wir erlauben uns darauf hinzuweisen, dass es sich hier nur um einen Erstauftrag handelt und dass weitere Aufträge durchaus folgen können.

repeat order n [rɪˈpiːt ˌɔːdə]
We would be pleased to receive a repeat order.

Folgeauftrag
Wir würden uns über einen Folgeauftrag freuen.

initial order n [ɪˌnɪʃl ˈɔːdə]
We should point out that this is our initial order and that others may well follow.
→ first order

Erstauftrag
Wir erlauben uns darauf hinzuweisen, dass dies unser Erstauftrag ist und dass weitere Aufträge folgen können.

trial order n [ˈtraɪəl ˌɔːdə]
We hope that a trial order will convince you of the superior quality of our products.

Probeauftrag
Wir hoffen, dass Sie ein Probeauftrag von der hohen Qualität unserer Produkte überzeugen wird.

rescind v [rɪˈsɪnd]
Since our suppliers put up their prices without warning we saw ourselves forced to rescind the order.
→ cancel

stornieren, rückgängig machen
Da unsere Lieferanten ohne Vorwarnung ihre Preise erhöht haben, sahen wir uns gezwungen, den Auftrag zu stornieren.

cancel v [ˈkænsl]
We reserve the right to cancel the order.
→ rescind

stornieren, rückgängig machen
Wir behalten uns das Recht vor, den Auftrag zu stornieren.

cancellation n [ˌkænsəˈleɪʃn]
Any failure to deliver the goods within the stipulated time will result in a cancellation of the order.

Stornierung
Sollte die Ware nicht fristgemäß geliefert werden, so würde dies zu einer Stornierung des Auftrags führen.

order form n [ˈɔːdə fɔːm]
Please find enclosed 20 order forms in the new format.
→ purchase order form

Auftragsformular, Bestellformular
In der Anlage finden Sie 20 Auftragsformulare in der überarbeiteten Form.

purchase order form n [ˈpɜːtʃəs ɔːdə fɔːm]
Large manufacturers often have their own purchase order forms.
→ order form

Auftragsformular

Großhersteller haben oft ihre eigenen Auftragsformulare.

place an order v [ˌpleɪs ən ˈɔːdə]
Having examined the samples referred to above, we are pleased to place an order for 2000 items of article No 202.

einen Auftrag erteilen
Nach eingehender Prüfung der oben erwähnten Muster freuen wir uns, Ihnen einen Auftrag über 2000 Stück von Artikel Nr. 202 zu erteilen.

acknowledgement n [əkˈnɒlɪdʒmənt]
Companies usually respond to orders received by sending an acknowledgement.

(Auftrags-)Bestätigung
Firmen reagieren in der Regel auf Auftragseingänge, indem sie eine Auftragsbestätigung schicken.

offer v [ˈɒfə]
We've been offered half a million pounds for the property.

(an-)bieten
Für diese Immobilie ist uns eine halbe Million Pfund geboten worden.

offer n [ˈɒfə]
It was an offer that we simply couldn't refuse.

subject offer n [ˈsʌbdʒɪkt ˌɒfə]
A subject offer usually has a deadline.

firm offer n [ˌfɜːm ˈɒfə]
A firm offer is binding on the seller while stocks last.

unsolicited offer n [ˌʌnsəlɪsɪtɪd ˈɒfə]
Unsolicited offers are a widespread form of advertising.
→ voluntary offer

voluntary offer n [ˌvɒləntri ˈɒfə]
Perhaps we should send all our former customers voluntary offers.
→ unsolicited offer

counter-offer n [ˈkaʊntər ˌɒfə]
Bartering is based on offer and counter-offer.

price list n [ˈpraɪs ˌlɪst]
Please note that the enclosed price list is only valid until 31st March.

quotation n [kwəʊˈteɪʃn]
I'm afraid your quotation is in excess of what we can afford.
→ quote

quote n coll [kwəʊt]
What about giving us a quote for this product?
→ quotation

quote v [kwəʊt]
Another firm was able to quote a lower price.

without engagement adv [wɪˌðaʊt ɪnˈgeɪdʒmənt]
All the prices quoted are without engagement.

discount n [ˈdɪskaʊnt]
We can offer a discount of 5% if you order more than 1000 items.
→ rebate

trade discount n [ˈtreɪd ˌdɪskaʊnt]
Please let us know what trade discount you allow on orders in excess of £10,000.

Angebot
Es war ein Angebot, das wir einfach nicht ablehnen konnten.

Angebot mit Vorbehalt
Ein Angebot mit Vorbehalt ist gewöhnlich an eine Frist gebunden.

Festangebot, festes Angebot
Ein Festangebot ist für den Verkäufer verbindlich, solange die Vorräte reichen.

unverlangtes Angebot
Unverlangte Angebote sind eine weit verbreitete Form von Werbung.

unverlangtes Angebot
Vielleicht sollten wir all unseren ehemaligen Kunden unverlangte Angebote zuschicken.

Gegenangebot
Der Tauschhandel basiert auf Angebot und Gegenangebot.

Preisliste
Bitte beachten Sie, dass die beiliegende Preisliste nur bis zum 31. März gültig ist.

(Preis-)Angebot
Leider liegt Ihr Angebot über dem, was wir uns leisten können.

(Preis-)Angebot
Wie wär es, wenn Sie uns für dieses Produkt ein Angebot machten?

(Preis) angeben
Eine andere Firma konnte ein niedrigeres Angebot machen.

unverbindlich, freibleibend

Alle Preisangaben sind unverbindlich.

Rabatt, Nachlass
Wir können 5 % Rabatt anbieten, wenn Sie mehr als 1000 Artikel bestellen.

Händlerrabatt
Bitte teilen Sie uns mit, welchen Händlerrabatt Sie auf Aufträge über mehr als 10.000 Pfund gewähren.

sample n ['sɑːmpl]
Perhaps you could let us have some samples of your latest range of perfumes.

Muster, Probe
Könnten Sie uns bitte einige Muster Ihres neuesten Parfümsortiments zuschicken?

on approval adv [ɒn ə'pruːvl]
We have taken the liberty of sending you some of our latest publications on approval.

zur Ansicht
Wir erlauben uns, Ihnen einige unserer neuesten Publikationen zur Ansicht zu schicken.

acceptance n [ək'septəns]
This special offer is subject to acceptance by the end of the month.

Annahme
Dieses Angebot gilt vorbehaltlich seiner Annahme bis spätestens zum Monatsende.

on sale or return adv [ɒn ˌseɪl ɔː rɪ'tɜːn]
Goods on sale or return remain the property of the supplier until sold.

in Kommission, mit Rückgaberecht
Kommissionsware verbleibt bis zum Verkauf Eigentum des Lieferanten.

commission v [kə'mɪʃn]
A British firm of architects has been commissioned to design the airport.

beauftragen, in Auftrag geben
Ein britisches Architektenbüro ist mit der Flughafenplanung beauftragt worden.

supply v [sə'plaɪ]
You would be required to supply lubricants on a regular basis.

liefern
Sie müssten in der Lage sein, regelmäßig Schmierstoffe zu liefern.

supply n [sə'plaɪ]
We have specialized in the supply of rubber products.

Lieferung
Wir haben uns auf die Lieferung von Gummierzeugnissen spezialisiert.

supply from stock v [sə,plaɪ frəm 'stɒk]
We trust that you will be able to supply from stock.

ab Lager liefern
Wir gehen davon aus, dass Sie ab Lager liefern können.

supplier n [sə'plaɪə]
One of our suppliers has gone out of business.

Lieferant
Einer unserer Lieferanten hat sein Geschäft aufgegeben.

deliver v [dɪ'lɪvə]
Courier services deliver all kinds of items round the clock.

zustellen, (aus-)liefern
Kurierdienste stellen alle Arten von Sendungen rund um die Uhr zu.

delivery date n [dɪ'lɪvəri deɪt]
We must insist on the delivery date being met.

Liefertermin
Wir müssen auf der Einhaltung des Liefertermins bestehen.

terms of delivery n [ˌtɜːmz əv dɪ'lɪvəri]
Our terms of delivery are set out on the enclosed sheet.

Lieferbedingungen
Unsere Lieferbedingungen finden Sie auf dem beiliegenden Blatt.

deadline n ['dedlaɪn]
We've got to meet the deadline at all costs.

Termin, Frist
Wir müssen den Termin unbedingt einhalten.

terms of payment n [ˌtɜːmz əv 'peɪmənt]
Our terms of payment are distinctly generous.

Zahlungsbedingungen
Unsere Zahlungsbedingungen sind ausgesprochen großzügig.

settle an account v [ˌsetl ən ə'kaʊnt]
All accounts should be settled within a fortnight of receipt of invoice.

eine Rechnung begleichen
Alle Rechnungen sollten innerhalb von vierzehn Tagen nach Rechnungseingang beglichen werden.

pro forma invoice n [ˌprəʊ ˈfɔːmə ˌɪnvɔɪs]
A pro forma invoice is sent before delivery of goods.

credit inquiry n [ˈkredɪt ɪnˈkwaɪəri]
Naturally, credit inquiries are strictly confidential.

tender n [ˈtendə]
Government agencies are required by law to accept the cheapest tender.

tender (for) v [ˈtendə fə]

We have decided not to tender for this government contract.

invite tenders v [ɪnˌvaɪt ˈtendəz]
We invite tenders for the supply of the following items: ...

representative n [ˌreprɪˈzentətɪv]
Our representative will call on you next Wednesday to help sort out the problem.

prospective customer n [prəˌspektɪv ˈkʌstəmə]
We suggest that you invite all prospective customers to a special presentation.
➔ prospect

prospect n *coll* [ˈprɒspekt]
We believe Mr Jones is a good prospect.
➔ prospective customer

Proforma-Rechnung

Eine Proforma-Rechnung wird vor der Warenauslieferung zugeschickt.

Bonitätsauskunft
Es versteht sich von selbst, dass Bonitäts-auskünfte streng vertraulich sind.

Angebot, Submissionsofferte
Behörden sind gesetzlich verpflichtet, das niedrigste Angebot anzunehmen.

sich an einer Ausschreibung beteiligen, ein Angebot einreichen (für)
Wir haben entschieden, uns nicht an der Ausschreibung für diesen Regierungsauftrag zu beteiligen.

Angebot(e) erbitten, ausschreiben
Wir erbitten hiermit Angebote für die Lieferung folgender Posten: ...

Vertreter(in)
Unsere Vertreterin wird Sie nächsten Mittwoch aufsuchen, um bei der Problemlösung behilflich zu sein.

potenzieller Kunde, Interessent

Wir schlagen Ihnen vor, alle potenziellen Kunden zu einer Sondervorführung einzuladen.

potenzieller Kunde, Interessent
Wir denken, dass Herr Jones ein potenziell guter Kunde ist.

IN THE OFFICE

Office furniture and technology

desk n [desk]
I have a lot of work on my desk.

Schreibtisch
Ich habe viel Arbeit auf dem Schreibtisch.

office chair n ['ɒfɪs tʃeə]
An orthopaedic office chair is very comfortable.

Bürostuhl
Ein orthopädischer Bürostuhl ist sehr bequem.

swivel chair n ['swɪvl tʃeə]
All our swivel chairs have five castors.

Drehstuhl
All unsere Drehstühle haben fünf Rollen.

filing cabinet n ['faɪlɪŋ ˌkæbɪnət]
I keep all my boss's private correspondence in a filing cabinet.

Aktenschrank
Ich bewahre die gesamte Privatkorrespondenz meines Chefs in einem Aktenschrank auf.

suspension filing cabinet n [sə,spenʃn 'faɪlɪŋ kæbɪnət]
We keep all of our files in a suspension filing cabinet.

Hängeaktenschrank

Wir bewahren all unsere Akten in einem Hängeaktenschrank auf.

folder n ['fəʊldə]
Folders on the computer have the same function as real ones.

Ordner
Ordner im Computer haben die gleiche Funktion wie richtige Ordner.

stationery n ['steɪʃənri]
Many offices in Britain use A4 stationery.

Briefpapier, Schreibwaren
Viele Büros in Großbritannien benutzen DIN-A4-Briefpapier.

headed stationery n [ˌhedɪd 'steɪʃənri]
Since this is only a memo, you shouldn't use our expensive headed stationery.

Briefpapier mit Briefkopf
Da dies nur ein Memo ist, sollten Sie nicht unser teures Briefpapier mit Briefkopf verwenden.

data processing n [ˌdeɪtə 'prəʊsesɪŋ]
No modern office can do without data processing in some form or other.

Datenverarbeitung
Kein modernes Büro kommt ohne Datenverarbeitung in irgendeiner Form aus.

electronic data processing n [ɪlek,trɒnɪk 'deɪtə ˌprəʊsesɪŋ]
EDP [ˌiː diː 'piː]
The introduction of electronic data processing has made quite a number of office jobs superfluous.

elektronische Datenverarbeitung (EDV)

Die Einführung der elektronischen Datenverarbeitung hat eine ganze Reihe von Stellen im Bürobereich überflüssig gemacht.

computer n [kəm'pjuːtə]
Practically every desk nowadays has a computer.

Computer, Rechner
Auf nahezu jedem Schreibtisch findet man heutzutage einen Computer.

password n ['pɑːswɜːd]
You need to know the password if you want to use this computer.

Passwort, Kennwort
Um diesen Computer zu benutzen, müssen Sie das Passwort kennen.

file n [faɪl]
Rather than store documents in a filing cabinet you can save them as files on computer.

Datei, Akte
Statt Dokumente in einem Aktenschrank abzulegen, kann man sie auf dem Computer als Dateien speichern.

store v [stɔː]
You can store 32 gigabytes on this hard disk.

speichern
Auf dieser Festplatte kann man 32 Gigabyte speichern.

monitor n ['mɒnɪtə]
Unfortunately you can't see the whole document on the monitor.
→ screen

Monitor, Bildschirm
Leider kann man nicht das ganze Dokument auf dem Monitor sehen.

screen n [skriːn]
On this screen you can see a whole A4 page.
→ monitor

Bildschirm
Auf diesem Bildschirm kann man eine ganze DIN-A4-Seite sehen.

visual display unit n [ˌvɪʒʊəl dɪ'spleɪ juːnɪt]
VDU [ˌviː diː 'juː]
Visual display units help you check what you've written before you make a print-out of your text.

Bildschirmgerät

Bildschirmgeräte helfen Ihnen dabei zu überprüfen, was Sie geschrieben haben, bevor Sie Ihren Text ausdrucken.

central processing unit n [ˌsentrəl 'prəʊsesɪŋ juːnɪt]
CPU [ˌsiː piː 'juː]
The central processing unit of a computer is its most important component.

Prozessor

Der Prozessor ist das Herzstück eines Computers.

hardware n ['hɑːdweə]
Computer hardware has become fairly cheap lately.

Hardware
Computer Hardware ist in letzter Zeit ziemlich billig geworden.

software n ['sɒftweə]
You shouldn't use pirated software.
→ program

Software, Anwenderprogramm
Man sollte keine illegal kopierte Software verwenden.

program n ['prəʊɡræm]
The latest version of this program is much easier to use.
→ software

(Anwender-)Programm
Die neueste Version dieses Programms ist viel einfacher zu bedienen.

mouse n [maʊs]
This infrared mouse doesn't require a mousepad.

Maus
Diese Infrarotmaus benötigt kein Mauspad.

mouse pad n ['maʊs pæd]
The mouse can easily be moved about on a mouse pad.

Mauspad
Auf einem Mauspad lässt sich die Maus leicht bewegen.

keyboard n ['kiːbɔːd]
You will not find any umlauts on a British keyboard.

Tastatur
Auf einer britischen Tastatur gibt es keine Umlaute.

key n [kiː]
If you wish to use a backslash, you must press these two keys at the same time.

Taste
Wenn Sie den Backslash benutzen wollen, müssen Sie gleichzeitig diese beiden Tasten drücken.

laptop n ['læptɒp]
A laptop allows you to take the 'office' home with you.

Laptop
Ein Laptop ermöglicht es einem, das „Büro" mit nach Hause zu nehmen.

modem n ['məʊdem]
You used to need a modem for data transfer.

Modem
Früher brauchte man ein Modem zur Datenübertragung.

Internet n ['ɪntənet]
Information can be retrieved practically immediately through the Internet from anywhere in the world.

Internet
Mit Hilfe des Internet kann man praktisch sofort aus allen Teilen der Welt Informationen einholen.

website n ['websaɪt]
Full details of all our products and prices are available on our website.

Webseite, Website
Ausführliche Informationen zu unseren Produkten und Preisen sind auf unserer Webseite zu finden.

Intranet n ['ɪntrənet]
All internal correspondence is handled through the Intranet.

Intranet
Unsere gesamte interne Korrespondenz wird über das Intranet abgewickelt.

laser printer n ['leɪzə prɪntə]
By far the best – although also the most expensive – way of printing documents is to use a laser printer.

Laserdrucker
Bei weitem die beste, wenn auch die teuerste Art, Dokumente zu drucken, ist es, einen Laserdrucker zu benutzen.

dictaphone n ['dɪktəfəʊn]
Hardly anybody uses a dictaphone any more.

Diktaphon, Diktiergerät
Kaum jemand benutzt heute noch ein Diktiergerät.

electronic typewriter n [ɪlek‚trɒnɪk 'taɪpraɪtə]
On an electronic typewriter you can type something and then check the spelling before printing it.

elektronische Schreibmaschine

Auf einer elektronischen Schreibmaschine kann man etwas schreiben und auf die Rechtschreibung hin überprüfen, bevor man es ausdruckt.

telephone n ['telɪfəʊn]
My telephone is right next to the computer.

Telefon
Mein Telefon steht direkt neben dem Computer.

cell(ular) phone n US ['seljələ r fəʊn]
In many jobs, e.g. that of a sales representative, a cellular phone is indispensable.
→ mobile phone

Handy, Mobiltelefon
In vielen Berufen, z. B. dem des Handelsvertreters, ist ein Handy unentbehrlich.

mobile phone n GB [‚məʊbaɪl 'fəʊn]
Mobile phones have many more functions than a normal phone.
→ cellular phone

Handy, Mobiltelefon
Mobiltelefone haben viel mehr Funktionen als normale Telefone.

portable phone n [‚pɔːtəbl 'fəʊn]
A portable phone is very useful if you need to move about while you are on the telephone.

schnurloses Telefon
Ein schnurloses Telefon ist sehr nützlich, wenn man sich beim Telefonieren bewegen muss.

intercom n ['ɪntəkɒm]
If the door is locked, you will have to use the intercom.

(Gegen-)Sprechanlage
Wenn die Tür abgeschlossen ist, müssen Sie die Gegensprechanlage benutzen

receiver n [rɪ'siːvə r]
On lifting the receiver you will hear the dialling tone.

Hörer
Beim Abnehmen des Hörers hören Sie das Amtszeichen.

trunk call n *US* ['trʌŋk kɔːl]
Trunk calls are expensive during the day.
→ **long-distance call**

long-distance call n *GB* [lɒŋ 'dɪstəns ˌkɔːl]
Employees should try to keep long-distance calls as short as possible.
→ **trunk call**

collect call n *US* [kə'lɛkt kɔːl]
A collect call is a reverse charge call, where the called party pays the charges.
→ **long-distance call**

busy adj *US* ['bɪzi]
If the line's busy, try again later.
→ **engaged**

engaged adj *GB* [ɪn'geɪdʒd]
My boss must be on the phone again. The line's been engaged for an hour now.
→ **busy**

engaged tone n [ɪn'geɪdʒd təʊn]
When you hear the engaged tone, you have to ring back later.

dial v ['daɪəl]
To dial an outside line push 0.

dial code n *US* ['daɪəl kəʊd]
The dial code for international calls to the United States is 001.
→ **dialling code**

dialling code n *GB* ['daɪəlɪŋ kəʊd]
The company is in Manchester. So don't forget the dialling code.
→ **dial code**

dial tone n *US* ['daɪəl təʊn]
On lifting the receiver you will hear the dial tone.
→ **dialling tone**

dialling tone n *GB* ['daɪəlɪŋ təʊn]
Something must be wrong with our phone. I didn't even hear the dialling tone when I lifted the receiver.
→ **dial tone**

re-dial v [ˌriː'daɪəl]
Press the re-dialling button if you want to re-dial the same number.

push-button dialling n ['pʊʃbʌtn ˌdaɪəlɪŋ]
Most modern telephones are equipped with push-button dialling.

Ferngespräch
Ferngespräche sind tagsüber teuer.

Ferngespräch
Angestellte sollten Ferngespräche so kurz wie möglich halten.

R-Gespräch
Ein R-Gespräch ist ein Telefongespräch, bei dem der Angerufene die Gesprächsgebühren zahlt.

besetzt
Wenn die Leitung besetzt ist, versuchen Sie es später noch einmal.

besetzt
Bestimmt telefoniert mein Chef schon wieder. Die Leitung ist schon seit einer Stunde besetzt.

Besetztzeichen
Wenn Sie das Besetztzeichen hören, müssen Sie später noch einmal anrufen.

wählen
Für eine Amtsleitung müssen Sie 0 vorwählen.

Vorwahl
Die Ländervorwahl für die Vereinigten Staaten ist 001.

Vorwahl
Die Firma ist in Manchester. Vergiss also nicht die Vorwahl.

Freizeichen, Amtszeichen
Beim Abnehmen des Hörers hören Sie das Freizeichen.

Freizeichen, Amtszeichen
Irgendetwas muss an unserem Telefon kaputt sein. Ich habe nicht einmal das Freizeichen gehört, als ich den Hörer abnahm.

noch einmal wählen
Drücken Sie auf die Wahlwiederholungstaste, wenn Sie die Nummer nochmal wählen wollen.

Drucktastenwahl
Die meisten modernen Telefone haben Drucktastenwahl.

telephone book n *US* ['telɪfəʊn bʊk]
Of course, off-directory numbers are not in the telephone book.
→ **telephone directory**

Telefonbuch
Natürlich stehen Geheimnummern nicht im Telefonbuch.

telephone directory n *GB* ['telɪfəʊn dərektəri]
Telephone subscribers can choose whether or not to have their names listed in the telephone directory.
→ **telephone book**

Telefonbuch
Fernsprechteilnehmer können wählen, ob ihre Nummer im Telefonbuch stehen soll.

Yellow Pages n pl [ˌjeləʊ 'peɪdʒɪz]
The Yellow Pages list telephone subscribers according to their trades.

Gelbe Seiten, Branchentelefonbuch
Die Gelben Seiten führen Fernsprechteilnehmer je nach Gewerbe auf.

directory enquiries n pl *GB* [dəˌrektəri ɪn'kwaɪəriz]
Directory enquiries are also available on the Internet.
→ **directory assistance**

(Fernsprech-)Auskunft
Man kann auch über das Internet Auskunft bekommen.

directory assistance n *US* [dəˌrektəri ə'sɪstəns]
If you don't know a number, you can look it up in the telephone book or ring directory assistance.
→ **directory enquiries**

(Fernsprech-)Auskunft
Wenn man eine Telefonnummmer nicht weiß, kann man sie im Telefonbuch nachschlagen oder die Auskunft anrufen.

extension n [ɪk'stenʃ]
If Mrs Adam's line is engaged, could you give me her extension number, please?

Durchwahl, Apparat
Wenn Frau Adams Leitung besetzt ist, könnten Sie mir bitte ihre Durchwahl geben?

operator n ['ɒpəreɪtə]
In emergencies ring 100 for the operator.

Vermittlung
In Notfällen rufen Sie die Vermittlung unter 100 an.

switchboard n ['swɪtʃbɔːd]
For outside calls ring the switchboard.

(Telefon-)Zentrale, Vermittlung
Für Gespräche außer Haus wählen Sie die Zentrale an.

put s.o. through v [ˌpʊt 'sʌmwʌn 'θruː]
Mrs Snyder's line is free now. Shall I put you through?

jdn durchstellen, jdn verbinden
Frau Snyders Leitung ist jetzt frei. Soll ich Sie durchstellen?

route a call v [ˌruːt ə 'kɔːl]

It's one of the operator's main jobs to route incoming calls.

einen Anruf durchstellen, ein Gespräch verbinden
Es ist eine der Hauptaufgaben der Vermittlung, eingehende Anrufe durchzustellen.

internal call n [ɪnˌtɜːnl 'kɔːl]
Internal calls must be interrupted if an outside caller is on the line.

Hausgespräch, internes Gespräch
Hausgespräche müssen unterbrochen werden, wenn ein Anruf von außen kommt.

international call n [ɪntəˌnæʃnəl 'kɔːl]
International calls are expensive, so we try to use e-mail instead.

Auslandsgespräch
Auslandsgespräche sind teuer, deswegen versuchen wir stattdessen, E-mails zu verwenden.

radio pager n ['reɪdiəʊ peɪdʒə]
My boss has a radio pager so that everyone can contact him when he is out of the office.

Pieper, Funkrufempfänger
Mein Chef hat einen Pieper, damit jeder ihn erreichen kann, wenn er nicht im Hause ist.

answering machine n ['ɑːnsərɪŋ məʃiːn]
Colloquially a telephone answering machine is just called an answerphone in Britain.
→ answerphone

Anrufbeantworter
Umgangssprachlich wird ein Anrufbeantworter in Großbritannien einfach „answerphone" genannt.

answerphone n coll ['ɑːnsəfəʊn]
Answerphones have become relatively cheap.
→ answering machine

Anrufbeantworter
Anrufbeantworter sind relativ billig geworden.

fax machine n ['fæks məʃiːn]
A fax machine can even be used for the transmission of technical drawings.

Faxgerät
Ein Faxgerät kann sogar zur Übertragung technischer Zeichnungen benutzt werden.

fax n [fæks]
In order to speed up the process we would advise you to send us a fax.

Fax
Um die Angelegenheit zu beschleunigen, raten wir Ihnen, uns ein Fax zu senden.

fax v [fæks]
If you want this letter to arrive on time you had better fax it.

faxen
Wenn Sie wollen, dass dieser Brief rechtzeitig ankommt, sollten Sie ihn faxen.

video conference n ['vɪdiəʊ ˌkɒnfərəns]
They organized a video conference with the sales manager in Australia.

Videokonferenz
Sie organisierten eine Videokonferenz mit der Verkaufsleiterin in Australien.

photocopier n ['fəʊtəʊkɒpiə]
Modern photocopiers have the advantage of being able to enlarge or reduce documents.

Kopierer, Fotokopiergerät
Moderne Kopierer haben den Vorteil, dass sie Dokumente vergrößern oder verkleinern können.

personal organizer n ['pɜːsənl ˌɔːgənaɪzə]
A personal organizer usually consists of an electronic notebook, a diary and an address book.

Organizer
Ein Organizer beinhaltet normalerweise ein elektronisches Notizbuch, einen Terminkalender und ein Adressbuch.

pocket calculator n ['pɒkɪt kælkjuleɪtə]
I do my personal accounts on a pocket calculator.

Taschenrechner
Ich mache meine Haushaltsabrechnungen auf einem Taschenrechner.

shredder n ['ʃredə]
Confidential papers which have been dealt with have to be put through the shredder.

Reißwolf
Vertrauliche Papiere, die nicht mehr benötigt werden, müssen in den Reißwolf geworfen werden.

overhead projector n [ˌəʊvəhed prə'dʒektə]
OHP [ˌəʊ eɪtʃ 'piː]
For the presentation of our new product we need an overhead projector in the conference room.

Tageslichtprojektor, Overheadprojektor

Für die Vorstellung unseres neuen Produktes benötigen wir einen Tageslichtprojektor im Besprechungszimmer.

ballpoint pen n [ˌbɔːlpɔɪnt ˈpen]
The ballpoint pen was invented by a
Hungarian called Biro.
→ **biro**

Kugelschreiber, Kuli
Der Kugelschreiber wurde von einem Ungarn
namens Biro erfunden.

biro n [ˈbaɪrəʊ]
I've run out of ink. Could you please
pass me your biro?
→ **ballpoint pen**

Kuli, Kugelschreiber
Ich habe keine Tinte mehr. Kannst du mir bitte
deinen Kuli geben?

felt-tip pen n [ˌfeltɪp ˈpen]
If you will leave the lid off your felt-tip
pen, you shouldn't be surprised when it
dries out.

Filzstift
Wenn du auch immer den Filzstift offen
herumliegen lässt, musst du dich nicht
wundern, wenn er austrocknet.

fountain pen n [ˈfaʊntən pen]
Some people prefer writing with a
fountain pen.

Füller, Füllfederhalter
Manche Leute schreiben lieber mit einem
Füller.

highlighter n [ˈhaɪlaɪtə]
Highlighters are good for marking
passages in documents.
→ **text marker**

Textmarker
Textmarker sind nützlich, um Abschnitte in
einem Dokument zu markieren.

text marker n [ˈtekst mɑːkə]
I've used a text marker for marking the
important passages in the contract.
→ **highlighter**

Textmarker
Ich habe einen Textmarker benutzt, um die
wichtigen Passagen in dem Vertrag zu
markieren.

eraser n US [ɪˈreɪzə]
A rubber is called an eraser in the States.
→ **rubber**

Radiergummi
Ein Radiergummi wird in den USA „eraser"
genannt.

rubber n GB [ˈrʌbə]
In Britain an eraser is called a rubber.
→ **eraser**

Radiergummi
In Großbritannien nennt man ein Radiergummi
„rubber".

pencil sharpener n [ˈpensl ʃɑːpnə]
My pencil is blunt, may I borrow your
pencil sharpener?

Bleistiftanspitzer, Spitzer
Mein Bleistift ist stumpf, kann ich mir Ihren
Spitzer borgen?

ruler n [ˈruːlə]
Could you pass me the ruler please?

Lineal
Könntest du mir bitte das Lineal geben?

desk lamp n GB [ˈdesk læmp]
We have just cancelled the order for one
hundred desk lamps.
→ **bureau lamp**

Schreibtischlampe
Wir haben gerade die Bestellung von einhundert
Schreibtischlampen storniert.

bureau lamp n US [ˈbjʊərəʊ ˌlæmp]
We need to buy a new bureau lamp for
the boss.
→ **desk lamp**

Schreibtischlampe
Wir müssen dem Chef eine neue
Schreibtischlampe kaufen.

office n ['ɒfɪs]
All our offices are networked.

Büro
Unsere Büros sind alle durch ein Netzwerk verbunden.

open-plan office n [ˌəʊpənplæn 'ɒfɪs]
Open-plan offices are becoming increasingly popular.

Großraumbüro
Großraumbüros erfreuen sich zunehmender Beliebtheit.

office space n ['ɒfɪs speɪs]
We urgently require more office space for our new EDP department.

Büroraum, Bürofläche
Wir benötigen dringend mehr Büroraum für unsere neue EDV-Abteilung.

office block n ['ɒfɪs blɒk]
In two months' time we're going to move into our new office block.

Bürogebäude, Bürohochhaus
In zwei Monaten beziehen wir unser neues Bürogebäude.

headquarters n pl [ˌhed'kwɔːtəz]
Our company's headquarters is in Leeds.

Zentrale, Hauptsitz
Die Zentrale unserer Gesellschaft ist in Leeds.

premises n pl ['premɪsɪz]

No loitering on the premises.

Betriebsräume, Geschäftsräume, Räumlichkeiten, Grundstück
Unbefugter Aufenthalt (in den Betriebsräumen) verboten.

fixtures and fittings n pl [ˌfɪkstʃəz ənd 'fɪtɪŋz]
The office building was sold with all its fixtures and fittings.

Einbauten, Zubehör des Mieters/Pächters

Das Bürogebäude wurde mit sämtlichen Einbauten verkauft.

floor n [flɔː]
Our company headquarters is in a seven-floor building.

Etage
Unsere Zentrale befindet sich in einem siebengeschossigen Gebäude.

ground floor n GB [ˌgraʊnd 'flɔː]
The stores department is on the ground floor.

Erdgeschoss
Die Materialausgabe ist im Erdgeschoss.

first floor n [ˌfɜːst 'flɔː]
The first floor in American English is the ground floor in British English.

erste Etage (GB), Erdgeschoss
„Erdgeschoss" heißt im amerikanischen Englisch „first floor", im britischen Englisch „ground floor".

basement n ['beɪsment]
The oil tank is in the basement.

Kellergeschoss
Der Öltank ist im Kellergeschoss.

accounts department n [ə'kaʊnts dɪˌpɑːtmənt]
We are looking for a qualified accountant to work in our accounts department.

Buchhaltung

Wir suchen einen qualifizierten Buchhalter für unsere Buchhaltung.

archives n ['ɑːkaɪvz]
All our important documents are stored in the archives.
→ filing room, record office

Registratur, Archiv
Alle unsere wichtigen Dokumente werden in der Registratur aufbewahrt.

filing room n ['faɪlɪŋ ruːm]
She sent me to the filing room to get everything on the Jones case.
→ archives, record office

Registratur, Archiv
Sie schickte mich ins Archiv, um alles über den Fall Jones herauszufinden.

record office n ['rekɔːd ˌɒfɪs]
All relevant company documents are
kept in the record office.
➔ **archives, filing room**

Registratur, Archiv
Alle wichtigen Firmenunterlagen werden im
Archiv aufbewahrt.

stores department n [ˌstɔːz dɪ'pɑːtmənt]
Our stores department is in the basement.

Materialausgabe
Unsere Materialausgabe ist im Kellergeschoss.

reception n [rɪ'sepʃn]
Will all visitors please call at reception?
➔ **reception desk**

Empfang, Rezeption
Alle Besucher werden gebeten, sich am
Empfang zu melden.

reception desk n [rɪ'sepʃn desk]
The reception desk is open around the
clock.
➔ **reception**

Empfang, Rezeption
Die Rezeption ist rund um die Uhr geöffnet.

secretary's office n [ˌsekrətrɪz 'ɒfɪs]
Every department has its own secretary's
office.

Sekretariat
Alle Abteilungen haben ihr eigenes Sekretariat.

conference room n ['kɒnfərəns ruːm]
The meeting will be held in the
conference room.

Besprechungszimmer, Konferenzzimmer
Die Besprechung wird im Besprechungszimmer
stattfinden.

library n ['laɪbrəri]
We'll have to refurbish our library.

Bibliothek
Wir müssen unsere Bibliothek modernisieren.

canteen n [kæn'tiːn]
Mrs Myers has been running our
canteen for fifteen years.

Kantine
Frau Myers betreibt seit fünfzehn Jahren unsere
Kantine.

typing pool n ['taɪpɪŋ puːl]
All our correspondence is typed in a
typing pool.

Schreibzentrale
Unsere gesamte Korrespondenz wird in einer
Schreibzentrale geschrieben.

Office communication

mail n ['meɪl]
We usually get our mail at 10 o'clock.

Post
Normalerweise bekommen wir unsere Post um
10 Uhr.

mailroom n ['meɪlruːm]
Both internal and incoming mail are
sorted in the mailroom.

Poststelle
In der Poststelle wird sowohl die Hauspost als
auch die eingehende Post sortiert.

mailing list n ['meɪlɪŋ lɪst]
If you fill in this coupon, we'll include
you in our mailing list.

Verteiler, Adressenliste
Wenn Sie diesen Gutschein ausfüllen, werden
wir Sie in unseren Verteiler aufnehmen.

mailshot n ['meɪlʃɒt]
The latest mailshots were sent to
teachers in secondary schools.
➔ **direct mail**

Werbebriefe, Direktwerbung
Die letzten Werbebriefe gingen an Lehrer an
weiterbildenden Schulen.

direct mail n [dəˌrekt 'meɪl]
Direct mail targets a specific consumer
group.
➔ **mailshot**

Direktwerbung
Direktwerbung ist an eine bestimmte
Konsumentengruppe gerichtet.

junk mail n ['dʒʌŋk meɪl]

I'm sick of all this junk mail being dropped through my letterbox.

airmail n ['eə r meɪl]
Airmail letters are very expensive.

surface mail n ['sɜːfɪs meɪl]
Ordinary letters are transported by surface mail.

correspond v [ˌkɒrɪ'spɒnd]
In my job, I have to correspond a lot with foreign business partners.

circular n ['sɜːkjələ]
We'll have to send a circular to all departments.

courier n ['kʊriə]
Our courier will deliver this parcel within two hours of picking it up.

envelope n ['envələʊp]
Could I have an A5 envelope, please?

reply-paid envelope n [rɪˌplaɪ ˌpeɪd 'envələʊp]
We enclose a reply-paid envelope.

window envelope n [ˌwɪndəʊ 'envələʊp]
If you use a window envelope, you don't have to type the address twice.

collection n [kə'lekʃn]
In Britain there are often up to four collections per day.

franking machine n ['fræŋkɪŋ məʃiːn]
If you have a lot of correspondence to do, you should get a franking machine.

delivery n [dɪ'lɪvəri]
The postman makes his daily delivery here at eleven o'clock.

general delivery n US [ˌdʒenrəl dɪ'lɪvəri]
Make it a general delivery letter since Mr Miller hasn't given us his new address.
→ poste restante

poste restante adv GB, frz. [ˌpəʊst 'restɑːnt]
A poste restante letter can be picked up by the addressee at the post office.
→ general delivery

Papierkorbpost, unerwünschte Werbeprospekte
Ich bin die ganze Papierkorbpost leid, die mir in den Briefkasten geworfen wird.

Luftpost
Luftpostbriefe sind sehr teuer.

Standardsendung, gewöhnliche Post
Einfache Briefe werden als Standardsendung befördert.

korrespondieren, in Briefwechsel stehen
In meinem Beruf muss ich viel mit ausländischen Geschäftspartnern korrespondieren.

Rundschreiben
Wir müssen ein Rundschreiben an alle Abteilungen schicken.

Kurier
Unser Kurier wird das Paket innerhalb von zwei Stunden nach Annahme ausliefern.

Umschlag
Könnte ich bitte einen DIN-A5-Umschlag bekommen?

Freiumschlag, frankierter Rückumschlag

Wir legen einen Freiumschlag bei.

Fensterumschlag
Wenn man einen Fensterumschlag benutzt, braucht man die Adresse nicht zweimal zu tippen.

(Briefkasten-)Leerung
In Großbritannien gibt es oft bis zu vier (Briefkasten-)Leerungen pro Tag.

Frankiermaschine
Wenn Sie viel Korrespondenz zu erledigen haben, sollten Sie sich eine Frankiermaschine zulegen.

Zustellung
Der Postbote bringt hier täglich um elf Uhr die Post.

postlagernd
Schicken Sie den Brief postlagernd, weil Herr Miller uns nicht seine neue Adresse gegeben hat.

postlagernd

Ein postlagernder Brief kann vom Empfänger im Postamt abgeholt werden.

Jiffy bag n ['dʒɪfi bæg]
Put the disk into a Jiffy bag so that it
doesn't break.

e-mail, email n ['iːmeɪl]
electronic mail [ɪlekˌtrɒnɪk 'meɪl]
If you send me an e-mail, I will answer it
straight away.

e-mail address n ['iːmeɪl əˌdres]
My e-mail address hasn't changed,
although we have moved house.

gepolsterte Versandtasche
Steck die Diskette in eine Versandtasche, damit
sie nicht zerbricht.

E-Mail

Wenn Sie mir eine E-Mail schicken, werde ich
sie sofort beantworten.

E-Mail-Adresse
Obwohl wir umgezogen sind, ist meine E-Mail-
Adresse gleich geblieben.

ECONOMIC THEORY

Economics

economics n [ˌiːkəˈnɒmɪks]

She has a degree in economics.

economy n [ɪˈkɒnəmi]
The country's economy depends on tourism.

economic adj [ˌiːkəˈnɒmɪk]
The government's economic policy is an unmitigated disaster.

economic theory n [ˌiːkəˈnɒmɪk ˈθɪəri]
Economic theory explains economic processes.

economist n [ɪˈkɒnəmɪst]

John Maynard Keynes (1883–1946), the leading economist of his time, helped to found the IMF and the World Bank.

national income n [ˌnæʃnəl ˈɪnkʌm]
National income is defined as the total of all the money earned by the community.

national income accounts n pl
[ˌnæʃnəl ˈɪnkʌm əkaʊnts]
The national income accounts cover the total income of an economy over a period of time.

economic growth n [ˌiːkəˌnɒmɪk ˈgrəʊθ]
Economic growth is nearly always accompanied by inflation.

nominal growth n [ˌnɒmɪnl ˈgrəʊθ]
Nominal growth does not allow for inflation.

competition n [ˌkɒmpəˈtɪʃn]
Competition leads to greater quality, lower prices, more innovation and increased productivity.

real growth n [ˌriːəl ˈgrəʊθ]
Real growth is expected to be no less than four per cent next year.

Wirtschaftswissenschaft, Volkswirtschaftslehre
Sie hat ein Diplom in Wirtschaftswissenschaft.

Wirtschaft
Die Wirtschaft des Landes hängt vom Tourismus ab.

Wirtschafts-, wirtschaftlich
Die Wirtschaftspolitik der Regierung ist eine einzige Katastrophe.

Wirtschaftstheorie
Die Wirtschaftstheorie erklärt wirtschaftliche Prozesse.

Wirtschaftswissenschaftler(in), Volkswirtschaftler(in)
John Maynard Keynes (1883–1946), der führende Wirtschaftswissenschaftler seiner Zeit, half bei der Gründung des Internationalen Währungsfonds und der Weltbank.

Volkseinkommen
Das Volkseinkommen wird definiert als die Gesamtsumme des von der Gesellschaft erwirtschafteten Geldes.

volkswirtschaftliche Gesamtrechnung

Die volkswirtschaftliche Gesamtrechnung deckt das gesamte Einkommen einer Volkswirtschaft innerhalb eines Zeitraums ab.

Wirtschaftswachstum
Wirtschaftswachstum ist fast immer von inflationären Tendenzen begleitet.

Nominalwachstum
Beim Nominalwachstum wird die Inflation nicht berücksichtigt.

Wettbewerb, Konkurrenz
Wettbewerb führt zu größerer Qualität, niedrigeren Preisen, mehr Innovation und Produktivitätssteigerungen.

Realwachstum
Man erwartet, dass das Realwachstum im nächsten Jahr nicht weniger als vier Prozent beträgt.

gross national product n [ˌgrəʊs ˌnæʃnəl ˈprɒdʌkt]
GNP [ˌdʒiː en ˈpiː]
The GNP is the total value of goods and services produced by one country, including net income from abroad, within a given period.

Bruttosozialprodukt (BSP)

Das BSP ist der Gesamtwert aller Waren und Dienstleistungen, einschließlich des im Ausland erwirtschafteten Nettoeinkommens, den ein Land innerhalb eines Zeitraumes erzielt.

gross domestic product n [ˌgrəʊs dəˈmestɪk ˈprɒdʌkt]
GDP [ˌdʒiː diː ˈpiː]
The GDP is the part of the gross national product which remains after the deduction of a country's net income from abroad.

Bruttoinlandsprodukt (BIP)

Das BIP ist der Teil des Bruttosozialprodukts, der nach Abzug des im Ausland erwirtschafteten Nettoeinkommens eines Landes verbleibt.

external equilibrium n [ɪkˌstɜːnl ˌiːkwɪˈlɪbriəm]
A balance of payments which is neither in the red nor in the black is indicative of an external equilibrium.

außenwirtschaftliches Gleichgewicht

Eine ausgeglichene Zahlungsbilanz ist ein Indiz für ein außenwirtschaftliches Gleichgewicht.

capital n [ˈkæpɪtl]
The rapid expansion of industry in the last two hundred years would have been impossible without the provision of capital to back it up.

Kapital

Die rasante Entwicklung der Industrie während der letzten zweihundert Jahre wäre ohne die Bereitstellung von Kapital nicht möglich gewesen.

capital stock n [ˌkæpɪtl ˈstɒk]
After the war, capital stock has increased with a decreasing tendency.

Kapitalstock

Nach dem Krieg ist der Kapitalstock mit abnehmender Tendenz gewachsen.

capital goods n pl [ˈkæpɪtl ˌgʊdz]
Any rise in the rate of interest is likely to affect the capital goods sector.

Investitionsgüter

Jeder Zinsanstieg wird sich wahrscheinlich auf den Investitionsgütersektor auswirken.

production n [prəˈdʌkʃn]
We must step up production in order to cope with demand.

Produktion, Erzeugung

Wir müssen die Produktion steigern, um mit der Nachfrage fertig zu werden.

producer n [prəˈdjuːsə]
Producers can be found in both the primary and secondary sectors.

Erzeuger, Produzent

Erzeuger gibt es sowohl im Grundstoffsektor als auch in der gewerblichen Industrie.

cycle of production n [ˌsaɪkl əv prəˈdʌkʃn]
The cycle of production covers the development of an economic good from the raw material to the finished product.

Produktionszyklus

Der Produktionszyklus umfasst die Entwicklung eines Wirtschaftsgutes vom Rohstoff bis zum Fertigerzeugnis.

factor of production n [ˌfæktə əv prəˈdʌkʃn]
The three factors of production are: land, labour and capital.

Produktionsfaktor

Die drei Produktionsfaktoren sind: Boden, Arbeit und Kapital.

labour n [ˈleɪbə]
As well as land and capital, labour is a major factor of production.

Arbeit, Arbeitskraft

Neben Boden und Kapital ist die Arbeit ein wichtiger Produktionsfaktor.

division of labour n [dɪˌvɪʒn əv ˈleɪbə]
The principle of the division of labour can be seen not only in business, families and tribes, but also in many animal species.

land n [lænd]
Land is traditionally defined as a primary factor of production.

trade n [treɪd]
Trade stimulates economic growth.

supply-side economics n [səˌplaɪsaɪd ˌɪkəˈnɒmɪks]
Supply-side economics focuses on the most cost-effective supply of resources, including labour.

economies of scale n pl [ɪˈkɒnəmiz əv ˈskeɪl]
It is said that larger markets lead to economies of scale.

free enterprise n [ˌfriː ˈentəpraɪz]
Free enterprise is the foundation of a capitalist economy.

free-market economy n [ˌfriː ˈmɑːkɪt ɪˌkɒnəmi]
In a free-market economy prices are determined by the law of supply and demand rather than by the government.

command economy n [kəˈmɑːnd ɪˌkɒnəmi]
In a command economy, the government draws up a national plan covering production, consumption and investment.
→ socialist economy

socialist economy n [ˈsəʊʃəlɪst ɪˌkɒnəmi]
In a socialist economy, money does not have universal purchasing power, because many goods and services are rationed.
→ command economy

self-sufficiency n [ˌself səˈfɪʃənsi]
Totalitarian systems preach self-sufficiency.

self-sufficient adj [ˌself səˈfɪʃənt]
Vietnam is self-sufficient in rice.

barter n [ˈbɑːtə]
Barter is common practice in countries with a very weak currency.

Arbeitsteilung
Das Prinzip der Arbeitsteilung ist nicht nur in Geschäften, Familien und Stämmen zu beobachten, sondern auch bei vielen Tierarten.

Boden, Land
Boden wird traditionell als primärer Produktionsfaktor definiert.

Handel
Der Handel regt das Wirtschaftswachstum an.

angebotsorientierte Wirtschaftspolitik

Eine angebotsorientierte Wirtschaftspolitik legt den Schwerpunkt auf das kostengünstigste Angebot von Ressourcen, einschließlich des Arbeitskräfteangebots.

Größendegression, Größenvorteile

Man sagt, dass größere Märkte zu Größendegression führen.

freies Unternehmertum
Das freie Unternehmertum ist die Grundlage einer kapitalistischen Wirtschaft.

freie Marktwirtschaft

Die Preise in einer freien Marktwirtschaft werden durch das Gesetz von Angebot und Nachfrage bestimmt und nicht durch die Regierung.

Planwirtschaft, sozialistisches Wirtschaftssystem
Bei einer Planwirtschaft erstellt die Regierung einen nationalen Plan, der Produktion, Verbrauch und Investitionen abdeckt.

sozialistisches Wirtschaftssystem, Planwirtschaft
In einem sozialistischen Wirtschaftssystem besitzt das Geld keine universelle Kaufkraft, da viele Güter und Dienstleistungen rationiert sind.

Autarkie
Totalitäre Systeme predigen Autarkie.

autark, unabhängig
Vietnam kann seinen Reisbedarf selbst decken.

Tauschhandel
Der Tauschhandel ist gang und gäbe in Ländern mit einer sehr schwachen Währung.

barter v ['bɑːtə]
In primitive economic systems, garments were bartered for animals.
→ swap

tauschen
In primitiven Wirtschaftssystemen wurden Kleidungsstücke gegen Tiere getauscht.

swap v coll [swɒp]
Before the introduction of money, goods were swapped.
→ barter

tauschen
Vor der Einführung des Geldes wurden Waren getauscht.

exchange n [ɪksˈtʃeɪndʒ]
Trade can be defined as the exchange of goods and services.

Austausch
Handel kann man als Austausch von Waren und Dienstleistungen definieren.

fiscal policy n [ˈfɪskl ˌpɒləsi]
The term 'fiscal policy' refers to the policy adopted on public or government money.

Finanzpolitik
Der Begriff „fiscal policy" bezieht sich auf die Politik, die bezüglich öffentlicher oder staatlicher Gelder angewendet wird.

business cycle n [ˈbɪznəs ˌsaɪkl]
In the 19th century, business cycles were explained as a result of sunspots, which were said to cause good or bad harvests.
→ trade cycle

Konjunkturzyklus
Im 19. Jahrhundert wurden Konjunkturzyklen als Folge der Sonnenflecken gedeutet, die angeblich gute Ernten bzw. Missernten hervorriefen.

trade cycle n [ˈtreɪd ˌsaɪkl]
There have been all sorts of theories to explain the trade cycle phenomenon.
→ business cycle

Konjunkturzyklus
Es hat alle möglichen Theorien zur Erklärung des Phänomens der Konjunkturzyklen gegeben.

boom n [buːm]
In times of a boom, prices, including the cost of labour, tend to rise.

Hochkonjunktur, Boom
In Hochkonjunkturphasen tendieren die Preise, einschließlich der Lohnkosten, nach oben.

deflation n [dɪˈfleɪʃn]
Rising interest rates now would inevitably lead to a period of deflation.

Deflation
Steigende Zinsen würden jetzt unweigerlich zu einer Deflationsphase führen.

depression n [dɪˈpreʃn]
The Great Depression of the early 1930s led to mass unemployment worldwide.

Wirtschaftskrise
Die Weltwirtschaftskrise der 30er Jahre des letzten Jahrhunderts führte weltweit zu Massenarbeitslosigkeit.

downswing n [ˈdaʊnswɪŋ]
The latest downswing is expected to lead to further job losses.
→ slump

Konjunkturrückgang, (Konjunktur-) Abschwung
Es wird erwartet, dass der neuste Konjunkturabschwung zu weiteren Arbeitsplatzverlusten führt.

inflation n [ɪnˈfleɪʃn]
Inflation is said to be the scourge of the capitalist system.

Inflation
Man sagt, die Inflation sei die Geißel des kapitalistischen Systems.

recession n [rɪˈseʃn]
If there is a recession, unemployment will get worse.

Rezession, Konjunkturrückgang
Wenn es eine Rezession gibt, dann wird die Arbeitslosigkeit schlimmer werden.

recovery n [rɪˈkʌvəri]
The experts predict a sustained recovery as from next year.

Aufschwung, Erholung
Die Experten sagen vom nächsten Jahr an einen nachhaltigen Aufschwung voraus.

stagflation n [stægˈfleɪʃn]

Stagflation is the nightmare of those in charge of economic policy.

Stagflation, Inflation bei gleichzeitiger Stagnation

Stagflation ist der Alptraum aller für die Wirtschaftspolitik Verantwortlichen.

slump n [slʌmp]

The trade cycle is an ongoing sequence of booms and slumps.
→ **downswing**

Konjunkturrückgang, (Konjunktur-) Abschwung

Der Konjunkturzyklus ist eine dauernde Abfolge von konjunkturellem Auf- und Abschwung.

subsidy n [ˈsʌbsədi]
Subsidies cost the taxpayer billions.
→ **subvention**

Subvention
Subventionen kosten den Steuerzahler Milliarden.

subvention n [sʌbˈvenʃn]
Brussels has decided to cut subventions.
→ **subsidy**

Subvention
Brüssel hat beschlossen, Subventionen zu kürzen.

subsidize v [ˈsʌbsɪdaɪz]
Coal mining has long been subsidized in Germany.

subventionieren
Der Kohlebergbau in Deutschland wird schon seit geraumer Zeit subventioniert.

private sector n [ˈpraɪvət ˌsektə]
Many formerly nationalized industries are now part of the private sector.

Privatwirtschaft, privater Sektor
Viele früher verstaatlichte Industrien sind jetzt Teil der Privatwirtschaft.

public sector n [ˈpʌblɪk ˌsektə]
Public sector employees are to get a 3% pay rise this year.

öffentlicher Sektor, staatlicher Sektor
Die im öffentlichen Sektor Beschäftigten erhalten dieses Jahr eine Lohn- bzw. Gehaltserhöhung von 3 %.

public sector borrowing requirement
n [ˌpʌblɪk ˌsektə ˈbɒrəʊɪŋ rɪˈkwaɪəmənt]
PSBR [ˌpiː es biː ˈɑː]
PSBR is likely to be higher again next year.

Kreditbedarf der öffentlichen Hand

Der Kreditbedarf der öffentlichen Hand dürfte im kommenden Jahr erneut steigen.

primary sector n [ˈpraɪməri ˌsektə]
Agriculture and fishing as well as mining and the extraction of oil are part of the primary sector.

Grundstoffsektor, primärer Sektor
Landwirtschaft und Fischfang sowie Bergbau und Ölförderung sind Teil des Grundstoffsektors.

secondary sector n [ˈsekəndri ˌsektə]
The secondary sector, i.e. manufacturing industry, has declined, while the service sector has grown.

gewerblicher Sektor, sekundärer Sektor
Der sekundäre Sektor, d. h. der gewerbliche Sektor, ist geschrumpft, während der Dienstleistungssektor gewachsen ist.

tertiary sector n [ˈtɜːʃəri ˌsektə]
The tertiary sector is the only sector to have grown in recent times.
→ **service sector**

Dienstleistungssektor, tertiärer Sektor
Der Dienstleistungssektor ist der einzige Sektor, der in der letzten Zeit gewachsen ist.

service sector n [ˈsɜːvɪsɪz ˌsektə]
In the UK some 70 per cent of the working population are employed in the service sector.
→ **tertiary sector**

Dienstleistungssektor, tertiärer Sektor
Im Vereinigten Königreich sind etwa 70 Prozent der arbeitenden Bevölkerung im Dienstleistungssektor beschäftigt.

ECONOMIC THEORY

services n pl ['sɜːvɪsɪz]
It would be a mistake to assume that an
economy can survive on services alone.

Dienstleistungen
Es wäre ein Fehler anzunehmen, dass eine
Volkswirtschaft allein auf der Basis von Dienst-
leistungen überleben kann.

infrastructure n ['ɪnfrəstrʌktʃə]
A good infrastructure is necessary for a
business or a country to function
efficiently.

Infrastruktur
Eine gute Infrastruktur ist notwendig für ein
Unternehmen oder ein Land um möglichst
effizient zu funktionieren.

development area n [dɪ'veləpmənt ‚eəriə]
Not only the fringes of Europe, but also
traditional industrial areas enjoying EU
regional aid are classified as
development areas.

Entwicklungsgebiet
Nicht nur Randgebiete Europas, sondern auch
traditionelle Industriereviere, die Regional-
förderung von der EU erhalten, haben den
Status von Entwicklungsgebieten.

industrial policy n [ɪn'dʌstriəl ‚pɒləsi]
If a government pursues an industrial
policy, it will seek to preserve existing
industries by means of subsidies and
create new industries with the help of
grants.

Industriepolitik
Wenn eine Regierung eine Industriepolitik
betreibt, dann wird sie versuchen, bestehende
Industrien mit Hilfe von Subventionen zu
erhalten und neue Industrien mit Hilfe von
Zuschüssen zu schaffen.

regional policy n ['riːdʒənl ‚pɒləsi]
The regional policy of the EU has
chiefly benefited long-neglected fringe
areas of Europe.

Regionalpolitik
Die Regionalpolitik der EU ist vor allem lange
vernachlässigten Randzonen Europas zugute
gekommen.

structural policy n ['strʌktʃərəl ‚pɒləsi]
The aim of structural policy is to create
a mix of industries.

Strukturpolitik
Das Ziel der Strukturpolitik besteht darin,
Industrien aus verschiedenen Bereichen zu
schaffen.

exhaustive industries n pl [ɪg'zɔːstɪv
‚ɪndəstriz]
Mining and quarrying are exhaustive
industries.
→ extractive industries

Grundstoffindustrien, Abbaubetriebe

Bergbau und die Gewinnung von Steinen und
Erden gehören zu den Grundstoffindustrien.

extractive industries n pl [ɪk'stræktɪv
‚ɪndəstriz]
Extractive industries deplete the earth's
resources.
→ exhaustive industries

Grundstoffindustrien, Abbaubetriebe

Grundstoffindustrien erschöpfen die
Ressourcen der Erde.

monetary policy n ['mʌnɪtri ‚pɒləsi]
A sound monetary policy is the only
effective way to control inflation.

Geldmengensteuerung, Geldpolitik
Eine vernünftige Geldmengensteuerung ist die
einzig wirksame Methode, um die Inflation zu
steuern.

monetary stability n [‚mʌnɪtri stə'bɪləti]
A capitalist system is based on monetary
stability. It cannot function properly in
times of high inflation.

Geldwertstabilität
Ein kapitalistisches System basiert auf der
Geldwertstabilität. In Zeiten einer hohen
Inflation kann es nicht richtig funktionieren.

money supply n ['mʌni səplaɪ]
Central banks employ various tools in
order to control the money supply, the
most important being the discount rate.

Geldmenge
Zentralbanken setzen verschiedene Werkzeuge
zur Steuerung der Geldmenge ein, wobei das
wichtigste der Diskontsatz ist.

monetarism n [ˈmʌnɪtərɪzəm]
Monetarism, i.e. controlling economic development solely by varying the money supply, succeeded in killing off not only inflation, but also many industries.

Monetarismus
Der Monetarismus, d. h. die ausschließliche Steuerung wirtschaftlicher Entwicklungen durch Veränderung der Geldmenge, machte nicht nur der Inflation, sondern auch vielen Industriezweigen ein Ende.

deficit spending n [ˈdefɪsɪt ˌspendɪŋ]

The concept of deficit spending was successfully implemented in pre-war Europe and in the New Deal policy of the Roosevelt administration.

Deficitspending, öffentliche Verschuldung durch Anleihenaufnahme
Das Konzept des Deficitspending wurde mit Erfolg im Vorkriegseuropa und in der New Deal-Politik der Regierung Roosevelt umgesetzt.

market n [ˈmɑːkɪt]
The market is the place where supply and demand meet.

Markt
Der Markt ist der Ort, wo Angebot und Nachfrage zusammentreffen.

market forces n pl [ˈmɑːkɪt ˌfɔːsɪz]
The price of goods is determined by market forces.

Marktkräfte
Der Preis einer Ware wird von Marktkräften bestimmt.

market saturation n [ˌmɑːkɪt ˌsætʃəˈreɪʃn]
For many consumer durables, such as cars, washing machines and fridges, market saturation has already been reached in Western Europe.

Marktsättigung

Für viele Gebrauchsgüter wie Autos, Waschmaschinen und Kühlschränke ist in Westeuropa bereits Marktsättigung erreicht worden.

perfect market n [ˌpɜːfɪkt ˈmɑːkɪt]
In a perfect market, there is perfect, i.e. undistorted competition.

vollkommener Markt
In einem vollkommenen Markt herrscht ein vollkommener Wettbewerb vor, d. h. es gibt keine Wettbewerbsverzerrungen.

demand n [dɪˈmɑːnd]
Excess demand will lead to rising prices.

Nachfrage
Eine überhöhte Nachfrage führt zu Preissteigerungen.

elasticity of demand n [ɪːlæˌstɪsəti əv dɪˈmɑːnd]
Elasticity of demand occurs if a small change in price results in a considerable change in demand.

Nachfrageelastizität

Nachfrageelastizität liegt vor, wenn eine geringfüge Veränderung des Preises eine erhebliche Veränderung der Nachfrage nach sich zieht.

excess demand n [ˌekses dɪˈmɑːnd]
Excess demand, with too much money chasing too few goods, is bound to lead to inflation.

Nachfrageüberhang, Nachfrageüberschuss
Ein Nachfrageüberhang, bei dem zu viel Geld und zu wenig Güter vorhanden sind, führt unweigerlich zu Inflation.

demand curve n [dɪˈmɑːnd ˌkɜːv]
A downward-sloping demand curve means that, as prices fall, buyers will be prepared to buy more of a product.

Nachfragekurve, Nachfragefunktion
Eine abwärts verlaufende Nachfragekurve bedeutet, dass Käufer bereit sind, in dem Maße mehr von einem Produkt zu kaufen, wie die Preise sinken.

pent-up demand n [ˌpentʌp dɪˈmɑːnd]
Pent-up demand will, if released, push up prices.

Nachfragestau
Ein Nachfragestau treibt bei seiner Freisetzung die Preise in die Höhe.

supply n [sə'plaɪ]
The greater the supply of funds available for lending, the lower the rate of interest.

Angebot
Je größer das Angebot an Geldmitteln, die zur Kreditvergabe verfügbar sind, um so niedriger der Zinssatz.

elasticity of supply n [ɪːlæˌstɪsəti əv sə'plaɪ]
Elasticity of supply is defined as the degree to which the supply of an item is sensitive to a change in price.

Angebotselastizität
Angebotselastizität wird definiert als das Maß, in dem die Angebotsmenge eines Artikels auf Preisveränderungen reagiert.

excess supply n [ˌekses sə'plaɪ]
Excess supply is likely to lead to lower prices.

Angebotsüberhang, Überangebot
Ein Angebotsüberhang führt wahrscheinlich zu Preissenkungen.

supply curve n [sə'plaɪ ˌkɜːv]
An upward-sloping supply curve indicates that, as the price of a product increases, suppliers will offer more of it.

Angebotskurve, Angebotsfunktion
Eine ansteigende Angebotskurve zeigt an, dass Anbieter ein Produkt in dem Maße vermehrt anbieten, wie dessen Preis steigt.

law of supply and demand n [ˌlɔː əv sə‚plaɪ ənd dɪ'mɑːnd]
In a state of perfect competition, prices are solely determined by the law of supply and demand.

Gesetz von Angebot und Nachfrage
Im Zustand des vollkommenen Wertbewerbs werden die Preise ausschließlich durch das Gesetz von Angebot und Nachfrage bestimmt.

compete v [kəm'piːt]
It's almost impossible to compete with a low-wage country.

konkurrieren
Mit einem Niedriglohnland zu konkurrieren ist fast unmöglich.

competitor n [kəm'petɪtə]
Our competitors claim to have come up with a much better product.

Konkurrent(in), Mitbewerber(in)
Unsere Konkurrenten behaupten, ein viel besseres Produkt entwickelt zu haben.

perfect competition n [ˌpɜːfɪkt ˌkɒmpə'tɪʃn]
In a world without government interference there may be perfect competition.

vollkommener Wettbewerb
In einer Welt ohne staatliche Einmischung mag es vollkommenen Wettbewerb geben.

imperfect competition n [ɪm‚pɜːfɪkt ˌkɒmpə'tɪʃn]
Whenever there is government interference in the market there is imperfect competition.

unvollkommener Wettbewerb
Jedes Mal wenn die Regierung in den Markt eingreift, gibt es unvollkommenen Wettbewerb.

cartel n [kɑː'tel]
The Organization of the Petroleum Exporting Countries (OPEC) is the best-known example of an international commodity cartel.

Kartell
Die Organisation der Erdöl exportierenden Länder (OPEC) ist das beste Beispiel eines internationalen Rohstoffkartells.

monopoly n [mə'nɒpəli]
The postal service in Britain is a government monopoly.

Monopol
Der Postdienst in Großbritannien ist ein staatliches Monopol.

oligopoly n [ˌɒlɪ'gɒpəli]
An oligopoly occurs when only a small number of businesses are responsible for a large proportion of output and employment.

Oligopol
Ein Oligopol liegt vor, wenn eine geringe Anzahl von Unternehmen für einen großen Anteil des Umsatzes und der Arbeit verantwortlich ist.

Monopolies and Mergers Commission
n GB [məˌnɒpəlız ənd ˌmɜːdʒəz kəˈmɪʃn]
MMC [ˌem em ˈsiː]
Mega-mergers are subject to MMC
approval.

demerge v [dɪˈmɜːdʒ]
The German chemical industry was
demerged after the war, with the result
that each of the hived-off groups is now
as powerful as IG Farben once was.

demerger n [dɪˈmɜːdʒə]
Demergers usually lead to greater
efficiency.

locational factor n [ləʊˌkeɪʃnəl ˈfæktə]
A functioning transportation network is
an important industrial locational factor.

manufacturer n [ˌmænjuˈfæktʃərə]
General Motors is America's leading
automobile manufacturer.

manufacture v [ˌmænjuˈfæktʃə]
Pencils have been manufactured in
Nuremberg since the 1500s.

finished product n [ˌfɪnɪʃt ˈprɒdʌkt]
A motorcar, comprising many compon-
ents, is an example of a finished product.

semi-finished products n pl
[ˌsemifɪnɪʃt ˈprɒdʌkts]
Germany imports semi-finished products
on a large scale and then processes them.

goods n pl [gʊdz]
In a barter system, goods are swapped
against other goods or services.

basic necessities n pl [ˌbeɪsɪk
nəˈsesətiz]
It is the task of any government to
ensure that basic necessities are and
remain affordable.

wants n pl [wɒnts]
According to the Manchester School,
there will always be a market to satisfy
all wants.

price n [praɪs]
Prices are determined by supply and
demand.

administered price n [ədˌmɪnɪstəd
ˈpraɪs]
There used to be an administered price
for bread in France.

Kartellamt

„Elefantenhochzeiten" müssen vom Kartellamt
genehmigt werden.

entflechten
Die deutsche chemische Industrie wurde nach
dem Krieg entflochten. Das Ergebnis war, dass
jeder der ausgegliederten Konzerne inzwischen
so mächtig ist, wie es die IG Farben einmal war.

Entflechtung
Entflechtungen führen gewöhnlich zu größerer
Effizienz.

Standortfaktor
Ein funktionierendes Verkehrsnetz ist ein
wichtiger Standortfaktor für die Industrie.

Hersteller(in), Produzent(in)
General Motors ist Amerikas führender
Automobilhersteller.

herstellen, produzieren
Bleistifte werden in Nürnberg seit dem 16.
Jahrhundert hergestellt.

Fertigerzeugnis, Fertigware
Ein Automobil, das aus vielen Bauteilen
besteht, ist ein Beispiel für ein Fertigerzeugnis.

Halbfabrikate, unfertige Erzeugnisse

Deutschland importiert in großem Maßstab
Halbfabrikate zur Veredelung.

Ware(n), Güter
In einer Tauschwirtschaft werden Waren gegen
andere Waren bzw. Dienstleistungen getauscht.

das Lebensnotwendigste

Es ist Aufgabe einer jeden Regierung, dafür zu
sorgen, dass das Lebensnotwendigste erschwinglich ist und bleibt.

Bedürfnisse
Den klassischen Wirtschaftsliberalen zufolge
wird es immer einen Markt zur Befriedigung
aller Bedürfnisse geben.

Preis
Preise werden durch Angebot und Nachfrage
bestimmt.

staatlich regulierter Preis

Früher gab es in Frankreich einen staatlich
regulierten Brotpreis.

equilibrium market price n
[iːkwɪˌlɪbriəm ˌmɑːkɪt ˈpraɪs]
We have equilibrium market prices when
demand is perfectly equal to supply, i.e.
there are no distortions.

Gleichgewichtspreis

Wir haben Gleichgewichtspreise, wenn die
Nachfrage völlig mit dem Angebot über-
einstimmt, d. h. es gibt keine Verzerrungen.

maximum price n [ˈmæksɪməm praɪs]
Maximum prices are fixed by governments in order to protect the consumer.

Höchstpreis
Höchstpreise werden von Regierungen zum
Schutz des Verbrauchers festgesetzt.

minimum price n [ˈmɪnɪməm ˌpraɪs]
If European farmers cannot sell their
produce at the stipulated minimum price,
the EU agency will buy the produce.

Mindestpreis
Wenn europäische Bauern ihre Erzeugnisse
nicht zum festgesetzten Mindestpreis absetzen
können, dann kauft die EU die Erzeugnisse auf.

price control n [ˈpraɪs kəntrəʊl]
It may be necessary to have price
controls for staple foods.

Preiskontrolle
Preiskontrollen können für Grundnahrungs-
mittel von Nöten sein.

price elasticity n [ˈpraɪs iːlæstɪsəti]
The aim of introducing brand name
goods is to reduce price elasticity.
→ price sensitivity

Preiselastizität
Das Ziel der Einführung von Markenartikeln ist
die Reduzierung der Preiselastizität.

price sensitivity n [ˈpraɪs sensəˌtɪvəti]
Manufacturers have a vested interest in
keeping the price sensitivity of their
products low.
→ price elasticity

Preiselastizität, Preisempfindlichkeit
Hersteller haben ein natürliches Interesse an
einer geringen Preiselastizität ihrer Produkte.

resale price maintenance n [ˌriːseɪl
ˌpraɪs ˈmeɪntənəns]
Resale price maintenance was abolished
in Britain in the 1960s, except for books,
which followed in 1997.

**vertikale Preisbindung, Preisbindung der
zweiten Hand**
Die vertikale Preisbindung wurde in
Großbritannien in den sechziger Jahren
abgeschafft, für Bücher allerdings erst 1997.

collusion n [kəˈluːʒn]
There is often collusion when public
building contracts are awarded.

unerlaubte geheime Absprache
Bei der Vergabe von öffentlichen Bauaufträgen
gibt es oft unerlaubte geheime Absprachen.

restrictive practices n pl [rɪˌstrɪktɪv
ˈpræktɪsiz]
Restrictive practices are a matter for the
Office of Fair Trading.

wettbewerbswidriges Verhalten

Wettbewerbswidriges Verhalten ist eine Sache
für das Amt für Verbraucherschutz.

Office of Fair Trading n GB [ˌɒfɪs əv
feə ˈtreɪdɪŋ] OFT [ˌəʊ ef ˈtiː]
The OFT investigates allegations of
restrictive practices.

Amt für Verbraucherschutz

Das Amt für Verbraucherschutz geht
Vorwürfen wettbewerbsbeschränkenden
Verhaltens nach.

regulate v [ˈregjuleɪt]
The insurance industry is still regulated
to some extent.

kontrollieren
Die Versicherungswirtschaft wird immer noch
bis zu einem gewissen Grad kontrolliert.

regulator n [ˈregjuleɪtə]
Electricity prices may only be raised if
the regulator approves.
→ watchdog

Aufsichtsamt, Aufsichtsbehörde
Strompreise dürfen nur mit Genehmigung des
Aufsichtsamts erhöht werden.

watchdog n ['wɒtʃdɒg]
The chief function of a watchdog is to protect the consumer.
→ regulator

Aufsichtsamt, Aufsichtsbehörde
Die wichtigste Funktion eines Aufsichtsamts besteht darin, den Verbraucher zu schützen.

consumer n [kən'sju:mə]
There are various magazines which help the consumer find the best product.

Verbraucher(in), Konsument(in)
Es gibt verschiedene Zeitschriften, die dem Verbraucher helfen, das beste Produkt zu finden.

consumer durables n pl [kən,sju:mə 'djʊərəbls]
Televisions and cars are consumer durables.

Gebrauchsgüter, langlebige Konsumgüter
Fernsehgeräte und Autos sind Gebrauchsgüter.

consumer goods n pl [kən'sju:mə gʊdz]
Any rise in the sale of consumer goods can be interpreted as a sign of an incipient boom.

Konsumgüter, Verbrauchsgüter
Jeder Anstieg beim Absatz von Konsumgütern kann als Anzeichen für einen beginnenden Konjunkturaufschwung gedeutet werden.

consumption n [kən'sʌmpʃn]
Consumption usually means destruction, unless there is a degree of recycling.

Verbrauch, Konsum
Verbrauch bedeutet gewöhnlich Zerstörung, es sei denn, es gibt ein gewisses Maß an Recycling.

perishables n pl ['perɪʃəblz]
All foods are perishables.

(leicht) verderbliche Waren
Alle Lebensmittel sind verderbliche Waren.

utility n [ju:'tɪləti]
Even if they are part of the private sector, utilities should be subject to public inspection.

Versorgungsbetrieb
Versorgungsbetriebe sollten auch dann der öffentlichen Kontrolle unterliegen, wenn sie ein Teil der Privatwirtschaft sind.

purchasing power n ['pɜ:tʃəsɪŋ ,paʊə]
Real money, as opposed to vouchers, has real purchasing power.

Kaufkraft
Echtes Geld hat im Gegensatz zu Gutscheinen echte Kaufkraft.

cost of living n [kɒst əv 'lɪvɪŋ]
The cost of living is usually defined by means of the retail price index, i.e. by means of a basket of goods and services.

Lebenshaltungskosten
Die Lebenshaltungskosten werden normalerweise über den Einzelhandelspreisindex definiert, d. h. über einen Korb von Waren und Dienstleistungen.

transfer income n ['trænsfɜ: 'ɪnkʌm]
Transfer income is the type of income received by people who do not provide any goods or services, for example pensioners or those on social security.

Transfereinkommen
Das Transfereinkommen ist die Art von Einkommen, das Personen erhalten, die weder Güter liefern noch Dienstleistungen erbringen, z. B. Rentner oder Sozialhilfeempfänger.

standard of living n [,stændəd əv 'lɪvɪŋ]
The standard of living we enjoy today cannot be compared with that of former generations.

Lebensstandard
Der heutige Lebensstandard ist mit dem früherer Generationen nicht zu vergleichen.

full employment n [,fʊl ɪm'plɔɪmənt]
Even 1% unemployment counts as full employment.

Vollbeschäftigung
Selbst bei 1 % Arbeitslosigkeit spricht man von Vollbeschäftigung.

unemployment n [,ʌnɪm'plɔɪmənt]
Governments must act to combat unemployment.

Arbeitslosigkeit
Regierungen müssen etwas zur Bekämpfung der Arbeitslosigkeit unternehmen.

ECONOMIC THEORY

business administration n ['bɪznəs
admɪnɪsˌtreɪʃn]
Students often read business administration after taking a degree in economics.
→ **business studies**

Betriebswirtschaft(slehre)

Studenten absolvieren oft ein Studium der
Betriebswirtschaftslehre nach ihrem VWL-
Diplom.

business studies n ['bɪznəs ˌstʌdiz]
Business studies has become a popular
subject in recent years.
→ **business administration**

Betriebswirtschaft(slehre)

BWL ist in den letzten Jahren ein beliebtes Fach
geworden.

invest v [ɪn'vest]
If we hadn't invested heavily over the
years, we would be bankrupt by now.

investieren

Wenn wir im Laufe der Jahre nicht stark investiert hätten, dann wären wir jetzt schon pleite.

investment n [ɪn'vestmənt]
Low interest rates act as a spur to
investments.

Investition

Niedrige Zinsen sind ein Ansporn für
Investitionen.

investor n [ɪn'vestə]
Investors tend to go abroad if returns
are higher there.

Investor(in), Anleger(in)

Investoren gehen gewöhnlich ins Ausland, wenn
die Renditen dort höher sind.

interest n ['ɪntrəst]
We've acquired a minority interest in a
leading Swiss watchmaker.
→ **stake**

Beteiligung, Anteil

Wir haben eine Minderheitsbeteiligung an
einem führenden Schweizer Uhrenhersteller
erworben.

stake n [steɪk]
Our stake in this company is now 35%.
→ **interest**

Beteiligung

Unsere Beteiligung an der Gesellschaft beträgt
nun 35 %.

assets n pl ['æsets]
The company was forced to divest itself
of assets in order to pay a dividend to its
shareholders.

Vermögen, Aktiva, Vermögenswerte

Um eine Dividende an die Aktionäre zahlen zu
können, war die Gesellschaft gezwungen, einen
Teil ihres Vermögens zu veräußern.

current assets n pl [ˌkʌrənt 'æsets]
Our current assets are not sufficient to
repay the loan.

Umlaufvermögen

Unser Umlaufvermögen reicht nicht zur
Tilgung des Darlehens.

fixed assets n pl [fɪkst 'æsets]
The company has fixed assets worth £3
million.

Anlagevermögen

Die Firma hat Anlagevermögen im Wert von
drei Millionen Pfund.

intangible assets n pl [ɪnˌtændʒəbl
'æsets]
Goodwill, patents, trademarks etc. are
intangible assets.

immaterielle Vermögenswerte

Goodwill, Patente, Warenzeichen usw. sind
immaterielle Vermögenswerte.

tangible assets n pl [ˌtændʒəbl 'æsets]
Plant and machinery are tangible assets.

materielle Vermögenswerte, Sachvermögen
Anlagen und Maschinen sind materielle
Vermögenswerte.

accounting n [ə'kaʊntɪŋ]

There are various accounting principles.

**Bilanzierung, Rechnungswesen,
Bilanzbuchhaltung**
Es gibt verschiedene Bilanzierungsgrundsätze.

accounting period n [əˈkaʊntɪŋ pɪərɪəd]
Although the traditional accounting period is one year, many companies now prepare quarterly, monthly or even weekly accounts.

Rechnungsperiode, Abrechnungszeitraum
Obwohl die traditionelle Rechnungsperiode ein Jahr ist, erstellen viele Firmen heutzutage vierteljährliche, monatliche oder sogar wöchentliche Bilanzen.

accounting standards n pl [əˈkaʊntɪŋ stændədz]
The accounting standards laid down by the appropriate professional bodies must be adhered to.

Grundsätze ordnungsgemäßer Buchführung
Die von den jeweiligen berufsständischen Körperschaften festgelegten Grundsätze ordnungsgemäßer Buchführung müssen eingehalten werden.

unit of account n [juːnɪt əv əˈkaʊnt]
U/A [juː ˈeɪ]
Since crude oil is invoiced in dollars, the dollar is the unit of account of the world's petroleum trade.

Rechnungseinheit
Da Rohöl in Dollar fakturiert wird, ist der Dollar die Rechnungseinheit für den Erdölwelthandel.

annual accounts n pl [ˌænjuəl əˈkaʊnts]
All business organizations are required by law to produce annual accounts.

Jahresabschluss
Alle Unternehmensformen sind gesetzlich verpflichtet, einen Jahresabschluss vorzulegen.

financial year n [faɪˌnænʃl ˈjɪə]
In the current financial year we might well break even.

Geschäftsjahr, Rechnungsjahr
Im laufenden Geschäftsjahr könnten wir durchaus die Gewinnschwelle erreichen.

statement of affairs n [ˌsteɪtmənt əv əˈfeəz]
Bankrupts are required to produce a statement of affairs showing all their assets and liabilities.

Bericht über die Vermögenslage, Offenbarungseid
Konkursschuldner müssen einen Bericht über die Vermögenslage vorlegen, der ihr gesamtes Vermögen und all ihre Verbindlichkeiten darlegt.

balance sheet n [ˈbæləns ʃiːt]
A balance sheet shows a company's assets and liabilities on the last day of the accounting period.

Bilanz
Eine Bilanz zeigt die Aktiva und Passiva eines Unternehmens am letzten Tag der Rechnungsperiode.

window dressing n [ˈwɪndəʊ ˌdresɪŋ]
Window dressing is designed to deceive creditors, investors and customers.

Bilanzschönung, Window-Dressing
Eine Bilanzschönung soll Gläubiger, Anleger und Kunden täuschen.

audit n [ˈɔːdɪt]
The purpose of an audit is to ascertain whether or not the balance sheets show a true and fair view of the financial state of affairs of the company concerned.

Revision, Buchprüfung, Bilanzprüfung
Der Zweck einer Revision besteht darin, festzustellen, ob die Bilanzen ein wahrheitsgemäßes und angemessenes Abbild der Finanzlage des betreffenden Unternehmens darstellen.

audit v [ˈɔːdɪt]
A well-known firm of chartered accountants has been commissioned to audit the books.

Bilanzen prüfen, Bücher prüfen, Revision durchführen
Eine bekannte Wirtschaftsprüfungsgesellschaft ist mit der Prüfung der Bücher beauftragt worden.

auditor n [ˈɔːdɪtə]
The auditors prepare a report which states, among other things, whether the accounts have been properly kept.

Wirtschaftsprüfer(in), Revisor(in)
Die Wirtschaftsprüfer erstellen einen Bericht, der u. a. darlegt, ob die Bücher ordnungsgemäß geführt worden sind.

accruals n pl [əˈkruːəlz]
Accruals must be included in the balance
for the period in which they occur.

Antizipativa, antizipative Posten
Antizipativa müssen in der Bilanz der Rechnungsperiode erscheinen, in der sie entstehen.

deferrals n pl [dɪˈfɜːrəlz]
Deferrals may be assets or liabilities
which will only in fact accrue in the
future, but are already accounted for.

transitorische Posten, Transitive
Transitorische Posten können Aktiva oder
Passiva sein, die erst in der Zukunft entstehen,
aber bereits in die Bilanz eingegangen sind.

appreciate v [əˈpriːʃieɪt]
The euro has appreciated against the
dollar in the last few months.

(im Wert) steigen
Der Euro ist in den letzten Monaten im
Verhältnis zum Dollar gestiegen.

appreciation n [əˌpriːʃiˈeɪʃn]
The balance sheet shows a marked
appreciation in the company's industrial
shareholdings.

Wertsteigerung
Die Bilanz zeigt eine deutliche Wertsteigerung
bei den Industriebeteiligungen der Gesellschaft.

depreciate v [dɪˈpriːʃieɪt]
Fixed assets are usually depreciated over
a period of five years.

abschreiben
Anlagegüter werden normalerweise über einen
Zeitraum von fünf Jahren abgeschrieben.

depreciation n [dɪˌpriːʃiˈeɪʃn]
The depreciation period for fixed assets
is normally five years.

Abschreibung
Der Abschreibungszeitraum für Anlagevermögen ist normalerweise fünf Jahre.

write down v [raɪt ˈdaʊn]
Some of our assets have long been
written down.

teilabschreiben
Einige unserer Anlagegüter sind schon längst
teilabgeschrieben.

write-down n [ˈraɪtdaʊn]
Due to write-down, our assets have
decreased this year.

Teilwertberichtigung, Teilabschreibung
Infolge der Teilwertberichtigung ist unser Anlagevermögen dieses Jahr niedriger angesetzt
worden.

write up v [ˌraɪt ˈʌp]
As a result of inflation, some assets will
be written up.

höher bewerten, höher bilanzieren
Als Folge der Inflation werden einige Anlagegüter höher bewertet.

write-off n [ˈraɪtɒf]
After the crash, the car was a write-off.

Totalschaden, Vollabschreibung
Nach dem Zusammenstoß war das Auto ein
Totalschaden.

depreciation n [dɪˌpriːʃiˈeɪʃn]
Depreciation must be charged against
profits because fixed assets are subject to
wear and tear or obsolescence.

Wertminderung, Wertverlust
Wertminderungen müssen mit dem Gewinn
verrechnet werden, da das Anlagevermögen
verschleißt oder veraltet.

depreciate v [dɪˈpriːʃieɪt]
Fixed assets are subject to wear and tear
and therefore depreciate in value.

an Wert verlieren
Da das Anlagevermögen verschleißt oder
veraltet, verliert es an Wert.

overheads n pl [ˈəʊvəhedz]
Overheads include items like heating,
cleaning or rent.

Gemeinkosten, indirekte Kosten
Die Gemeinkosten schließen Kostenstellen wie
Heizung, Reinigung oder Miete ein.

historic cost(s) n [hɪˌstɒrɪk ˈkɒsts]
Assets are usually entered in a balance
sheet at historic cost.

Gestehungskosten, Einstandskosten
Anlagegüter werden normalerweise zu
Gestehungskosten bilanziert.

in the black adv [ɪn ðə 'blæk]
Germany's balance of trade is always in the black.

in den schwarzen Zahlen
Deutschlands Handelsbilanz ist immer in den schwarzen Zahlen.

in the red adv [ɪn ðə 'red]
My account has a habit of being in the red all the time.

in den roten Zahlen
Mein Konto ist regelmäßig in den roten Zahlen.

provisions n pl [prə'vɪʒnz]
Banks make provisions for bad and doubtful debts.

Rückstellungen
Banken nehmen Rückstellungen für uneinbringliche und zweifelhafte Forderungen vor.

reserves n pl [rɪ'zɜːvz]
Fortunately, we have sufficient reserves to pay an unchanged dividend.

Rücklagen, Reserven
Glücklicherweise verfügen wir über hinreichend große Rücklagen, um eine unveränderte Dividende zahlen zu können.

break even v [breɪk 'iːvn]

We are confident that we will break even next year.

Kostendeckung erreichen, mit Plus-Minus-Null arbeiten
Wir sind zuversichtlich, dass wir im nächsten Jahr kostendeckend arbeiten werden.

break-even (point) n [breɪk 'iːvn pɔɪnt]
Reaching break-even is our immediate objective.

Gewinnschwelle, Kostendeckungspunkt
Das Erreichen der Gewinnschwelle ist unser unmittelbares Ziel.

allocate v ['æləkeɪt]
I've been allocated a new task.

zuweisen
Mir ist eine neue Aufgabe zugewiesen worden.

allocation n [ˌælə'keɪʃn]
Allocations help trace responsibility for costs to the relevant department.

Zuweisung, Allokation
Zuweisungen ermöglichen die Zuordnung von Kosten zu den betreffenden Abteilungen.

controlling n [kən'trəʊlɪŋ]
Controlling means constantly monitoring financial targets.

Controlling
Controlling bedeutet die ständige Überwachung der finanziellen Ziele.

cost accounting n ['kɒst əˌkaʊntɪŋ]
Without proper cost accounting, your firm will soon be bankrupt.

Kostenrechnung
Ohne eine richtige Kostenrechnung wird Ihre Firma bald Pleite gehen.

cost centre accounting n ['kɒst sentər əˌkaʊntɪŋ]
Cost centre accounting helps allocate costs to their proper source.

Kostenstellenrechnung

Die Kostenstellenrechnung hilft bei der Zuordnung von Kosten zum Verursacher.

cost-benefit analysis n [kɒstˌbenɪfɪt ə'næləsɪs]
We need a realistic cost-benefit analysis before embarking on this project.

Kosten-Nutzen-Analyse, Kosten-Nutzen-Rechnung
Wir brauchen eine realistische Kosten-Nutzen-Analyse, bevor wir uns auf das Projekt einlassen.

cash flow n ['kæʃ fləʊ]
Cash flow is the difference between cash receipts and cash payments at a given time.

Cashflow
Der Cashflow ist die Differenz zwischen Bareinnahmen und Barausgaben zu einem bestimmten Zeitpunkt.

current capital n [ˌkʌrənt 'kæpɪtl]
The current capital of an enterprise is the money earmarked for production purposes.
→ circulating capital, working capital

Betriebskapital, Umlaufvermögen
Das Betriebskapital eines Unternehmens ist das Geld, das für Produktionszwecke vorgesehen ist.

circulating capital n [ˌsɜːkjəleɪtɪŋ 'kæpɪtl]
The circulating capital is used to produce goods which are sold for money, which is used again to produce goods.
→ current capital, working capital

Betriebskapital, Umlaufvermögen

Das Betriebskapital wird für die Produktion von Gütern verwendet, die gegen Geld verkauft werden, das dann wieder für die Produktion von Gütern verwendet wird.

working capital n ['wɜːkɪŋ ˌkæpɪtl]
Working capital consists of merchandise stock and liquid resources.
→ circulating capital, current capital

Betriebskapital, Umlaufvermögen
Das Betriebskapital besteht aus Warenbeständen und flüssigen Mitteln.

net current assets n pl [ˌnet ˌkʌrənt 'æsets]
Our company will have to increase its net current assets if it is to go on trading successfully.
→ working capital

Nettoumlaufvermögen

Unsere Gesellschaft muss ihr Nettoumlaufvermögen erhöhen, wenn sie weiter erfolgreich arbeiten will.

working capital n ['wɜːkɪŋ ˌkæpɪtl]
The working capital is the difference between a company's current assets and current liabilities.
→ net current assets

Nettoumlaufvermögen
Das Nettoumlaufvermögen ist die Differenz zwischen dem Umlaufvermögen und den kurzfristigen Verbindlichkeiten eines Unternehmens.

debenture capital n [dɪ'bentʃə ˌkæpɪtl]
The drawback of debenture capital is that the borrowing company will have to pay interest on it at regular intervals.
→ debt capital

Anleihekapital, Fremdkapital
Der Nachteil von Anleihekapital besteht darin, dass das Unternehmen, welches den Kredit aufgenommen hat, in regelmäßigen Abständen Zinsen bezahlen muss.

debt capital n ['det ˌkæpɪtl]
Investors who provide debenture capital receive regular interest payments.
→ debenture capital

Anleihekapital, Fremdkapital
Investoren, die Anleihekapital zur Verfügung stellen, erhalten regelmäßig Zinszahlungen.

direct costs n pl [dəˌrekt 'kɒsts]
As output increases, so will direct costs.

direkte Kosten
In dem Maße, wie die Produktionsmenge steigt, steigen auch die direkten Kosten.

fixed cost(s) n [fɪkst 'kɒsts]
Rent is part of a company's fixed costs.

Fixkosten, Gemeinkosten
Die Miete ist ein Teil der Fixkosten eines Unternehmens.

incremental cost(s) n [ˌɪŋkrə'mentl ˌkɒsts]
Increased production will result in incremental costs of £50 per item.
→ marginal cost(s)

Grenzkosten

Eine Erhöhung der Produktion wird Grenzkosten von 50 Pfund pro Stück zur Folge haben.

marginal cost(s) n [ˌmɑːdʒɪnl 'kɒsts]
Marginal cost is defined as the extra cost of increasing production by one more unit.
→ incremental cost(s)

Grenzkosten
Grenzkosten werden definiert als die zur Erhöhung der Produktion um eine Einheit erforderlichen Zusatzkosten.

labour cost(s) n ['leɪbə ˌkɒsts]
Labour costs consist of wages and salaries plus wage incidentals.

Arbeitskosten, Personalkosten
Die Arbeitskosten setzen sich zusammen aus Löhnen und Gehältern plus Lohnnebenkosten.

replacement cost(s) n [rɪ'pleɪsmənt ˌkɒsts]
Estimating replacement costs rather than historic costs is more realistic.

unit cost(s) n [ˈjuːnɪt ˌkɒsts]
Stepping up production and putting on a third shift is bound to considerably reduce unit costs.

variable cost(s) n [ˈveəriəbl ˌkɒsts]
Our electricity bill is a variable cost because the more we produce, the greater our electricity consumption.

wage costs n pl [ˈweɪdʒ ˌkɒsts]
Wage costs are the most important part of the total labour costs.

wage incidentals n pl [ˈweɪdʒ ɪnsɪˌdentlz]
German companies are said to be hampered by excessive wage incidentals.

total cost(s) n pl [ˌtəʊtl 'kɒsts]
The total costs of the project must not exceed $5.5 m.

cost price n [ˈkɒst ˌpraɪs]
Employees can sometimes buy products from their company at cost price.

expense account n [ɪkˈspens əˌkaʊnt]
Don't overdraw your expense account.

deficit n [ˈdefɪsɪt]
Nationalized industries usually show a deficit, but they are subject to a public service obligation.

profit n [ˈprɒfɪt]
Profit can be defined as the selling price minus the cost price.

profit margin n [ˈprɒfɪt ˌmɑːdʒɪn]
Some British tour operators went out of business because their profit margins were less than five per cent.
→ margin of profit

margin of profit n [ˌmɑːdʒɪn əv ˈprɒfɪt]
We need a margin of profit of at least ten per cent to be able to establish some reserves.
→ profit margin

profitability n [prɒfɪtəˈbɪləti]
We must make an effort to increase profitability.

Wiederbeschaffungskosten
Wiederbeschaffungskosten anstelle von Einstandskosten anzusetzen ist realistischer.

Stückkosten
Das Hochfahren der Produktion und die Einführung einer dritten Schicht werden automatisch die Stückkosten erheblich senken.

variable Kosten
Unsere Stromrechnung ist ein variabler Kostenfaktor, da unser Stromverbrauch mit steigender Produktion in die Höhe geht.

Lohnkosten
Die Lohnkosten sind der wichtigste Teil der gesamten Arbeitskosten.

Lohnnebenkosten
Man sagt, deutsche Unternehmen seien durch allzu hohe Lohnnebenkosten belastet.

Gesamtkosten
Die Gesamtkosten des Projekts dürfen 5,5 Millionen Dollar nicht übersteigen.

Selbstkostenpreis, Einstandspreis
Mitarbeiter können manchmal Erzeugnisse ihrer Firma zum Selbstkostenpreis erstehen.

Spesenkonto
Überziehen Sie Ihr Spesenkonto nicht.

Defizit, Fehlbetrag
Verstaatlichte Industrien weisen normalerweise ein Defizit auf, aber sie haben einen öffentlichen Leistungsauftrag.

Gewinn
Der Gewinn kann als Differenz zwischen dem Verkaufspreis und dem Selbstkostenpreis definiert werden.

Gewinnspanne
Einige britische Reiseveranstalter stellten den Geschäftsbetrieb ein, weil ihre Gewinnspannen unter fünf Prozent lagen.

Gewinnspanne
Wir benötigen eine Gewinnspanne von mindestens zehn Prozent, um Rücklagen bilden zu können.

Rentabilität
Wir müssen uns anstrengen, um die Rentabilität zu steigern.

profit and loss account n [ˌprɒfɪt ənd 'lɒs əˌkaʊnt]
The profit and loss account shows both the gross profit and the net profit, i.e. the pre-tax profit, of an enterprise.

Gewinn- und Verlustrechnung (GuV)
Die Gewinn- und Verlustrechnung stellt sowohl den Brutto- als auch den Nettogewinn, d. h. den Vorsteuergewinn eines Unternehmens, dar.

gross profit n ['grəʊs ˌprɒfɪt]
The gross profit is the difference between the sales revenue and the cost of sales, i.e. before distribution, administration and other costs are deducted.
→ **trading profit**

Bruttogewinn
Der Bruttogewinn ist die Differenz zwischen dem Umsatzerlös und den Umsatzkosten, d. h. vor Abzug von Vertriebs-, Verwaltungs- und sonstigen Kosten.

trading profit n ['treɪdɪŋ ˌprɒfɪt]
We've made a trading profit of £500 on each car sold.
→ **gross profit**

Bruttogewinn, Betriebsgewinn
Wir haben einen Bruttogewinn von 500 Pfund für jedes verkaufte Auto erzielt.

net profit n ['net ˌprɒfɪt]
Net profits before tax are significantly below expectations.

Nettogewinn, Reingewinn
Die Nettogewinne vor Steuer sind deutlich hinter den Erwartungen zurückgeblieben.

pre-tax profit n ['priːtæks ˌprɒfɪt]
Pre-tax profits turned out to be higher than expected.

Gewinn vor Steuern, Vorsteuergewinn
Der Gewinn vor Steuern fiel höher als erwartet aus.

surplus n ['sɜːpləs]
The Common Agricultural Policy (CAP) of the European Union is said to cause unnecessary surpluses.

Überschuss
Die Gemeinsame Agrarpolitik der EU verursacht angeblich unnötige Überschüsse.

windfall profit n ['wɪndfɔːl ˌprɒfɪt]
In the 1970s, oil producers reaped considerable windfall profits.

unerwarteter Gewinn, Zufallsgewinn
In den 70er Jahren des letzten Jahrhunderts erzielten Ölproduzenten unerwartete Gewinne in erheblicher Höhe.

liquidity n [lɪ'kwɪdəti]
Our liquidity has improved distinctly in the last few years.

Zahlungsfähigkeit, Liquidität
Unsere Zahlungsfähigkeit hat sich in den letzten Jahren deutlich verbessert.

rate of return n [ˌreɪt əv rɪ'tɜːn]
Gilt-edged stocks offer a safe rate of return.
→ **return, yield**

Rendite, Ertrag
Staatsanleihen bieten eine sichere Rendite.

return n [rɪ'tɜːn]
Any net return on investment in excess of 10% is unusual in inflationary times.
→ **rate of return, yield**

Rendite, Ertrag
Jede Netto-Investitionsrendite, die über 10 Prozent hinausgeht, ist ungewöhnlich in Zeiten der Inflation.

yield n [jiːld]
Why not invest abroad as long as the yield is attractive enough?
→ **rate of return, return**

Rendite, Ertrag
Warum sollte man nicht im Ausland investieren, solange die Rendite attraktiv genug ist?

proceeds n pl ['prəʊsiːdz]
We would ask you to dispose of the remaining items as you see fit and to remit the proceeds less commission.

Erlös
Wir möchten Sie bitten, die Restposten nach Ihrem Ermessen zu veräußern und den Erlös abzüglich Provision zu überweisen.

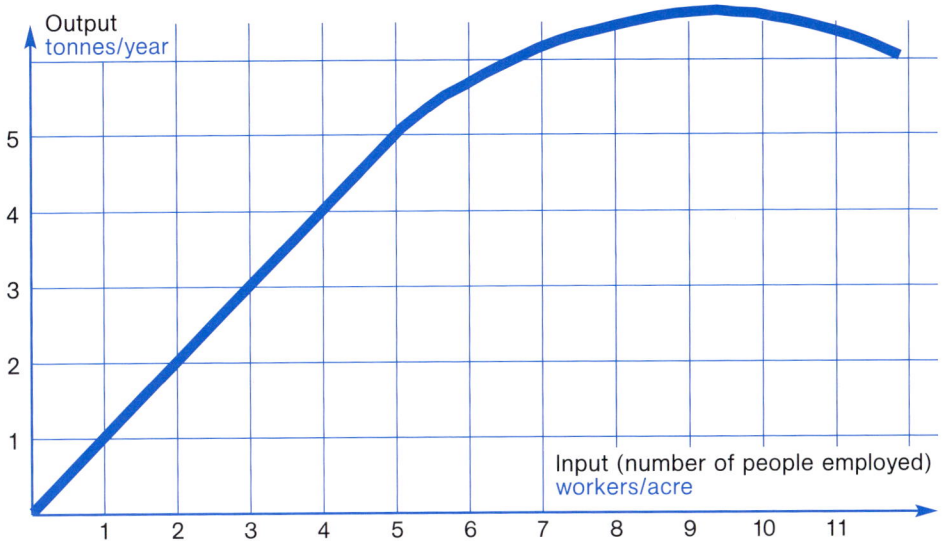

law of diminishing returns n [ˌlɔː əv dɪˌmɪnɪʃɪŋ rɪˈtɜːnz]
If the optimum number of people working a plot of land is exceeded, the law of diminishing returns will apply. In this case, output per person or, worse still, total output will decrease.

Gesetz vom abnehmenden Ertragszuwachs

Wird die optimale Anzahl der Arbeitskräfte, die ein Stück Land bearbeiten, überschritten, gilt das Gesetz vom abnehmenden Ertragszuwachs. In diesem Fall wird sich der Ausstoß pro Person oder, noch schlimmer, der Gesamtausstoß verringern.

borrow v [ˈbɒrəʊ]
We've had to borrow heavily in order to finance the scheme.

Kredit aufnehmen, (sich Geld) leihen
Zur Finanzierung des Projektes mussten wir erhebliche Kredite aufnehmen.

borrower n [ˈbɒrəʊə]
Borrowers stand to lose out if the standard rate of interest goes up.

Kreditnehmer, Darlehensnehmer
Wenn die Eckzinsen in die Höhe gehen, dann sind die Kreditnehmer die Verlierer.

borrowings n pl [ˈbɒrəʊɪŋz]
We'll have to trim our borrowings next year.

Darlehensverbindlichkeiten, Kreditaufnahme
Nächstes Jahr müssen wir unsere Kreditaufnahme zurückfahren.

lend v [lend]
Banks only lend money against security.

verleihen, Kredit vergeben
Banken verleihen Geld nur gegen Sicherheiten.

lendings n pl [ˈlendɪŋz]
High-street banks report record lendings.

Kreditvolumen
Die Geschäftsbanken berichten von Kreditvolumina in Rekordhöhe.

lender n [ˈlendə]
The Halifax building society is one of Britain's leading lenders.

Kreditgeber, Darlehensgeber
Die Halifax-Bausparkasse ist einer der führenden britischen Kreditgeber.

gearing n [ˈgɪərɪŋ]

Unfortunately, we've had to increase our gearing in the current financial year.
→ **leverage**

Fremdkapitalanteil, Eigen-/Fremdkapitalverhältnis, Verschuldungsgrad
Leider mussten wir im laufenden Finanzjahr unseren Fremdkapitalanteil erhöhen.

leverage n *US* ['levərɪdʒ]

We need to increase leverage if we are to take over our French competitors.
→ **gearing**

liabilities n pl [laɪə'bɪlətiz]
Our liabilities have reached worrying proportions.

merge v [mɜːdʒ]
If competitors merge, consumers will not necessarily benefit.

merger n ['mɜːdʒə]
Some mergers in Britain are subject to approval by the Monopolies and Mergers Commission.

acquisition n [ˌækwɪ'zɪʃn]
The acquisition of this French company will enable us to substantially increase our market share in France.
→ **takeover**

takeover n ['teɪkəʊvə]
Takeovers in Britain are sometimes referred to the Monopolies and Mergers Commission.
→ **acquisition**

takeover bid n ['teɪkəʊvə bɪd]
The majority of shareholders have rejected the latest takeover bid.

insolvency n [ɪn'sɒlvənsi]
Insolvency occurs when your liabilities exceed your assets.

insolvent adj [ɪn'sɒlvənt]
If you are insolvent, your creditors will try to seize your assets in order to satisfy their claims.

liquidation n [ˌlɪkwɪ'deɪʃn]
In the event of a company going into liquidation, all its assets are sold in order to satisfy creditors.
→ **winding up**

liquidate v [ˌlɪkwɪ'deɪt]
At the meeting of creditors it was decided that the company should be liquidated.
→ **wind up**

Fremdkapitalanteil, Eigen-/Fremdkapitalverhältnis, Verschuldungsgrad
Wir müssen den Fremdkapitalanteil erhöhen, wenn wir unsere französische Konkurrenz übernehmen wollen.

Verbindlichkeiten, Passiva, Schulden
Unsere Verbindlichkeiten haben beunruhigende Ausmaße angenommen.

fusionieren, sich zusammenschließen
Wenn Konkurrenten fusionieren, dann profitiert davon nicht notwendigerweise der Verbraucher.

Fusion, (Firmen-)Zusammenschluss
Einige Fusionen in Großbritannien bedürfen der Zustimmung der britischen Kartellbehörde.

Übernahme
Die Übernahme dieses französischen Unternehmens wird es uns ermöglichen, unseren Marktanteil in Frankreich erheblich zu erhöhen.

Übernahme
Firmenübernahmen werden in Großbritannien gelegentlich der Kartellbehörde zur Überprüfung vorgelegt.

Übernahmeangebot
Die Mehrheit der Aktionäre hat das jüngste Übernahmeangebot abgelehnt.

Insolvenz, Zahlungsunfähigkeit
Insolvenz entsteht, wenn die Verbindlichkeiten das Vermögen übersteigen.

zahlungsunfähig, insolvent
Wenn Sie zahlungsunfähig sind, werden Ihre Gläubiger versuchen, Ihr Vermögen zu beschlagnahmen, um ihre Ansprüche zu befriedigen.

Liquidation, Abwicklung
Wenn ein Unternehmen in Liquidation geht, wird das gesamte Anlagevermögen verkauft, um die Gläubiger zu befriedigen.

abwickeln, liquidieren
Auf der Gläubigerversammlung wurde die Abwicklung des Unternehmens beschlossen.

winding up n [ˌwaɪndɪŋ ˈʌp]
Winding up may be voluntary or compulsory. In the latter case, the court issues a winding-up order.
→ liquidation

wind up v [ˌwaɪnd ˈʌp]
At the meeting of creditors it was decided that the company should be wound up.
→ liquidate

bankruptcy n [ˈbæŋkrʌpsi]
The company's financial problems eventually led to bankruptcy.

go bankrupt v [gəʊ ˈbæŋkrʌpt]

Potential creditors usually ask you whether you have ever gone bankrupt.

receivership n [rɪˈsiːvəʃɪp]
All we can say is that the company concerned has been in receivership since the end of last year.

receiving order n [rɪˈsiːvɪŋ ˌɔːdə]
The bankruptcy court issued a receiving order.

official receiver n [əˌfɪʃl rɪˈsiːvə]
If a person or a company goes bankrupt, an official receiver is appointed by the bankruptcy court to take care of the bankrupt person's/company's assets.

break-up value n [ˈbreɪkʌp ˌvæljuː]
Unless an enterprise can be sold as a going concern, its assets will be sold separately; the amount realized being the break-up value.

residual value n [rɪˈzɪdjuəl ˌvæljuː]
The residual value of the enterprise was put at £1.25m.

deed of arrangement n [ˌdiːd əv əˈreɪndʒmənt]
Under this deed of arrangement, the creditors have agreed to accept 75p in the pound.
→ composition

composition n [ˌkɒmpəˈzɪʃn]
We have agreed a composition of 50p in the £1.
→ deed of arrangement

Abwicklung, Liquidation
Die Abwicklung (eines Unternehmens) kann freiwillig erfolgen oder verfügt werden. Im letzteren Fall hat das Gericht einen Liquidationsbeschluss erlassen.

abwickeln, liquidieren
Auf der Gläubigerversammlung wurde die Abwicklung des Unternehmens beschlossen.

Bankrott, Konkurs
Die finanziellen Probleme der Firma führten schließlich zum Bankrott.

in Konkurs gehen, Pleite gehen, Bankrott machen
Potenzielle Gläubiger fragen gewöhnlich, ob Sie schon einmal in Konkurs gegangen sind.

Konkurs, Konkursverwaltung
Wir können nur darauf hinweisen, dass die betreffende Gesellschaft seit Ende letzten Jahres in Konkurs ist.

Konkurseröffnungsbeschluss
Das Konkursgericht stellte einen Konkurseröffnungsbeschluss aus.

vorläufige(r) Konkursverwalter(in)
Wenn eine Person oder Gesellschaft in Konkurs geht, dann setzt das Konkursgericht einen vorläufigen Konkursverwalter ein, der sich um das Vermögen des Konkursschuldners kümmert.

Liquidationswert, Zerschlagungswert
Wenn ein Unternehmen nicht als Ganzes verkauft werden kann, dann wird sein Anlagevermögen einzeln veräußert. Der dabei erzielte Erlös ist der Liquidationswert.

Restwert
Der Restwert des Unternehmens wurde auf 1,25 Millionen Pfund veranschlagt.

Vergleich

Bei diesem Vergleich haben sich die Gläubiger mit einer Zahlung von 75 % einverstanden erklärt.

Vergleich
Wir haben einen Vergleich geschlossen, bei dem die Gläubiger zu 50 % abgefunden werden.

rent n [rent]
The rent for the premises is unlikely to be increased.

Miete
Es ist eher unwahrscheinlich, dass die Miete für die Räumlichkeiten erhöht wird.

research and development n [rɪˌsɜːtʃ ənd dɪˈveləpmənt]
R&D [ɑː ənd ˈdiː]
In our company, R&D is an expensive, but indispensable resource.

Forschung und Entwicklung (F&E)

In unserem Unternehmen ist F&E ein teurer, aber unerlässlicher Produktionsfaktor.

quality assurance n [ˈkwɒləti əˌʃɔːrəns]
We'll have to do more in the way of quality assurance if we are to keep ahead of our competitors.

Qualitätssicherung
Wir müssen in Sachen Qualitätssicherung mehr tun, wenn wir unseren Vorsprung gegenüber der Konkurrenz wahren wollen.

goodwill n [ˌgʊdˈwɪl]
Goodwill is the difference between the stock market value of a business and the value of its net assets as shown in its balance sheet.

Goodwill, immaterieller Firmenwert
Der Goodwill ist die Differenz zwischen dem Börsenwert eines Unternehmens und dem Wert seines bilanzierten Nettoanlagevermögens.

feasibility study n [ˌfiːzəˈbɪləti stʌdi]
The feasibility study showed that the project could be implemented as envisaged.

Machbarkeitsstudie
Die Machbarkeitsstudie zeigte, dass das Projekt wie vorgesehen durchgeführt werden konnte.

streamline v [ˈstriːmlaɪn]
If we are really to streamline operations, we'll have to reduce staffing levels.

rationalisieren
Wenn wir wirklich rationalisieren wollen, dann müssen wir Arbeitskräfte abbauen.

streamlining n [ˈstriːmlaɪnɪŋ]
Streamlining means cutting costs all round.

Rationalisierung
Rationalisierung bedeutet eine umfassende Kostensenkung.

productivity n [ˌprɒdʌkˈtɪvəti]
Productivity is the ratio of output to factor input.

Produktivität
Produktivität ist das Verhältnis von Ausstoß und Faktoreinsatz.

input n [ˈɪnpʊt]
It is virtually impossible to increase production without increasing input at the same time.

Input, Faktoreinsatz
Es erscheint praktisch unmöglich, die Produktion ohne einen höheren Input zu steigern.

output n [ˈaʊtpʊt]
The higher the output per man-hour, the greater the productivity of labour.

Ausstoß, Produktion(smenge)
Je höher der Ausstoß pro Arbeitsstunde, umso höher die Arbeitsproduktivität.

downtime n [ˈdaʊntaɪm]
With our new machines we can cut downtime to a minimum.

Ausfallzeit(en), Produktionsleerlauf(zeit)
Mit unseren neuen Maschinen können wir die Ausfallzeiten auf ein Minimum reduzieren.

FORMS OF BUSINESS ORGANIZATION

Limited companies

Limited adj ['lɪmɪtɪd]
Ltd. ['el ti: di:]
After the name of a private limited company, 'Limited' is abbreviated to 'Ltd', e.g. 'Parker and West Ltd'.

company n ['kʌmpəni]
You need financial support if you want to form your own company.

limited liability company n [ˌlɪmɪtɪd ˌlaɪə'bɪləti 'kʌmpəni]
As legal entities, limited companies may sue and be sued.

private (limited) company n [ˌpraɪvət ˌlɪmɪtɪd 'kʌmpəni]
In the UK the maximum number of shareholders in a private limited company is fifty.

public (limited) company n [ˌpʌblɪk ˌlɪmɪtɪd 'kʌmpəni]
plc [ˌpi: el 'si:]
Plcs offer shares and debentures to the public.
→ **listed company**

proprietary company n Australia, South Pacific [prə'praɪətri ˌkʌmpəni]
Pty [ˌpi: ti: 'waɪ]
Like its British equivalent, the Ltd, a Pty is not open to the public.

incorporated adj US [ɪn'kɔ:pəreɪtɪd]
Inc [ɪŋk]
An incorporated business is a legal entity.

corporation n US [ˌkɔ:pə'reɪʃn]
There are open and close corporations.

corporation charter n US [ˌkɔ:pə'reɪʃn ˌtʃɑːtə]
After receiving its corporation charter a corporation may start trading.

close corporation n US [ˌkləʊs kɔ:pə'reɪʃn]
The shares of a close corporation can only be sold with the consent of the existing shareholders.

mit beschränkter Haftung (mbH)

Nach dem Namen einer „private limited company" wird „Limited", z. B. „Parker and West Ltd.", abgekürzt.

Unternehmen, (Kapital-)Gesellschaft
Sie brauchen finanzielle Unterstützung, wenn Sie Ihr eigenes Unternehmen gründen wollen.

Kapitalgesellschaft, Gesellschaft mit beschränkter Haftung
Als juristische Personen können Kapitalgesellschaften klagen und verklagt werden.

Gesellschaft mit beschränkter Haftung

Im Vereinigten Königreich hat eine GmbH höchstens fünfzig Anteilseigner.

Aktiengesellschaft (AG)

AGs bieten der Öffentlichkeit Aktien und Schuldverschreibungen an.

Gesellschaft mit beschränkter Haftung (GmbH)

Wie ihre britische Entsprechung, die „Ltd", ist eine „Pty" keine Publikumsgesellschaft.

(als Kapitalgesellschaft) eingetragen

Eine eingetragene Kapitalgesellschaft ist eine juristische Person.

Kapitalgesellschaft
Es gibt AGs und GmbHs.

Gründungsurkunde

Nach Erhalt der Gründungsurkunde kann eine Kapitalgesellschaft die Geschäfte aufnehmen.

Gesellschaft mit beschränkter Haftung

Die Anteile an einer GmbH können nur mit Zustimmung der anderen Anteilseigner veräußert werden.

FORMS OF BUSINESS ORGANIZATION

(open) corporation n *US* [ˌəʊpən ˌkɔːpəˈreɪʃn]
Most large businesses in the USA are open corporations.

offene Kapitalgesellschaft, Aktiengesellschaft
Die meisten Großunternehmen in den Vereinigten Staaten sind offene Kapitalgesellschaften.

incorporation certificate n *US* [ɪnˌkɔːpəˈreɪʃn səˈtɪfɪkət]
The incorporation certificate is issued by the county courthouse.

Gründungsurkunde
Die Gründungsurkunde wird vom Bezirksgericht ausgestellt.

certificate of incorporation n [səˌtɪfɪkət əv ɪnˌkɔːpəˈreɪʃn]
A certificate of incorporation is issued by the Registrar of Companies.

Gründungsurkunde
Eine Gründungsurkunde wird von der Handelsregisterbehörde ausgestellt.

articles of association n pl [ˌɑːtɪklz əv əˌsəʊsiˈeɪʃn]
The articles of association cover the internal running of the company.

Satzung, Gesellschaftsvertrag, Statut
Die Satzung regelt das Innenverhältnis einer Kapitalgesellschaft und den Geschäftsablauf der Gesellschaft.

memorandum of association n [meməˌrændəm əv əˌsəʊsiˈeɪʃn]
The memorandum of association contains information about the company and is open to public inspection.

Gründungsvertrag, Satzung, Statut
Der Gründungsvertrag regelt das Außenverhältnis einer Kapitalgesellschaft und ist der Öffentlichkeit zugänglich.

company secretary n [ˌkʌmpəni ˈsekrətri]
The company secretary takes care of the company's legal duties.

Syndikus und Verwaltungsdirektor/in
Dem Syndikus obliegt die Erfüllung der juristischen Aufgaben der Gesellschaft.

chief executive officer n [ˌtʃiːf ɪgˈzekjətɪv ˈɒfɪsə] CEO [ˌsiː iː ˈəʊ]
The CEO is in charge of the everyday running of the company.
→ chief executive, managing director

Vorstandsvorsitzende(r), Generaldirektor(in), Hauptgeschäftsführer(in)
Der Vorstandsvorsitzende ist für den laufenden Geschäftsbetrieb der Gesellschaft verantwortlich.

executive director n [ɪgˌzekjutɪv dəˈrektə]
Our executive directors receive a generous remuneration package.

Vorstandsmitglied, Geschäftsführer(in)
Unsere Vorstandsmitglieder erhalten ein großzügig bemessenes Vergütungspaket.

non-executive director n [ˌnɒn ɪgˌzekjətɪv dəˈrektə]
Members of Parliament are often non-executive directors.

Aufsichtsratsmitglied, nicht geschäftsführendes Mitglied der Unternehmensleitung
Parlamentsabgeordnete sind oft Aufsichtsratsmitglieder.

listed company n [ˌlɪstɪd ˈkʌmpəni]
A company is a listed company if its shares are traded on the stock exchange.
→ public limited company, quoted company

börsennotierte Gesellschaft
Eine Gesellschaft, deren Aktien an der Börse gehandelt werden, ist börsennotiert.

shareholder n *GB* [ˈʃeəhəʊldə]
Shareholders receive a dividend and usually have the right to attend the company's general meeting.
→ stockholder

Aktionär(in)
Aktionäre erhalten eine Dividende und haben gewöhnlich das Recht, an der Hauptversammlung einer Gesellschaft teilzunehmen.

stockholder n US ['stɒkhəʊldə]
Our stockholders received four dividend payments last year.
→ **shareholder**

existing shareholder n [ɪgˌzɪstɪŋ 'ʃeəhəʊldə]
Existing shareholders often receive preferential treatment by being given a scrip issue.

proxy n ['prɒksi]
In Germany banks often act as proxies for shareholders.

annual general meeting n [ˌænjuəl ˌdʒenrəl 'miːtɪŋ]
AGM [ˌeɪ dʒiː 'em]
Joint-stock companies are required by law to convene an AGM.

general meeting (of shareholders) n [ˌdʒenrəl 'miːtɪŋ əv 'ʃeəhəʊldəz]
Shareholders meet at least once a year in the general meeting.

go public v [ˌgəʊ 'pʌblɪk]
If a Ltd company goes public, it becomes a plc.

issue n ['ɪʃuː]
Issuing houses help with the issue of shares.

issue v ['ɪʃuː]
If we are to increase our capital, we'll have to issue new shares.

rights issue n ['raɪts 'ɪʃuː]
Shares in a rights issue are cheaper than ordinary shares.

dividend n ['dɪvɪdend]
In the USA dividends are paid up to four times a year.

declare the dividend v [dɪˌkleə ðə 'dɪvɪdend]
The general meeting usually declares the dividend as proposed by the board.

subscribe (for) v [səb'skraɪb fə]
The public are invited to subscribe for shares.

annual report n [ˌænjuəl rɪ'pɔːt]
The annual report is presented to the shareholders every year.
→ **statutory report**

Aktionär(in)
Unsere Aktionäre erhielten im letzten Jahr vier Dividendenzahlungen.

Altaktionär(in)
Altaktionäre werden oft durch die Ausgabe von Gratisaktien bevorzugt behandelt.

Vertreter(in), Vertretung
In Deutschland vertreten Banken oft Aktionäre.

Jahreshauptversammlung, Hauptversammlung (HV)
Kapitalgesellschaften sind gesetzlich zur Einberufung einer Jahreshauptversammlung verpflichtet.

(Aktionärs-)Hauptversammlung (HV)
Aktionäre kommen mindestens einmal pro Jahr in der Hauptversammlung zusammen.

an die Börse gehen
Wenn eine GmbH an die Börse geht, wird sie eine AG.

Ausgabe, Emission
Emissionsbanken helfen bei der Ausgabe von Aktien.

ausgeben, emittieren
Wenn wir unser Kapital erhöhen wollen, müssen wir neue Aktien ausgeben.

Bezugsrechtsemission
Die Aktien aus einer Bezugsrechtsemission sind billiger als Stammaktien.

Dividende
In den USA werden bis zu vier Mal jährlich Dividenden ausgezahlt.

die Dividende beschließen
Die Hauptversammlung beschließt gewöhnlich die vom Vorstand vorgeschlagene Dividende.

zeichnen
Die Öffentlichkeit wird zur Zeichnung von Aktien aufgerufen.

Geschäftsbericht
Jedes Jahr wird der Geschäftsbericht den Anteilseignern vorgelegt.

statutory report n [ˌstætʃətri rɪ'pɔːt]
In Britain, the statutory report is
required by the Companies Act (1985).
→ **annual report**

Geschäftsbericht
In Großbritannien ist der Geschäftsbericht
durch das Aktiengesetz von 1985 vorgeschrieben.

authorized capital n [ˌɔːθəraɪzd 'kæpɪtl]
The minimum authorized capital of a plc
is at least £50,000.
→ **authorized share capital, registered
capital**

genehmigtes Kapital
Das genehmigte Kapital einer AG beträgt
mindestens 50.000 Pfund.

equity capital n ['ekwəti ˌkæpɪtl]
Equity capital is the amount of money
subscribed by shareholders.

Eigenkapital, Anteilskapital
Das Eigenkapital ist die von Aktionären
gezeichnete Kapitalsumme.

loan capital n [ˌləʊn 'kæpɪtl]
Loan capital includes loans and
debentures.
→ **debenture capital, debt capital**

Anleihekapital, Fremdkapital
Das Anleihekapital umfasst Kredite und
Schuldverschreibungen.

assets n pl ['æsets]
The company was forced to divest itself
of assets so as to be able to pay a
dividend.

Vermögen, Aktiva, Vermögenswerte
Um eine Dividende zahlen zu können, war die
Gesellschaft gezwungen, einen Teil ihres
Vermögens zu veräußern.

fixed assets n pl [fɪkst 'æsets]
Fixed assets include in the main plants
and machinery.

Anlagevermögen
Das Anlagevermögen umfasst im Wesentlichen
Anlagen und Maschinen.

current assets n pl [ˌkʌrənt 'æsets]
Our current assets are not sufficient to
repay the loan on the due date.

Umlaufvermögen
Unser Umlaufvermögen reicht nicht zur
fristgemäßen Tilgung des Darlehens.

intangible assets n pl [ɪn'tændʒəbl
'æsets]
Goodwill, patents, trademarks etc. are
intangible assets.

**immaterielles Vermögen, immaterielle
Vermögenswerte**
Goodwill, Patente, Warenzeichen usw. gehören
zum immateriellen Vermögen.

tangible assets n pl [ˌtændʒəbl 'æsets]
Plant and machinery are tangible assets.

materielle Vermögenswerte, Sachvermögen
Anlagen und Maschinen sind materielle
Vermögenswerte.

balance sheet n ['bæləns ʃiːt]
The balance sheet contains the assets
and liabilities of a company in the year
under review.

Bilanz
Die Bilanz enthält die Aktiva und Passiva einer
Gesellschaft im Berichtsjahr.

profit and loss account n [ˌprɒfɪt ənd
'lɒs əˌkaʊnt]
The profit and loss account lists the
receipts and expenditure of a business
during one year.

Gewinn- und Verlustrechnung (GuV)

Die GuV führt Einnahmen und Ausgaben eines
Unternehmens in einem Jahr auf.

interim profit n [ˌɪntərɪm 'prɒfɪt]
The interim dividend depends on the
interim profit.

Zwischengewinn
Die Zwischendividende hängt vom Zwischengewinn ab.

interim result n [ˌɪntərɪm rɪ'zʌlt]
Last year's interim results were rather
disappointing.

Zwischenergebnis
Die Zwischenergebnisse des letzten Jahres
waren ziemlich enttäuschend.

allocation of profits n [ˌæləˌkeɪʃn əv ˈprɒfɪts]
The annual general meeting decides on the allocation of profits.

Gewinnzuteilung, Gewinnverwendung

Die Jahreshauptversammlung entscheidet über die Gewinnverwendung.

audit v [ˈɔːdɪt]

Every joint-stock company has to have its books audited at least once a year.

Bilanzen prüfen, die Bücher prüfen, Revision durchführen
Jede Kapitalgesellschaft muss mindestens einmal im Jahr ihre Bilanzen prüfen lassen.

audit n [ˈɔːdɪt]
The audit has shown no irregularities.

Revision, Buchprüfung, Bilanzprüfung
Die Revision hat keine Unregelmäßigkeiten ergeben.

auditor n [ˈɔːdɪtə]
Auditors are chartered accountants elected by the annual general meeting to examine the company's books and other records.

Wirtschaftsprüfer(in), Revisor(in)
Wirtschaftsprüfer sind von der Jahreshauptversammlung bestellte Buchprüfungsunternehmen, die die Bücher und sonstigen Unterlagen der Gesellschaft prüfen.

Forms of business organization

	sole trader	partnership	Ltd	plc
formation requirements	–	partnership deed	registration with Registration of Companies	registration with Registration of Companies
legal status	no separate legal status	no separate legal status	distinct legal entity	distinct legal entity
owners	trader	partners	shareholders	shareholders
transfer of ownership	sale of assets	sale of partner's share subject to consent of other partners	share transfer subject to consent of other shareholders	sale of shares
control	trader	joint control	majority of shareholders	majority of shareholders
number of owners	1	1–20	at least 2	at least 2
liability	unlimited	joint and several	limited to shareholding	limited to shareholding
profits	undivided	divided between partners	dividend as agreed by annual general meeting	dividend as agreed by annual general meeting

limited partnership n [ˌlɪmɪtɪd ˈpɑːtnəʃɪp]
In a limited partnership, there is only one fully liable partner.

Kommanditgesellschaft (KG)

In einer Kommanditgesellschaft gibt es nur einen voll haftenden Teilhaber.

limited partner n [ˌlɪmɪtɪd ˈpɑːtnə]

A limited partner is, as a rule, not actively engaged in the day-to-day running of the firm.

Kommanditist(in), beschränkt haftende(r) Teilhaber(in)
Ein Kommanditist ist in der Regel nicht aktiv am Tagesgeschäft der Firma beteiligt.

general partnership n [ˌdʒenrəl ˈpɑːtnəʃɪp]
A general or ordinary partnership has only general partners, i.e. partners who are fully liable.

offene Handelsgesellschaft (OHG)

Eine OHG hat nur persönlich haftende, d. h. voll haftende Teilhaber.

general partner n [ˌdʒenrəl ˈpɑːtnə]

The general partner is not only responsible for the running of a limited partnership. He or she is also fully liable.

Komplementär, persönlich haftende(r) Gesellschafter(in), persönlich haftende(r) Teilhaber(in)
Der Komplementär ist nicht nur für die Geschäftsführung einer KG verantwortlich. Er oder sie haftet auch persönlich.

holding (company) n [ˈhəʊldɪŋ ˌkʌmpəni]
A holding company holds at least half of the shares of a subsidiary.

Holding(gesellschaft), Dachgesellschaft, Beteiligungsgesellschaft
Eine Holdinggesellschaft kontrolliert mindestens die Hälfte der Anteile einer Tochtergesellschaft.

investment trust (company) n [ɪnˈvestmənt trʌst ˌkʌmpəni]
Investment trusts use their investors' money to buy and sell securities.

Investmentgesellschaft

Investmentgesellschaften verwenden die Gelder ihrer Anleger zum Kauf und Verkauf von Wertpapieren.

joint-stock company n [ˌdʒɔɪnt ˈstɒk ˌkʌmpəni]
Joint-stock companies, i.e. public and private limited companies, are legal entities.

Kapitalgesellschaft

Kapitalgesellschaften, d. h. AGs und GmbHs, sind juristische Personen.

deed of partnership n [ˌdiːd əv ˈpɑːtnəʃɪp]
The deed of partnership is an agreement setting out the partners' rights.

Gesellschaftsvertrag

Der Gesellschaftsvertrag ist eine Abmachung, die die Rechte der Teilhaber festlegt.

partnership n [ˈpɑːtnəʃɪp]
Having cooperated on an informal basis for some time, they decided to go into partnership.

Personengesellschaft
Nachdem sie lange ohne formelle Grundlage zusammengearbeitet hatten, entschlossen sie sich, eine Personengesellschaft zu gründen.

parent (company) n [ˈpeərənt ˌkʌmpəni]
A parent company often owns more than one subsidiary.

Muttergesellschaft

Eine Muttergesellschaft besitzt oft mehr als eine Tochtergesellschaft.

subsidiary (company) n [səb'sɪdiəri ˌkʌmpəni]
Most subsidiaries are wholly owned by their parent companies.

group n [gruːp]
Ford is an automotive group.
→ concern

concern n [kən'sɜːn]
DaimlerChrysler is a huge concern.
→ group

joint venture n [ˌdʒɔɪnt 'ventʃə]
Joint ventures are more often than not only set up as temporary organizations.

firm n [fɜːm]
Firms are, as a rule, small undertakings owned by two or more persons.

proprietor n [prə'praɪətə]
Proprietors are fully liable in the absence of partners.

sole proprietorship n [ˌsəʊl prə'praɪətəʃɪp]
A newsagent's is a typical example of a sole proprietorship.

sole trader n [ˌsəʊl 'treɪdə]
A sole trader is fully liable for all the debts incurred by his firm.

trust n [trʌst]
A trust is defined as an organization in which two or more people (trustees) manage property or other capital.

unlimited liability n [ʌnˌlɪmɪtɪd laɪə'bɪləti]
Unlimited liability means that you might have to sell all your property in the event of bankruptcy.

cooperative n [kəʊ'ɒpərətɪv]
Cooperatives operate mainly in banking, farming and retailing.

friendly society n *GB* ['frendli səˌsaɪəti]
A friendly society is a non-profitmaking association formed for a certain purpose, the best example being a building society.

shell company n ['ʃel ˌkʌmpəni]
Shell companies, typically domiciled in Liechtenstein or in the Caribbean, usually serve to conceal illegal business activities.

Tochtergesellschaft

Die meisten Tochtergesellschaften gehören ihren Muttergesellschaften zu 100 Prozent.

Konzern, Gruppe
Ford ist ein Automobilkonzern.

Konzern, Gruppe
DaimlerChrysler ist ein riesiger Konzern.

Gemeinschaftsunternehmen, Jointventure
Gemeinschaftsunternehmen werden zumeist nur als zeitweilig existierende Organisationen gegründet.

Personengesellschaft
Personengesellschaften sind in der Regel kleine Unternehmen mit zwei oder mehr Eigentümern.

Inhaber(in), Besitzer(in), Eigentümer(in)
Wenn es keine Teilhaber gibt, sind die Firmeninhaber voll haftbar.

Einzelfirma, Einzelgeschäft

Ein Zeitschriftenladen ist ein typisches Beispiel für eine Einzelfirma.

Einzelkaufmann, Einzelkauffrau
Ein Einzelkaufmann ist für die Schulden seiner Firma voll haftbar.

Treuhand, Stiftung
Eine Treuhand wird als Organisation definiert, bei der zwei oder mehr Personen (Treuhänder) Grundeigentum oder anderes Kapital verwalten.

unbegrenzte Haftung

Unbegrenzte Haftung bedeutet, dass man im Falle eines Konkurses unter Umständen seinen gesamten Besitz verkaufen muss.

Genossenschaft
Genossenschaften sind vor allem im Bankwesen, in der Landwirtschaft und im Einzelhandel tätig.

gemeinnütziger Verein, Wohltätigkeitsverein
Ein gemeinnütziger Verein ist ein nicht gewinnorientierter Zusammenschluss für einen bestimmten Zweck. Das beste Beispiel sind Bausparkassen.

Briefkastenfirma
Briefkastenfirmen, die ihren Sitz oft in Liechtenstein oder in der Karibik haben, dienen in der Regel dazu, illegale Geschäfte zu verdecken.

FORMS OF BUSINESS ORGANIZATION

dormant partner n [ˌdɔːmənt ˈpɑːtnə]

The sole function of the dormant or silent partner is to contribute to the firm's capital. In return, he or she shares in the profit.
→ **sleeping partner**

stille(r) Teilhaber(in), stille(r) Gesell-schafter(in)
Die einzige Funktion des stillen Teilhabers besteht darin, zum Firmenkapital beizutragen. Als Gegenleistung ist er oder sie am Gewinn beteiligt.

sleeping partner n [ˌsliːpɪŋ ˈpɑːtnə]

Joining a successful firm as a sleeping partner can be an attractive investment.
→ **dormant partner**

stille(r) Teilhaber(in), stille(r) Gesell-schafter(in)
Stiller Teilhaber einer erfolgreichen Firma zu werden, kann eine attraktive Investition sein.

public utility n [ˌpʌblɪk juːˈtɪləti]
A public utility is subject to a public service obligation (PSO).

öffentlicher Versorgungsbetrieb
Ein öffentlicher Versorgungsbetrieb unterliegt einem öffentlichen Leistungsauftrag.

nationalized industry n [ˌnæʃnəlaɪzd ˈɪndəstri]
After 1979, the Conservative government privatized nearly all the nationalized industries in Great Britain.

verstaatlichter Wirtschaftszweig

Nach 1979 privatisierte die konservative Regierung fast alle verstaatlichten Wirtschafts-zweige in Großbritannien.

complementary adj [ˌkɒmplɪˈmentri]
The skills and tasks of the partners of a firm are often complementary.

(sich) ergänzend, komplementär
Die Fertigkeiten und Aufgaben der Teilhaber einer Firma ergänzen sich oft.

Running a business

business n [ˈbɪznəs]
Ours is a small family business.

Geschäft, Betrieb, Unternehmen
Wir sind ein kleines Familienunternehmen.

run a business v [rʌn ə ˈbɪznəs]
He shows great managerial skills in running his business.

ein Unternehmen führen, ein Geschäft führen
Er zeigt großes Geschick bei der Führung seines Unternehmens.

company formation n [ˌkʌmpəni fəˈmeɪʃn]
The Registrar of Companies is always involved in company formation in Britain.

Unternehmensgründung

Bei jeder Unternehmensgründung in Großbritannien muss die Zulassungsbehörde für Kapitalgesellschaften eingeschaltet werden.

company promoter n [ˌkʌmpəni prəˈməʊtə]
Company promoters usually have sufficient funds to become major shareholders in the future company.

Unternehmensgründer(in)

Unternehmensgründer verfügen gewöhnlich über ausreichende Finanzmittel, um große Anteile an der künftigen Gesellschaft zu halten.

company law n [ˈkʌmpəni lɔː]
Company law provides for the regulation of private and public limited companies.

Gesellschaftsrecht, Unternehmensrecht
GmbHs und AGs unterliegen dem Gesellschaftsrecht.

form v [fɔːm]
Forming a public limited company is a complicated procedure.

gründen
Die Gründung einer Aktiengesellschaft ist ein komplizierter Vorgang.

set up on one's own v [ˌset ˈʌp ɒn wʌnz ˈəʊn]
In order to set up on your own, you need private capital or a bank loan.

sich selbstständig machen
Man benötigt Privatkapital oder ein Bankdarlehen, um sich selbstständig zu machen.

registration n [ˌredʒɪˈstreɪʃn]
After registration companies can begin trading.

Eintragung im Handelsregister
Nach der Eintragung im Handelsregister kann eine Gesellschaft ihre Tätigkeit aufnehmen.

Registrar of Companies n GB [ˌredʒɪˈstrɑː əv kʌmpəniz]
Companies are only allowed to commence trading after the Registrar of Companies has issued a certificate of incorporation.

Zulassungsamt für Kapitalgesellschaften, Handelsregister
Gesellschaften können erst dann tätig werden, wenn das Zulassungsamt für Kapitalgesellschaften eine Gründungsbestätigung ausgestellt hat.

registered address n [ˌredʒɪstəd əˈdres]
It is rather suspicious if a German company's registered address is in Liechtenstein.

Firmensitz, eingetragene Anschrift
Es ist ziemlich verdächtig, wenn der Firmensitz einer deutschen Gesellschaft Liechtenstein ist.

trading licence n [ˈtreɪdɪŋ ˌlaɪsns]
If you want to set up on your own, you need a trading licence.

Gewerbeschein
Wenn man sich selbstständig machen will, benötigt man einen Gewerbeschein.

undertaking n [ˌʌndəˈteɪkɪŋ]
All profit-oriented commercial undertakings are liable for tax.

Unternehmen
Alle gewinnorientierten Wirtschaftsunternehmen unterliegen der Steuerpflicht.

entrepreneur n [ˌɒntrəprəˈnɜː]
The government provides incentives to encourage budding entrepreneurs.

Unternehmer(in)
Die Regierung bietet finanzielle Anreize für Neuunternehmer.

entrepreneurial adj [ˌɒntrəprəˈnɜːriəl]
In a sole proprietorship the entrepreneurial risk is borne by just one person.

unternehmerisch
In einer Einzelfirma wird das unternehmerische Risiko ausschließlich von einer Person getragen.

management n [ˈmænɪdʒmənt]
The management view these proposals with scepticism.

Geschäftsführung, Unternehmensleitung
Die Leitung des Unternehmens steht diesen Vorschlägen skeptisch gegenüber.

management by objectives n [ˌmænɪdʒmənt baɪ əbˈdʒəktɪvz]
Management by objectives means that each department and each employee must meet certain targets.

Unternehmensführung nach Zielvorgaben
Unternehmensführung nach Zielvorgaben bedeutet, dass jede Abteilung und jeder Mitarbeiter bestimmte Ziele erreichen muss.

top management n [ˌtɒp ˈmænɪdʒmənt]
The top management are to blame for the sudden collapse of this company.

Führungsspitze, Unternehmensleitung
Für den plötzlichen Zusammenbruch dieser Gesellschaft ist die Führungsspitze verantwortlich.

management consultant n [ˌmænɪdʒmənt kənˈsʌltənt]
Management consultants often come up with radical solutions for streamlining a company.

Unternehmensberater(in)
Unternehmensberater schlagen oft Radikallösungen für die Rationalisierung eines Unternehmens vor.

FORMS OF BUSINESS ORGANIZATION

books (of account) n pl [ˌbʊks əv ə'kaunt]
All firms and companies are required to keep books.

Geschäftsbücher

Alle Personen- und Kapitalgesellschaften sind gehalten, Geschäftsbücher zu führen.

accountant n [ə'kaʊntənt]
Our accountant is just doing the books.

Buchhalter(in)
Unser Buchhalter macht gerade die Buchführung.

chartered accountant n [ˌtʃɑːtəd ə'kaʊntənt]

A well-known firm of chartered accountants has been appointed to do the audit.

beeidete(r) Wirtschaftsprüfer(in) (Mitglied des Institute of Chartered Accountants), **Buchhalter(in), Steuerberater(in)**
Eine bekannte Wirtschaftsprüfungsgesellschaft ist mit der Revision beauftragt worden.

ledger n ['ledʒə]
There are several company ledgers, e.g. the purchase ledger and the sales ledger.

Hauptbuch
Es gibt verschiedene Firmenhauptbücher, z. B. das Kreditoren- und das Debitorenbuch.

cost centre n [ˌkɒst 'sentə]
In recent years, many businesses have been split up into cost centres for streamlining purposes.

Kostenstelle
In den letzten Jahren sind viele Unternehmen aus Rationalisierungsgründen in Kostenstellen aufgeteilt worden.

reserves n pl [rɪ'zɜːvz]
Dividends are sometimes paid out of reserves.

Rücklagen, Reserven
Dividenden werden manchmal aus Rücklagen gezahlt.

dissolve v [dɪ'zɒlv]
Before you can dissolve a company, you must first satisfy its creditors.

auflösen
Bevor man ein Unternehmen auflösen kann, müssen zunächst alle Gläubiger zufrieden gestellt werden.

Department of Trade and Industry n GB [dɪˌpɑːtmənt əv 'treɪd ənd 'ɪndəstri]
DTI [ˌdiː tiː 'aɪ]
The DTI plays a leading role in running the UK's external trade affairs.

Wirtschaftsministerium, Handelsministerium

Das Wirtschaftsministerium spielt eine führende Rolle bei der Außenhandelspolitik Großbritanniens.

THE CHAIN OF DISTRIBUTION

Buying and selling

buy v [baɪ]
Wholesalers buy in bulk.
→ **purchase**

(ein)kaufen
Großhändler kaufen en gros ein.

impulse buying n ['ɪmpʌls baɪɪŋ]
The items displayed near the till are
supposed to encourage impulse buying.

Spontankäufe
Waren in der Nähe der Ladenkasse sollen zu
Spontankäufen anregen.

purchase v ['pɜːtʃəs]
I've decided to purchase the de luxe
version.

kaufen
Ich habe mich zum Kauf der Luxusversion
entschlossen.

purchase n ['pɜːtʃəs]
The purchase of that property will set
you back quite a bit.

Kauf
Der Kauf dieser Immobilie wird Sie eine
hübsche Stange Geld kosten.

purchasing department n ['pɜːtʃəsɪŋ
dɪˌpɑːtmənt]
Working in the purchasing department is
said to be more pleasant than a job in
the sales department.

Einkaufsabteilung, Einkauf

Man sagt, im Einkauf zu arbeiten sei
angenehmer als eine Tätigkeit im Verkauf.

guarantee n GB [ˌgærən'tiː]
Our after-sales service deals with all
problems relating to guarantees.
→ **guaranty, warranty**

Garantie
Unser Kundendienst kümmert sich um alle
Fragen in Zusammenhang mit der Garantie.

guaranty n US ['gærəntiː]
The guaranty for your PC has already
expired.
→ **guarantee, warranty**

Garantie
Die Garantie für Ihren PC ist bereits
abgelaufen.

warranty n ['wɒrənti]
Fortunately, our TV set is still under
warranty.
→ **guarantee, guaranty**

Garantie
Zum Glück haben wir auf unseren Fernseher
noch Garantie.

sell v [sel]
We are selling the goods at retail prices.

verkaufen
Wir verkaufen die Ware zum Einzelhandelspreis.

direct selling n [dəˌrekt 'selɪŋ]
Direct selling excludes the retail trade.

Direktverkauf
Direktverkauf schließt den Einzelhandel aus.

inertia selling n [ɪˌnɜːʃə 'selɪŋ]
The pint left on your doorstep by the
milkman is an example of inertia selling.

Trägheitsverkauf, Verkauf ohne Bestellung
Die Milch, die der Milchmann Ihnen vor die
Tür stellt, ist ein Beispiel für Trägheitsverkauf.

doorstep selling n ['dɔːstep ˌselɪŋ]
Doorstep selling or direct selling is
staging a comeback.

Verkauf an der Haustür
Der Verkauf an der Haustür oder Direktverkauf gewinnt wieder an Bedeutung.

sale n [seɪl]
The sale of tobacco and alcoholic bever-
ages is subject to certain restrictions.

Verkauf
Der Verkauf von Tabak und alkoholischen
Getränken unterliegt gewissen Beschränkungen.

online sales n pl ['ɒnlaɪn ˌseɪlz]
Online sales are one of the few growth
areas in retailing.

after-sales service n [ˌɑːftə'seɪlz sɜːvɪs]
For £20 a year, you are entitled to our
after-sales repair service.

sales department n ['seɪlz dɪˌpɑːtmənt]
Our sales department is definitely
understaffed.

sales representative n ['seɪlz
reprɪzentətɪv]
Our sales representatives are reporting
rising sales.
→ travelling salesperson

travelling salesperson n ['trævlɪŋ
ˌseɪlzpɜːsn]
The average travelling salesperson clocks
up tens of thousands of miles per year.
→ sales representative

sales territory n ['seɪlz terətri]
This sales territory has been somewhat
neglected in recent years.

sales campaign n ['seɪlz kæmˌpeɪn]
Last year's sales campaign was rather a
flop.
→ sales drive

sales drive n ['seɪlz draɪv]
The only way to boost sales is a new
sales drive.
→ sales campaign

marketing n ['mɑːkɪtɪŋ]
We'd better leave the marketing to the
experts.

direct marketing n [dəˌrekt 'mɑːkɪtɪŋ]
Direct marketing methods, such as mailshots, have increased greatly in the last
few years.

merchandising n ['mɜːtʃəndaɪzɪŋ]
The right merchandising strategy will
enable us to overtake our competitors.

merchandise n ['mɜːtʃəndaɪz]
All merchandise is 20 per cent off in this
closing-down sale.

advertise v ['ædvətaɪz]
We'd better advertise the new line locally
to start with, in order to test the market.
→ promote

Verkauf übers Internet
Der Verkauf übers Internet ist eine der wenigen
Wachstumsbereiche im Einzelhandel.

Kundendienst
Für 20 Pfund pro Jahr können Sie unseren
Kundendienst für Reparaturen in Anspruch
nehmen.

Verkaufsabteilung, Verkauf
Unsere Verkaufsabteilung hat entschieden zu
wenig Personal.

**Außendienstmitarbeiter(in), Handelsver-
treter(in), Vertreter(in)**
Unser Außendienst meldet steigende Umsätze.

**Handelsvertreter(in), Vertreter(in), Außen-
dienstmitarbeiter(in)**
Der typische Handelsvertreter legt pro Jahr
Zigtausende von Meilen zurück.

Vertriebsbezirk
Dieser Vertriebsbezirk ist in den letzten Jahren
eher vernachlässigt worden.

Verkaufskampagne
Die Verkaufskampagne im vergangenen Jahr
war ein ziemlicher Flop.

Verkaufskampagne
Die einzige Methode zur Steigerung des
Umsatzes ist eine neue Verkaufskampagne.

Marketing, Vermarktung
Das Marketing überlassen wir besser den
Fachleuten.

Direktmarketing, Direktvermarktung
Das Direktmarketing, wie z. B. durch Massen-
sendungen, hat in den letzten Jahren enorm
zugenommen.

Merchandising, Verkaufsförderung
Die richtige Merchandisingstrategie wird es uns
ermöglichen, unsere Konkurrenz zu überflügeln.

Warenangebot, Handelsware
Bei diesem Räumungsverkauf ist das ganze
Warenangebot um 20 Prozent reduziert.

werben
Es ist wohl besser, wenn wir für die neue
Produktgruppe zunächst vor Ort werben, um
den Markt zu testen.

advertising n [ˈædvətaɪzɪŋ]
Advertising is occasionally defined as trying to persuade people to buy things they don't need.
→ promotion

advertisement n [ədˈvɜːtɪsmənt]
An advertisement in the trade press is bound to attract the attention of the specialist trade.

advertising campaign n [ˌædvətaɪzɪŋ kæmˈpeɪn]
We have earmarked $200m for this advertising campaign alone.

banner advertising n [ˈbænə ˌædvətaɪzɪŋ]
Banner advertising on our website is less successful than we thought.

classified advertisement n [ˌklæsɪfaɪd ədˈvɜːtɪsmənt]
Classified advertisements are extremely revealing.
→ small ad

small ad n [ˈsmɔːl æd]
Small ads cost little and may work wonders.
→ classified advertisement

promote v [prəˈməʊt]
Our last model was not sufficiently promoted.
→ advertise

promotion n [prəˈməʊʃn]
We'd better consult Messrs Oglethorpe & Creek with regard to the sales promotion.
→ advertising

distribution n [ˌdɪstrɪˈbjuːʃn]
Distribution is part of the tertiary, i.e. services sector.

distribution channel n [ˌdɪstrɪˈbjuːʃn ˌtʃænl]
Mail-order houses have their own distribution channels.

turnover n [ˈtɜːnəʊvə]
Food accounted for 60% of our turnover last year.

asking price n [ˈɑːskɪŋ praɪs]
If your asking price is too high, you're not likely to make a brisk turnover.

Werbung
Werbung wird gelegentlich als der Versuch definiert, die Menschen zum Kauf von Dingen zu überreden, die sie nicht benötigen.

Anzeige, Inserat
Eine Anzeige in der Fachpresse wird ganz sicher die Aufmerksamkeit des Fachhandels erregen.

Werbekampagne
Allein für diese Werbekampagne haben wir 200 Millionen Dollar bereitgestellt.

Bannerwerbung
Die Bannerwerbung auf unserer Website ist weniger erfolgreich, als wir dachten.

Kleinanzeige
Kleinanzeigen sind ungemein aufschlussreich.

Kleinanzeige
Kleinanzeigen kosten wenig und können Wunder bewirken.

werben für
Für unser Vorgängermodell ist nicht genügend geworben worden.

Werbung
Es ist wohl besser, wenn wir die Firma Oglethorpe & Creek für die Verkaufswerbung einschalten.

Vertrieb
Der Vertrieb ist Teil des tertiären, d. h. des Dienstleistungssektors.

Vertriebsweg
Versandhäuser verfügen über eigene Vertriebswege.

Umsatz
Lebensmittel hatten im vergangenen Jahr einen Anteil von 60 % an unserem Umsatz.

Preisforderung, geforderter Preis
Wenn Ihre Preisforderung zu hoch ist, werden Sie wohl keine guten Umsätze machen.

THE CHAIN OF DISTRIBUTION

cut-price adj ['kʌt praɪs]
Both wholesalers and retailers sometimes offer cut-price items.

Billig-
Sowohl Großhändler als auch Einzelhändler bieten gelegentlich Billigartikel an.

net price n ['net praɪs]
All prices are net prices.

Nettopreis, Preis ohne Abzüge
Alle Preise sind Nettopreise.

list price n ['lɪst praɪs]
Our list prices are quoted CIF.

Listenpreis
Unsere Listenpreise verstehen sich CIF.

purchase price n ['pɜːtʃəs praɪs]
Our suppliers have put up their purchase prices, so I'm afraid we have to raise the prices of our goods as well.

Einkaufspreis
Unsere Lieferanten haben die Einkaufspreise heraufgesetzt, darum müssen wir leider auch unsere Preise erhöhen.

selling price n ['selɪŋ praɪs]
Experts speak of a seller's market if the selling price equals the asking price.

Verkaufspreis
Experten sprechen von einem Verkäufermarkt, wenn der Verkaufspreis mit dem geforderten Preis identisch ist.

price range n ['praɪs reɪndʒ]
I wouldn't go for any of the items in the lower price range.

Preisgruppe, Preissegment
Einen Artikel aus der unteren Preisgruppe würde ich nicht nehmen.

price war n ['praɪs wɔː]
It doesn't happen very often that one of the major chains starts a price war.

Preiskrieg
Es kommt nicht sehr oft vor, dass eine der großen Ketten einen Preiskrieg beginnt.

price v [praɪs]
These items are priced too high.

auszeichnen, mit einem Preis versehen
Diese Artikel sind zu hoch ausgezeichnet.

pricing (policy) n ['praɪsɪŋ ˌpɒləsi]
Success depends on your pricing policy.

Preisgestaltung, Preispolitik
Der Erfolg hängt von Ihrer Preisgestaltung ab.

odd-even pricing n [ˌɒdˈiːvn praɪsɪŋ]
According to the principle of odd-even pricing, a price of $9.99 is more attractive than one of $10.

ungerade Preisgestaltung
Entsprechend dem Prinzip der ungeraden Preisgestaltung ist ein Preis von 9,99 Dollar attraktiver als einer von 10 Dollar.

mark down v [ˌmɑːk ˈdaʊn]
All items will be marked down by 10 per cent as from next week.

reduzieren, den Preis herabsetzen
Ab nächster Woche werden alle Waren um 10 Prozent reduziert.

mark up v [ˌmɑːk ˈʌp]
As a result of the brisk demand before Christmas, the cycle shop marked mountain bikes up by 5 per cent.

den Preis heraufsetzen, teurer auszeichnen
Wegen der starken Nachfrage vor Weihnachten setzte der Fahrradladen die Preise für Mountain-Bikes um 5 Prozent herauf.

undersell v [ˌʌndəˈsel]

Only by underselling our competitors can we hope to get a foothold in this difficult market.

unterbieten, zu einem niedrigeren Preis als die Konkurrenz verkaufen
Nur wenn wir unsere Konkurrenz unterbieten, besteht Hoffnung, dass wir in diesem schwierigen Markt Fuß fassen können.

overcharge v [ˌəʊvəˈtʃɑːdʒ]
We'll soon find out whether we've been overcharged.

zu viel berechnen, zu viel in Rechnung stellen
Wir werden bald feststellen, ob uns zu viel berechnet worden ist.

down-market adj/adv [ˌdaʊnˈmɑːkɪt]
Down-market articles tend to sell well in recessionary times.

im unteren Marktsegment
Waren im unteren Marktsegment verkaufen sich in Wirtschaftskrisen normalerweise gut.

bargain n ['bɑːgən]
Department stores usually offer bargains in the basement.

Sonderangebot, Schnäppchen
Warenhäuser bieten Sonderangebote gewöhnlich im Untergeschoss an.

bargain v ['bɑːgən]
After bargaining for half an hour, we got the car for half the asking price.
→ haggle

feilschen
Nachdem wir eine halbe Stunde gefeilscht hatten, bekamen wir das Auto für die Hälfte des ursprünglich geforderten Preises.

haggle v ['hægl]
Haggling is associated with Mediterranean or Oriental markets.
→ bargain

feilschen
Feilschen verbindet man mit Märkten im Mittelmeerraum oder im Orient.

discount n ['dɪskaʊnt]
Wholesalers grant discounts for instant payment.
→ rebate

Rabatt, Nachlass
Großhändler gewähren bei umgehender Bezahlung Rabatt.

cash discount n ['kæʃ dɪskaʊnt]
Prices are subject to a 5% cash discount.

Skonto, Barzahlungsrabatt
Bei Barzahlung gewähren wir 5 % Skonto.

rebate n ['riːbeɪt]
Since you are one of our long-standing customers we are prepared to grant you a rebate of 5%.
→ discount

Rabatt, Nachlass
Da Sie einer unserer treuesten Kunden sind, sind wir bereit, Ihnen einen Rabatt von 5 % zu gewähren.

market v ['mɑːkɪt]
We are looking for an established firm to market our services in your country.

vermarkten
Wir suchen eine alteingesessene Firma für die Vermarktung unserer Dienstleistungen in Ihrem Land.

market leader n [ˌmɑːkɪt 'liːdə]
The market leader controls more than half the German model railway market.

Marktführer
Der Marktführer hält mehr als die Hälfte des deutschen Modelleisenbahnmarktes.

market penetration n [ˌmɑːkɪt ˌpenɪ'treɪʃn]
We've got to come up with new products if we are to achieve maximum market penetration.

Marktdurchdringung, Marktanteil
Wir müssen mit neuen Produkten aufwarten, wenn wir eine maximale Marktdurchdringung erreichen wollen.

market saturation n [ˌmɑːkɪt ˌsætʃə'reɪʃn]
You shouldn't invest in this particular item since competitors' products have long achieved market saturation.

Marktsättigung
In dieses spezielle Produkt sollten Sie nicht investieren, weil der Markt durch die Konkurrenzprodukte längst gesättigt ist.

saturation point n [ˌsætʃə'reɪʃn pɔɪnt]
The automobile market has definitely reached saturation point.

Sättigungspunkt
Der Automarkt hat eindeutig den Sättigungspunkt erreicht.

market share n [ˌmɑːkɪt 'ʃeə]
Our market share has slumped to less than 10%.

Marktanteil
Unser Marktanteil ist auf weniger als 10 % zurückgegangen.

launch n [lɔːntʃ]
The launch of the new sports car will take place at the Geneva Motor Show.

Markteinführung
Die Markteinführung des neuen Sportwagens findet auf der Genfer Automobilausstellung statt.

THE CHAIN OF DISTRIBUTION

launch v [lɔ:ntʃ]

New cars are usually launched in spring.

auf den Markt bringen, auf dem Markt einführen

Neue Autos werden gewöhnlich im Frühjahr auf den Markt gebracht.

Office of Fair Trading n GB [ˌɒfɪs əv feə ˈtreɪdɪŋ] OFT [ˌəʊ ef ˈtiː]

The OFT investigates allegations of restrictive practices.

Amt für Verbraucherschutz

Das Amt für Verbraucherschutz ermittelt, wenn Anzeige wegen wettbewerbswidrigen Verhaltens erstattet wird.

inventory n [ˈɪnvəntri]

Every year we take an inventory of our stocks.

Bestandsaufnahme, Inventur

Jedes Jahr nehmen wir eine Bestandsaufnahme unserer Warenvorräte vor.

line n [laɪn]

Specialist shops stock up-market lines.

(Waren-)Sortiment, Produktgruppe

Fachgeschäfte führen gehobene Sortimente.

off-the-shelf goods n pl [ˌɒf ðə ˈʃelf gʊdz]

Off-the-shelf goods are considerably cheaper than customized items.

Konfektionsware

Konfektionsware ist erheblich billiger als maßgefertigte Ware.

shelf life n [ˈʃelf laɪf]

Perishable goods only have a short shelf life.

Lagerfähigkeit, Verweildauer

Leicht verderbliche Waren sind nur begrenzt lagerfähig.

merchantable quality n [ˌmɜːtʃəntəbl ˈkwɒləti]

The goods were not of merchantable quality.

marktgängige Qualität, mittlere Art und Güte, Tauglichkeit zum gewöhnlichen Gebrauch

Die Waren waren nicht von marktgängiger Qualität.

produce n [ˈprɒdjuːs]

Many farmers sell their produce direct from their farms.

landwirtschaftliche(s) Erzeugnis(se)

Viele Bauern verkaufen ihre landwirtschaftlichen Erzeugnisse direkt ab Hof.

perishables n pl [ˈperɪʃəblz]

Dairy produce, vegetables, fish and fruit are typical perishables.

→ perishable goods

(leicht) verderbliche Ware(n)

Molkereierzeugnisse, Gemüse, Fisch und Obst sind typische leicht verderbliche Waren.

perishable goods n pl [ˈperɪʃəbl ˌgʊdz]

Perishable goods are often transported in cold-storage lorries.

→ perishables

(leicht) verderbliche Ware(n)

Leicht verderbliche Waren werden oft in Kühltransportern befördert.

groceries n pl [ˈgrəʊsəriːz]

Supermarkets sell primarily groceries and household products.

Lebensmittel

Supermärkte verkaufen hauptsächlich Lebensmittel und Haushaltswaren.

hard goods n pl US [ˈhɑːd ˌgʊdz]

Washing machines, refrigerators and deep freezers are typical hard goods.

→ consumer durables

Gebrauchsgüter, langlebige Konsumgüter

Waschmaschinen, Kühlschränke und Tiefkühltruhen sind typische Gebrauchsgüter.

consumer durables n pl [kənˌsjuːmə ˈdjʊərəblz]

Televisions and cars are consumer durables.

→ hard goods

Gebrauchsgüter, langlebige Konsumgüter

Fernsehgeräte und Autos sind Gebrauchsgüter.

electronic funds transfer at point of sale n [ɪlekˌtrɒnɪk fʌndz ˌtrænsfɜːr ət pɔɪnt əv 'seɪl]
EFTPOS ['eftpɒs]
The advantage of EFTPOS for customers is that they need not carry cash.

elektronischer Zahlungsverkehr an der Kasse

Der Vorteil des elektronischen Zahlungsverkehrs an der Kasse besteht für Kunden darin, dass sie kein Bargeld bei sich haben müssen.

clearance sale n ['klɪərəns seɪl]
Clearance sales are designed to dispose of old stock.
→ close-out sale, closing-down sale

Räumungsverkauf, Ausverkauf
Räumungsverkäufe sind dazu da, alte Warenbestände abzustoßen.

close-out sale n US ['kləʊzaʊt seɪl]
In a close-out sale, all goods are drastically reduced.
→ closing-down sale, clearance sale

Räumungsverkauf (bei Geschäftsaufgabe)
Bei einem Räumungsverkauf sind alle Waren drastisch reduziert.

closing-down sale n GB [ˌkləʊzɪŋ 'daʊn ˌseɪl]
Since we're going out of business, there will be a closing-down sale next week.
→ clearance sale, close-out sale

Räumungsverkauf

Weil wir unser Geschäft aufgeben, veranstalten wir nächste Woche einen Räumungsverkauf.

exhibition n [ˌeksɪ'bɪʃn]
The model exhibition was a real crowd-puller.
→ trade fair

Ausstellung, Messe
Die Modellausstellung war ein wahrer Publikumsmagnet.

trade fair n ['treɪd feə]
The Hanover Fair is the world's leading industrial trade fair.
→ exhibition

Messe, Ausstellung
Die Hannover-Messe ist die führende Industriemesse der Welt.

trade directory n ['treɪd dərektəri]
In many countries, the leading trade directory is known as 'Yellow Pages'.

Branchenverzeichnis
In vielen Ländern ist das führende Branchenverzeichnis als „Gelbe Seiten" bekannt.

auction n ['ɔːkʃn]
All the furniture will be sold at auction.

Versteigerung, Auktion
Das gesamte Mobiliar wird versteigert.

auction v ['ɔːkʃn]
The pre-1914 teddy bear was auctioned for £1,500.

versteigern
Der Teddybär aus der Zeit vor 1914 wurde für 1.500 Pfund versteigert.

auctioneer n [ˌɔːkʃə'nɪə]
Two London firms are the world's leading auctioneers.

Auktionshaus, Auktionator
Zwei Londoner Unternehmen sind die größten Auktionshäuser der Welt.

THE CHAIN OF DISTRIBUTION

Modes of distribution

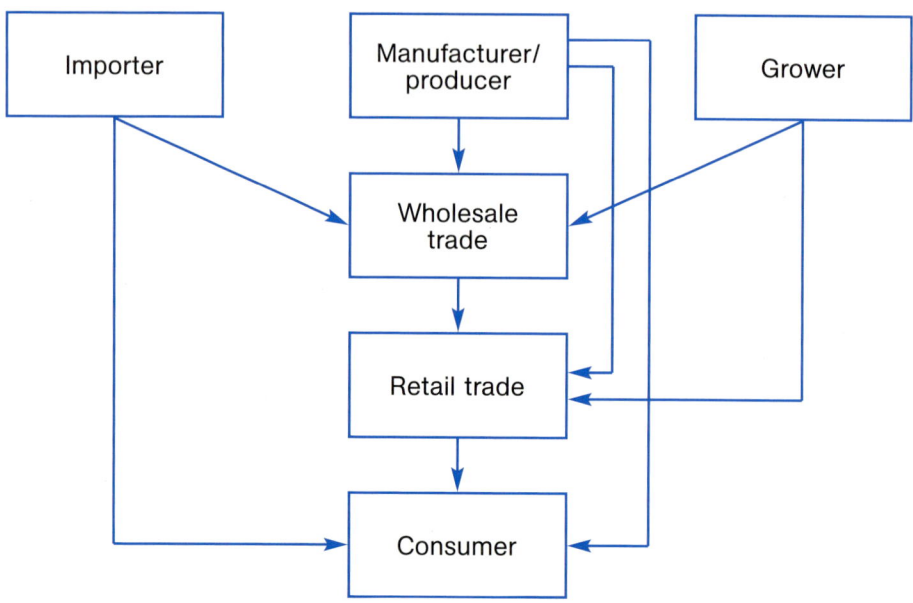

Wholesaling and retailing

wholesaling n ['həʊlseɪlɪŋ]
Wholesaling is just as important as retailing.

Großhandel(sverkauf), Verkauf en gros
Der Großhandel ist ebenso wichtig wie der Einzelhandel.

wholesaler n ['həʊlseɪlə]
Wholesalers buy in bulk.

Großhändler
Großhändler kaufen in großen Mengen ein.

retail v ['riːteɪl]
Marks & Spencer chiefly retail clothing and foodstuffs.

(im Einzelhandel) verkaufen
Marks & Spencer verkauft hauptsächlich Kleidung und Nahrungsmittel.

retail at v ['riːteɪl æt]

These items will retail at about £5.

kosten (im Einzelhandel), sich verkaufen (lassen)
Diese Waren werden im Einzelhandel ungefähr 5 Pfund kosten.

retailing n ['riːteɪlɪŋ]
Retailing is the last link in the distribution chain.

Einzelhandel, Einzelhandel(sverkauf)
Der Einzelhandel ist das letzte Glied in der Vertriebskette.

retailer n ['riːteɪlə]
British retailers are represented by the Retail Consortium.

Einzelhändler(in)
Britische Einzelhändler werden durch den Einzelhandelsverband vertreten.

retail price index n [ˌriːteɪl 'praɪs ˌɪndeks]
The retail price index, a basket of goods and services, is the standard measure of inflation.

Einzelhandelspreisindex

Der Einzelhandelspreisindex, ein Korb aus Waren und Dienstleistungen, ist der übliche Inflationsmaßstab.

High Street n *GB* ['haɪ striːt]
Many leading retail chains can be found in the High Street.
→ main street

Main Street n *US* ['meɪn striːt]
Department stores are traditionally located in the Main Street.
→ high street

retail sales n pl ['riːteɪl ˌseɪlz]
In holiday periods retail sales tend to be slack.

retail chain n ['riːteɪl tʃeɪn]
The Body Shop is a very successful retail chain.

retail outlet n ['riːteɪl ˌaʊtlet]

Even a vending machine is a retail outlet.

branch n [brɑːntʃ]
The leading retail chains have branches in every city.

in-store adj ['ɪnstɔː]
Many supermarkets today have an in-store bakery.

opening hours ['əʊpənɪŋ 'aʊəz]
Many shoppers would like to see more customer-friendly opening hours

cash-and-carry store n [ˌkæʃ ən 'kæri ˌstɔː]
Cash-and-carry stores are chiefly used by small retailers and the catering trade.

chain store n ['tʃeɪn stɔː]
Nowadays many High Streets are characterized by the standardized shop fronts of chain stores.

cooperative store n *GB* [kəʊ'ɒpərətɪv ˌstɔː]
The first cooperative store was opened in Rochdale near Manchester in the nineteenth century.

voluntary chain n [ˌvɒləntri 'tʃeɪn]
Shopkeepers who belong to a voluntary chain lose part of their independence.

department store n [dɪ'pɑːtmənt ˌstɔː]
Harrods and Selfridges are London's best known department stores.

Hauptgeschäftsstraße
Viele führende Einzelhandelsketten sind in der Hauptgeschäftsstraße zu finden.

Hauptgeschäftsstraße
Warenhäuser sind von jeher in der Hauptgeschäftsstraße zu finden.

Einzelhandelsumsätze
In Ferienzeiten sind Einzelhandelsumsätze oft schwach.

Einzelhandelskette
„Body Shop" ist eine sehr erfolgreiche Einzelhandelskette.

Einzelhandelsverkaufsstelle, Einzelhandelsgeschäft
Selbst ein Verkaufsautomat ist eine Einzelhandelsverkaufsstelle.

Filiale, Zweigstelle
Die führenden Einzelhandelsketten haben Filialen in jeder Stadt.

ladeneigen, im Laden
Viele Supermärkte haben heute eine ladeneigene Bäckerei.

Öffnungszeiten, Geschäftszeiten
Viele Käufer hätten gern kundenfreundlichere Öffnungszeiten.

Abholgroßmarkt, Cash-and-carry-Markt

Abholgroßmärkte werden hauptsächlich von kleinen Einzelhändlern und von Gastronomen genutzt.

(Ladenketten-)Filiale
Viele Hauptgeschäftsstraßen sind heute durch die Einheitsfassaden von Ladenkettenfilialen geprägt.

Coop(-Laden), Konsum

Der erste Coop-Laden wurde im neunzehnten Jahrhundert in Rochdale bei Manchester eröffnet.

freiwillige Ladenkette
Ladenbesitzer, die einer freiwilligen Ladenkette angehören, verlieren einen Teil ihrer Selbstständigkeit.

Warenhaus, Kaufhaus
Harrods und Selfridges sind Londons berühmteste Warenhäuser.

discount store n ['dɪskaʊnt ˌstɔ:]
Ours has been one of the world's most successful discount stores in recent years.

Discounter, Niedrigpreisgeschäft
Wir sind seit einigen Jahren einer der weltweit erfolgreichsten Discounter.

DIY (store) n [ˌdi: aɪ 'waɪ ˌstɔ:]
do-it-yourself store
In recent years DIY chains have mushroomed all over the country.

Baumarkt, Heimwerkermarkt

In den letzten Jahren sind Baumarktketten überall im Land wie Pilze aus dem Boden geschossen.

franchise n ['fræntʃaɪz]
Under a franchise agreement, the franchisee pays the franchiser a royalty for the right to distribute the latter's products.

Franchise, Vertriebslizenz
Bei einer Franchisevereinbarung bezahlt der Franchisenehmer dem Franchisegeber eine Gebühr für den Vertrieb der Erzeugnisse des Letzteren.

hypermarket n ['haɪpəmɑ:kɪt]
Hypermarkets are often the mainstay of out-of-town shopping centres.

Verbrauchermarkt, Einkaufsmarkt
Verbrauchermärkte sind oft das Herzstück von Einkaufszentren am Stadtrand.

mail-order house n ['meɪlˌɔ:də haʊs]
Mail-order houses send goods by post.

Versandhaus
Versandhäuser liefern Waren mit der Post.

mall n US [mɔ:l]
Modern malls are not nearly as elegant as some of the older shopping arcades.

überdachtes Einkaufszentrum
Moderne überdachte Einkaufszentren sind bei weitem nicht so elegant wie einige der alten Ladenpassagen.

pedestrian precinct n [pə'destrɪən ˌpri:sɪŋkt]
Pedestrian precincts make for convenient shopping.

Fußgängerzone

Fußgängerzonen machen das Einkaufen angenehm.

megacentre n ['megəˌsentə]
A megacentre often spells ruin for small retailers.

großes Einkaufszentrum
Ein großes Einkaufszentrum bedeutet oft das Aus für kleine Einzelhandelsgeschäfte.

multiple n ['mʌltɪpl]
Sainsbury's and Tesco are large multiples in Great Britain.

Einzelhandelskette
Sainsbury's und Tesco sind große Einzelhandelsketten in Großbritannien.

one-stop shopping n [ˌwʌn stɒp 'ʃɒpɪŋ]

The traditional department store offers one-stop shopping.

Einkauf aller Waren in einem Geschäft, Einkauf unter einem Dach
Im traditionellen Kaufhaus kann man alles unter einem Dach kaufen.

self-service n [ˌself 'sɜ:vɪs]
Self-service is convenient for the customer and saves labour costs.

Selbstbedienung
Selbstbedienung ist für den Kunden angenehm und spart Arbeitskosten.

shopping trolley n GB ['ʃɒpɪŋ ˌtrɒli]
Some shopping trolleys are designed for small children to sit in, too.
→ shopping cart

Einkaufswagen
Einige Einkaufswagen sind so gestaltet, dass auch Kleinkinder darin sitzen können.

shopping cart n US ['ʃɒpɪŋ ˌkɑ:t]
You can't take your shopping cart on the escalator.
→ shopping trolley

Einkaufswagen
Sie können Ihren Einkaufswagen nicht auf die Rolltreppe mitnehmen.

vending machine n [ˈvendɪŋ məˌʃiːn]
Coin-operated vending machines are often full of foreign coins.

Verkaufsautomat
Münzbetriebene Verkaufsautomaten sind oft voll von ausländischen Münzen.

field staff n pl [ˈfiːld stɑːf]

A wholesaler's field staff calls on customers in the retail trade in order to win orders.

Außendienstmitarbeiter(innen), Mitarbeiter(innen) im Außendienst
Die Außendienstmitarbeiter eines Großhändlers suchen Kunden im Einzelhandel auf, um Aufträge einzuholen.

branded goods n pl [ˈbrændɪd ˌɡʊdz]
Branded goods are facing increasing competition from own labels.

Markenartikel, Markenware
Markenartikel müssen zunehmend mit Eigenmarken konkurrieren.

trademark n [ˈtreɪdmɑːk]
The first trademarks came into being in the 19th century.

Warenzeichen, Handelsmarke
Die ersten Warenzeichen entstanden im 19. Jahrhundert.

own brand n [əʊn ˈbrænd]
Some well-known manufacturers refuse to produce own brands for chain stores.
→ own label

Eigenmarke, Hausmarke
Einige bekannte Hersteller lehnen es ab, Eigenmarken für Ladenketten zu produzieren.

own label n [ˌəʊn ˈleɪbl]
Own labels are cheaper than brand items.
→ own brand

Eigenmarke, Hausmarke
Eigenmarken sind billiger als Markenprodukte.

stock(s) n [stɒks]
Your order can be supplied from stock.

Lager(bestand), Waren(bestand)
Ihr Auftrag kann ab Lager geliefert werden.

storage space n [ˈstɔːrɪdʒ ˌspeɪs]
Unfortunately we do not have enough storage space for new supplies.

Lagerraum, Lagerkapazität
Leider haben wir für neue Lieferungen nicht genug Lagerraum.

warehouse n [ˈweəhaʊs]
Wholesalers have large warehouses to temporarily store goods from various manufacturers.

Lager(haus)
Großhändler verfügen über große Lagerhäuser, um Waren von verschiedenen Herstellern vorübergehend zu lagern.

recommended price n [rekəˌmendɪd ˈpraɪs]
Retailers are free to offer goods at less than the recommended price.

Preisempfehlung

Es steht Einzelhändlern frei, Waren zu einem Preis anzubieten, der unter der Preisempfehlung liegt.

dump v [dʌmp]
The company complained about foreign competition dumping their products on the market.

unter Selbstkostenpreis verkaufen
Die Gesellschaft klagte über ausländische Wettbewerber, die ihre Produkte unter Selbstkostenpreis auf den Markt brachten.

resale price maintenance n [ˌriːseɪl ˌpraɪs ˈmeɪntənəns]
Resale price maintenance is illegal because it amounts to price fixing at the expense of the customer.

vertikale Preisbindung, Preisbindung der zweiten Hand
Vertikale Preisbindung ist verboten, weil sie auf Preisabsprachen auf Kosten des Verbrauchers hinausläuft.

price tag n [ˈpraɪs tæɡ]
The introduction of bar codes and scanning checkouts has made it unnecessary to attach price tags to every single item.

Preisschild
Durch die Einführung von Strichkodes und Scannerkassen hat sich das Anbringen von Preisschildern an jeden einzelnen Artikel erübrigt.

electronic point of sale terminal n
[ˌɪlekˈtrɒnɪk pɔɪnt əv ˈseɪl tɜːmɪnl]
Some electronic point of sale terminals
are linked to a computer at the
wholesaler's warehouse.

scanning checkout n [ˈskænɪŋ ˌtʃekaʊt]
Stock turnover can be monitored with
the help of scanning checkouts.

bar code n [ˈbɑː kəʊd]
Nearly all items have a bar code, which
means that they can be registered by a
scanning checkout.

high-end adj [ˈhaɪˌend]

Harrods is a typical high-end store.
→ up-market, upscale

up-market adj [ˌʌpˈmɑːkɪt]

Up-market cars have seen rising sales
lately.
→ high-end, upscale

upscale adj US [ˌʌpˈskeɪl]

Some Fifth Avenue department stores
offer primarily upscale ranges.
→ high-end, up-market

high-margin adj [ˌhaɪ ˈmɑːdʒɪn]
Watches and jewellery are typical high-
margin goods.

greenfield site n [ˈgriːnfiːld ˌsaɪt]
As a result of the high rents in town
centre locations, many retailers have
moved to greenfield sites.

break bulk v [ˌbreɪk ˈbʌlk]
Breaking bulk is one of the chief
functions of the wholesale trade.

bulk buying n [ˈbʌlk baɪɪŋ]
Bulk buying enables wholesalers to
obtain goods at low prices.

rack jobber n [ˈræk ˌdʒɒbə]
As rack jobbers, wholesalers are
responsible for entire product lines
within a retail outlet.

drop shipper n [ˈdrɒp ˌʃɪpə]
Drop shippers collect orders and pass
them on direct to the last seller.

---

elektronischer Kassenterminal

Einige elektronische Kassenterminals sind mit
einem Computer im Lager des Großhändlers
verbunden.

elektronische Kasse, Scannerkasse
Der Warenumschlag kann mit Hilfe
elektronischer Kassen überwacht werden.

Strichcode, EAN-Code
Fast alle Artikel haben einen Strichcode, sodass
sie von einer Scannerkasse registriert werden
können.

**für gehobene Ansprüche, der gehobenen
Klasse, der oberen Preisklasse**
Harrods ist ein typisches Geschäft für gehobene
Ansprüche.

**der gehobenen Klasse, für gehobene
Ansprüche, der oberen Preisklasse**
Fahrzeuge der gehobenen Klasse verkaufen sich
in der letzten Zeit besser.

**für gehobene Ansprüche, der oberen
Preisklasse, der gehobenen Klasse**
Einige Warenhäuser in der Fifth Avenue bieten
vornehmlich Sortimente der oberen Preisklasse
an.

mit hoher Gewinnspanne
Uhren und Schmuck sind typische Waren mit
hoher Gewinnspanne.

Standort auf der grünen Wiese
Wegen der hohen Mieten in Innenstadtlagen
sind viele Einzelhändler auf Standorte auf der
grünen Wiese ausgewichen.

Großgebinde auflösen
Das Auflösen von Großgebinden ist eine der
wichtigsten Aufgaben des Großhandels.

Großeinkauf, Einkauf en gros
Großeinkäufe ermöglichen Großhändlern den
Bezug von Waren zu niedrigen Preisen.

Regalbeschicker
Als Regalbeschicker sind Großhändler für
ganze Produktgruppen in einem
Einzelhandelsgeschäft zuständig.

Großhändler im Streckengeschäft
Großhändler im Streckengeschäft sammeln
Aufträge und leiten sie direkt an den
Letztverkäufer weiter.

INTERNATIONAL TRADE

I M P O R T S

France	51.7
Netherlands	46.3
USA	45.5
Great Britain	38.2
Italy	35.7
Belgium	28.4
Japan	22.6
Austria	20.8
Switzerland	19.8
China	19.7

Germany's most important trade partners 2001
(€ billions)

E X P O R T S

France	70.7
USA	67.3
Great Britain	53.2
Italy	47.5
Netherlands	39.3
Austria	32.6
Belgium	31.4
Spain	28.4
Switzerland	27.6
Poland	15.2

Import and export

import n ['ɪmpɔːt]
One way to protect indigenous industries is to increase tariffs on imports of manufactured goods.

import v [ɪm'pɔːt]
Most industrialized countries import crude oil.

importer n [ɪm'pɔːtə]
Japan is the world's biggest importer of crude oil.

import quota n ['ɪmpɔːt ˌkwəʊtə]
There's an import quota on Japanese cars shipped to the USA.

import restrictions n pl ['ɪmpɔːt rɪˌstrɪkʃnz]
Some countries impose import restrictions on toxic waste.

Einfuhr, Import
Eine Möglichkeit, die heimische Industrie zu schützen, besteht darin, die Einfuhrzölle für Industrieerzeugnisse zu erhöhen.

importieren, einführen
Die meisten Industrieländer importieren Rohöl.

Importeur
Japan ist der größte Rohölimporteur der Welt.

Importquote, Einfuhrkontingent
In den Vereinigten Staaten gibt es eine Quote für Autoimporte aus Japan.

Einfuhrbeschränkungen
Einige Länder verhängen Einfuhrbeschränkungen auf Giftmüll.

import licence n ['ɪmpɔːt ˌlaɪsns]
In order to protect their industries many countries require import licences for a number of products.

Einfuhrgenehmigung, Importlizenz
Um ihre Wirtschaft zu schützen, verlangen viele Länder Einfuhrgenehmigungen für verschiedene Produkte.

import-oriented adj ['ɪmpɔːt ˌɔːriəntɪd]
Some developing countries are import-oriented.

importorientiert, einfuhrorientiert
Einige Entwicklungsländer sind import-orientiert.

export n ['ekspɔːt]
No country is likely to impose tariffs on exports.

Export, Ausfuhr
Es ist unwahrscheinlich, dass ein Land Ausfuhr-zölle erhebt.

export v [ɪk'spɔːt]
Nigeria exports top-quality crude oil.

exportieren, ausführen
Nigeria exportiert hochwertiges Rohöl.

exporter n [ek'spɔːtə]
Japan is the world's biggest exporter of digital cameras.

Exporteur
Japan ist der weltgrößte Exporteur von Digital-kameras.

export quota n ['ekspɔːt ˌkwəʊtə]
Brazil has imposed an export quota on coffee in order to keep prices on the world market stable.

Exportquote, Ausfuhrkontingent
Brasilien hat eine Exportquote für Kaffee verhängt, um die Weltmarktpreise stabil zu halten.

export licence n ['ekspɔːt ˌlaɪsns]
Many countries require an export licence for the export of hi-tech products.

Ausfuhrgenehmigung, Exportlizenz
Für die Ausfuhr von Hochtechnologiegütern verlangen viele Länder eine Ausfuhrgenehmigung.

export-oriented adj ['ekspɔːt 'ɔːriəntɪd]
Japan is an export-oriented country.

exportorientiert, ausfuhrorientiert
Japan ist ein exportorientiertes Land.

re-import n ['riː ɪmˌpɔːt]
Re-imports make some commodities cheaper in their country of origin.

Reimport, Wiedereinfuhr
Durch Reimporte werden einige Waren im Herkunftsland billiger.

re-import v [ˌriː ɪm'pɔːt]
Some German products, for instance cars and pharmaceuticals, are frequently re-imported.

reimportieren, wiedereinführen
Einige deutsche Erzeugnisse, z. B. Autos und Arzneimittel, werden oft reimportiert.

re-export n ['riː ekˌspɔːt]
The value of our re-export trade has increased.

Wiederausfuhr, Reexport
Der Wert unseres Wiederausfuhrhandels ist gestiegen.

re-export v [ˌriː ek'spɔːt]
Processed goods are often re-exported.

reexportieren, wiederausführen
Veredelte Waren werden oft reexportiert.

invisible imports n pl [ɪnˌvɪzəbl 'ɪmpɔːts]
Insurance services are invisible imports.

unsichtbare Einfuhren, Importe von Dienst-leistungen
Versicherungsleistungen sind unsichtbare Ein-fuhren.

visible imports n pl [ˌvɪzəbl 'ɪmpɔːts]

Agricultural products are visible imports.

Importgüter, sichtbare Einfuhren, Waren-importe
Landwirtschaftliche Produkte sind Importgüter.

embargo n [ɪm'bɑːgəʊ]
The USA imposed an oil embargo on Japan in 1941 and did not accede to the latter's demands to lift it.

Embargo, Handelssperre
1941 verhängten die USA ein Ölembargo gegen Japan und gaben Japans Forderungen nach Aufhebung dieses Embargos nicht statt.

international trade n ['ɪntəˌnæʃnəl treɪd]
International trade means buying and selling on a global scale.

internationaler Handel, Welthandel
Internationaler Handel bedeutet Kaufen und Verkaufen weltweit.

foreign trade n [ˌfɒrən 'treɪd]
All modern economies depend on foreign trade.

Außenhandel
Alle modernen Volkswirtschaften sind auf Außenhandel angewiesen.

foreign sales n pl [ˌfɒrən 'seɪlz]
Our company's foreign sales improved last year.

Auslandsabsatz, Auslandsverkäufe
Im letzten Jahr ist der Auslandsabsatz unseres Unternehmens gestiegen.

Organization of the Petroleum Exporting Countries n
OPEC ['əʊpek]
The Organization of Petroleum Exporting Countries (OPEC) is the best-known example of an international commodity cartel.

Organisation der Erdöl exportierenden Länder
Die Organisation der Erdöl exportierenden Länder (OPEC) ist das beste Beispiel eines internationalen Rohstoffkartells.

Incoterms, terms and conditions

Incoterms n pl ['ɪnkəʊtɜːmz]
international commercial terms
[ɪntəˌnæʃnəl kəˌmɜːʃl 'tɜːmz]
The Paris-based International Chamber of Commerce lays down and defines all Incoterms.

Incoterms

Alle Incoterms werden von der in Paris ansässigen Internationalen Handelskammer festgelegt und definiert.

carriage and insurance paid to adv Incoterm ['kærɪdʒ ənd ɪnˌʃʊərəns peɪd 'tuː]
CIP [ˌsiː aɪ 'piː]
Under CIP, the seller has to procure cargo insurance.

frachtfrei versichert bis

Bei CIP muss der Verkäufer für die Frachtversicherung sorgen.

carriage paid to adv Incoterm ['kærɪdʒ peɪd 'tuː]
CPT [ˌsiː piː 'tiː]
CPT means that the seller bears all the risks until the goods have been delivered to the carrier.

frachtfrei bis

„Frachtfrei bis" bedeutet, dass der Verkäufer alle Risiken zu tragen hat, bis die Ware dem Frachtführer übergeben worden ist.

cost and freight n Incoterm [ˌkɒst ənd 'freɪt]
CFR [ˌsiː ef 'aː]
Cost and freight is more attractive for the retailer than cost, insurance, freight (CIF) because the cost of insurance can be very high.

Kosten und Fracht

Kosten und Fracht ist attraktiver für den Verkäufer als Kosten, Versicherung, Fracht (CIF), da die Versicherungskosten enorm hoch sein können.

cost, insurance, freight n Incoterm [ˌkɒst ɪnˌʃɔːrəns, 'freɪt]
CIF [ˌsiː aɪ 'ef]
When prices are quoted CIF, the seller bears the cost of marine insurance.

Kosten, Versicherung, Fracht

Wenn Preise einschließlich CIF angegeben sind, trägt der Verkäufer die Seeversicherungskosten.

delivered ex quay (duty paid) adv
Incoterm [dɪˌlɪvəd ˌeks kiː djuːti ˈpeɪd]
DEQ [ˌdiː iː ˈkjuː]
DEQ terms are even more attractive for
the buyer because the seller has to bear
all costs relating to duties, taxes and
other charges levied on imports.

geliefert ab Kai (verzollt)

DEQ-Bedingungen sind sogar noch attraktiver
für den Käufer, weil der Verkäufer alle Kosten
tragen muss, die mit Zöllen, Steuern und
sonstigen Importabgaben verbunden sind.

delivered ex ship adv Incoterm
[dɪˌlɪvəd eks ˈʃɪp]
DES [ˌdiː iː ˈes]
Some importers prefer DES terms
because the seller bears all the costs and
risks of transporting the goods to the
named port of destination.

geliefert ab Schiff

Einige Importeure bevorzugen DES-
Bedingungen, weil damit der Verkäufer alle
Kosten und Risiken bis zur Anlieferung der
Ware im benannten Zielhafen trägt.

delivered at frontier adv Incoterm
[dɪˌlɪvəd ət ˈfrʌntɪə]
DAF [ˌdiː eɪ ˈef]
Under DAF, the seller is only responsible
for carriage to the customs border of the
next country.

geliefert Grenze

Bei DAF ist der Verkäufer für die Fracht nur
bis zur Zollgrenze des Nachbarlandes
zuständig.

delivered duty paid adv Incoterm
[dɪˌlɪvəd ˌdjuːti ˈpeɪd]
DDP [ˌdiː diː ˈpiː]
While EXW represents the minimum
obligation for the seller, DDP represents
the maximum obligation.

geliefert verzollt

Während EXW die geringsten Verpflichtungen
für den Verkäufer beinhaltet, beinhaltet DDP
die meisten.

delivered duty unpaid adv Incoterm
[dɪˌlɪvəd ˌdjuːti ˈʌnpeɪd]
DDU [ˌdiː diː ˈjuː]
DDU terms are fairly common because
importers are usually more experienced
in handling customs formalities.

geliefert unverzollt

DDU-Bedingungen sind recht weit verbreitet,
da Importeure normalerweise mehr Erfahrung
bei der Erledigung von Zollformalitäten haben.

ex works adv Incoterm [ˌeks ˈwɜːks]
EXW [ˌiː eks ˈdʌbljuː]
Car prices are usually quoted ex works.

ab Werk

Autopreise sind gewöhnlich ab Werk angegeben.

ex quay adv [ˌeks ˈkiː]
Ex quay prices include the cost of
unloading the consignment.

ab Kai
Preise ab Kai schließen das Löschen der
Ladung ein.

free alongside ship adv Incoterm [ˌfriː
əlɒŋˌsaɪd ˈʃɪp]
FAS [ˌef eɪ ˈes]
If prices are quoted free alongside ship,
the buyer has to bear all costs and risks
from the time the goods arrive at the
ship.

frei Längsseite Schiff

Wenn Preise frei Längsseite Schiff angegeben
sind, hat der Käufer, sobald die Waren auf dem
Schiff ankommen, alle Kosten und Risiken zu
tragen.

free carrier adv Incoterm [ˌfriː ˈkærɪə]
FCA [ˌef siː ˈeɪ]
Free carrier means that the seller hands
the goods and the charge thereof over to
the carrier.

frei Frachtführer

Frei Frachtführer bedeutet, dass der Verkäufer
dem Frachtführer die Waren überantwortet.

free on board adv *Incoterm* [ˌfriː ɒn ˈbɔːd]
FOB [ˌef əʊ ˈbiː]
Free on board means that the seller is responsible for the goods until they have passed over the ship's rail.

free on rail adv [ˌfriː ɒn ˈreɪl]
Free on rail means that the seller is responsible for the goods until they have been loaded onto the train.

documents against cash n pl [ˌdɒkjumənts əgenst ˈkæʃ]
Delivery will be made on a documents against cash payment basis.

indent n [ˈɪndent]
The principal gave his agent an indent for the goods.

closed indent n [ˌkləʊzd ˈɪndent]

Our sole agent received a closed indent for a consignment of china.

open indent n [ˌəʊpən ˈɪndent]

The sole distributor received an open indent for a consignment of china.

certificate of origin n [səˌtɪfɪkət əv ˈɒrɪdʒɪn]
Customs authorities insist on a certificate of origin so as to be able to apply the appropriate tariff.

duplicate n [ˈdjuːplɪkeɪt]
The invoice must be submitted in duplicate.

triplicate n [ˈtrɪplɪkət]
The bill of lading is issued in triplicate.

deregulation n [ˌdiːregjuˈleɪʃn]
Deregulation is bound to boost trade.

overseas adj [ˌəʊvəˈsiːz]

Many businesses trade with overseas partners.

overseas trade n [ˌəʊvəsiːz ˈtreɪd]
Overseas trade is a major source of revenue for Germany.

frei an Bord

Frei an Bord bedeutet, dass der Verkäufer für die Güter verantwortlich ist, bis sie die Bordwand passiert haben.

frei Waggon
Frei Waggon bedeutet, dass der Verkäufer für die Güter verantwortlich ist, bis sie auf den Zug aufgeladen sind.

Kassa gegen Dokumente

Die Auslieferung wird auf der Basis Kassa gegen Dokumente vorgenommen.

Auslandsauftrag, Indentgeschäft
Der Auftraggeber erteilte seinem Bevollmächtigten einen Auslandsauftrag.

Auslandsauftrag für Produkte von bestimmten Lieferanten, geschlossenes Indentgeschäft
Unser Alleinvertreter erhielt eine spezifizierte Auslandsbestellung für eine Sendung Porzellan.

Auslandsauftrag ohne Marken- und Herstellerspezifizierung, offenes Indentgeschäft
Der Alleinvertreiber erhielt eine Auslandsbestellung ohne Marken- und Herstellerspezifizierung für eine Lieferung Porzellan.

Herkunftsbescheinigung, Ursprungszeugnis

Zollbehörden bestehen auf einer Herkunftsbescheinigung, um den richtigen Zolltarif anwenden zu können.

zweifache Ausfertigung, Duplikat
Die Rechnung muss in zweifacher Ausfertigung vorgelegt werden.

dreifache Ausfertigung
Das Konnossement wird in dreifacher Ausfertigung ausgestellt.

Liberalisierung, Deregulierung
Die Liberalisierung wird unweigerlich den Handel fördern.

ausländisch, überseeisch, Auslands-, Übersee-
Viele Unternehmen treiben Handel mit ausländischen Partnern.

Überseehandel
Der Überseehandel bringt Deutschland Devisen in beträchtlichem Umfang ein.

INTERNATIONAL TRADE

customs n pl ['kʌstəmz]
Customs have seized a large quantity of
cocaine at the airport.

Zoll(behörde)
Der Zoll hat am Flughafen eine große Menge
Kokain beschlagnahmt.

customs officer n ['kʌstəmz ˌɒfɪsə]
The customs officer has checked the
lorry load.

Zollbeamter, Zollbeamtin
Der Zollbeamte hat die Ladung des Lastwagens
überprüft.

customs clearance n [ˌkʌstəmz
'klɪərəns]
Foreign heavy goods vehicles may only
cross the border after customs clearance.

Zollabfertigung

Ausländische Schwerlasttransporter dürfen die
Grenze erst nach der Zollabfertigung passieren.

clear through custom v [ˌklɪə θru:
'kʌstəmz]
The consignment must be cleared
through customs.

**vom Zoll abfertigen lassen, verzollen,
klarieren**
Die Ladung muss vom Zoll abgefertigt werden.

enter for clearance v [ˌentə fə
'klɪərəns]
The importer entered a container for
clearance.
➔ declare

zur Verzollung anmelden, verzollen

Der Importeur meldete einen Container zur
Verzollung an.

customs declaration n [ˌkʌstəmz
ˌdeklə'reɪʃn]
Parcels sent abroad must contain a
customs declaration.

Zollerklärung, Zollinhaltserklärung

Pakete ins Ausland müssen eine Zollerklärung
enthalten.

declare v [dɪ'kleə]
If you have any goods to declare, please
proceed through the red channel.
➔ enter for clearance

verzollen, zur Verzollung anmelden
Wenn Sie etwas zu verzollen haben, gehen Sie
bitte durch den roten Durchgang.

customs duty n [ˌkʌstəmz 'dju:ti]
Customs duties have decreased
worldwide.

Zoll, Zolltarif
Weltweit sind die Zölle gesunken.

customs and excise duties n pl
[ˌkʌstəmz ənd ˌeksaɪz 'dju:tiz]
Customs and excise duties are a major
source of revenue.

Zölle und Verbrauchssteuern

Zölle und Verbrauchssteuern sind eine wichtige
Einnahmequelle.

customs allowance n [ˌkʌstəmz
ə'laʊəns]
The customs allowance for spirits has
been increased.

**Freimenge, erlaubte Einfuhrmenge zollfreier
Waren**
Die Freimenge für Spirituosen ist erhöht
worden.

customs house n [ˌkʌstəmz 'haʊs]
If you have goods to declare, please
proceed to the customs house.
➔ customs office

Zollamt
Wenn Sie etwas zu verzollen haben, begeben Sie
sich bitte ins Zollamt.

customs office n [ˌkʌstəmz 'ɒfɪs]
The nearest customs office is at Dover.
➔ customs house

Zollamt, Zollstelle
Das nächste Zollamt ist in Dover.

customs seal n [ˌkʌstəmz ˈsiːl]
Customs seals are affixed to all commercial vehicles in transit.

Zollplombe
Zollplomben werden an allen Nutzfahrzeugen im Transitverkehr angebracht.

tariff n [ˈtærɪf]
Goods imported into the EU are subject to the common external tariff.

Zolltarif
EU-Einfuhren unterliegen dem gemeinsamen Außenzoll.

preferential tariff n [ˌprefəˈrenʃl ˌtærɪf]
Preferential tariffs are granted under the most favoured nation clause.

Vorzugszoll
Vorzugszölle werden gemäß der Meistbegünstigungsklausel gewährt.

protective tariff n [prəˌtektɪv ˈtærɪf]
Developing countries could hardly survive without protective tariffs.

Schutzzoll
Entwicklungsländer könnten ohne Schutzzölle kaum überleben.

import duty n [ˈɪmpɔːt ˌdjuːti]
There are no import duties on goods originating from within the EU.

Einfuhrzoll
Für aus der EU stammende Waren gibt es keine Einfuhrzölle.

bill of entry n [ˌbɪl əv ˈentri]
Importers are required to prepare a bill of entry for customs.

Einfuhrerklärung
Importeure müssen eine Einfuhrerklärung für den Zoll ausfüllen.

bonded goods n pl [ˌbɒndɪd ˈgʊdz]
We need permission to release these bonded goods to the importer.

Zollgut, unter Zollverschluss liegende Ware
Wir benötigen eine Erlaubnis, um dieses Zollgut dem Importeur aushändigen zu können.

bonded warehouse n [ˌbɒndɪd ˈweəhaʊs]
Before customs clearance, goods can be stored in the bonded warehouse.

Zolllager

Vor der Zollabfertigung können Waren im Zolllager gelagert werden.

landing order n [ˈlændɪŋ ɔːdə]
No goods will be moved without a landing order.

Zollpassierschein
Ohne Zollpassierschein werden keine Waren bewegt.

public warehouse n [ˌpʌblɪk ˈweəhaʊs]
Goods cannot be removed from a public warehouse without permission.

öffentliches Zolllager
Ohne Erlaubnis können Waren nicht aus einem öffentlichen Zolllager entfernt werden.

Board of Customs and Excise n *GB* [ˌbɔːd əv ˈkʌstəmz ənd ˈeksaɪz]
The customs duties collected by the Board of Customs and Excise are remitted to Brussels.

Amt für Zölle und Verbrauchssteuern

Die vom Amt für Zölle und Verbrauchssteuern eingezogenen Zölle werden nach Brüssel überwiesen.

Documents

documents n pl [ˈdɒkjumənts]
More documents are needed in overseas trade than in domestic trade.

Unterlagen, Papiere, Dokumente
Im Außenhandel werden mehr Unterlagen benötigt als im Binnenhandel.

shipping documents n pl [ˈʃɪpɪŋ ˌdɒkjumənts]
Overseas trade involves far more shipping documents than domestic trade.

Frachtpapiere, Versandpapiere

Im Außenhandel werden weit mehr Frachtpapiere benötigt als im Binnenhandel.

shipping contract n ['ʃɪpɪŋ ˌkɒntrækt]
The bill of lading is a special type of
shipping contract.

Frachtvertrag, Beförderungsvertrag
Das Konnossement ist eine besondere Form
eines Frachtvertrags.

bill of lading n [ˌbɪl əv 'leɪdɪŋ]
B/L, b/l, b.l. [ˌbiː 'el]
A B/L is a shipping contract and a
document of title.

Konnossement, Seefrachtbrief, Ladeschein

Ein Konnossement ist ein Beförderungsvertrag
und eine Eigentumsurkunde.

clean bill of lading n [ˌkliːn ˌbɪl əv
'leɪdɪŋ] clean B/L [ˌkliːn ˌbiː 'el]
If the goods received on board are in
good condition, the ship's captain will
issue a clean B/L.

**Konnossement ohne Vorbehalt, reines
Konnossement**
Wenn die an Bord übernommenen Waren in
gutem Zustand sind, wird der Kapitän ein
Konnossement ohne Vorbehalt ausstellen.

dirty bill of lading n [ˌdɜːti ˌbɪl əv 'leɪdɪŋ]
dirty B/L [ˌdɜːti ˌbiː 'el]
If the goods received on board are
damaged, the captain will issue a dirty B/L.
→ **foul bill of lading**

**unreines Konnossement, eingeschränktes
Konnossement**
Wenn die an Bord übernommenen Waren
beschädigt sind, wird der Kapitän ein unreines
Konnossement ausstellen.

foul bill of lading n [ˌfaʊl ˌbɪl əv 'leɪdɪŋ]
foul B/L [ˌfaʊl ˌbiː 'el]
A foul bill of lading is not a document
of title.
→ **dirty bill of lading**

**unreines Konnossement, eingeschränktes
Konnossement**
Ein unreines Konnossement ist keine
Eigentumsurkunde.

surrender a bill of lading v [səˌrendər ə
bɪl əv 'leɪdɪŋ]
surrender a B/L [səˌrendər ə ˌbiː 'el]
Prior to customs clearance importers are
required to surrender the B/L.

ein Konnossement hinterlegen

Vor der Zollabfertigung sind Importeure
gehalten, das Konnossement zu hinterlegen.

non-negotiable adj [ˌnɒn nɪ'gəʊʃiəbl]
The copy of a bill of lading is non-
negotiable.

nicht übertragbar, nicht begebbar
Die Kopie eines Konnossements ist nicht
übertragbar.

waybill n ['weɪbɪl]
One copy of the waybill is retained by
the consignor.
→ **consignment note**

Frachtbrief, Warenbegleitschein
Eine Kopie des Frachtbriefs verbleibt beim
Versender.

consignment note n [kən'saɪnmənt ˌnəʊt]
One copy of the consignment note is
handed to the consignee.
→ **waybill**

Frachtbrief, Warenbegleitschein
Eine Kopie des Frachtbriefs wird dem
Empfänger ausgehändigt.

air(way) bill n ['eəweɪ ˌbɪl]
Goods cannot be forwarded by plane
without an air(way) bill.

Luftfrachtbrief
Ohne Luftfrachtbrief können Waren nicht per
Flugzeug befördert werden.

consular invoice n [ˌkɒnsjələ 'ɪnvɔɪs]
Foreign customers sometimes insist on a
consular invoice to ensure they're not
charged excessive prices.

Konsulatsrechnung, Konsulatsfaktura
Auslandskunden bestehen manchmal auf einer
Konsulatsrechnung, um sicherzustellen, dass
ihnen nicht zu hohe Preise in Rechnung gestellt
werden.

pro forma invoice n [prəʊ 'fɔːmə ˌɪnvɔɪs]
A pro forma invoice first serves as a
quotation.

Proforma-Rechnung, vorläufige Rechnung
Eine Proforma-Rechnung dient zunächst als
Angebot.

balance of payments n [ˌbæləns əv 'peɪmənts]
Countries always strive to have a favourable balance of payments.

Zahlungsbilanz

Länder sind immer um eine positive Zahlungsbilanz bemüht.

balance of capital movements n [ˌbæləns əv 'kæpɪtl muːvmənts]
Foreign investment in Germany is covered by the balance of capital movements.

Kapitalbilanz

Ausländische Investitionen in Deutschland sind ein Posten in der Kapitalbilanz.

balance of trade n [ˌbæləns əv 'treɪd]
The balance of trade covers visible and invisible items.

Handelsbilanz
Die Handelsbilanz beinhaltet die Waren- und Dienstleistungsbilanz.

balance of visible trade n [ˌbæləns əv ˌvɪzəbl 'treɪd]
Great Britain generally has a negative balance of visible trade.

Warenbilanz

Großbritannien hat gewöhnlich eine negative Warenbilanz.

balance of invisible trade n [ˌbæləns əv ɪnˌvɪzəbl 'treɪd]
In Great Britain the balance of invisible trade also covers transfer payments.

Dienstleistungsbilanz

In Großbritannien deckt die Dienstleistungsbilanz auch Transferzahlungen ab.

adverse adj ['ædvɜːs]
Britain had an adverse balance of trade after World War II.

negativ, ungünstig
Großbritanniens Handelsbilanz war nach dem 2. Weltkrieg negativ.

favourable adj ['feɪvərəbl]
Japan had a favourable balance of trade after World War II.

positiv, günstig
Japan hatte nach dem 2. Weltkrieg eine positive Handelsbilanz.

current account balance n [ˌkʌrənt əkaʊnt 'bæləns]
The current account balance covers visible and invisible trade.

Leistungsbilanz

Die Leistungsbilanz deckt den Warenhandel und den Dienstleistungsverkehr ab.

money market n ['mʌni ˌmɑːkɪt]
Because of the strength of the dollar, money markets remained stable.

Geldmarkt
Aufgrund des starken Dollars blieben die Geldmärkte stabil.

hot money n [ˌhɒt 'mʌni]

A country's balance of payments can be seriously distorted by hot money.

heißes Geld, heißes Kapital (fließt von Land zu Land auf der Suche nach der stabilsten Währung und der höchsten politischen Sicherheit)
Die Zahlungsbilanz eines Landes kann durch heißes Geld erheblich verzerrt werden.

currency n ['kʌrənsi]
The dollar is a stable currency.

Währung
Der Dollar ist eine stabile Währung.

local currency n [ˌləʊkl 'kʌrənsi]
The euro is Ireland's local currency.

Landeswährung
Der Euro ist Irlands Landeswährung.

currency fluctuation n ['kʌrənsi flʌktʃuˌeɪʃn]
The export trade is affected by currency fluctuations.

Wechselkursschwankung

Der Außenhandel wird durch Wechselkursschwankungen beeinflusst.

INTERNATIONAL TRADE

foreign currency n [ˌfɒrən ˈkʌrənsi]
I need to get some foreign currency
before I go on holiday.
→ foreign exchange

Devisen, Fremdwährung(en)
Ich muss noch Devisen besorgen, bevor ich in
Urlaub fahre.

foreign exchange n [ˌfɒrən ɪksˈtʃeɪndʒ]
Rich export countries usually have high
foreign exchange reserves.
→ foreign currency

Devisen, Fremdwährung(en)
Reiche Exportländer haben gewöhnlich hohe
Devisenreserven.

foreign exchange market n [ˌfɒrən
ɪksˈtʃeɪndʒ mɑːkɪt]
The dollar closed .25 Eurocents down on
the Euro on the foreign exchange market
in Frankfurt.

Devisenbörse, Devisenmarkt

An der Frankfurter Devisenbörse schloss der
Dollar gegenüber dem Euro um 0,25 Eurocents
schwächer.

outflow of foreign exchange n
[ˌaʊtfləʊ əv ˌfɒrən ɪksˈtʃeɪndʒ]
Importing always entails an outflow of
foreign exchange.

Devisenabfluss

Das Importgeschäft ist immer mit Devisenabfluss verbunden.

exchange rate n [ɪksˈtʃeɪndʒ reɪt]
Under the Bretton Woods agreement of
1944, there was a system of fixed
exchange rates.

Wechselkurs
Nach dem Abkommen von Bretton Woods von
1944 gab es ein System fester Wechselkurse.

trade deficit n [ˌtreɪd ˈdefɪsɪt]
The UK has had a major trade deficit
for quite some time.
→ trade gap

Außenhandelsdefizit
Seit geraumer Zeit hat das Vereinigte
Königreich ein erhebliches Außenhandelsdefizit.

trade figures n pl [ˈtreɪd ˈfɪgəz]
This month's trade figures are quite
favourable.

Außenhandelsbilanz, Außenhandelsdaten
Die Außenhandelsbilanz für diesen Monat ist
recht günstig.

trade gap n [ˈtreɪd gæp]
Italy's trade gap worsened last year.
→ trade deficit

Außenhandelsdefizit
Italiens Außenhandelsdefizit ist im letzten Jahr
größer geworden.

Trade relations

trade relations n pl [ˈtreɪd rɪˈleɪʃnz]
Trade relations between Germany and
the Netherlands have always been good.

Handelsbeziehungen
Die Handelsbeziehungen zwischen Deutschland
und den Niederlanden sind seit jeher gut.

trade agreement n [ˈtreɪd əˈgriːmənt]
Most countries have trade agreements
with their neighbour countries.

Handelsabkommen
Die meisten Länder haben Handelsabkommen
mit ihren Nachbarstaaten.

bilateral trade agreement n
[baɪˌlætərəl ˈtreɪd əˈgriːmənt]
The two countries are negotiating a
bilateral trade agreement.

bilaterales Handelsabkommen

Die beiden Länder verhandeln gerade über ein
bilaterales Handelsabkommen.

multilateral trade agreement n
[ˌmʌltɪlætərəl ˈtreɪd əˈgriːmənt]
The countries of the western Sahara are
negotiating a multilateral trade
agreement.

multilaterales Handelsabkommen

Die Länder der westlichen Sahara verhandeln
gerade über ein multilaterales Handelsabkommen.

trading partner n ['treɪdɪŋ ˌpɑːtnə]
Germany is the Netherlands' most important trading partner.

trade bloc n ['treɪd blɒk]
Canada, Mexico and the United States of America are a major trade bloc.

trade restriction n ['treɪd rɪˌstrɪkʃn]
Trade restrictions include embargoes, export quotas and tariffs.

General Agreement on Tariffs and Trade n [ˌdʒenrəl əˌgriːmənt ɒn ˌtærɪfs ənd 'treɪd]
GATT [gæt]
The General Agreement on Tariffs and Trade (GATT) was replaced by the WTO in 1995.

World Trade Organization n [ˌwɜːld 'treɪd ɔːɡənaɪˌzeɪʃn]
WTO [ˌdʌbljuː 'tiː əʊ]
The WTO is an organization based in Geneva that regulates international trade relations.

most favoured adj [ˌməʊst 'feɪvəd]
Industrialized countries often grant developing countries most favoured nation status.

most favoured nation clause n [məʊst ˌfeɪvəd 'neɪʃn klɔːz]
The most favoured nation clause is an important tool in international trade.

economic sanctions n pl [iːkəˌnɒmɪk 'sæŋkʃnz]
Economic sanctions may be imposed for political reasons.

dumping n ['dʌmpɪŋ]
Japanese exporters used to be accused of dumping.

factoring n ['fæktərɪŋ]
Many exporters sell their right to collect invoices abroad to factoring firms.

International Chamber of Commerce n [ɪntəˌnæʃnəl ˌtʃeɪmbər əv 'kɒmɜːs]
ICC [aɪ siː 'siː]
The ICC has published a brochure on letters of credit.

Handelspartner
Deutschland ist der wichtigste Handelspartner der Niederlande.

Handelsblock
Kanada, Mexiko und die Vereinigten Staaten von Amerika sind ein wichtiger Handelsblock.

Handelsbeschränkung, Handelshemmnis
Zu Handelsbeschränkungen gehören Embargos, Exportkontingente und Zölle.

Allgemeines Zoll- und Handelsabkommen (GATT)

Das Allgemeine Zoll- und Handelsabkommen (GATT) wurde 1995 durch die WTO ersetzt.

Welthandelsorganisation

Die Welthandelsorganisation ist eine Organisation mit Sitz in Genf, die die internationalen Handelsbeziehungen regelt.

meistbegünstigt
Industriestaaten räumen Entwicklungsländern oft Meistbegünstigungsstatus ein.

Meistbegünstigungsklausel

Im Außenhandel ist die Meistbegünstigungsklausel ein wichtiges Instrument.

Wirtschaftssanktionen

Wirtschaftssanktionen können aus politischen Gründen verhängt werden.

Verkauf unter Selbstkosten, Dumping
Japanische Exporteure wurden früher beschuldigt, Waren unter Selbstkosten zu verkaufen.

Faktoring(geschäft), Forderungsverkauf
Viele Exporteure verkaufen das Recht, ihre Rechnungen im Ausland einzutreiben, an Faktoringgesellschaften.

Internationale Handelskammer

Die Internationale Handelskammer hat eine Broschüre über Akkreditive veröffentlicht.

International Monetary Fund n
[ɪntəˌnæʃnəl ˌmʌnɪtri 'fʌnd]
IMF [aɪ em 'ef]
The abbreviation for International Monetary Fund is IMF.

protectionism n [prə'tekʃənɪzəm]
Many developing countries are tempted to introduce protectionism to stave off foreign competitors.

price cartel n ['praɪs ˌkɑːtel]
Members of a price cartel try to get high prices for their commodities.

developing country n [dɪˌveləpɪŋ 'kʌntri]
The Sudan is a developing country.

industrialized country n
[ɪnˌdʌstriəlaɪzd 'kʌntri]
Great Britain was the first industrialized country in the world.

devalue v [ˌdiː'væljuː]
Although Great Britain devalued its currency repeatedly in the 1960s and 1970s, it still had persistent balance of payments deficits.

devaluation n [ˌdiːˌvæljuˈeɪʃn]
Any devaluation of the exporter's currency will stimulate exports.

Internationaler Währungsfonds (IWF)

Die Abkürzung für Internationaler Währungsfonds ist IWF.

Protektionismus
Viele Entwicklungsländer sind versucht Protektionismus einzuführen, um ausländischen Wettbewerb fern zu halten.

Preiskartell
Die Mitglieder eines Preiskartells versuchen, für ihre Waren hohe Preise zu erzielen.

Entwicklungsland

Der Sudan ist ein Entwicklungsland.

Industriestaat

Großbritannien war der erste Industriestaat der Welt.

abwerten
Obwohl Großbritannien seine Währung in den 60er und 70er Jahren des letzten Jahrhunderts wiederholt abwertete, hatte es weiterhin chronische Handelsbilanzdefizite.

Abwertung
Jede Abwertung der Währung des Exporteurs wird die Ausfuhr anregen.

EUROPE

Development

European Union n [ˌjʊərəˌpiːən ˈjuːniən]
EU [ˌiː ˈjuː]
The EC adopted the name of European Union on 1 January 1993.

Europäische Union (EU)

Am 1.1.1993 nahm die EG den Namen Europäische Union an.

European Community n [ˌjʊərəˌpiːən kəˈmjuːnəti]
EC [ˌiː ˈsiː]
The European Community developed from the EEC, which initially comprised six members, into a community of 15 member states.

Europäische Gemeinschaft (EG)

Die Europäische Gemeinschaft entwickelte sich aus der EWG, die ursprünglich sechs Mitglieder umfasste, zu einer Gemeinschaft von 15 Mitgliedern.

Single European Act n [ˌsɪŋɡl jʊərəˈpiːən ˌækt]
SEA [es iː ˈeɪ]
The Single European Act of 1987 was designed to give a new impetus to European integration.

Einheitliche Europäische Akte (EEA)

Die Einheitliche Europäische Akte von 1987 sollte der europäischen Integration neuen Schwung verleihen.

European Economic Community n [ˌjʊərəˌpiːən iːkəˌnɒmɪk kəˈmjuːnəti]
EEC [ˌiː iː ˈsiː]
The EEC was formed in 1957.

Europäische Wirtschaftsgemeinschaft (EWG)

Die EWG wurde 1957 gegründet.

Common Market n [ˌkɒmən ˈmɑːkɪt]
The Common Market was the first step towards creating a united Europe.

Gemeinsamer Markt
Der Gemeinsame Markt war der erste Schritt zur Schaffung eines vereinten Europa.

Common Agricultural Policy n [ˌkɒmən æɡrɪˌkʌltʃərəl ˈpɒləsi]
CAP [ˌsiː eɪ ˈpiː]
The Common Agricultural Policy is a price support system which maintains European farm produce prices at a high level.

Gemeinsame Agrarpolitik

Die Gemeinsame Agrarpolitik ist ein Preis-stützungssystem, das die europäischen Agrar-preise auf hohem Niveau hält.

European Coal and Steel Community n [ˌjʊərəˈpiːən ˌkəʊl ənd ˌstiːl kəˈmjuːnəti]
ECSC [ˌiː siː es ˈsiː]
The ECSC was established in 1952 in order to control the production and distribution of coal and steel in the six member countries.

Montanunion, Europäische Gemeinschaft für Kohle und Stahl (EGKS)

Die Montanunion wurde 1952 gegründet, um die Erzeugung und den Vertrieb von Kohle und Stahl in den sechs Mitgliedsländern zu über-wachen.

Treaty of Rome n pl [ˌtriːti əv ˈrəʊm]
In 1957, the member states of the ECSC signed the Treaty of Rome in order to create the EEC.

Römische Verträge
1957 unterzeichneten die Mitgliedsstaaten der Montanunion die Römischen Verträge, um die EWG zu schaffen.

Treaty of Maastricht n [ˌtriːti əv ˈmɑːstrɪkt]
The Treaty of Maastricht was signed on 7 February, 1992.

Vertrag von Maastricht
Der Vertrag von Maastricht wurde am 7. Februar 1992 unterzeichnet.

Schengen Agreement n [ˌʃengən əˈgriːmənt]
The Schengen Agreement of 14 June 1985 provides for cross-border police cooperation and meant the abolition of passport controls in most EU countries.

Schengener Abkommen
Das Schengener Abkommen vom 14. Juni 1985 ermöglicht die grenzüberschreitende Zusammenarbeit der Polizei und bedeutete die Abschaffung von Passkontrollen in den meisten EU-Ländern.

single market n [ˌsɪŋgl ˈmɑːkɪt]
The Single Market became effective from January 1st, 1993.

Binnenmarkt
Der Binnenmarkt trat am 1. Januar 1993 in Kraft.

internal market n [ɪnˌtɜːnl ˈmɑːkɪt]
Even after the completion of the customs union in 1968 it took another twenty-five years to create a real internal market.

Binnenmarkt
Selbst nach Vollendung der Zollunion im Jahre 1968 dauerte es noch fünfundzwanzig Jahre bis zur Schaffung eines echten Binnenmarkts.

Economic and Monetary Union n [iːkəˌnɒmɪk ənd ˌmʌnɪtri ˈjuːnɪən] EMU [iː em ˈjuː]
The final stage of Economic and Monetary Union was the introduction of euro notes and coins on 1 January 2002.

Wirtschafts- und Währungsunion
Die letzte Stufe der Wirtschafts- und Währungsunion war die Einführung der Euronoten und -münzen am 1. Januar 2002.

seek association with v [ˌsiːk əˌsəʊsiˈeɪʃn wɪð]
Several non-European countries have sought association with the EU in order to gain access to European markets.

Assoziierung beantragen mit, assoziierte Mitgliedschaft beantragen in
Mehrere nicht europäische Länder haben die Assoziierung mit der EU beantragt, um Zugang zu europäischen Märkten zu erlangen.

treaty of accession n [ˌtriːti əv əkˈseʃn]
All treaties of accession are ratified by the national parliaments and sometimes endorsed by a referendum.

Beitrittsabkommen
Alle Beitrittsabkommen werden von den nationalen Parlamenten ratifiziert und manchmal durch eine Volksabstimmung bestätigt.

accession n [ækˈseʃn]
Britain first sought accession to the EEC in the early sixties, but her application for membership was vetoed by France in 1963.

Beitritt
Großbritannien bemühte sich bereits in den frühen sechziger Jahren um die Mitgliedschaft in der EWG, aber das Beitrittsgesuch wurde 1963 durch ein französisches Veto abgelehnt.

accede to v [əkˈsiːd tə]
Hungary, the Czech Republic and Slovenia will accede to the EU in the next few years.

beitreten
Ungarn, Tschechien und Slowenien werden der EU in den nächsten Jahren beitreten.

capital movements n pl [ˈkæpɪtl ˈmuːvmənts]
Capital movements within Europe are no longer subject to government control.

Kapitalverkehr
Der Kapitalverkehr in Europa unterliegt nicht mehr der staatlichen Kontrolle.

free movement of capital n [ˌfriː ˌmuːvmənt əv ˈkæpɪtl]
There used to be all sorts of currency restrictions before the free movement of capital was made possible throughout Europe.

freier Kapitalverkehr
Es gab alle Arten von Devisenbeschränkungen, bevor der freie Kapitalverkehr in ganz Europa ermöglicht wurde.

free movement of labour n [ˌfriː ˌmuːvmənt əv ˈleɪbə]
Free movement of labour in Europe is taken for granted nowadays.

Freizügigkeit für Arbeitnehmer und Selbstständige
Die Freizügigkeit für Arbeitnehmer und Selbstständige in Europa wird heutzutage als selbstverständlich angesehen.

transition period n [trænˈzɪʃn ˌpɪəriəd]
Eastern European countries will only be allowed to join the EU after a transition period.

Übergangszeit
Osteuropäische Länder dürfen der EU erst nach einer Übergangszeit beitreten.

member country n [ˈmembə ˌkʌntri]
The EEC, which was set up in 1957, comprised six member countries.

Mitgliedstaat, Mitgliedsland
Die 1957 gegründete EWG umfasste sechs Mitgliedstaaten.

referendum n [ˌrefəˈrendəm]
The question of Britain's membership was ultimately settled by a referendum in 1976.

Referendum, Volksabstimmung
Die Frage der britischen Mitgliedschaft wurde endgültig durch ein Referendum im Jahre 1976 entschieden.

harmonize v [ˈhɑːmənaɪz]
Value added tax has to some extent been harmonized in Europe.

harmonisieren, angleichen
In Europa ist die Mehrwertsteuer zu einem gewissen Grad harmonisiert worden.

deregulate v [ˌdiːˈregjuleɪt]
Air transport within Europe is to be deregulated in stages.

liberalisieren, deregulieren
Der Luftverkehr in Europa soll stufenweise liberalisiert werden.

deregulation n [ˌdiːregjuˈleɪʃn]
Since 1 January 1993, deregulation of transport in Europe has made considerable progress.

Liberalisierung, Deregulierung
Seit dem 1. Januar 1993 hat die Liberalisierung des Verkehrs in Europa erhebliche Fortschritte gemacht.

dismantle v [dɪsˈmæntl]
The last trade barriers were dismantled on 31 December 1992.

abbauen
Die letzten Handelsbarrieren wurden am 31. Dezember 1992 abgebaut.

dismantling n [dɪsˈmæntlɪŋ]
It was chiefly through the dismantling of all border controls that the Single Market was established.

Abbau
Die Schaffung des Binnenmarktes wurde im Wesentlichen durch den Abbau aller Grenzkontrollen ermöglicht.

trade barrier n [ˈtreɪd ˌbæriə]
There are various kinds of trade barriers, ranging from customs duties to non-tariff barriers such as technical standards.

Handelsbarriere, Handelsbeschränkung
Es gibt verschiedene Arten von Handelsbeschränkungen, von Zöllen bis hin zu nicht tarifären Beschränkungen wie technischen Normen.

non-tariff adj [nɒn ˈtærɪf]
Technical standards and administrative hurdles are typical non-tariff trade barriers.

nicht tarifär, nicht zolltariflich
Technische Normen und administrative Hürden sind typische nicht zolltarifliche Handelsbeschränkungen.

EUROPE

customs union n [ˌkʌstəmz 'juːniən]
The EEC became a customs union in 1968.

Zollunion
1968 wurde die EWG eine Zollunion.

customs duty n [ˌkʌstəmz 'djuːti]
The customs duties collected by the member states on third-country imports are remitted to Brussels.

Zoll, Zolltarif
Die von Mitgliedstaaten auf Einfuhren aus Drittländern erhobenen Zölle werden nach Brüssel abgeführt.

sluice-gate price n ['sluːsgeɪt ˌpraɪs]
Import levies must be paid if agricultural products are imported into Europe at prices below the sluice-gate price.

Schleusenpreis
Importzölle sind zu entrichten, wenn landwirtschaftliche Erzeugnisse nach Europa zu Preisen eingeführt werden, die unterhalb des Schleusenpreises liegen.

frontier n ['frʌntɪə]
Nowadays, customs duties are only levied at the external frontiers of the EU.

Grenze
Heutzutage werden Zölle nur noch an den Außengrenzen der EU erhoben.

cross-frontier adj [ˌkrɒs'frʌntɪə]
Cross-frontier trade in Europe has increased to such an extent that it is no longer regarded as foreign trade in the traditional sense.

grenzüberschreitend
Der grenzüberschreitende Handel in Europa hat so stark zugenommen, dass er nicht mehr als Außenhandel im herkömmlichen Sinn angesehen wird.

Institutions

Charter of European Unity n [ˌtʃɑːtər əv jʊərəˌpiːən 'juːnəti]
After all the member states had ratified the Treaty of Maastricht the Charter of European Unity came into effect on 1 November 1993.

Europäische Einigungscharta
Nachdem alle Mitgliedstaaten den Vertrag von Maastricht ratifiziert hatten, trat die Europäische Einigungscharta am 1. November 1993 in Kraft.

Community law n [kə'mjuːnəti lɔː]
The European Court of Justice is the ultimate arbiter in deciding whether national law is compatible with Community law.

Gemeinschaftsrecht
Der Europäische Gerichtshof entscheidet in letzter Instanz, ob nationales Recht mit dem Gemeinschaftsrecht vereinbar ist.

European Parliament n [ˌjʊərəˌpiːən 'pɑːləmənt]
Although the European Parliament has been around for some time, it still lacks real power.

Europäisches Parlament
Obwohl das Europäische Parlament schon seit einiger Zeit existiert, hat es immer noch keine echten Machtbefugnisse.

Council of the European Union n [ˌkaʊnsl əv ðə jʊərə'piːən 'juːniən]
The Council of the European Union is the most important decision-making body in Europe.

Ministerrat
Der Ministerrat ist das wichtigste Entscheidungsgremium in Europa.

presidency n ['prezɪdənsi]
All major EU meetings are held in the member country which has the six-month presidency.

Präsidentschaft, Vorsitz
Alle wichtigen EU-Konferenzen werden in dem Mitgliedstaat abgehalten, welcher die sechsmonatige Präsidentschaft innehat.

EUROPE

European Union legislative process

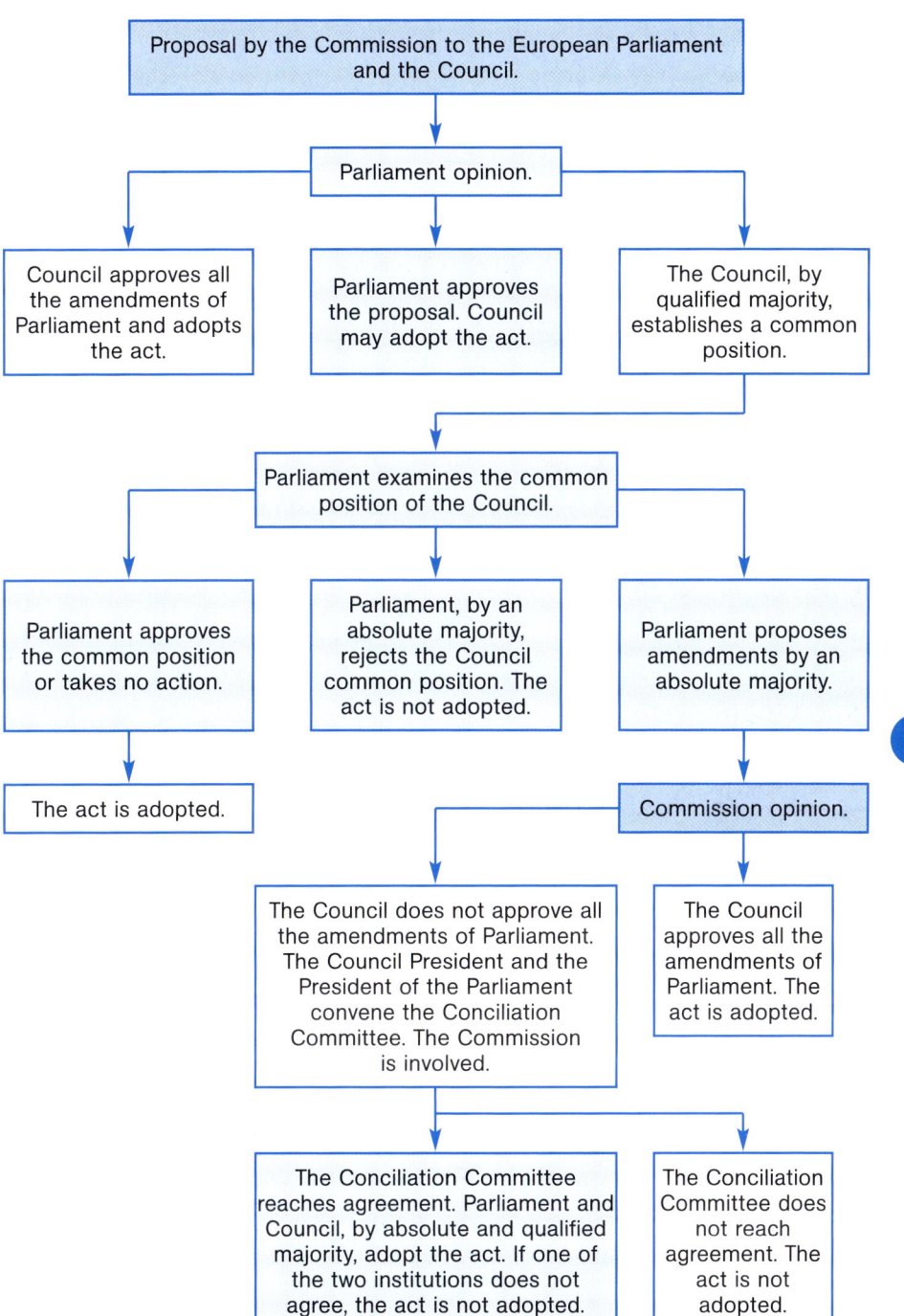

Proposal by the Commission to the European Parliament and the Council.

Parliament opinion.

Council approves all the amendments of Parliament and adopts the act.

Parliament approves the proposal. Council may adopt the act.

The Council, by qualified majority, establishes a common position.

Parliament examines the common position of the Council.

Parliament approves the common position or takes no action.

Parliament, by an absolute majority, rejects the Council common position. The act is not adopted.

Parliament proposes amendments by an absolute majority.

The act is adopted.

Commission opinion.

The Council does not approve all the amendments of Parliament. The Council President and the President of the Parliament convene the Conciliation Committee. The Commission is involved.

The Council approves all the amendments of Parliament. The act is adopted.

The Conciliation Committee reaches agreement. Parliament and Council, by absolute and qualified majority, adopt the act. If one of the two institutions does not agree, the act is not adopted.

The Conciliation Committee does not reach agreement. The act is not adopted.

EUROPE

European Commission n [ˌjʊərə,piːən kə'mɪʃn]
The European Commission is more than an administrative body.

European Free Trade Association n [ˌjʊərə,piːən ˌfriː ˌtreɪd əˌsəʊsi'eɪʃn]
EFTA ['eftə]
EFTA was formed as a free trade bloc in 1959.

European Bank for Reconstruction and Development n [ˌjʊərə,piːən ˌbæŋk fə ˌriːkənˌstrʌkʃn ənd dɪ'veləpmənt]
The European Bank for Reconstruction and Development was set up in 1991 to help former Communist countries develop market economies.

European Central Bank n [ˌjʊərə,piːən 'sentrəl bæŋk]
ECB ['iː siː biː]
The European Central Bank is located in Frankfurt.

European Currency Unit n [ˌjʊərə,piːən 'kʌrənsi juːnɪt]
ECU ['ekjuː]
For a while, the English language abbreviation of the European Currency Unit was intended to become the official name for the European currency.

Euro n ['jʊərəʊ]
The euro became legal tender in twelve member states on 1 January 2002.

European Investment Bank n [ˌjʊərə,piːən ɪn'vestmənt bæŋk]
EIB [ˌiː aɪ 'biː]
The European Investment Bank was formed in 1958 to help finance economic development within Europe.

European Monetary System n [ˌjʊərə,piːən ˌmʌnɪtri 'sɪstəm]
EMS [ˌiː em 'es]
The European Monetary System was based on fixed exchange rates and was established in 1979.

European Social Fund n [ˌjʊərə,piːən ˌsəʊʃl 'fʌnd]
The European Social Fund is designed to help overcome social disparities between the richer and poorer regions of Europe.

Europäische Kommission

Die Europäische Kommission ist mehr als ein Verwaltungsorgan.

Europäische Freihandelsvereinigung (EFTA)

Die EFTA wurde 1959 als Freihandelsblock gegründet.

Europäische Bank für Wiederaufbau und Entwicklung

Die Europäische Bank für Wiederaufbau und Entwicklung wurde 1991 gegründet, um ehemals kommunistischen Ländern beim Aufbau einer Marktwirtschaft zu helfen.

Europäische Zentralbank (EZB)

Die Europäische Zentralbank hat ihren Sitz in Frankfurt.

Europäische Währungseinheit

Zeitweilig war die englische Abkürzung für Europäische Währungseinheit als offizielle Bezeichnung für die Eurowährung vorgesehen.

Euro
Der Euro ist seit dem 1. Januar 2002 gesetzliches Zahlungsmittel in zwölf Mitgliedstaaten.

Europäische Investitionsbank (EIB)

Die Europäische Investitionsbank wurde 1958 zur Förderung der wirtschaftlichen Entwicklung Europas gegründet.

Europäisches Währungssystem (EWS)

Das Europäische Währungssystem basierte auf festen Wechselkursen und wurde 1979 geschaffen.

Europäischer Sozialfonds

Der Europäische Sozialfonds wurde geschaffen, um soziale Unterschiede zwischen den reicheren und ärmeren Regionen Europas auszugleichen.

European Regional Development Fund n [ˌjʊərəˌpiːən ˌriːdʒənl dɪˈveləpmənt fʌnd]
ERDF [ˈiːˌɑːˌdiˈɛf]
For years, Southern Ireland, Sicily and southern Spain have benefited from the European Regional Development Fund.

Europäischer Fonds für Regionalentwicklung (EFRE)

Seit Jahren sind Südirland, Sizilien und Südspanien Nutznießer des Europäischen Fonds für Regionalentwicklung.

Court of Auditors n [ˌkɔːt əv ˈɔːdɪtəz]
It is the task of the Court of Auditors to see that funds allocated for a certain purpose are not misspent.

Europäischer Rechnungshof

Es ist Aufgabe des Europäischen Rechnungshofes darauf zu achten, dass die für einen bestimmten Zweck bereitgestellten Gelder nicht zweckentfremdet werden.

Court of Justice of the European Union n [ˌkɔːt əv ˈdʒʌstɪs əv ðə jʊərəˌpiːən ˈjuːniən]
The decisions of the Court of Justice of the European Union are binding on all member states and their citizens.

Europäischer Gerichtshof (EuGh)

Die Entscheidungen des Europäischen Gerichtshofes sind für alle Mitgliedstaaten und ihre Bürger verbindlich.

Common External Tariff n [ˌkɒmən ɪkˌstɜːnl ˈtærɪf]
CET [ˌsiː iː ˈtiː]
The Common External Tariff was designed to protect European industries against overseas competition.

gemeinsamer Außenzoll

Der gemeinsame Außenzoll wurde eingeführt, um die europäischen Industrien gegen Konkurrenz aus Übersee zu schützen.

Europol n [ˈjʊərəʊpɒl]
Europol was established in 1999 to help co-operation between the police forces of member states.

Europol, Europäische Polizei

Europol wurde 1999 gegründet, um die Zusammenarbeit der Polizeibehörden der Mitgliedstaaten zu erleichtern.

Lomé Agreement n [ˌləʊmeɪ əˈgriːmənt]
The Lomé Agreement was designed to enable poor third-world countries to gain access to European markets.

Lomé-Abkommen

Mit dem Lomé-Abkommen sollte armen Dritte-Welt-Ländern Zugang zu europäischen Märkten verschafft werden.

directive n [dəˈrektɪv]
There are European directives for nearly all aspects of economic life.

Richtlinie, Direktive

Für fast alle Bereiche des Wirtschaftslebens gibt es EU-Richtlinien.

regulation n [ˌregjuˈleɪʃn]
European regulations have come to replace national regulations.

Bestimmung, Verordnung, Vorschrift

Europäische Bestimmungen haben inzwischen nationalstaatliche Vorschriften ersetzt.

subsidiarity n [səbˌsɪdiˈærəti]
The principle of subsidiarity, i.e. enabling individuals, companies and communities to help themselves, is at the very core of European policy.

Subsidiarität

Das Subsidiaritätsprinzip, d. h. Hilfe zur Selbsthilfe für Einzelpersonen, Unternehmen und Gemeinschaften, ist ein zentraler Bestandteil der europäischen Politik.

majority voting n [məˈdʒɒrəti vəʊtɪŋ]
For Europe to make progress, majority voting has now replaced the principle of unanimity in many areas.

Mehrheitsentscheidung(en), Mehrheitsbeschluss

Damit Europa Fortschritte machen kann, haben in vielen Bereichen Mehrheitsentscheidungen das Einstimmigkeitsprinzip abgelöst.

EUROPE

unanimity n [ˌjuːnəˈnɪməti]
Unanimity will in future be reserved for landmark decisions, such as the accession of new members and taxation.

unanimous adj [juˈnænɪməs]
In the past, all decisions had to be unanimous.

veto v [ˈviːtəʊ]

Even a small country may veto proposals.

veto n [ˈviːtəʊ]
De Gaulle's veto in 1963 blocked Britain's first attempt to join the EEC.

regime n [reɪˈʒiːm]
There are market regimes for all kinds of agricultural produce.

price support system n [ˌpraɪs səˈpɔːt sɪstəm]
The CAP is basically an elaborate price support system.

threshold price n [ˌθreʃhəʊld praɪs]
Threshold prices are guaranteed minimum prices for agricultural produce in the EU.

internal frontier n [ɪnˌtɜːnl ˈfrʌntɪə]
For the countries which have acceded to the Schengen Agreement passport controls are a thing of the past.

European Economic Area n
[jʊərəˈpiːən ɪkəˌnomɪk ˈeərɪə]
E.E.A. [ˈiː iː ˈeɪ]
The E.E.A. comprises countries which are not full members but enjoy the benefits of the single market.

Einstimmigkeit
Einstimmigkeit gilt in Zukunft nur für Grundsatzentscheidungen, wie z. B. den Beitritt neuer Mitgliedstaaten oder die Steuerpolitik.

einstimmig
In der Vergangenheit mussten alle Entscheidungen einstimmig getroffen werden.

Veto einlegen (gegen), die Zustimmung verweigern
Selbst ein kleines Land kann gegen Vorschläge ein Veto einlegen.

Veto
De Gaulles Veto im Jahre 1963 blockierte Großbritanniens ersten Versuch, sich der EWG anzuschließen.

Marktordnung
Es gibt Marktordnungen für alle Arten landwirtschaftlicher Erzeugnisse.

Preisstützungssystem

Die Gemeinsame Agrarpolitik ist im Wesentlichen ein kompliziertes Preisstützungssystem.

Schwellenpreis
Schwellenpreise sind garantierte Mindestpreise für landwirtschaftliche Erzeugnisse in der EU.

Binnengrenze
Zwischen den Ländern, die dem Schengener Abkommen beigetreten sind, gibt es keine Passkontrollen mehr.

Europäische Wirtschaftszone

Zur europäischen Wirtschaftszone gehören Länder, die zwar keine Vollmitglieder sind, aber die Vorteile des Binnenmarktes genießen.

BANKING

Account

account n [ə'kaʊnt]
I have an account with Barclays Bank.

Konto
Ich habe ein Konto bei der Barclays Bank.

account holder n [ə'kaʊnt həʊldə]
The account holder of a current account usually receives a cheque book.

Kontoinhaber(in)
Der Inhaber eines Girokontos erhält normalerweise ein Scheckheft.

current account n *GB* [ˌkʌrənt ə'kaʊnt]
There's usually no interest on current account deposits.

Girokonto, laufendes Konto
Auf Girokonto-Guthaben gibt es gewöhnlich keine Zinsen.

joint account n [ˌdʒɔɪnt ə'kaʊnt]
Married couples often have joint accounts.

gemeinsames Konto
Ehepaare haben oft ein gemeinsames Konto.

deposit account n [dɪ'pɒzɪt əˌkaʊnt]
We'll grant you five per cent interest on your deposit account.
→ **savings account**

Sparkonto
Auf Ihr Sparkonto gewähren wir Ihnen fünf Prozent Zinsen.

savings account n ['seɪvɪŋz əˌkaʊnt]
In some banks, the term "savings account" refers to small deposit accounts only.
→ **deposit account**

Sparkonto
Bei einigen Banken bezieht sich der Ausdruck „savings account" (Sparkonto) nur auf kleine Sparkonten.

checking account n *US* ['tʃekɪŋ əˌkaʊnt]
In the USA, interest-bearing checking accounts are quite common.

Girokonto, Scheckkonto

In den USA sind zinstragende Girokonten weit verbreitet.

NOW account n *US* ['naʊ əˌkaʊnt]
negotiable order of withdrawal account [nɪ'gəʊʃiəbl 'ɔːdər əv wɪð'drɔːəl ə'kaʊnt]
You're not allowed to overdraw your NOW account, but you'll receive 5% interest on it.

zinstragendes Girokonto

Sie dürfen Ihr zinstragendes Girokonto nicht überziehen, aber Sie erhalten darauf 5 % Zinsen.

open an account v [ˌəʊpən ən ə'kaʊnt]
When I opened my account I was also advised of the account-keeping charges.

ein Konto eröffnen
Als ich mein Konto eröffnete, wurden mir auch die Kontoführungsgebühren mitgeteilt.

close an account v [ˌkləʊz ən ə'kaʊnt]
Since I am moving to Manchester, I would like to close my account.

ein Konto auflösen
Da ich nach Manchester umziehe, möchte ich mein Konto auflösen.

bank statement n ['bæŋk ˌsteɪtmənt]
A bank statement shows all the money paid into and out of a bank account.
→ **statement of account**

Kontoauszug
Ein Kontoauszug zeigt alle auf ein Bankkonto ein- und ausgezahlten Geldbeträge.

statement of account n [ˌsteɪtmənt əv əˈkaʊnt]
The bank will send you regular statements of account if you wish.
→ **bank statement**

Kontoauszug

Die Bank schickt Ihnen regelmäßig Kontoauszüge zu, wenn Sie es wünschen.

balance n [ˈbæləns]
What's the balance of my account?

Kontostand, Saldo
Wie ist mein Kontostand?

deposit n [dɪˈpɒzɪt]
You have a deposit of £10,000.

Guthaben, Einlage
Sie haben ein Guthaben von 10.000 Pfund.

savings n pl [ˈseɪvɪŋz]
We've put all our savings into a building society account.

Ersparnisse
Wir haben unsere gesamten Ersparnisse auf einem Bausparkassenkonto angelegt.

interest n [ˈɪntrəst]
Our offshore accounts offer attractive rates of interest.

Zins(en)
Unsere Auslandskonten bieten attraktive Zinsen.

credit n [ˈkredɪt]
The statement of account shows debits and credits.

Haben, Gutschrift
Der Kontoauszug führt Soll und Haben auf.

credit balance n [ˈkredɪt ˈbæləns]
When the credit total is greater than the debit total, your account shows a credit balance.

Habensaldo, Guthaben
Wenn die Summe der Gutschriften die der Lastschriften übersteigt, dann weist Ihr Konto ein Habensaldo auf.

credit v [ˈkredɪt]
We have credited £500 to your account.

gutschreiben
Wir haben Ihrem Konto 500 Pfund gutgeschrieben.

credit item n [ˈkredɪt ˈaɪtem]
The statement of account shows credit items, debit items and the balance.

Habenposten
Der Kontoauszug zeigt Haben- und Sollposten sowie den Saldo.

on the credit side adv [ɒn ðə ˈkredɪt saɪd]
This month I've had only five items on the credit side.

auf der Habenseite, kreditorisch

Diesen Monat hatte ich nur fünf Posten auf der Habenseite.

credit slip n [ˈkredɪt slɪp]
You have to fill out a credit slip before you make a deposit.
→ **paying-in slip**

Einzahlungsbeleg
Sie müssen einen Einzahlungsbeleg ausfüllen, bevor Sie eine Einzahlung machen.

paying-in slip n [ˈpeɪɪŋ ɪn slɪp]
You have to fill out a paying-in slip before you make a deposit.
→ **credit slip**

Einzahlungsbeleg
Sie müssen einen Einzahlungsbeleg ausfüllen, bevor Sie eine Einzahlung machen.

counterfoil n [ˈkaʊntəfɔɪl]
If you write a cheque, make sure you fill in the counterfoil too.

Kontrollabschnitt
Wenn Sie einen Scheck ausstellen, denken Sie daran, auch den Kontrollabschnitt auszufüllen.

debit n [ˈdebɪt]
The statement contains debits and credits.

Soll, Lastschrift
Der Kontoauszug enthält Soll und Haben.

debit balance n [ˈdebɪt ˈbæləns]
When the debit total is greater than the credit total, your account will show a debit balance.

debit v [ˈdebɪt]
I'm afraid we'll have to debit your account at once.

debit item n [ˈdebɪt aɪtəm]
There's a debit item I can't explain.

on the debit side adv [ɒn ðə ˈdebɪt saɪd]
Our company's statements show more than 100 items on the debit side.

debit note n [ˈdebɪt nəʊt]
Of course, we'll send you a debit note.

direct debit n [dəˌrekt ˈdebɪt]

I pay my telephone bill by direct debit.
→ **direct debiting**

direct debiting n [dəˌrekt ˈdebɪtɪŋ]
Many people pay their gas bills by direct debiting.
→ **direct debit**

direct debit mandate n [dəˌrekt ˈdebɪt ˈmændeɪt]
I gave British Telecom a direct debit mandate for my telephone bills.

originator n [əˈrɪdʒɪneɪtə]
As the originator, the electricity company will debit your account quarterly.

overdraw v [ˌəʊvəˈdrɔː]
You have to pay interest when you overdraw your account.

overdraft n [ˈəʊvədrɑːft]
Many students in Britain have large overdrafts.

overdraft facility n [ˌəʊvədrɑːft fəˈsɪləti]
In Britain you need to apply at the bank for an overdraft facility.

remit v [rɪˈmɪt]
You can, of course, remit the invoiced amount.
→ **transfer**

remittance n [rɪˈmɪtns]
Of course, you can pay the invoice by remittance.
→ **bank transfer, credit transfer**

Sollsaldo, Soll
Wenn die Summe der Lastschriften die der Gutschriften übersteigt, dann weist Ihr Konto ein Sollsaldo auf.

belasten
Leider müssen wir Ihr Konto sofort belasten.

Sollposten
Es gibt einen Sollposten, den ich mir nicht erklären kann.

debitorisch, auf der Sollseite
Die Kontoauszüge unserer Gesellschaft weisen mehr als 100 debitorische Posten auf.

Lastschriftanzeige, Lastschrift
Wir werden Ihnen natürlich eine Lastschriftanzeige schicken.

Lastschriftverfahren, Abbuchung per Einzugsermächtigung
Ich zahle meine Telefonrechnung per Lastschriftverfahren.

Lastschriftverfahren, Einzugsverfahren
Viele Leute bezahlen ihre Gasrechnungen per Lastschriftverfahren.

Einzugsermächtigung, Abbuchungsauftrag

Ich habe British Telecom eine Einzugsermächtigung für meine Telefonrechnungen erteilt.

Einzugsberechtigte(r)
Als Einzugsberechtigte wird die Elektrizitätsgesellschaft Ihr Konto vierteljährlich belasten.

überziehen
Sie müssen Zinsen bezahlen, wenn Sie Ihr Konto überziehen.

Überziehungskredit, Überziehung
Viele britische Studenten haben hohe Überziehungskredite.

Überziehungskredit, Dispositionskredit
In Großbritannien müssen Sie einen Überziehungskredit bei Ihrer Bank beantragen.

überweisen
Natürlich können Sie den Rechnungsbetrag überweisen.

Überweisung
Natürlich können Sie die Rechnung per Überweisung begleichen.

BANKING

transfer v [træns'fɜː]
In Britain you can easily transfer an amount to an account with another bank.
→ remit

wire transfer n ['waɪə 'trænsfɜː]
In emergencies you can even obtain money by wire transfer.
→ cable transfer, telegraphic transfer

standing order n [ˌstændɪŋ ˌɔːdə]
I pay my rent by standing order.

withdraw v [wɪð'drɔː]
I would like to withdraw £500, please.

withdrawal n [wɪð'drɔːəl]
Of course, withdrawals mustn't exceed the amount in your account.

annual percentage rate n [ˌænjuəl pə'sentɪdʒ reɪt] APR [eɪ piː 'ɑː]
The APR for consumer loans can well be about 16%.

automated cash withdrawal n [ˌɔːtəmeɪtɪd 'kæʃ wɪð'drɔːəl]
For automated cash withdrawals you need a cheque card and a PIN number.

automated teller machine n [ˌɔːtəmeɪtɪd 'telə məʃiːn] ATM [eɪ tiː 'em]
ATMs are very convenient.
→ autoteller, cash dispenser, cash machine

autoteller n ['ɔːtəʊˌtelə]
If you want to use one of our autotellers you need a cheque card.
→ automated teller machine, cash dispenser, cash machine

cash dispenser n ['kæʃ dɪsˌpensə]
Cash dispensers are useful for tourists with an EC card and a PIN.
→ automated teller machine, autoteller, cash machine

cash machine n ['kæʃ məˌʃiːn]
You can use a cash machine to withdraw money outside banking hours.
→ automated teller machine, autoteller, cash dispenser

cash card n ['kæʃ kɑːd]
If you want to use one of our cash machines you need a cash card.
→ debit card

überweisen
In Großbritannien können Sie leicht einen Betrag auf ein Konto bei einer anderen Bank überweisen.

telegrafische Überweisung
In dringenden Fällen können Sie sogar Geld per telegrafischer Überweisung erhalten.

Dauerauftrag
Ich zahle die Miete per Dauerauftrag.

abheben
Ich möchte gerne 500 Pfund abheben.

Abhebung
Natürlich dürfen die abgehobenen Beträge nicht höher sein als der Betrag auf Ihrem Konto.

effektiver Jahreszins
Der effektive Jahreszins für Verbraucherkredite kann durchaus 16 Prozent betragen.

Barabhebung am Geldautomaten
Für Barabhebungen am Geldautomaten braucht man eine Scheckkarte und eine persönliche Geheimnummer.

Geldautomat
Geldautomaten sind sehr praktisch.

Geldautomat
Wenn Sie einen unserer Geldautomaten benutzen wollen, benötigen Sie eine Scheckkarte.

Geldautomat
Geldautomaten sind nützlich für Touristen mit einer EC-Karte und einer persönlichen Geheimnummer.

Geldautomat
Wenn Sie außerhalb der Banköffnungszeiten Geld abheben möchten, können Sie einen Geldautomaten benutzen.

Geldautomatenkarte
Wenn Sie einen unserer Geldautomaten benutzen wollen, benötigen Sie eine Geldautomatenkarte.

top-up card n ['tɒpʌp kɑːd]
Use your top-up card for small purchases.

aufladbare Geldkarte
Benutzen Sie Ihre aufladbare Geldkarte für kleine Einkäufe.

sort(ing) code n ['sɔːtɪŋ kəʊd]
You have to fill in the payee's account number and the sorting code of his bank on the transfer slip.

Bankleitzahl
Sie müssen die Kontonummer des Empfängers und die Bankleitzahl seiner Bank auf dem Überweisungsformular eintragen.

PIN n [pɪn]
personal identification number ['pɜːsənl aɪˌdentɪfɪkeɪʃn nʌmbə]
When you are given your cheque card, you will also be informed of your PIN (number).

persönliche Geheimnummer

Bei Erhalt Ihrer Scheckkarte wird Ihnen auch Ihre Geheimnummer mitgeteilt.

TAN n [tæn]
transaction number [træn'zækʃn ˌnʌmbə]
You need a new TAN for every transaction in online-banking.

TAN

Für jede Transaktion bei der Kontoführung im Internet brauchen Sie eine neue TAN.

Credit

credit n ['kredɪt]
In order to buy a new car I'll have to take up a credit.
→ loan

Kredit, Darlehen
Um ein neues Auto zu kaufen, muss ich einen Kredit aufnehmen.

credit line n ['kredɪt ˌlaɪn]

We are prepared to grant your company a credit line of £100,000.
→ lending ceiling

Kreditrahmen, Dispositionskredit, Überziehungskredit
Wir sind bereit, Ihrer Gesellschaft einen Kreditrahmen von 100.000 Pfund zu gewähren.

loan n [ləʊn]
The chief function of banks is to grant loans.
→ credit

Kredit, Darlehen
Die Vergabe von Darlehen ist die Hauptaufgabe von Banken.

loan shark n ['ləʊn ʃɑːk]
Loan sharks offer credit at high rates of interest.

Kredithai
Kredithaie bieten Darlehen zu hohen Zinssätzen an.

credit institution n ['kredɪt ɪnstɪˌtjuːʃn]
Banks and building societies are credit institutions.
→ lending institution

Kreditinstitut
Banken und Bausparkassen sind Kreditinstitute.

lending institution n US ['lendɪŋ ˌɪnstɪˌtjuːʃn]
Thrifts and credit unions are lending institutions.
→ credit institution

Kreditinstitut

Sparkassen und Verbandsbanken sind Kreditinstitute.

lending n ['lendɪŋ]
Lending is the main source of revenue of all banks.

Kreditgewährung, Darlehensgewährung
Die Kreditgewährung ist die Haupteinnahmequelle aller Banken.

BANKING

lending activity n [ˈlendɪŋ ækˌtɪvəti]
Our bank has made an enormous profit
through its lending activity.

lending ceiling n [ˈlendɪŋ ˌsiːlɪŋ]
We've just been granted a generous
lending ceiling by our bank.
→ credit line

principal n [ˈprɪnsəpl]
Servicing one's debts means paying
interest and repaying the principal.

borrow v [ˈbɒrəʊ]
Borrowing money can be very expensive.

borrower n [ˈbɒrəʊə]
Big borrowers usually have to pay a
surcharge.

borrowing n [ˈbɒrəʊɪŋ]
Public sector borrowing is a major
problem in most industrialized nations.

consumer loan n [kənˈsjuːmə ˌləʊn]
High discount rates mean expensive
consumer loans.

bridging loan n [ˈbrɪdʒɪŋ ˌləʊn]
A bridging loan can tide you over a
difficult situation.

short-term loan n [ˈʃɔːtˌtɜːm ləʊn]
We're prepared to grant you a short-term
loan for six months.

long-term loan n [ˈlɒŋtɜːm ˌləʊn]
If you can offer sufficient security, we'll
grant you a long-term loan.

soft loan n [ˈsɒft ˌləʊn]
Banks usually grant their employees soft
loans.

personal loan n [ˈpɜːsənl ˌləʊn]
A personal loan may help you to buy a
new kitchen.

home loan n *US* [ˈhəʊm ˌləʊn]
Without a home loan it is difficult to buy
a house or an apartment.
→ mortgage

mortgage n *GB* [ˈmɔːgɪdʒ]
We'll have to take out a mortgage for
our new house.
→ home loan

Kreditgeschäft
Unsere Bank hat durch ihre Kreditgeschäfte
enorme Gewinne gemacht.

Kreditrahmen, Kreditlinie
Unsere Bank hat uns gerade einen großzügigen
Kreditrahmen eingeräumt.

Kreditsumme, Darlehensbetrag
Schulden bedienen bedeutet Zahlung der Zinsen
und Tilgung der Kreditsumme.

(sich Geld) leihen, Kredit aufnehmen
Sich Geld zu leihen kann sehr teuer sein.

Kreditnehmer(in), Darlehensnehmer(in)
Darlehensnehmer mit Großkrediten müssen
meistens einen Zuschlag entrichten.

Kreditaufnahme, Darlehensverbindlichkeiten
In den meisten Industrieländern ist die Kredit-
aufnahme der öffentlichen Hand ein großes
Problem.

Kundenkredit
Hohe Diskontsätze bedeuten teure Kunden-
kredite.

Überbrückungskredit
Ein Überbrückungskredit kann Ihnen über eine
schwierige Situation hinweghelfen.

kurzfristiger Kredit, kurzfristiges Darlehen
Wir sind bereit, Ihnen einen kurzfristigen
Kredit für sechs Monate zu gewähren.

langfristiger Kredit, langfristiges Darlehen
Wenn Sie uns hinreichende Sicherheiten bieten,
gewähren wir Ihnen einen langfristigen Kredit.

zinsgünstiges Darlehen, zinsgünstiger Kredit
Banken gewähren ihren Mitarbeitern gewöhnlich zinsgünstige Darlehen.

Kleinkredit
Ein Kleinkredit kann Ihnen beim Kauf einer
neuen Küche helfen.

Hypothek, Eigenheimdarlehen
Ohne eine Hypothek ist es schwierig ein Haus
oder eine Wohnung zu kaufen.

Hypothek
Wir werden für unser neues Haus eine
Hypothek aufnehmen müssen.

pay back v [ˌpeɪ ˈbæk]
We undertake to pay back the loan within eighteen months.
→ repay

tilgen, zurückzahlen
Wir verpflichten uns, den Kredit innerhalb von achtzehn Monaten zu tilgen.

repay v [rɪˈpeɪ]
The loan has to be repaid within eighteen months.
→ pay back

tilgen, zurückzahlen
Der Kredit muss innerhalb von achtzehn Monaten zurückgezahlt werden.

housing finance n [ˈhaʊzɪŋ ˌfaɪnæns]
Housing finance is offered by banks and building societies.

Wohnungsbaufinanzierung
Wohnungsbaufinanzierung wird von Banken und Bausparkassen angeboten.

industrial finance n [ɪnˌdʌstrɪəl ˈfaɪnæns]
Industrial finance is usually provided by merchant banks.

Unternehmensfinanzierung
Unternehmensfinanzierung wird gewöhnlich von Handelsbanken bereitgestellt.

collateral n [kəˈlætərəl]
The bank will insist on collateral for a loan of that size.
→ security

Sicherheit
Die Bank besteht auf Sicherheiten für einen Kredit in dieser Höhe.

security n [sɪˈkjʊərəti]
Any bank will ask what kind of security you can offer before granting a loan.
→ collateral

Sicherheit
Jede Bank wird Sie fragen, welche Art von Sicherheit Sie bieten können, bevor Sie Ihnen einen Kredit gewährt.

real estate n [ˈrɪəl ɪˌsteɪt]
Real estate is the most welcome form of security.
→ realty

Immobilien
Immobilien sind die willkommenste Form von Sicherheit.

realty n US [ˈriːəlti]
Getting a loan was no problem, as we had some realty to serve as collateral.
→ real estate

Immobilien
Die Beschaffung eines Darlehens war unproblematisch, weil wir Immobilien als Sicherheit anbieten konnten.

base rate n GB [ˈbeɪs reɪt]
Barclays reduced its base rate by 1 per cent to encourage investors to take up loans.

Leitzins, Basiszins
Barclays hat seinen Leitzins um ein Prozent gesenkt, um Investoren zur Aufnahme von Krediten zu ermuntern.

base lending rate n GB [ˈbeɪs lendɪŋ reɪt]
Any reduction in base lending rates is bound to stimulate growth.

Basisausleihsatz (unter Banken)

Jede Senkung des Basisausleihsatzes ist mit Sicherheit wachstumsfördernd.

base rate n US [ˈbeɪs reɪt]
The base rate is so low at present that it is a good time for individuals and companies to start borrowing.

Kreditzins für erste Adressen
Der Kreditzins für erste Adressen ist momentan so niedrig, dass es für Privatpersonen und Unternehmen günstig ist, Kredite aufzunehmen.

bank rate n GB [ˈbæŋk reɪt]
In order to fight inflation the Bank of England raised the bank rate to eight per cent.
→ discount rate, minimum lending rate

Diskontsatz, Bankrate
Die Bank von England hob den Diskontsatz auf acht Prozent an, um die Inflation zu bekämpfen.

discount rate n US ['dɪskaʊnt reɪt]
The Fed is going to reduce the discount
rate by 0.5 per cent.
→ bank rate, minimum lending rate

Diskontsatz
Die amerikanische Zentralbank beabsichtigt,
den Diskontsatz um 0,5 Prozent zu senken.

minimum lending rate n GB
[ˌmɪnɪməm 'lendɪŋ reɪt]
MLR [ˌem el 'ɑː]
The minimum lending rate of the Bank
of England often influences the
country's money supply.
→ bank rate, discount rate

Mindestdiskontsatz

Der Mindestdiskontsatz der Bank von England
beeinflusst oftmals die Geldmenge des Landes.

discount rate n GB ['dɪskaʊnt reɪt]
The discount rate is charged for buying
bills of exchange before they are mature.

Diskontsatz
Der Diskontsatz wird beim Ankauf von
Wechseln vor Fälligkeit erhoben.

Types of bank

bank n ['bæŋk]
A bank is an institution which holds
other people's money in safe keeping and
lends money at interest.

Bank
Eine Bank ist eine Institution, die das Geld
anderer Leute verwahrt und Geld mit
Zinsaufschlag verleiht.

Bank of England n GB [ˌbæŋk əv
'ɪŋglənd]
The Bank of England was founded in
1692 to administer the national debt. It
is responsible to the Chancellor of the
Exchequer.

Bank von England

Die Bank von England wurde 1692 gegründet,
um die Staatsschulden zu verwalten. Sie ist dem
Schatzkanzler gegenüber rechenschaftspflichtig.

central bank n ['sentrəl ˌbæŋk]
The Bank of England and the Federal
Reserve Board are the central banks of
the UK and the USA.

Zentralbank
Die Bank von England und die Federal Reserve
Board sind die Zentralbanken des Vereinigten
Königreichs und der Vereinigten Staaten.

high-street bank n GB ['haɪ striːt ˌbæŋk]
Barclays Bank and the HSBC are two of
Great Britain's most important high-
street banks.

Geschäftsbank
Barclays Bank und die HSBC sind zwei von
Großbritanniens bedeutendsten
Geschäftsbanken.

commercial bank n [kəˌmɜːʃl 'bæŋk]
Commercial banks are profit-oriented
credit institutions.

Geschäftsbank
Geschäftsbanken sind gewinnorientierte
Kreditinstitute.

merchant bank n ['mɜːtʃənt ˌbæŋk]
Since we are a merchant bank, we have
hardly any private customers.

Handelsbank, Bank für Geschäftskunden
Da wir eine Handelsbank sind, haben wir kaum
Privatkunden.

lending institution n ['lendɪŋ
ˌɪnstɪˌtjuːʃn]
Lending institutions are prepared to lend
money on interest.
→ credit institution

Kreditinstitut

Kreditinstitute sind bereit, gegen Zinsen Geld
zu verleihen.

BANKING

credit institution n [ˈkredɪt ˌɪnstɪˌtjuːʃn]
Banks and building societies are credit institutions.
→ **lending institution**

savings bank n [ˈseɪvɪŋz bæŋk]
Savings banks, banks and building societies are credit-granting institutions.

savings and loan association n US
[ˌseɪvɪŋz ənd ˈləʊn əsəʊsiˈeɪʃn]
S&L [ˌes ənd ˈel]
An S&L is a mutual institution.
→ **thrift**

building society n GB [ˈbɪldɪŋ səˌsaɪəti]
Building societies offer their customers mortgages.

thrift n US [θrɪft]
A thrift provides home loans.
→ **S&L, savings and loan association**

National Giro n GB [ˌnæʃnəl ˈdʒaɪrəʊ]
The National Giro system is operated by the Post Office.

clearing bank n [ˈklɪərɪŋ bæŋk]
Clearing banks exchange cheques and bills from other clearing banks.
→ **clearer**

clearer n [ˈklɪərə]
The HSBC is one of Britain's biggest clearers.
→ **clearing bank**

credit union n US [ˈkredɪt ˌjuːnɪən]
Credit unions are only open to members of an association or labor union.

acceptance bank n US [əkˈseptəns bæŋk]
An acceptance bank is usually prepared to buy bills of exchange against a fee.
→ **acceptance house, accepting house**

acceptance house n US [əkˈseptəns haʊs]
An acceptance house is usually prepared to buy bills of exchange against a fee.
→ **acceptance bank, accepting house**

accepting house n GB [əkˈseptɪŋ ˌhaʊs]
In Britain, most merchant banks are members of the accepting houses committee.
→ **acceptance bank, acceptance house**

Kreditinstitut
Banken und Bausparkassen sind Kreditinstitute.

Sparkasse
Sparkassen, Banken und Bausparkassen sind Kredit gewährende Institute.

Spar- und Darlehenskasse, Bausparkasse

Eine Spar- und Darlehenskasse ist ein Finanzinstitut auf Gegenseitigkeit.

Bausparkasse
Bausparkassen bieten ihren Kunden Hypotheken an.

Bausparkasse, Sparkasse
Eine Bausparkasse stellt Hypotheken bereit.

Postscheckdienst, Postgirosystem
Die Post ist der Betreiber des Postscheckdienstes.

Girobank, Clearingbank, Verrechnungsbank
Girobanken verrechnen Schecks und Wechsel anderer Girobanken.

Girobank, Clearingbank, Verrechnungsbank
Die HSBC ist eine der größten Girobanken Großbritanniens.

Verbandsbank, Kreditgenossenschaft
Verbandsbanken stehen nur Mitgliedern eines Verbandes oder einer Gewerkschaft zur Verfügung.

Akzeptbank

Eine Akzeptbank ist normalerweise bereit, Wechsel gegen eine Gebühr aufzukaufen.

Akzeptbank

Eine Akzeptbank ist normalerweise bereit, Wechsel gegen eine Gebühr aufzukaufen.

Akzeptbank
In Großbritannien sind die meisten Banken Mitglieder des Akzeptbanken-Ausschusses.

BANKING

discount house n *GB* ['dɪskaʊnt haʊs]
Discount houses discount bills of
exchange.

Diskontbank
Diskontbanken diskontieren Wechsel.

issuing house n ['ɪʃuːɪŋ haʊs]
Issuing houses help companies issue new
shares.
→ investment bank

Emissionsbank, Emissionshaus
Emissionsbanken unterstützen Aktiengesellschaften bei der Ausgabe neuer Aktien.

investment bank n [ɪn'vestmənt bæŋk]
Investment banks help corporations
issue new shares.
→ issuing house

Emissionsbank
Emissionsbanken unterstützen Aktiengesellschaften bei der Ausgabe neuer Aktien.

Federal Reserve System n [ˌfedərəl
rɪ'zɜːv sɪstəm]
The Federal Reserve System is
independent of the Treasury Secretary.

Zentralbanksystem der USA

Das amerikanische Zentralbanksystem ist vom
Finanzminister unabhängig.

Federal Reserve Board n [ˌfedərəl
rɪ'zɜːv bɔːd]
Fed [fed]
The Federal Reserve Board was
established in 1913.

Zentralbank der USA

Die Federal Reserve Board wurde 1913
gegründet.

Fed n *US coll* [fed]
Federal Reserve
Americans usually refer to their central
bank as Fed.

Zentralbank der USA

Amerikaner nennen ihre Zentralbank
gewöhnlich Fed.

state bank n *US* ['steɪt bæŋk]
The majority of US banks are state
banks.

einzelstaatlich konzessionierte Bank
Die Mehrzahl der amerikanischen Banken ist
nur für einen Bundesstaat konzessioniert.

MODES OF PAYMENT

Bill of exchange

bill of exchange n [ˌbɪl əv ɪksˈtʃeɪndʒ]
B/E, b/e, b.e. [ˌbiː ˈiː]
Many international transactions used to
be paid by bill of exchange.

draft n [drɑːft]
We enclose a draft to the amount of
£15,000, which we would ask you to
accept and return.

accommodation bill n [əˌkɒməˈdeɪʃn ˌbɪl]
As a rule, only long-standing business
partners are prepared to sign an
accommodation bill.

advance bill n [ədˈvɑːns ˌbɪl]

An advance bill is drawn before delivery
of the goods ordered.

backed bill n [ˈbækt ˌbɪl]
A backed bill is, for example, endorsed
by the bank of the drawee.

bank bill n GB [ˈbæŋk ˌbɪl]
A bank bill makes the payee's bank
responsible for payment.
→ bank acceptance

bank acceptance n [ˈbæŋk əkˌseptəns]
BA [ˌbiː ˈeɪ]
A bank acceptance is a fairly safe means
of payment.
→ bank bill

bank draft n [ˈbæŋk drɑːft]
A bank draft is drawn on the payee's bank.
→ bank check, bank cheque, banker's
cheque, banker's draft, cashier's check

banker's draft n [ˈbæŋkəz drɑːft]
Banker's drafts are often issued in the
same denominations as banknotes.
→ bank check, bank cheque, banker's
cheque, bank draft, cashier's check

commercial bill n [kəˈmɜːʃl ˌbɪl]
A commercial bill is used to pay for
goods.

documentary bill n [ˌdɒkjuˈmentri ˌbɪl]
The documentary bill is attached to the
shipping documents.

Wechsel

Viele internationale Transaktionen wurden
früher per Wechsel bezahlt.

Tratte, gezogener Wechsel
Wir legen eine Tratte in Höhe von 15.000 Pfund
bei und bitten Sie, diese mit Akzept zu versehen
und zurückzusenden.

Gefälligkeitswechsel
In der Regel sind nur gute Geschäftspartner
bereit, einen Gefälligkeitswechsel zu unterzeichnen.

**Vorschusswechsel, vor Lieferung ausge-
stellte Tratte**
Ein Vorschusswechsel wird vor Lieferung der
bestellten Waren gezogen.

avalierter Wechsel
Ein avalierter Wechsel wird z. B. von der Bank
des Bezogenen avaliert.

Bankakzept, Bankwechsel
Ein Bankakzept macht die Bank des Zahlungsempfängers für die Zahlung verantwortlich.

Bankakzept, Bankwechsel

Ein Bankakzept ist eine ziemlich sichere
Zahlungsmethode.

Bankwechsel, Banktratte, Bankscheck
Ein Bankwechsel wird auf die Bank des
Zahlungsempfängers gezogen.

Bankwechsel, Banktratte, Bankscheck
Bankwechsel werden oft in derselben
Stückelung ausgegeben wie Banknoten.

Handelswechsel, Warenwechsel
Ein Handelswechsel wird zur Bezahlung von
Waren benutzt.

Dokumententratte
Die Dokumententratte ist den Versandpapieren
beigefügt.

domestic bill n [dəˈmestɪk ˌbɪl]
Since both drawer and drawee live in the
same country they use a domestic bill.
→ **inland bill**

Inlandswechsel
Da der Trassant und der Trassat im selben
Land wohnen, benutzen sie einen Inlands-
wechsel.

inland bill n *GB* [ˈɪnlənd ˌbɪl]
Since both the drawer and the drawee
live in Britain they are using an inland
bill.
→ **domestic bill**

Inlandswechsel
Da der Trassant und der Trassat in
Großbritannien wohnen, benutzen sie einen
Inlandswechsel.

domiciled bill n [ˈdɒmɪsaɪld ˌbɪl]
This domiciled bill is to be paid in
London.

Domizilwechsel
Dieser Domizilwechsel muss in London bezahlt
werden.

foreign bill n [ˈfɒrən ˌbɪl]
The term 'foreign bill' indicates that one
of the two partners involved in a bill of
exchange transaction lives abroad.

Fremdwährungswechsel, Auslandswechsel
Der Ausdruck „Fremdwährungswechsel" weist
darauf hin, dass einer der an dem Wechsel-
geschäft Beteiligten im Ausland wohnt.

prime bill n [ˈpraɪm ˌbɪl]
A bill accepted by an accepting house is
certainly a prime bill.

erstklassiger Wechsel
Ein von einer Akzeptbank akzeptierter Wechsel
ist sicher ein erstklassiger Wechsel.

short bill n [ˈʃɔːt ˌbɪl]
A short bill must be paid after ten days
at the latest.

kurzfristiger Wechsel
Ein kurzfristiger Wechsel muss spätestens nach
zehn Tagen gezahlt werden.

sight bill n [ˈsaɪt ˌbɪl]
A sight bill must be paid whenever it is
presented.

Sichtwechsel
Ein Sichtwechsel muss bei Vorlage gezahlt
werden.

at sight adv [ət ˈsaɪt]
A sight bill is to be paid at sight.

bei Vorlage, bei Sicht
Ein Sichtwechsel muss bei Vorlage gezahlt
werden.

sight draft n [ˈsaɪt drɑːft]
A sight draft may – after acceptance – be
cashed immediately.

Sichttratte
Eine Sichttratte kann nach Akzept sofort
eingelöst werden.

discount a bill of exchange v
[dɪsˈkaʊnt ə ˌbɪl əv ɪksˈtʃeɪndʒ]
discount a B/E [dɪsˈkaʊnt ə ˌbiː ˈiː]
The exporter had the B/E discounted by
his bank.

einen Wechsel diskontieren

Der Exporteur ließ den Wechsel bei seiner Bank
diskontieren.

accept v [əkˈsept]
Please return the accepted draft within
three days.

mit Akzept versehen, annehmen
Bitte senden Sie uns die mit dem Akzept ver-
sehene Tratte innerhalb von drei Tagen zurück.

acceptance n [əkˈseptəns]
Once a draft is endorsed by the acceptor
it is called an acceptance.

Akzept
Nach der Bestätigung durch den Wechselnehmer heißt eine Tratte Akzept.

accommodation acceptance n
[əˌkɒməˌdeɪʃn əkˈseptəns]
I've signed the accommodation
acceptance because I want to do you a
favour.

Gefälligkeitsakzept

Ich habe das Gefälligkeitsakzept unterzeichnet,
weil ich dir einen Gefallen tun möchte.

clean acceptance n [kliːn əkˈseptəns]
We beg to inform you that we must insist on a clean acceptance.
→ general acceptance

general acceptance n [ˌdʒenrəl əkˈseptəns]
As a matter of principle, payment can only be effected by a general acceptance.
→ clean acceptance

collateral acceptance n [kəˌlætərəl əkˈseptəns]
I lodged my customer's bill of exchange with my bank as collateral acceptance.

in default of acceptance adv [ɪn dɪˌfɔːlt əv əkˈseptəns]
In default of your acceptance your order no. 123 has not yet been processed.

partial acceptance n [ˌpɑːʃl əkˈseptəns]
In the case of partial acceptance at least one other person is also responsible for eventual payment.

present a bill for acceptance v [prɪˌzent ə bɪl fər əkˈseptəns]
We shall present our bill for acceptance tomorrow.

procure acceptance v [prəˌkjʊər əkˈseptəns]
We procured acceptance for our bill yesterday.

qualified acceptance n [ˌkwɒlɪfaɪd əkˈseptəns]
The qualified acceptance stipulated London as the place of payment.

uncovered acceptance n [ˌʌnkʌvəd əkˈseptəns]
With an uncovered acceptance, there is a risk of it being returned unpaid.

non-acceptance n [ˌnɒn əkˈseptəns]

Non-acceptance renders the contract null and void.

acceptor n [əkˈseptə]
Once a draft is endorsed by the acceptor it is called an acceptance.

acceptor for honour n [əkˌseptə fər ˈɒnə]
The acceptor for honour accepts a dishonoured bill to preserve the debtor's honour.
→ acceptor supra protest

---

uneingeschränktes Akzept, reines Akzept
Wir erlauben uns darauf hinzuweisen, dass wir auf einem uneingeschränkten Akzept bestehen müssen.

uneingeschränktes Akzept, reines Akzept

Grundsätzlich können Zahlungen nur vermittels eines uneingeschränkten Akzepts erfolgen.

Avalakzept

Ich habe den Wechsel meines Kunden als Avalakzept bei meiner Bank hinterlegt.

mangels Akzept

Mangels Akzept ist Ihr Auftrag Nr. 123 noch nicht ausgeführt worden.

Teilakzept, teilweise Annahme
Im Fall eines Teilakzepts ist mindestens eine andere Person für die letztendliche Zahlung mitverantwortlich.

einen Wechsel zum Akzept vorlegen

Wir werden morgen unseren Wechsel zum Akzept vorlegen.

Akzept einholen

Wir haben gestern das Akzept für unseren Wechsel eingeholt.

eingeschränktes Akzept, bedingtes Akzept

Das eingeschränkte Akzept sah Zahlung in London vor.

ungedecktes Akzept

Bei einem ungedeckten Akzept besteht eine gewisse Gefahr, dass es nicht eingelöst wird.

Nichtannahme, Annahmeverweigerung, Akzeptverweigerung
Nichtannahme macht den Vertrag null und nichtig.

Wechselnehmer, Akzeptant
Nach der Bestätigung durch den Wechselnehmer heißt eine Tratte Akzept.

Ehrenakzeptant
Der Ehrenakzeptant nimmt einen nicht bezahlten Wechsel an, um den guten Ruf des Schuldners zu wahren.

acceptor supra protest n [ək,septə ,suːprə 'prəʊtest]
Since we have always had an excellent business relationship we are prepared to act as acceptor supra protest for you on this occasion.
→ acceptor for honour

Ehrenakzeptant

Da wir seit je hervorragende Geschäftsverbindungen mit Ihnen haben, sind wir bereit in dieser Sache Ihr Ehrenakzeptant zu sein.

accepting house n [ək'septɪŋ ,haʊs]
An accepting house is usually prepared to buy certain bills of exchange for a fee.
→ acceptance bank, acceptance house

Akzeptbank
Eine Akzeptbank ist normalerweise bereit bestimmte Wechsel gegen eine Gebühr aufzukaufen.

acceptance credit n [ək'septəns ,kredɪt]
On presentation of the acceptance the exporter was granted an acceptance credit by his bank.

Akzeptkredit

Bei Vorlage des Akzepts erhielt der Exporteur einen Akzeptkredit von seiner Bank.

promissory note n [prɒ'mɪsəri ,nəʊt]
P/N [,piː 'en]
If you draw a bill on yourself you make out a promissory note.

Eigenwechsel, Solawechsel, Schuldschein

Wenn man einen Wechsel auf sich selbst zieht, stellt man einen Eigenwechsel aus.

bearer n ['beərə]
On maturity an acceptance is payable to the bearer.

Inhaber(in), Überbringer(in)
Bei Fälligkeit muss ein Akzept an den Inhaber gezahlt werden.

draw v [drɔː]
The shipper will draw a bill on the consignee.

ausstellen, ziehen, trassieren
Der Spediteur wird einen Wechsel auf den Warenempfänger ausstellen.

drawee n [drɔː'iː]
The drawee of a bill of exchange is the payer.

Trassat, Bezogene(r)
Der Trassat eines Wechsels ist der Zahlungspflichtige.

drawer n [drɔː'ə]
The drawer of a bill of exchange is the payee.

Trassant, Aussteller(in), Zeichner(in)
Der Trassant eines Wechsels ist der Zahlungsempfänger.

accommodation endorsement n [ə,kɒmə,deɪʃn ɪn'dɔːsmənt]
I've assumed responsibility for the swift payment of your B/E by an accommodation endorsement on the back.

Gefälligkeitsindossament

Ich habe die Verantwortung für die schnelle Bezahlung Ihres Wechsels durch ein Gefälligkeitsindossament auf der Rückseite übernommen.

endorsement n [ɪn'dɔːsmənt]
Please ensure that the bill is returned with your endorsement within two days of receipt.
→ indorsement

Indossament, Giro
Bitte stellen Sie sicher, dass der Wechsel innerhalb von zwei Tagen nach Erhalt mit Ihrem Indossament zurückgeschickt wird.

endorsee n [ɪndɔː'siː]
The bill is payable to the last endorsee.
→ indorsee

Indossat(ar), Girat(ar)
Der Wechsel ist zahlbar an den letzten Indossatar.

endorser n [ɪn'dɔːsə]
The last endorser will ultimately have to honour the bill.
→ indorser

Indossant, Girant
Der letzte Indossant muss schließlich den Wechsel zahlen.

indorsement n [ɪn'dɔːsmənt]
We would ask you for your indorsement within two days and to send the bill back to us.
→ endorsement

Indossament, Giro
Wir bitten Sie, das Indossament innerhalb von zwei Tagen vorzunehmen und uns den Wechsel zurückzusenden.

indorsee n [ɪndɔː'siː]
The bill is payable to the last indorsee.
→ endorsee

Indossat(ar), Girat(ar)
Der Wechsel ist zahlbar an den letzten Indossatar.

indorser n [ɪn'dɔːsə]
Payment will eventually have to be effected by the indorser.
→ endorser

Indossant, Girant
Die Zahlung wird schließlich vom Indossanten vorgenommen werden müssen.

bounce v [baʊns]
You'd better ask him to pay cash, his cheques always bounce.
→ be returned unpaid

platzen, nicht eingelöst werden
Bitte ihn besser um Barzahlung, weil seine Schecks immer platzen.

be returned unpaid v [bi rɪˌtɜːnd ʌn'peɪd]
This is an uncovered acceptance, so there is some risk of it being returned unpaid.
→ bounce

nicht eingelöst werden, platzen

Da es sich um ein ungedecktes Akzept handelt, besteht eine gewisse Gefahr, dass es nicht eingelöst wird.

dishonour v [dɪs'ɒnə]
If you dishonour a bill of exchange, you risk being taken to court.

nicht bezahlen, nicht einlösen
Wenn Sie einen Wechsel nicht bezahlen, riskieren Sie einen Prozess.

Letter of credit

letter of credit n [ˌletər əv 'kredɪt]
L/C [ˌel 'siː]
The letter of credit is a widely used means of payment in foreign trade.
→ commercial letter of credit

Akkreditiv, Kreditbrief

Das Akkreditiv ist eine im Außenhandel häufig genutzte Zahlungsmethode.

circular letter of credit n [ˌsɜːkjələ ˌletər əv 'kredɪt]
circular L/C [ˌsɜːkjələ ˌel 'siː]
The circular L/C is addressed to all branches of the confirming bank.

Zirkularkreditbrief, Reisekreditbrief

Der Zirkularkreditbrief ist an alle Filialen der bestätigenden Bank gerichtet.

commercial letter of credit n [kəˌmɜːʃl ˌletər əv 'kredɪt]
commercial L/C [kəˌmɜːʃl ˌel 'siː]
The commercial letter of credit is a widely used means of payment in foreign trade.
→ letter of credit

Akkreditiv, Kreditbrief

Das Akkreditiv ist eine im Außenhandel häufig genutzte Zahlungsmethode.

direct letter of credit n [dəˌrekt ˌletər əv ˈkredɪt]
direct L/C [dəˌrekt ˌel ˈsiː]
The issuing bank used a direct L/C by addressing the opening advice to one particular branch of the exporter's bank.

Akkreditiv an eine bestimmte Bank

Die das Akkreditiv eröffnende Bank adressierte die Mitteilung über die Eröffnung an eine bestimmte Filiale der Bank des Exporteurs.

documentary letter of credit n [dɒkjuˌmentri ˌletər əv ˈkredɪt]
documentary L/C [dɒkjuˌmentri ˌel ˈsiː]
The documentary L/C is accompanied by a number of stipulated documents.

Dokumentenakkreditiv

Das Dokumentenakkreditiv wird von einer Anzahl festgelegter Dokumente begleitet.

irrevocable letter of credit n [ɪˌrevəkəbl ˌletər əv ˈkredɪt]
irrevocable L/C [ɪˌrevəkəbl ˌel ˈsiː]
An irrevocable L/C is a very safe means of payment in foreign trade.

unwiderrrufliches Akkreditiv, unwiderruf-licher Kreditbrief

Ein unwiderrufliches Akkreditiv ist eine sehr sichere Zahlungsmethode im Außenhandel.

negotiable letter of credit n [nɪˌgəʊʃiəbl ˌletər əv ˈkredɪt]
negotiable L/C [nɪˌgəʊʃiəbl ˌel ˈsiː]
A negotiable L/C may be given to somebody other than the seller.

begebbares Akkreditiv, übertragbares Akkreditiv

Ein begebbares Akkreditiv kann jemand anderem als dem Verkäufer übertragen werden.

unconfirmed letter of credit n [ˌʌnkənˈfɜːmd ˌletər əv ˈkredɪt]
unconfirmed L/C [ˌʌnkənˈfɜːmd ˌel ˈsiː]
An unconfirmed L/C does not guarantee payment.

unbestätigtes Akkreditiv

Ein unbestätigtes Akkreditiv garantiert nicht die Zahlung.

cancel a letter of credit v [ˈkænsl ˌə letər əv ˈkredɪt]
cancel an L/C [ˈkænsl ən ˌel ˈsiː]
Irrevocable L/Cs cannot be cancelled.

ein Akkreditiv annullieren

Unwiderrufliche Akkreditive können nicht annulliert werden.

confirm a letter of credit v [kənˈfɜːm ə ˌletər əv ˈkredɪt]
confirm an L/C [kənˈfɜːm ən ˌel ˈsiː]
Only confirmed L/Cs give exporters maximum security.

ein Akkreditiv bestätigen

Nur ein bestätigtes Akkreditiv gibt dem Exporteur größte Sicherheit.

draw on a letter of credit v [drɔː ɒn ə ˌletər əv ˈkredɪt]
draw on an L/C [drɔː ɒn ən ˌel ˈsiː]
With regard to our order no. 246 we would like to draw on an L/C.

ein Akkreditiv in Anspruch nehmen

Hinsichtlich unseres Auftrags Nr. 246 würden wir gern ein Akkreditiv in Anspruch nehmen.

issue a letter of credit v [ˌɪʃuː ə ˌletər əv ˈkredɪt]
issue an L/C [ˌɪʃuː ən ˌel ˈsiː]
The L/C is issued by the buyer's bank.
→ open a letter of credit

ein Akkreditiv ausfertigen, ein Akkreditiv ausstellen, ein Akkreditiv eröffnen

Das Akkreditiv wird von der Bank des Käufers ausgefertigt.

Irrevocable documentary letter of credit (L/C)

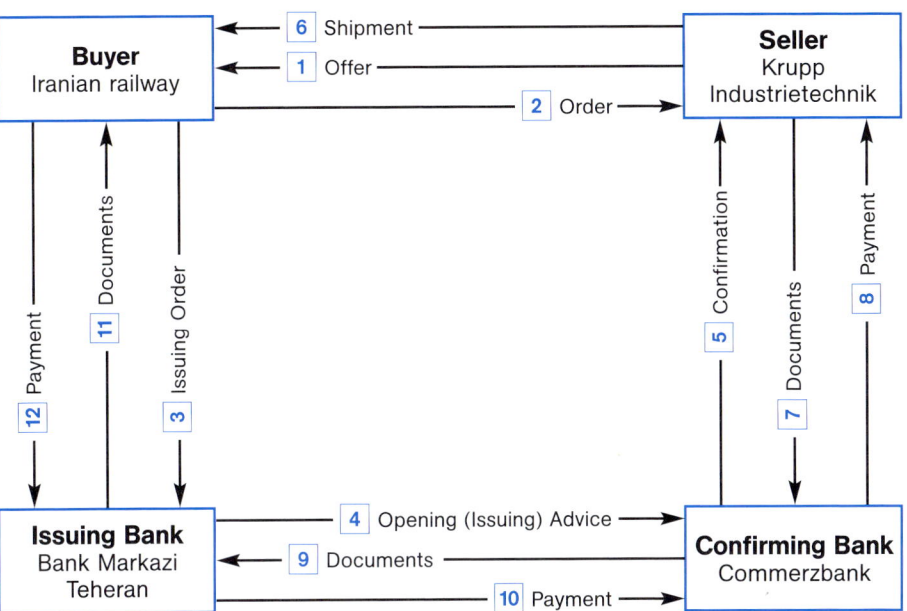

1 The buyer/applicant and seller/beneficiary enter into a contract of sale.

2 On agreement of settlement by documentary credit, the buyer places an order with the seller.

3 The buyer now requests the issuing bank to issue a documentary letter of credit in favour of the seller.

4 The documentary letter of credit is sent to a bank in the beneficiary's country.

5 The confirming bank advises the beneficiary of the documents required and other terms and conditions.

6 The seller ships the goods and obtains the necessary documents.

7 The seller checks the documents against the contract of sale and presents them to the confirming bank.

8 The confirming bank examines the documents and pays the exporter if the documents are in compliance with the terms of the credit.

9 Once settlement has been made, the documents are forwarded to the issuing bank.

10 The confirming bank now obtains reimbursement as agreed between the banks, including charges.

11 The documents are examined by the issuing bank and forwarded to the buyer.

12 The buyer then pays in accordance with the arrangements agreed upon, i.e. the buyer's account is debited. On the strength of the documents, the importer can now secure the release of the goods from the shipping company and from customs.

open a letter of credit v [ˌəʊpən ə ˌletər əv ˈkredɪt]
open an L/C [ˌəʊpən ən ˌel ˈsiː]
Our bank has opened the letter of credit.
→ **issue a letter of credit**

ein Akkreditiv ausfertigen, ein Akkreditiv ausstellen, ein Akkreditiv eröffnen

Das Akkreditiv ist von unserer Bank eröffnet worden.

revoke a letter of credit v [rɪˈvəʊk ə ˌletər əv ˈkredɪt]
revoke an L/C [rɪˈvəʊk ən ˌel ˈsiː]
We regret to advise you that adverse circumstances force us to revoke our L/C.

ein Akkreditiv zurückziehen, ein Akkreditiv widerrufen

Wir bedauern Ihnen mitteilen zu müssen, dass widrige Umstände uns zwingen, das Akkreditiv zurückzuziehen.

confirming bank n [kənˈfɜːmɪŋ bæŋk]
The confirming bank is the seller's bank.
→ **advising bank**

(die das Akkreditiv) bestätigende Bank
Die bestätigende Bank ist die Bank des Verkäufers.

issuing bank n [ˈɪʃuːɪŋ bæŋk]

The issuing bank is the importer's, i.e. the payer's bank.
→ **advising bank**

(die das Akkreditiv) eröffnende Bank, (die das Akkreditiv) stellende Bank
Die das Akkreditiv eröffnende Bank ist die Bank des Importeurs, d. h. des Zahlungs-pflichtigen.

beneficiary n [ˌbenɪˈfɪʃəri]

The confirming bank, i.e. the beneficiary's bank, effects payment against documents.

Begünstigte(r), Zahlungsempfänger(in), Leistungsempfänger(in)
Die bestätigende Bank, d. h. die Bank des Begünstigten, leistet Zahlung gegen Dokumente.

advising bank n [ədˈvaɪzɪŋ bæŋk]
In this Franco-Indian transaction Credit Lyonnais acted as advising bank.
→ **issuing bank**

(die das) Akkreditiv eröffnende Bank
Als die das Akkreditiv bestätigende Bank bei diesem französisch-indischen Geschäft fungierte Credit Lyonnais.

Cash and cheques

cash n [kæʃ]
Many people still prefer paying cash.
→ **currency, notes and coins**

Barzahlung, Bargeld
Viele Menschen ziehen immer noch Barzahlung vor.

currency n US [ˈkʌrənsi]
Quite a few people in the USA still pay with currency.
→ **cash, notes and coins**

Bargeld
Viele Menschen in den USA zahlen noch bar.

notes and coins n pl [ˌnəʊts ən ˈkɔɪnz]
Plastic money has replaced notes and coins to a certain extent.
→ **cash, currency**

Bargeld
Plastikgeld hat zu einem gewissen Grad Bargeld ersetzt.

banknote n [ˈbæŋknəʊt]
The smallest denomination of a bank-note in England is £5.
→ **bank bill, note**

Banknote, Geldschein
Die kleinste Banknotenstückelung in England ist 5 Pfund.

(bank) bill n US [ˈbæŋk bɪl]
Would you like the money in bills?
→ **bank note, note**

Banknote, Geldschein
Möchten Sie das Geld in Scheinen?

note n [nəʊt]
The Royal Mint prints notes and mints coins.
→ **bank bill, bank note**

Banknote, Geldschein
Die königliche Münzanstalt druckt Banknoten und prägt Münzen.

cash on delivery n GB [ˌkæʃ ɒn dɪˈlɪvəri]
c.o.d. [ˌsiː əʊ ˈdiː]
We'll send the goods c.o.d.

Nachnahme, Barzahlung bei Lieferung
Wir schicken die Waren per Nachnahme.

cash price n [ˈkæʃ praɪs]
Our prices are cash prices, i.e. we do not grant any discounts.

Barzahlungspreis
Unsere Preise sind Barzahlungspreise, d. h. wir gewähren keinen Rabatt.

cash with order n [ˌkæʃ wɪð ˈɔːdə]
c.w.o. [ˌsiː dʌbljuː ˈəʊ]
Few companies can insist on cash with order.

Barzahlung bei Bestellung, Bezahlung bei Auftragserteilung
Nur wenige Unternehmen können auf Barzahlung bei Bestellung bestehen.

check n US [tʃek]
I'll write you a check.
→ **cheque**

Scheck
Ich stelle dir einen Scheck aus.

cheque n GB [tʃek]
If you issue a cheque, you instruct the bank on which it is drawn to pay the amount to the bearer.
→ **check**

Scheck
Wenn man einen Scheck ausstellt, weist man die bezogene Bank an, dem Überbringer den Betrag auszuzahlen.

certified cheque n [ˌsɜːtɪfaɪd ˈtʃek]
Enclosed please find a certified cheque for £500.

gedeckter Scheck, bestätigter Scheck
Anbei finden Sie einen gedeckten Scheck über 500 Pfund.

cash a cheque v [ˈkæʃ ə ˌtʃek]
Could I cash this cheque, please?

einen Scheck einlösen
Könnte ich bitte diesen Scheck einlösen?

cancel a cheque v [ˈkænsl ə ˌtʃek]
The cheque made out for the wrong amount was cancelled.

einen Scheck annullieren, einen Scheck abrechnen
Der falsch ausgestellte Scheck wurde annulliert.

cancelled cheque n [ˌkænsld ˈtʃek]
In Britain, cancelled cheques used to be returned to the issuer.

annullierter Scheck
In Großbritannien wurden abgerechnete Schecks früher an den Aussteller zurückgeschickt.

cross a cheque v [ˈkrɒs ə ˌtʃek]
You should cross your cheques to make them safer.

einen Scheck zur Verrechnung ausstellen
Sie sollten Ihre Schecks zur Verrechnung ausstellen, um sie sicherer zu machen.

uncrossed cheque n [ʌnˌkrɒst ˈtʃek]
An uncrossed cheque is paid to bearer.
→ **cross-the-counter cheque, open cheque**

Barscheck, Inhaberscheck
Ein Barscheck wird dem Überbringer ausgezahlt.

crossed cheque n [ˈkrɒst ˌtʃek]
A crossed cheque can only be paid into an account.

Verrechnungsscheck
Ein Verrechnungsscheck kann nur auf ein Konto eingezahlt werden.

endorse a cheque v [ɪnˈdɔːs ə ˌtʃek]
Would you please endorse the cheque?
→ **indorse a check**

einen Scheck auf der Rückseite unterzeichnen, indossieren, girieren
Würden Sie bitte den Scheck auf der Rückseite unterzeichnen?

MODES OF PAYMENT

indorse a check v [ɪn'dɔːs ə ˌtʃek]

Would you please indorse the check?
→ endorse a cheque

honour a cheque v [ˌɒnər ə 'tʃek]
I'm afraid I cannot honour your cheque.

issue a cheque v [ˌɪʃuː ə 'tʃek]
I'll just issue a cheque.
→ make out a cheque, write (out) a cheque

make out a cheque v [ˌmeɪk 'aʊt ə ˌtʃek]
Is it OK if I just make out a cheque for £100?
→ issue a cheque, write (out) a cheque

write (out) a cheque v [ˌraɪt 'aʊt ə ˌtʃek]
I'll just write you a cheque.
→ issue a cheque, make out a cheque

pay by cheque v [ˌpeɪ baɪ 'tʃek]
Could I please pay this invoice by cheque?

present a cheque for collection v [prɪˌzent ə ˌtʃek fə kə'lekʃn]
We would be grateful if you would present our cheque for collection no earlier than a week from today.

stop a cheque v ['stɒp ə ˌtʃek]
We herewith return your stopped cheque and would ask you to issue a new one immediately.

refer to drawer v [rɪˌfɜː tə 'drɔːə] R/D [ˌɑː 'diː]
A bank will write or stamp R/D on a cheque if words and figures don't match.

bearer cheque n ['beərə tʃek]
A bearer cheque can be cashed by anyone who presents it.

cross-the-counter check n US [ˌkrɒs ðə 'kaʊntə tʃek]
A cross-the-counter check is paid to bearer.
→ open cheque, uncrossed cheque

dishonoured cheque n [dɪs'ɒnəd ˌtʃek]

We herewith return your dishonoured cheque and request cash payment within three days.

---

einen Scheck auf der Rückseite unterzeichnen, indossieren, girieren
Würden Sie bitte den Scheck auf der Rückseite unterzeichnen?

einen Scheck einlösen
Leider kann ich Ihren Scheck nicht einlösen.

einen Scheck ausstellen
Ich stelle einfach einen Scheck aus.

einen Scheck ausstellen
Ist es in Ordnung, wenn ich einfach einen Scheck über 100 Pfund ausstelle?

einen Scheck ausstellen

Ich stelle Ihnen einfach einen Scheck aus.

per Scheck zahlen
Könnte ich diese Rechnung bitte per Scheck zahlen?

einen Scheck zum Einzug einreichen

Wir wären Ihnen dankbar, wenn Sie unseren Scheck frühestens in einer Woche einlösen würden.

einen Scheck sperren
Hiermit übersenden wir Ihnen Ihren gesperrten Scheck und bitten Sie um umgehende Ausstellung eines neuen.

an den Aussteller zurück

Eine Bank versieht einen Scheck mit dem schriftlichen oder gestempelten Vermerk „an den Aussteller zurück", wenn es Diskrepanzen zwischen Ziffern und Worten gibt.

Überbringerscheck, Inhaberscheck
Ein Überbringerscheck kann von jedem, der ihn vorlegt, eingelöst werden.

Barscheck, Inhaberscheck

Ein Barscheck wird dem Überbringer ausgezahlt.

nicht eingelöster Scheck, nicht akzeptierter Scheck
Hiermit senden wir Ihnen Ihren nicht eingelösten Scheck zurück und bitten um Barzahlung innerhalb von drei Tagen.

negotiable cheque n [nɪˌɡəʊʃiəbl ˈtʃek]
A negotiable cheque can be cashed by anyone who presents it.

negotiable instrument n [nɪˌɡəʊʃiəbl ˈɪnstrəmənt]
Cheques and bills of exchange are negotiable instruments in that they can be bought and sold.

non-negotiable cheque n GB [ˌnɒn nɪˌɡəʊʃiəbl ˈtʃek]
Please only issue non-negotiable cheques.

open cheque n GB [ˌəʊpən ˈtʃek]
An open cheque is paid to bearer.
→ **cross-the-counter check, uncrossed cheque**

out-of-date cheque n [ˌaʊt əv deɪt ˈtʃek]
We're afraid we can't accept your out-of-date cheque. It was issued more than six months ago.
→ **stale cheque**

stale check n US [ˌsteɪl ˈtʃek]
Banks do not usually cash stale cheques.
→ **out-of-date cheque**

returned cheque n GB [rɪˌtɜːnd ˈtʃek]
Banks do not generally like receiving returned cheques.

bank cheque/check n [ˈbæŋk tʃek]
A bank cheque, i.e. a cheque drawn by the bank on itself, is as safe as cash.
→ **banker's cheque, bank draft, banker's draft, cashier's check**

banker's cheque n GB [ˈbæŋkəz tʃek]
These days, payment by banker's cheque is not so widespread.
→ **bank check/cheque, bank draft, banker's draft, cashier's check**

bank draft n [ˈbæŋk drɑːft]
B/D [biː diː]
Bank drafts are often issued in the same denominations as banknotes.
→ **bank cheque/check, banker's cheque, banker's draft, cashier's check**

banker's draft n [ˈbæŋkəz drɑːft]
A banker's draft is drawn on the payee's bank.
→ **bank cheque/check, banker's cheque, bank draft, cashier's check**

übertragbarer Scheck, girierfähiger Scheck
Ein übertragbarer Scheck kann von jedem eingelöst werden, der ihn vorlegt.

übertragbares Wertpapier, begebbares Wertpapier
Schecks und Wechsel sind übertragbare Wertpapiere, da man sie kaufen und verkaufen kann.

Namensscheck, Rektascheck, nicht übertragbarer Scheck
Bitte stellen Sie nur Namensschecks aus.

Barscheck, Inhaberscheck
Ein Barscheck wird dem Überbringer ausgezahlt.

verfallener Scheck, verjährter Scheck
Leider können wir Ihren verfallenen Scheck nicht annehmen. Er wurde vor mehr als sechs Monaten ausgestellt.

verfallener Scheck
Banken lösen normalerweise keine verfallenen Schecks ein.

Rückscheck, Retourscheck
Banken nehmen Rückschecks im Allgemeinen nicht gern.

Bankscheck, Bankwechsel, Banktratte
Ein Bankscheck, d. h. ein von der Bank auf sich selbst gezogener Scheck, ist ebenso sicher wie Bargeld.

Bankscheck, Bankwechsel, Banktratte
Zahlung per Bankscheck ist heutzutage eher selten.

Bankwechsel, Banktratte, Bankscheck
Bankwechsel werden oft in derselben Stückelung ausgegeben wie Banknoten.

Bankwechsel, Banktratte, Bankscheck
Ein Bankwechsel wird auf die Bank des Zahlungsempfängers gezogen.

cashier's check n *US* [kæˈʃɪəz tʃek]
Cashier's cheques are very safe.
→ **bank cheque/check, banker's cheque/check, bank draft, banker's draft**

Bankscheck, Bankwechsel, Banktratte
Bankschecks sind sehr sicher.

cheque card n [ˈtʃek kɑːd]
You can pay by cheque card if you have a PIN number.
→ **bank card, banker's card**

Scheckkarte
Sie können mit Scheckkarte bezahlen, wenn Sie eine persönliche Geheimnummer haben.

bank card n [ˈbæŋk kɑːd]
If you pay by bank card, you don't need any cash.
→ **banker's card, cheque card**

Scheckkarte
Wenn Sie mit der Scheckkarte bezahlen, brauchen Sie kein Bargeld.

banker's card n *GB* [ˈbæŋkəz kɑːd]
Most shops only accept cheques if you can present your banker's card.
→ **bank card, cheque card**

Scheckkarte
Die meisten Geschäfte nehmen Schecks nur an, wenn Sie Ihre Scheckkarte vorlegen können.

credit card n [ˈkredɪt kɑːd]
The holder of a credit card obtains credit for a certain period.

Kreditkarte
Der Kreditkarteninhaber erhält für einen gewissen Zeitraum Kredit.

Invoicing and settlement

invoice n [ˈɪnvɔɪs]
We enclose our invoice for $5,300.

Rechnung, Warenrechnung, Faktura
Wir legen unsere Rechnung in Höhe von 5.300 Dollar bei.

invoice v [ˈɪnvɔɪs]
We will invoice you for the remaining items within a fortnight of dispatch.

in Rechnung stellen, berechnen
Wir werden Ihnen die noch verbleibenden Posten innerhalb von 14 Tagen nach Versand in Rechnung stellen.

legal tender n [ˌliːgl ˈtendə]
One-pound notes are no longer legal tender in England and Wales.

gesetzliches Zahlungsmittel
Einpfundnoten sind in England und Wales kein gesetzliches Zahlungsmittel mehr.

acceptable tender n [əkˈseptəbl ˌtendə]
Scottish bank notes are acceptable tender in the UK, but they are not legal tender in England and Wales.

akzeptiertes Zahlungsmittel
Schottische Banknoten werden im Vereinigten Königreich als Zahlungsmittel akzeptiert, aber sie sind kein gesetzliches Zahlungsmittel in England und Wales.

settlement n [ˈsetlmənt]
We enclose a cheque to the value of £3,500 in settlement of the account.

Begleichung, Bezahlung
Wir legen einen Scheck in Höhe von 3.500 Pfund zur Begleichung der Rechnung bei.

cash before delivery n [ˌkæʃ bɪfɔː dɪˈlɪvəri]
Since we haven't done business with you before, I'm afraid we have to ask you for cash before delivery.

Vorkasse

Wir bedauern, Sie um Vorkasse bitten zu müssen, da wir bisher noch keine Geschäftsbeziehungen mit Ihnen hatten.

amount due n [əˌmaʊnt 'djuː]
We have, in the meantime, remitted the amount due.

amount overdue n [əˌmaʊnt ˌəʊvə'djuː]
Please note that the amount overdue is £12,500.

default n [dɪ'fɔːlt]
We regret to inform you that we cannot accept any further default.

default v [dɪ'fɔːlt]
Having repeatedly defaulted on their payments in the past, they could not possibly hope for an extension of the payment deadline.

payment n ['peɪmənt]
Payment is to be made at least three days in advance.

delay in payment n [dɪˌleɪ ɪn 'peɪmənt]
We would kindly bring to your attention your delay in payment regarding our invoice 1234 of 1 February.

secure payment v [sɪˌkjʊə 'peɪmənt]
Insisting on cash before delivery is a safe method of securing payment.

down payment n ['daʊn peɪmənt]
As a token of our goodwill we have remitted a down payment of $5,000.
→ **deposit**

pay down v [ˌpeɪ 'daʊn]
We have already paid down 10 % of the invoiced amount.

deposit n [dɪ'pɒzɪt]
Please pay a deposit of ten per cent.
→ **down payment**

pay back v [ˌpeɪ 'bæk]
We herewith pay back the amount remitted by you in excess of our invoiced amount of 1 October 2002.

pay off v [ˌpeɪ 'ɒf]
We have always paid off our instalments regularly.

payable adj ['peɪəbl]
The full amount is payable in advance.

payee n [ˌpeɪ'iː]
We have remitted the amount due to the account of the payee.

fälliger Betrag
Inzwischen haben wir den fälligen Betrag überwiesen.

überfälliger Betrag
Bitte beachten Sie, dass der überfällige Betrag sich auf 12.500 Pfund beläuft.

Zahlungsverzug
Wir bedauern, Ihnen mitteilen zu müssen, dass wir keinen weiteren Zahlungsverzug hinnehmen können.

in Zahlungsverzug geraten
Da sie in der Vergangeheit mehrfach in Zahlungsverzug geraten waren, war jede Hoffnung auf eine Fristverlängerung aussichtslos.

Zahlung
Die Zahlung muss mindestens drei Tage im Voraus geleistet werden.

Zahlungsverzug
Wir möchten Sie höflichst darauf hinweisen, dass Sie mit der Zahlung unserer Rechnung 1234 vom 1. Februar in Verzug sind.

Zahlung garantieren, Zahlung sicherstellen
Auf Barzahlung vor Lieferung zu bestehen ist eine sichere Methode, die Zahlung zu garantieren.

Anzahlung
Als Zeichen unseres guten Willens haben wir eine Anzahlung von 5.000 Dollar überwiesen.

anzahlen, eine Anzahlung leisten
Wir haben bereits 10 % des Rechnungbetrags angezahlt.

Anzahlung
Bitte leisten Sie eine Anzahlung von 10 Prozent.

erstatten, zurückzahlen
Hiermit erstatten wir den von Ihnen zu viel überwiesenen Betrag unserer Rechnung vom 1.10.2002.

abbezahlen, tilgen
Wir haben unsere Raten immer regelmäßig abbezahlt.

zahlbar, fällig
Der volle Betrag ist im Voraus zahlbar.

Zahlungsempfänger(in)
Wir haben den fälligen Betrag auf das Konto des Zahlungsempfängers überwiesen.

a/c payee adv [eɪˌsiː ˈpeɪˈiː]
Payment will be made a/c payee.

à conto Zahlungsempfänger(in)
Zahlung erfolgt à conto Zahlungsempfänger.

remit v [rɪˈmɪt]
We would like to remind you to remit the amount due immediately.
→ transfer

überweisen
Wir erlauben uns Sie daran zu erinnern, den fälligen Betrag unverzüglich zu überweisen.

remittance n [rɪˈmɪtns]
Payment by remittance is common in intra-European transactions.
→ bank transfer, credit transfer

Überweisung
Bei innereuropäischen Transaktionen ist es üblich per Überweisung zu zahlen.

remittance order n [rɪˈmɪtns ˌɔːdə]
I shall fill in the remittance order immediately.
→ transfer order

Überweisungsauftrag
Ich fülle den Überweisungsauftrag sofort aus.

remittance slip n [rɪˈmɪtns slɪp]
The bank clerk handed the customer the remittance slip.
→ transfer slip

Überweisungsbeleg
Der Bankangestellte händigte dem Kunden den Überweisungsbeleg aus.

transfer v [trænsˈfɜː]
We use online banking to transfer most outstanding amounts.
→ remit

überweisen
Die meisten ausstehenden Beträge überweisen wir elektronisch über das Internet.

bank transfer n [ˈbæŋk ˌtrænsfɜː]
In the single market a substantial number of commercial invoices are paid by bank transfer.
→ credit transfer, remittance

(Bank-)Überweisung
Im europäischen Binnenmarkt wird eine beträchtliche Zahl von Warenrechnungen per Überweisung beglichen.

telegraphic transfer n [teliˌgræfɪk ˈtrænsfə]
If you really want to meet the deadline, I suggest you pay by telegraphic transfer.
→ cable transfer, wire transfer

telegrafische Überweisung

Wenn Sie unbedingt den Termin einhalten müssen, schlage ich eine telegrafische Überweisung vor.

wire transfer n [ˈwaɪə ˌtrænsfɜː]
Nowadays, wire transfers are chiefly used in international money markets.
→ cable transfer, telegraphic transfer

telegrafische Überweisung
Telegrafische Überweisungen werden heutzutage hauptsächlich auf internationalen Geldmärkten getätigt.

cable transfer n [ˈkeɪbl ˌtrænsfɜː]
Since the amount must reach the payee today, you'll have to make a cable transfer.
→ telegraphic transfer, wire transfer

telegrafische Überweisung
Da der Betrag den Empfänger heute erreichen muss, müssen Sie eine telegrafische Überweisung vornehmen.

credit transfer n [ˈkredɪt ˌtrænsfɜː]
We shall pay your invoice by credit transfer.
→ bank transfer, remittance

Überweisung
Wir werden Ihre Rechnung per Überweisung begleichen.

transfer order n [ˈtrænsfɜː ˌɔːdə]
Make sure you sign the transfer order.
→ remittance order

Überweisungsauftrag
Vergiss nicht, den Überweisungsauftrag zu unterschreiben.

transfer slip n [ˈtrænsfɜː slɪp]
The bank clerk handed the customer the transfer slip.
→ **remittance slip**

credit note n [ˈkredɪt nəʊt]
We have just received your credit note for invoice 13254.

debit note n [ˈdebɪt nəʊt]
Of course, we'll send you a debit note.

rebate n [ˈriːbeɪt]
The customer transferred too much money and received a rebate.
→ **refund**

refund n [ˈriːfʌnd]
Thank you very much for the refund of £150, which we received today.

refund v [riˈfʌnd]
We will refund your expenses in full.

antedate v [ˈæntiˌdeɪt]
For tax purposes we would ask you to antedate your invoice.

backdate v [ˈbækˌdeɪt]
We would be grateful if you could backdate your cheque.

surcharge n [ˈsɜːˌtʃɑːdʒ]
A surcharge of 5% on the retail price applies to deliveries outside our delivery area.

advance n [ədˈvɑːns]
We would be grateful for an advance of 25 % of the invoiced amount.

arrears v [əˈrɪəz]
The tenants were asked to pay the arrears.

be in arrears n pl [ˌbi ɪn əˈrɪəz]
We would like to inform you that you are in arrears with payment of invoice 135.

prompt note n [ˈprɒmpt ˌnəʊt]
The exporter sent the importer a prompt note because the invoice had not been paid on time.

reminder n [rɪˈmaɪndə]

Please see to it that the reminder to Myers & Co is sent off immediately.

Überweisungsbeleg
Der Bankangestellte händigte dem Kunden den Überweisungsbeleg aus.

Gutschriftanzeige, (Rechnungs-)Gutschrift
Wir haben soeben Ihre Gutschriftanzeige für Rechnung 13254 erhalten.

Lastschriftanzeige, Lastschrift
Wir werden Ihnen natürlich eine Lastschrift-anzeige schicken.

Rückvergütung, Erstattung
Der Kunde überwies zu viel Geld und erhielt eine Rückvergütung.

Rückvergütung, Erstattung
Herzlichen Dank für die Rückvergütung von 150 Pfund, die heute bei uns einging.

erstatten
Ihre Ausgaben werden in voller Höhe erstattet.

vordatieren
Aus Steuergründen bitten wir Sie um Vor-datierung ihrer Rechnung.

rückdatieren
Wir wären Ihnen dankbar, wenn Sie Ihren Scheck rückdatieren könnten.

Aufschlag, Zuschlag
Für Lieferungen außerhalb unseres Lieferge-biets erheben wir einen Aufschlag von 5 % des Verkaufspreises.

Vorschuss
Für einen Vorschuss in Höhe von 25 % des Rechnungsbetrags wären wir Ihnen dankbar.

Rückstände
Die Mieter wurden aufgefordert die Rückstände zu bezahlen.

in Verzug sein
Wir erlauben uns darauf hinzuweisen, dass Sie mit der Zahlung von Rechnung 135 in Verzug sind.

Mahnung, Zahlungserinnerung
Der Exporteur schickte dem Importeur eine Mahnung, weil die Rechnung nicht rechtzeitig bezahlt worden war.

Mahnschreiben, Mahnung, Erinnerungs-schreiben
Bitte sorgen Sie dafür, dass das Mahnschreiben an Myers & Co. sofort abgeschickt wird.

period of grace n [ˌpɪərɪəd əv ˈgreɪs]
The period of grace for a B/E is three days, i.e. the drawee has to honour the bill within three days of the due payment date.

(erweiterte) Zahlungsfrist, Aufschub, Nachfrist
Die Zahlungsfrist für einen Wechsel beträgt drei Tage, d. h. der Bezogene muss den Wechsel innerhalb von drei Tagen nach dem angegebenen Zahlungsdatum bezahlen.

charge account n [ˈtʃɑːdʒ əˌkaʊnt]
Many American department stores offer their customers charge accounts.
→ **credit account**

Kundenkreditkonto
Viele amerikanische Kaufhäuser bieten ihren Kunden Kreditkonten an.

credit account n [ˈkredɪt əˌkaʊnt]
Most British department stores offer their customers credit accounts.
→ **charge account**

Kundenkreditkonto
Die meisten britischen Kaufhäuser bieten ihren Kunden Kreditkonten an.

credit card n [ˈkredɪt kɑːd]
The holder of a credit card obtains credit for a certain period of time.

Kreditkarte
Der Kreditkarteninhaber erhält für einen gewissen Zeitraum Kredit.

debit card n [ˈdebɪt kɑːd]
If you pay by debit card, your account will be debited instantly.
→ **cash card**

Bankkarte
Wenn Sie mit Bankkarte bezahlen, wird Ihr Konto sofort belastet.

IOU n [aɪ əʊ ˈjuː]
I owe you [aɪ əʊ ˈjuː]
If the creditor returns the IOU to the debtor, the latter must pay back the amount borrowed.

Schuldschein

Wenn der Gläubiger dem Schuldner den Schuldschein wieder vorlegt, muss dieser den geliehenen Betrag zurückzahlen.

money order n [ˈmʌni ˌɔːdə]
M.O. [ˌem ˈəʊ]
Invoices from mail order houses can sometimes be paid by M.O.

Zahlkarte, Postanweisung

Rechnungen von Versandhäusern können gelegentlich per Zahlkarte bezahlt werden.

foreign money order n [ˌfɒrən ˈmʌni ˌɔːdə]
Foreign money orders are no longer widely used.
→ **international money order**

Auslandspostanweisung

Auslandspostanweisungen sind nicht mehr weit verbreitet.

international money order n [ˌɪntəˌnæʃnəl ˈmʌni ɔːdə]
IMO [aɪ em ˈəʊ]
International money orders have become rare.
→ **foreign money order**

Auslandspostanweisung

Auslandspostanweisungen sind selten geworden.

telegraphic money order n [telɪˌgræfɪk ˈmʌni ɔːdə]
If you need to pay the invoice very quickly, you can use a telegraphic money order.

telegrafische Zahlungsanweisung

Wenn man eine Rechnung sehr schnell bezahlen muss, kann man eine telegrafische Zahlungsanweisung verwenden.

postal order n [ˌpəʊstl ɔːdə]
P.O. [ˌpiː ˈəʊ]
Postal orders are used to effect small payments by post.

Postbarscheck (in festen Stückelungen)

Postbarschecks werden zur Zahlung kleinerer Beträge per Post verwendet.

hire purchase n *GB* [ˌhaɪə ˈpɜːtʃəs]
Expensive items like cars are often bought on hire purchase.
→ **purchase on deferred terms**

purchase on deferred terms n *US*
[ˌpɜːtʃəs ɒn dɪˌfɜːd ˈtɜːmz]
As that automobile is so expensive, I'll make a purchase on deferred terms.
→ **hire purchase**

installment n *US* [ɪnˈstɔːlmənt]
If you don't pay your installments regularly, we'll have to institute proceedings.
→ **instalment**

instalment n *GB* [ɪnˈstɔːlmənt]
You can pay in monthly instalments.
→ **installment**

lump sum n [ˈlʌmp sʌm]
We are only remitting a lump sum of £1,500 because our order has not yet been executed to our satisfaction.

milestone payment n [ˌmaɪlstəʊn ˈpeɪmənt]
The first milestone payment on the building is due on completion of the basement.
→ **progress payment**

progress payment n [ˈprəʊgres ˌpeɪmənt]
If you build a house, you usually arrange progress payment.
→ **milestone payment**

loco adv *lat.* [ˈləʊkəʊ]
All our prices are quoted loco Manchester.

ex works adv [ˌeks ˈwɜːks]
Please note that all prices are quoted ex works.

ex warehouse adv [ˌeks ˈweəhaʊs]
Prices for our kitchen furniture are always quoted ex warehouse.

Ratenkauf, Abzahlungskauf, Mietkauf
Teure Gegenstände wie Autos werden oft auf Raten gekauft.

Ratenkauf, Abzahlungskauf, Mietkauf

Weil das Auto so teuer ist, werde ich es auf Raten kaufen.

Rate
Wenn Sie Ihre Raten nicht regelmäßig zahlen, sehen wir uns gezwungen, rechtliche Schritte einzuleiten.

Rate
Sie können in monatlichen Raten bezahlen.

Pauschalbetrag
Weil unser Auftrag noch nicht zufriedenstellend erledigt ist, überweisen wir Ihnen nur einen Pauschalbetrag von 1.500 Pfund.

Zahlung nach Baufortschritt, Abschlagszahlung
Die erste Zahlung für den Bau ist bei Fertigstellung des Kellergeschosses fällig.

Zahlung nach Baufortschritt, Abschlagszahlung
Wenn man ein Haus baut, vereinbart man normalerweise Zahlung nach Baufortschritt.

loco, ab … (Ortsname)
All unsere Preise gelten ab Manchester.

ab Werk
Bitte beachten Sie, dass alle Preise ab Werk angegeben sind.

ab Lager
Die Preise für unsere Küchenmöbel sind immer ab Lager angegeben.

FINANCIAL MARKETS

stock exchange n ['stɒk ɪksˌtʃeɪndʒ]
A stock exchange is a place where stocks and shares are publicly bought and sold.
→ **stock market**

Aktienbörse, Effektenbörse
Eine Börse ist ein Ort, wo Aktien und Wertpapiere öffentlich gekauft und verkauft werden.

stock market n ['stɒk ˌmɑːkɪt]
Shares, debentures and government stocks are traded on the stock market.
→ **stock exchange**

Aktienmarkt, Aktienbörse, Effektenbörse
Auf dem Aktienmarkt wird mit Aktien, Obligationen und Staatsanleihen gehandelt.

play the stock market v [ˌpleɪ ðə 'stɒk ˌmɑːkɪt]
In order to be successful in playing the stock market you must be an expert – and have a lot of luck.

an der Börse spekulieren

Um beim Spekulieren an der Börse Erfolg zu haben, muss man ein Experte sein – und viel Glück haben.

money market n ['mʌni ˌmɑːkɪt]
The government raised short-term loans on the money market.

Geldmarkt
Die Regierung nahm kurzfristige Kredite auf dem Geldmarkt auf.

market maker n ['mɑːkɪt ˌmeɪkə]
In 1986, market makers took over the function of brokers and jobbers.

Market Maker
1986 übernahmen Market Maker die Arbeit der Makler und Jobber.

broker n ['brəʊkə]
I have instructed my broker to buy British Telecom shares.
→ **stockbroker**

Makler(in)
Ich habe meinen Makler beauftragt, Aktien der British Telecom zu kaufen.

stockbroker n ['stɒkbrəʊkə]
We have instructed our stockbroker to invest in chemical shares.
→ **broker**

Börsenmakler(in), Wertpapiermakler(in)
Wir haben unseren Wertpapiermakler angewiesen, in Chemiewerte zu investieren.

stockbroking n ['stɒkbrəʊkɪŋ]
Stockbroking is usually a very profitable business.

Effektenhandel, Wertpapierhandel
Der Effektenhandel ist gewöhnlich ein sehr einträgliches Geschäft.

broker's commission n [ˌbrəʊkəz kəˈmɪʃn]
The abolition of minimum broker's commissions changed dealings on the London stock exchange.

Maklerprovision

Die Abschaffung von Mindestmaklerprovisionen veränderte den Handel an der Londoner Börse.

brokerage firm n ['brəʊkərɪdʒ ˌfɜːm]
Many brokerage firms in Britain are subsidiaries of merchant banks.

Maklerfirma
Viele Maklerfirmen in Großbritannien sind Tochterunternehmen von Handelsbanken.

member firm n ['membə r ˌfɜːm]
We are happy to inform you that we are now a member firm of the LSE.

Maklerfirma (die Mitglied der Effektenbörse ist)
Wir freuen uns, Ihnen mitteilen zu dürfen, dass wir jetzt Mitglied der Londoner Börse sind.

stockjobber n GB ['stɒkdʒɒbə]
Stockjobbers did not work for a
commission but for the jobber's turn.
→ jobber

jobber n ['dʒɒbə]

After the Big Bang, the jobs of the
broker and of the jobber were replaced
by that of the market maker.
→ stockjobber

bear n ['beə]
As the bears expected falling quotations,
they began to sell shares to such a large
extent that the negative tendency
developed into a sharp tumble in stock
prices.

bear market n ['beə mɑːkɪt]
The threat of international conflict
resulted in a bear market in Wall Street.

bear position n ['beə pəˌzɪʃn]
I found myself in a bear position as I did
not have enough securities to sell at the
agreed price.
→ short position

short position n ['ʃɔːt pəˌzɪʃn]
The market maker found himself in a
short position until he had bought
enough shares to be able to sell them at
the agreed price.
→ bear position

bearish adj ['beərɪʃ]
On news of the severe balance of
payments deficit, the London Stock
Exchange opened in a rather bearish
mood.

bull n [bʊl]
Expecting soaring prices, bulls began to
invest in shares on a large scale in order
to sell them at a profit later.

bull market n ['bʊl ˌmɑːkɪt]
All the world's stock exchanges reported
a bull market yesterday.

bull position n ['bʊl pəˌzɪʃn]
In expectation of soaring prices the
marketmaker remained in a bull
position.
→ long position

eigenständige(r) Wertpapierhändler(in)
Eigenständige Wertpapierhändler arbeiteten
nicht auf Provisionsbasis, sondern verdienten an
dem Unterschied zwischen Geld- und Briefkurs.

Jobber (wurde 1986 durch den „market maker"
ersetzt), **eigenständiger Wertpapierhändler**
Nach der Umstrukturierung der Londoner
Börse wurden die Aufgaben des Börsenmaklers
und des Jobbers durch die des Market Makers
ersetzt.

Baissier, Baissespekulant, Bär
Da die Baissiers fallende Kurse erwarteten,
begannen sie so massiv Aktien zu verkaufen,
dass die negative Tendenz sich zu einem regel-
rechten Kurssturz entwickelte.

Börsenbaisse, Baisse
Der drohende internationale Konflikt führte an
der Wall Street zu einer Börsenbaisse.

Baisseposition, Leerposition
Ich befand mich in einer Baisseposition, weil ich
nicht genügend Wertpapiere hatte, um sie zu
dem vereinbarten Preis zu verkaufen.

Leerverkaufsposition, Baisseposition
Der Market Maker befand sich in einer Leerverkaufsposition, bis er so viele Aktien gekauft
hatte, dass er sie zu dem vereinbarten Preis
verkaufen konnte.

pessimistisch, zur Baisse tendierend
Wegen der Nachricht von dem großen
Zahlungsbilanzdefizit eröffnete die Londoner
Börse ziemlich pessimistisch.

Haussier, Haussespekulant, Bulle
Da sie steigende Kurse erwarteten, begannen
Haussiers, in großem Umfang in Aktien zu
investieren, um sie später wieder mit Gewinn zu
verkaufen.

Börsenhausse, Hausse
Gestern meldeten alle Börsen der Welt eine
Hausse.

Hausseposition, Überbestand
In Erwartung rasant steigender Kurse blieb der
Market Maker in einer Hausseposition.

long position n ['lɒŋ pə,zɪʃn]
Our market maker is buying more shares
because he wants to be in a long position
when prices rise.
→ **bull position**

Hausseposition, Überbestand
Unser Market Maker kauft neue Aktien, weil er
in einer Hausseposition sein möchte, wenn die
Preise steigen.

bullish adj ['bʊlɪʃ]
News of favourable economic develop-
ments led to a decidedly bullish mood on
Wall Street yesterday.

optimistisch, haussierend
Die Nachricht von positiven Wirtschaftsent-
wicklungen führte gestern an der Wall Street zu
einer entschieden optimistischen Stimmung.

stock quotation n ['stɒk kwəʊ,teɪʃn]
Stock quotations at the LSE opened on
a weak note but firmed considerably
during the day.

Aktiennotierung
Aktiennotierungen an der Londoner
Wertpapierbörse eröffneten schwach, erholten
sich aber im weiteren Verlauf deutlich.

Stock Exchange Daily Official List n
GB [,stɒk ɪkst,ʃeɪndʒ 'deɪli ə,fɪʃl 'lɪst]
The LSE publishes the Stock Exchange
Daily Official List.

amtliches Kursblatt

Die Londoner Börse gibt das amtliche
Kursblatt heraus.

unlisted share n [,ʌnlɪstɪd 'ʃeə]
Unlisted shares at the USM opened on a
cautious note.
→ **unquoted share**

nicht notierte Aktie
Nicht notierte Aktien im Freiverkehr eröffneten
vorsichtig.

unquoted share n [,ʌnkwəʊtɪd 'ʃeə]
It is very risky to invest in unquoted
shares since many of them are not
regarded as safe enough by the relevant
stock exchange committees.
→ **unlisted share**

nicht notierte Aktie
Es ist sehr riskant, in nicht notierte Aktien zu
investieren, weil viele von ihnen von den
zuständigen Börsenzulassungsstellen als nicht
sicher genug eingeschätzt werden.

index of shares n GB [,ɪndeks əv 'ʃeəz]
Most major stock exchanges have their
own index of shares – usually of a
selected range of shares – which provide
as much representative information as
possible.
→ **index of stocks**

Aktienindex, Index der Aktienkurse
Die meisten größeren Börsen unterhalten einen
eigenen Aktienindex – gewöhnlich von
ausgewählten Aktien – um möglichst viele
relevante Informationen bereitzustellen.

index of stocks n US [,ɪndeks əv 'stɒks]
The Dow Jones is the most important
index of stocks in Wall Street.
→ **index of shares**

Aktienindex, Index der Aktienkurse
Der Dow Jones ist der wichtigste Aktienindex
an der New Yorker Börse.

account day n [ə'kaʊnt ,deɪ]
Payment of stock exchange transactions
must be made before the account day.

Liquidationstermin, Zahlungstag
Die Bezahlung von Börsentransaktionen muss
vor dem Liquidationstermin erfolgen.

trading day n ['treɪdɪŋ deɪ]
This has been a successful trading day.

Börsentag
Dies war ein erfolgreicher Börsentag.

last trading day n [,lɑːst 'treɪdɪŋ ,deɪ]
The transaction was so complex that it
was not finalized until the last trading day.

Ultimo
Die Transaktion war so komplex, dass sie erst
zum Ultimo unter Dach und Fach gebracht wurde.

session n ['seʃn]
Chemical shares suffered a dramatic
setback during yesterday's session.

Börsensitzung
Während der gestrigen Börsensitzung erlitten
Chemiewerte einen dramatischen Einbruch.

trading floor n [ˈtreɪdɪŋ ˈflɔː]
Most stock exchange transactions are nowadays conducted over the Internet rather than on the trading floor.

Börsensaal
Heutzutage werden die meisten Börsentransaktionen über das Internet und nicht im Börsensaal abgewickelt.

over the counter adv [ˌəʊvə ðə ˈkaʊntə]
OTC [ˌəʊ tiː ˈsiː]
Unlisted securities can only be traded over the counter.

außerbörslich, im Freiverkehr
Nicht börsennotierte Wertpapiere können nur außerbörslich gehandelt werden.

over-the-counter market n [ˌəʊvə ðə ˈkaʊntə ˌmɑːkɪt]
OTC market [ˌəʊ tiː ˈsiː ˈmɑːkɪt]
Unlisted securities are traded on the OTC market.
→ unlisted securities market

Freiverkehr, außerbörslicher Markt
Nicht börsennotierte Wertpapiere werden im Freiverkehr gehandelt.

main market n GB [ˌmeɪn ˈmɑːkɪt]
As we have sold 25% of our shares to the public, we are entitled to having our shares traded on the main market.

Primärmarkt
Da wir 25 % unserer Aktien an die Öffentlichkeit verkauft haben, sind wir berechtigt, unsere Aktien auf dem Primärmarkt zu handeln.

third market n [ˈθɜːd ˌmɑːkɪt]
In the USA the third market is independent of the stock exchange.

ungeregelter Freiverkehr
In den Vereinigten Staaten ist der ungeregelte Freiverkehr von der Börse unabhängig.

thin market n [ˌθɪn ˈmɑːkɪt]
Since hardly any investor sold C&D shares there was a very thin market in these shares.

schwacher Markt, begrenzter Markt
Weil kaum ein Investor C&D-Aktien verkaufte, war der Markt für diese Aktien sehr schwach.

share certificate n [ˈʃeə səˌtɪfɪkət]
You do not usually receive a share certificate for every share purchase you make.

Aktienzertifikat
Sie erhalten gewöhnlich nicht für jeden von Ihnen getätigten Kauf ein Aktienzertifikat.

share option n [ˈʃeə ˌɒpʃn]
The general meeting has decided to give all employees a share option.

Aktienoption, Aktienbezugsrecht
Die Hauptversammlung hat beschlossen, allen Mitarbeitern eine Aktienoption zu geben.

share splitting n [ˈʃeə ˌsplɪtɪŋ]
Our shares have become so expensive that we will have to introduce share splitting to make them affordable.

Aktiensplitting
Unsere Aktien sind so teuer geworden, dass wir die Methode des Aktiensplittings einführen müssen, um sie erschwinglich zu machen.

earnings per share n pl [ˈɜːnɪŋz pə ˈʃeə]
Earnings per share are calculated in terms of the market value of the security concerned.

Gewinn pro Aktie, Aktienrendite
Der Gewinn pro Aktie wird aufgrund des Kurswerts des betreffenden Wertpapiers ermittelt.

oversubscription n [ˌəʊvəsəbˈskrɪpʃn]
In the case of oversubscription the shares will be allocated by lot.

Überzeichnung
Im Falle einer Überzeichnung werden die Aktien im Losverfahren zugeteilt.

undersubscription n [ˌʌndəsəbˈskrɪpʃn]
In the case of undersubscription the issuing house will attempt to find new buyers.

Unterzeichnung, nicht vollständige Zeichnung
Im Falle einer Unterzeichnung wird sich die Emissionsbank um neue Käufer bemühen.

subscribe (for) v [səb'skraɪb fə]
A very large number of private investors have subscribed for British Telecom shares.

stag n [stæg]
The stags took up the new company share issue to sell them almost immediately at a large profit.

preemptive right n [priˌemptɪv 'raɪt]
Current shareholders usually have a preemptive right to any new issue.

rights issue n ['raɪts ˌɪʃuː]
Since this is a rights issue, existing shareholders are given the opportunity to buy shares before anybody else.

overvalued adj [ˌəʊvə'væljuːd]
Companies whose shares are overvalued often improve their position by issuing bonus shares.

nominal value n [ˌnɒmɪnl 'væljuː]
All investors hope that the quotations of their shares will rise well above their nominal value.
→ par value

par value n [pɑː 'væljuː]
Dividends are paid as a percentage of the share's par value or in pence.
→ nominal value

at par adv [ət 'pɑː]
Debentures are not always repaid at par.

above par adv [əˌbʌv 'pɑː]
The issue price was 55p above par.

below par adv [bɪˌləʊ 'pɑː]
Occasionally gilts fall below par if the interest paid for them drops below the current market interest rate.

bid price n ['bɪd praɪs]
The bid price is always lower than the offer price, and the difference used to be called the jobber's turn.

asked price n ['ɑːskt praɪs]
The yield gap is the difference between the bid price and the asked price.
→ offer price

zeichnen
Eine sehr große Zahl privater Investoren hat Aktien von British Telecom gezeichnet.

Konzertzeichner
Die Konzertzeichner kauften die neue Aktienemission der Gesellschaft, um sie fast unmittelbar darauf mit großem Gewinn zu verkaufen.

Bezugsrecht, Vorkaufsrecht
Gegenwärtige Aktionäre haben gewöhnlich ein Bezugsrecht auf neue Emissionen.

Bezugsrechtsemission
Da dies eine Bezugsrechtsemission ist, erhalten die Altaktionäre vor allen anderen die Gelegenheit, Aktien zu kaufen.

überbewertet
Gesellschaften mit überbewerteten Aktien helfen sich oft durch die Ausgabe von Gratisaktien.

Nominalwert, Nennwert
Alle Investoren hoffen, dass die Kurse ihrer Aktien weit über den Nennwert steigen.

Nominalwert, Nennwert
Dividenden werden als Prozentsatz des Nominalwerts einer Aktie oder in Pence angegeben.

zum Nennwert, zu pari
Anleihen werden nicht immer zum Nennwert zurückgezahlt.

über dem Nennwert, über pari
Der Emissionspreis lag 55 Pence über dem Nennwert.

unter dem Nennwert, unter pari
Gelegentlich fallen Staatspapiere auf unter pari, wenn der für sie gezahlte Zinssatz unter den gegenwärtig auf dem Markt gezahlten Zinssatz fällt.

Geldkurs
Der Geldkurs ist immer niedriger als der Briefkurs, und früher nannte man den Unterschied die Spanne des Jobbers.

Briefkurs
Das Renditegefälle ist die Differenz zwischen Geld- und Briefkurs.

Share prices

Share	Price	Change on week	52 Week High	52 Week Low	Yield	P/E	Mkt Cap £m
J Sainsbury (retailing)	322	+13 $^1/_4$	425	280 $^3/_4$	4.6	16.0	7630
Barclays (banking)	436	+ 6	632	392 $^1/_2$	4.0	11.0	18087
British Airways	135	+ 3 $^1/_4$	258 $^1/_2$	122	–	–	12122
British Petroleum (oil)	473	+17	630	404	3.3	44.7	73879
Cadbury Schweppes (food and drink)	470	+12 $^3/_4$	538 $^1/_2$	392 $^3/_4$	2.4	16.1	6946
GlaxoSmithKline (pharmaceuticals)	1211	+16	1808	995	3.2	18.9	11483
ICI (chemical)	240 $^3/_4$	+ 2 $^3/_4$	363 $^1/_4$	231 $^1/_4$	5.3	15.6	14843
Marks & Spencer (retailing)	348	+13 $^1/_4$	427 $^1/_2$	298	2.7	21.3	6877
HSBC (banking)	703	+13	874 $^1/_2$	642	4.5	19.4	27994
P&O (shipping)	222	+ 5	295 $^1/_4$	198	6.1	12.8	1251
Pilkington (glass)	74	+ 1 $^1/_4$	120 $^1/_2$	68 $^1/_4$	6.8	9.7	3313
Rolls Royce (aero engines)	127	+ 1	205	122	6.6	31.1	20229
Unilever (detergents, foods)	590	+ 8 $^1/_2$	660	458 $^1/_2$	2.5	28.3	9517
Scottish and Newcastle (beer)	556	+10	700	506 $^1/_2$	5.3	13.9	3905
BT (telecommunications)	195 $^1/_4$	+ 7 $^1/_4$	290 $^1/_2$	181 $^3/_4$	1.0	49.0	23294

The table above shows the share prices of fifteen blue-chip companies (15 Sep 2002).

The following explanations might be helpful:

Price: Share prices are usually quoted above par. The nominal price per share is, as a rule, £1 (100p).

Change on Week: It will be noted that, while some share prices have remained unchanged, others have gone up or down.

52 Week High/Low: The columns highlight the extent to which share prices can fluctuate within a year.

Yield: The ratio of annual profit (after tax and fixed interest and/or fixed dividend payments) to total equity capital (at the current market value = market capitalization)

P/E (price–earnings ratio): Market price of share divided by earnings per share for the previous year.

Mkt Cap (market capitalization): Total market value of a company's capital (number of shares issued multiplied by the market price of a share)

Note: These ratios are not percentage figures!

offer price n ['ɒfə praɪs]
ICI shares were traded today at an offer price of 235.
→ **asked price**

Briefkurs
ICI Aktien wurden heute zu einem Briefkurs von 235 gehandelt.

price-dividend ratio n [ˌpraɪs 'dɪvɪdend ˌreɪʃiəʊ]
A low price-dividend ratio does not always indicate a good investment.

Preis-Dividenden-Rate
Eine niedrige Preis-Dividenden-Rate bedeutet nicht immer eine gute Investition.

price-earnings ratio n [ˌpraɪs 'ɜːnɪŋz ˌreɪʃiəʊ]
The price-earnings ratio is generally regarded as a good indicator of a company's situation.

Kurs-Gewinn-Verhältnis (KGV)
Das KGV gilt allgemein als guter Indikator für den Zustand einer Gesellschaft.

application for quotation n GB [æplɪˌkeɪʃn fə kwəʊ'teɪʃn]
A prospective public limited company must submit its application for quotation to the relevant stock exchange committee.
→ **listing application**

Börsenzulassungsantrag
Eine künftige Aktiengesellschaft muss bei der entsprechenden Börsenabteilung einen Börsenzulassungsantrag einreichen.

listing application n US [ˌlɪstɪŋ ˌæplɪ'keɪʃn]
Every future open corporation must submit its listing application to the stock exchange.
→ **application for quotation**

Börsenzulassungsantrag
Jede zukünftige Aktiengesellschaft muss der Börse einen Börsenzulassungsantrag vorlegen.

listed company n [ˌlɪstɪd 'kʌmpəni]
Our company has been a listed company for more than a hundred years.
→ **public limited company, quoted company**

börsennotierte Gesellschaft, Aktiengesellschaft
Unsere Gesellschaft ist seit über hundert Jahren eine börsennotierte Gesellschaft.

quoted company n [ˌkwəʊtɪd 'kʌmpəni]
Once a company has been admitted to the official list it is a quoted company.
→ **public limited company, listed company**

börsennotierte Gesellschaft, Aktiengesellschaft
Wenn eine Gesellschaft in das amtliche Kursblatt aufgenommen ist, ist sie ein börsennotiertes Unternehmen.

authorized share capital n [ˌɔːθəraɪzd 'ʃeə ˌkæpɪtl]
Even after this new scrip issue, our issued share capital will be well below our authorized share capital.
→ **authorized capital, registered capital**

genehmigtes Grundkapital, Nominalkapital
Selbst nach dieser Emission von Gratisaktien wird unser begebenes Grundkapital noch weit unter unserem genehmigten Grundkapital liegen.

registered capital n [ˌredʒɪstəd 'kæpɪtl]
Registered capital is recorded in the articles of association.
→ **authorized capital, authorized share capital**

genehmigtes Kapital
Das genehmigte Kapital ist in der Gesellschaftssatzung festgehalten.

issued share capital n [ˌɪʃuːd 'ʃeə 'kæpɪtl]
The issued share capital must never exceed the authorized share capital.

begebenes Stammkapital, emittiertes Grundkapital
Das begebene Stammkapital darf nie höher sein als das genehmigte Grundkapital.

stock market valuation n [ˌstɒk ˌmɑːkɪt ˌvæljuˈeɪʃn]
A company's stock market valuation is the product of its shares' current market price and the number of shares issued.

called-up capital n [ˈkɔːldʌp ˌkæpɪtl]
The issue of A&B shares was only partly successful because the called-up capital amounted to only 50 per cent of the total share capital.

share register n [ˈʃeə r ˌredʒɪstə]
Since we sold all our shares our name has been struck off the share register.
→ register of shareholders, register of members, transfer book, transfer register

register of members n GB [ˌredʒɪstər əv ˈmembəz]
Every shareholder's name is entered into the register of members.
→ share register, register of shareholders, transfer book, transfer register

register of shareholders n GB [ˌredʒɪstər əv ˈʃeəhəʊldəz]
The names of all shareholders are in the register of shareholders.
→ share register, register of members, transfer book, transfer register

transfer book n [ˈtrænsfɜː bʊk]
The transfer book is closed before the general meeting.
→ share register, register of members, register of shareholders, transfer register

transfer register n [ˈtrænsfɜː ˌredʒɪstə]
Company shares must not be traded at the general meeting. Therefore the transfer register is closed until after the general meeting.
→ share register, register of members, register of shareholders, transfer book

(stock) transfer form n [ˌstɒk ˈtrænsfə fɔːm]
If you sell stocks, your broker will fill out the stock transfer form for you to sign.

Financial Times Stock Exchange 100 Share Index n GB [faɪˌnænʃl ˈtaɪmz ˈstɒk ɪksˌtʃeɪndʒ wʌn ˌhʌndrəd ˌʃeər ˈɪndeks]
While the Nikkei Index dropped slightly yesterday, the FT-SE 100 remained stable.
→ Footsie, FT-SE 100

Börsenwert

Der Börsenwert einer Gesellschaft ist das Produkt aus dem gegenwärtigen Kurs ihrer Aktien und der Zahl der ausgegebenen Aktien.

aufgerufenes Kapital
Die Emission von A&B-Aktien war nur ein Teilerfolg, weil das aufgerufene Kapital nur 50 Prozent des gesamten Aktienkapitals ausmachte.

Aktienbuch
Da wir alle unsere Aktien verkauft haben, wurde unser Name im Aktienbuch gelöscht.

Aktienbuch

Alle Aktionäre sind im Aktienbuch eingetragen.

Aktienbuch

Die Namen aller Aktionäre stehen im Aktienbuch.

Aktienbuch
Vor der Hauptversammlung wird das Aktienbuch geschlossen.

Aktienbuch
Während der Hauptversammlung dürfen keine Aktien der Gesellschaft gehandelt werden. Darum bleibt das Aktienbuch bis nach der Hauptversammlung geschlossen.

Aktienübertragungsformular

Wenn Sie Aktien verkaufen, wird Ihr Makler das Aktienübertragungsformular für Sie zur Unterschrift vorbereiten.

Aktienindex (enthält Aktienwerte der 100 größten britischen AGs)

Während der Nikkei gestern leicht fiel, blieb der FT-SE-100 stabil.

Footsie n GB ['fʊtsi]

As a result of the country's satisfactory performance, the Footsie has reached an all-time high.

→ Financial Times Stock Exchange 100 Share Index, FT-SE 100

Aktienindex (enthält Aktienwerte der 100 größten britischen AGs)

Als Ergebnis der befriedigenden Wirtschaftsleistung des Landes hat der britische Aktienindex eine Rekordhöhe erreicht.

FT-SE 100 Index n GB ['fʊtsi wʌn ˌhʌndrəd 'ɪndeks]

The FT-SE 100 Index is usually called the Footsie.

→ Financial Times Stock Exchange 100 Share Index, Footsie

Aktienindex (enthält Aktienwerte der 100 größten britischen AGs)

Der FT-SE 100 Index wird normalerweise „Footsie" genannt.

Thirty Share Index n GB [ˌθɜːti ʃeər 'ɪndeks]

Yesterday, the LSE recorded a seven point fall in the Thirty Share Index from 2859 to 2852.

Index dreißig ausgewählter Aktien

Gestern fiel an der Londoner Wertpapierbörse der „Thirty Share Index" um sieben Punkte von 2859 auf 2852.

Dow Jones (Industrial Average) n [ˌdaʊ ˌdʒəʊnz ɪnˌdʌstriəl 'æverɪdʒ]

The Dow Jones, which covers 30 leading industrial companies quoted on the New York Stock Exchange, was established by two editors of The Wall Street Journal.

Dow Jones (Aktienindex) (amerikanischer Aktienindex)

Der Dow Jones, der 30 führende an der New Yorker Börse notierte Industrieunternehmen berücksichtigt, wurde von zwei Herausgebern des Wall Street Journal begründet.

Nikkei Index n ['nɪkeɪ ˌɪndeks]

The Nikkei Index records the movements of shares on the stock exchange in Tokyo.

Nikkei Index (japanischer Aktienindex)

Der Nikkei Index registriert die Aktienkursbewegungen an der Börse von Tokio.

International Stock Exchange n [ˌɪntəˌnæʃnəl 'stɒk ɪkstʃeɪndʒ]
ISE [ˌaɪ es 'iː]

The International Stock Exchange is situated in London.

→ London Stock Exchange

Internationale Wertpapierbörse (in London)

Die Internationale Wertpapierbörse (ISE) befindet sich in London.

London Stock Exchange n [ˌlʌndən 'stɒk ɪkstʃeɪndʒ]
LSE [ˌel es 'iː]

The official name of the London Stock Exchange is International Stock Exchange.

→ International Stock Exchange

Londoner Wertpapierbörse

Der offizielle Name der Londoner Wertpapierbörse (LSE) ist Internationale Wertpapierbörse (ISE).

American Stock Exchange n US [əˌmerɪkən 'stɒk ɪkstʃeɪndʒ]
AMEX ['eɪmeks]

The official name of the stock exchange on Wall Street is 'American Stock Exchange'.

amerikanische Wertpapierbörse

Der offizielle Name der Börse in der Wall Street ist „Amerikanische Wertpapierbörse".

Wall Street n ['wɔːl striːt]

The New York Stock Exchange is usually referred to as Wall Street, the street in which it is located.

Bezeichnung der New Yorker Börse

Die New Yorker Börse wird gewöhnlich nach der Straße, in der sie sich befindet, Wall Street genannt.

Big Bang n [bɪg 'bæŋ]

The Big Bang on 27 October 1986 meant dramatic changes for the London Stock Exchange.

Liberalisierung des britischen Wertpapier- markts

Die Liberalisierung des britischen Wertpapier- markts am 27. Oktober 1986 bedeutete eine dramatische Veränderung für die Londoner Börse.

Black Monday n [ˌblæk 'mʌndeɪ]

In the 1987 crash share prices throughout the world dropped by some ten per cent on Black Monday.

Schwarzer Montag

Bei dem Börsenkrach von 1987 fielen die Aktienkurse am Schwarzen Montag weltweit um ungefähr zehn Prozent.

National Association of Securities Dealers Automated Quotation n US [ˌnæʃnəl əsəʊsiˌeɪʃn əv sɪ'kjʊərətiz ˌdiːləz ˌɔːtəmeɪtɪd kwəʊ'teɪʃən] NASDAQ ['næzdæk]

The introduction of NASDAQ led to a considerable speeding up of transactions.

EDV-gestütztes Kursnotierungssystem

Die Einführung des EDV-gestützten Kursno- tierungssystems hatte eine beträchtliche Be- schleunigung der Transaktionen zur Folge.

Teletext Output of Price Information by Computer n GB [ˌtelitekst ˌaʊtpʊt əv 'praɪs ɪnfəmeɪʃn baɪ kəmpjuːtə] TOPIC ['tɒpɪk]

TOPIC helps potential buyers to monitor shares prices on their TV screens.

computergesteuertes Teletext- Informationssystem der Börse

TOPIC ermöglicht potenziellen Käufern die Verfolgung der Kursentwicklung von Aktien auf ihrem Fernsehbildschirm.

Transfer Accounting Lodgement for Investors and Stock Management n GB [ˌtrænsfɜːr əˌkaʊntɪŋ ˌlɒdʒmənt fər ɪnˌvestəz ənd 'stɒk mænɪdʒmənt] TALISMAN ['tælɪzmən]

Today, securities are traded more quickly through the TALISMAN System in London.

computergesteuertes System zum Kauf und Verkauf von Wertpapieren

Heute werden Wertpapiere in London mit Hilfe des TALISMAN-Systems schneller gehandelt.

Transfer of Automated Registration of Uncertified Stock n GB [ˌtrænsfɜː əv ˌɔːtəmeɪtɪd ˌredʒɪ'streɪʃn əv ʌnsɜːtɪfaɪd stɒk] TAURUS ['tɔːrəs]

The introduction of TAURUS at the London Stock Exchange led to a considerable speeding up of transactions.

EDV-gestütztes Kursnotierungssystem

Die Einführung des EDV-gestützten Kursno- tierungssystems an der Londoner Börse hatte eine beträchtliche Beschleunigung der Trans- aktionen zur Folge.

Commodities and futures

commodity n [kə'mɒdəti]
South Africa used to be a commodity economy.

Rohstoff, Ware
Südafrika war früher eine auf Rohstoffen basierende Volkswirtschaft.

commodity futures n pl [kə'mɒdəti 'fjuːtʃəz]
Commodity futures are agreements to buy or sell a certain amount of a commodity at a future date and at a fixed price.

Warentermingeschäfte

Warentermingeschäfte sind Vereinbarungen, bestimmte Mengen einer Ware zu einem künftigen Termin und zu einem festgesetzten Preis zu kaufen oder zu verkaufen.

commodity exchange n [kə'mɒdəti ɪksˌtʃeɪndʒ]
The two commodity exchanges in Chicago deal in commodities like grain, cattle, hogs and pork bellies.
→ commodity market

Warenbörse, Produktenbörse, Rohstoffbörse

Die beiden Warenbörsen in Chicago handeln mit Korn bzw. mit Vieh, Schweinen und Schweinebäuchen.

Commodity Exchange n [kə'mɒdəti ɪksˌtʃeɪndʒ]
COMEX ['kəʊmeks]
The American Commodity Exchange (COMEX) is located in New York.

Warenbörse

Die amerikanische Warenbörse (COMEX) befindet sich in New York.

commodity market n [kə'mɒdəti ˌmɑːkɪt]
The Baltic Exchange in London is one of the world's major commodity markets.
→ commodity exchange

Warenbörse, Produktenbörse

Londons „Baltic Exchange" ist eine der großen Warenbörsen der Welt.

futures n pl ['fjuːtʃəz]
We've decided to buy futures so that if prices rise, we'll be able to sell them at a profit.

Terminwaren, Termingeschäfte
Wir haben uns entschieden, Terminwaren zu kaufen, sodass wir sie gewinnbringend verkaufen können, wenn die Preise steigen.

futures exchange n ['fjuːtʃəz ɪks'tʃeɪndʒ]
Futures are traded on the futures exchange.
→ futures market

Terminbörse

Terminwaren werden an der Terminbörse gehandelt.

futures market n ['fjuːtʃəz ˌmɑːkɪt]
After the Kobe earthquake the futures market in Japanese securities collapsed.
→ futures exchange

Terminmarkt, Terminbörse
Nach dem Erdbeben in Kobe brach der Terminmarkt für japanische Wertpapiere zusammen.

futures contract n ['fjuːtʃəz ˌkɒntrækt]
The commodity broker bought a futures contract for crude oil on behalf of his client.

Terminkontrakt
Im Auftrag seines Kunden kaufte der Rohstoffmakler einen Terminkontrakt für Rohöl.

futures deal n ['fjuːtʃəz ˌdiːl]
Futures deals often involve lively speculation.

Termingeschäft
Mit Termingeschäften wird oft lebhaft spekuliert.

financial futures n pl [faɪˌnænʃl ˈfjuːtʃəz]
Financial futures embrace futures contracts in interest and exchange rates.

Finanztermingeschäfte

Finanztermingeschäfte umfassen Terminkontrakte für Zinssätze und Wechselkursraten.

London International Financial Futures and Options Exchange n GB [ˌlʌndən ɪntəˌnæʃnəl faɪˌnænʃl ˌfjuːtʃəz ənd ˈɒpʃnz ɪksˈtʃeɪndʒ] LIFFE [ˈlɪfi]
On the LIFFE you can speculate with the future prices of securities and currencies.

Internationale Londoner Finanzterminbörse

Bei LIFFE kann man mit dem zukünftigen Wert von Wertpapieren und Währungen spekulieren.

Baltic (Mercantile and Shipping) Exchange n GB [ˌbɔːltɪk ˌmɜːkəntaɪl ənd ˌʃɪpɪŋ ɪksˈtʃeɪndʒ]
Cargo space on tramps can be secured on the Baltic Exchange.

Londoner Schifffahrtsbörse

Laderaum auf Trampschiffen kann man an der Londoner Schifffahrtsbörse buchen.

Baltic International Freight and Futures Exchange n [ˌbɔːltɪk ɪntəˌnæʃnəl ˌfreɪt ənd ˈfjuːtʃəz ɪksˈtʃeɪndʒ] BIFFEX [ˈbɪfeks]
BIFFEX operates out of the Baltic Exchange premises.

Londoner Börse für Warentermingeschäfte

BIFFEX ist im Gebäude der „Baltic Exchange" untergebracht.

freight exchange n [ˈfreɪt ɪksˌtʃeɪndʒ]
Cargo space can be chartered at a freight exchange.
→ freight market

Frachtenbörse
Laderaum kann an einer Frachtenbörse gechartert werden.

freight market n [ˈfreɪt ˌmɑːkɪt]
The Baltic Exchange is, among other things, a freight market.
→ freight exchange

Frachtenbörse
Die Londoner Schifffahrtsbörse ist unter anderem eine Frachtenbörse.

London Metal Exchange n [ˌlʌndən ˈmetl ɪksˈtʃeɪndʒ] LME [el em ˈiː]
Iron futures cannot be bought at the London Metal Exchange, but copper, lead, zinc and tin futures can.

Londoner Metallbörse

Terminkontrakte für Eisen können an der Londoner Metallbörse nicht gekauft werden, wohl aber solche für Kupfer, Blei, Zink und Zinn.

stock-index futures n pl [ˌstɒk ɪndeks ˈfjuːtʃəz]
When buying stock-index futures contracts you agree to buy the index of shares at some future date rather than one individual share.

Aktienindextermingeschäft

Beim Aktienindextermingeschäft kommt man überein, zu einem späteren Zeitpunkt den Aktienindex statt einer Aktie zu kaufen.

unlisted securities market n [ˌʌnlɪstɪd sɪˈkjʊərətiz ˌmɑːkɪt] USM [ˌjuː es ˈem]
If a company's shares are not admitted to the main market, they can still be traded at USM.

Markt für nicht notierte Wertpapiere

Wenn die Aktien einer Gesellschaft nicht an der Börse zugelassen werden, können sie immer noch am Markt für nicht notierte Wertpapiere gehandelt werden.

grey market n ['greɪ ˌmɑːkɪt]
In contrast to the black market, the grey market is a legal market for selling securities in short supply.

hard commodity n [ˌhɑːd kəˈmɒdəti]
In New York, hard commodities such as gold, silver and copper are traded at the commodity exchange.

soft commodity n [ˌsɒft kəˈmɒdəti]
Coffee, cocoa and wheat are typical soft commodities and are traded at commodity exchanges.
→ softs

softs n pl [sɒfts]
Softs opened firm, but closed on a rather weak note.
→ soft commodities

venture capital n ['ventʃə ˌkæpɪtl]
Venture capital is very often invested in futures.

grauer Markt
Im Unterschied zum Schwarzmarkt ist der graue Markt ein legaler Markt zum Handel mit Wertpapieren, an denen Mangel besteht.

metallischer Rohstoff
In New York werden metallische Rohstoffe wie Gold, Silber und Kupfer an der Warenbörse gehandelt.

Lebensmittelrohstoff
Kaffee, Kakao und Weizen sind typische Lebensmittelrohstoffe und werden an Waren-börsen gehandelt.

Lebensmittelrohstoffe
Lebensmittelrohstoffe eröffneten stark, schlossen jedoch recht schwach.

Risikokapital
Risikokapital wird sehr häufig in Terminge-schäfte investiert.

Securities

securities n pl [sɪkˈjʊərətiz]
Securities are traded by securities dealers.

securities exchange n US [sɪˌkjʊərətiz ɪksˈtʃeɪndʒ]
AMEX is a major securities exchange.

securities dealer n [sɪˈkjʊərətiz ˌdiːlə]
The mood among securities dealers was rather pessimistic.

share n ['ʃeə]
A share is a dividend-bearing security.
→ stock

stock n US [stɒk]
On Wall Street, the market in stocks opened in a bullish mood and the Dow Jones jumped 100 points in two hours.
→ share

A share n ['eɪ ʃeə]
Holders of A shares are holders of ordinary shares without a voting right.

blue chip n ['bluː ˌtʃɪp]
Blue chips may be very expensive but they are certainly low-risk securities.
→ blue chip security

Wertpapiere, Effekten
Wertpapiere werden von Wertpapierhändlern gehandelt.

Wertpapierbörse

Die amerikanische AMEX ist eine wichtige Wertpapierbörse.

Effektenhändler(in), Wertpapierhändler(in)
Die Stimmung unter Effektenhändlern war ziemlich pessimistisch.

Aktie
Eine Aktie ist ein dividendenberechtigtes Wertpapier.

Aktie
Der Aktienmarkt an der Wall Street eröffnete optimistisch, und der Dow Jones stieg in zwei Stunden um 100 Punkte.

A-Aktie
Besitzer von A-Aktien sind Stammaktionäre ohne Stimmrecht.

Spitzenpapier, Spitzenwert
Spitzenpapiere sind zwar teuer, aber sie sind sicher wenig riskante Wertpapiere.

blue chip security n ['blu: ˌtʃɪp sɪˌkjʊərəti]
Blue chip securities are always traded at very high prices.
→ **blue chip**

common stock n US [ˌkɒmən 'stɒk]
Holders of common stock are entitled to vote at the AGM.
→ **ordinary share, equity (share)**

equity (share) n GB ['ekwəti ˌʃeə]
Playing the stock market and investing in equity shares carries a fairly high risk.
→ **common stock, ordinary share**

ordinary share n ['ɔ:dnri ˌʃeə]
Anybody holding an ordinary share is entitled to a proportion of the company's net profits.
→ **common stock, equity (share)**

deferred ordinary share n [dɪˌfɜ:d ˌɔ:dnri 'ʃeə]
Company directors usually hold deferred ordinary shares, i.e. their claims to a dividend are satisfied after those of the other shareholders.

listed share n [ˌlɪstɪd 'ʃeə]
The London Stock Exchange only deals in listed shares and other listed securities.
→ **quoted share**

quoted share n [ˌkwəʊtɪd 'ʃeə]
Once a company's shares are admitted to an official stock exchange list they are called quoted shares.
→ **listed share**

penny share n ['peni ˌʃeə]
Penny shares often have a very low market price.

preference share n GB ['prefrəns ˌʃeə]
Claims to a dividend by holders of preference shares are satisfied first.
→ **preferred stock**

preferred stock n [prɪˌfɜ:d 'stɒk]
Holders of preferred stock may attend a general meeting but at best they have limited voting rights.
→ **preference share**

participating preferred stock n [pɑ:ˌtɪsɪpeɪtɪŋ prɪˌfɜ:d 'stɒk]
Holders of participating preferred stock receive regular dividends plus a share in whatever earnings are remaining.

Spitzenpapier, Spitzenwert
Spitzenpapiere werden immer zu sehr hohen Kursen gehandelt.

Stammaktie(n)
Stammaktien beinhalten das Stimmrecht bei der Hauptversammlung einer Gesellschaft.

Stammaktie
An der Börse zu spekulieren und Geld in Stammaktien anzulegen, bringt ein ziemlich hohes Risiko mit sich.

Stammaktie
Jeder Besitzer einer Stammaktie hat ein Anrecht auf einen Anteil des Nettogewinns der Firma.

Nachzugsaktie

Vorstandsmitglieder einer Gesellschaft halten üblicherweise Nachzugsaktien, d. h. ihre Dividendenansprüche werden erst nach denen der anderen Aktionäre befriedigt.

börsennotierte Aktie, amtlich notierte Aktie
Die Londoner Börse handelt nur börsennotierte Aktien und andere börsennotierte Wertpapiere.

börsennotierte Aktie, amtlich notierte Aktie
Wenn die Aktien einer Gesellschaft in die offizielle Liste einer Börse aufgenommen worden sind, heißen sie börsennotierte Aktien.

Kleinaktie
Kleinaktien haben oft einen sehr geringen Kurswert.

Vorzugsaktie
Die Ansprüche von Vorzugsaktionären auf eine Dividende werden zuerst befriedigt.

Vorzugsaktie(n)
Vorzugsaktionäre dürfen an einer Hauptversammlung teilnehmen, haben aber allenfalls ein eingeschränktes Stimmrecht.

Vorzugsaktie, Aktie mit Gewinnbeteiligung

Besitzer von Vorzugsaktien erhalten neben der regulären Dividende einen Anteil an etwaigen Restgewinnen.

cumulative preferred stock n
[ˌkjuːmjələtɪv prɪˌfɜːd ˈstɒk]
After three years our company has at
last made a profit, so the holders of
cumulative preferred stock can again
expect to receive a dividend for this year.

kumulative Vorzugsaktie(n)

Unsere Gesellschaft schreibt nach drei Jahren
endlich wieder schwarze Zahlen, sodass Aktionäre mit kumulativen Vorzugsaktien für dieses
Jahr wieder eine Dividende erwarten können.

stock split n [ˈstɒk splɪt]
In order to dilute our equity we have
decided to make a stock split.

Aktienteilung, Aktiensplit
Um unser Aktienkapital zu verwässern, haben
wir uns zu einer Aktienteilung entschlossen.

short-dated securities n pl [ˌʃɔːt deɪtɪd
sɪˈkjʊərətiz]
Since we are not sure when we'll need
our capital we have decided to invest it in
short-dated securities.
→ shorts

Kurzläufer, kurzfristige Anleihen

Da wir nicht sicher sind, wann wir unser
Kapital benötigen, haben wir uns entschlossen,
in Kurzläufer zu investieren.

shorts n pl [ʃɔːts]
Shorts have a life of five years at most.
→ short-dated securities

Kurzläufer, kurzfristige Anleihen
Kurzläufer haben eine Laufzeit von höchstens
fünf Jahren.

long-dated securities n pl [ˌlɒŋ deɪtɪd
sɪˈkjʊərətiz]
Long-dated securities are redeemable
after fifteen years at the earliest.
→ longs

Langläufer, langfristige Anleihen

Langläufer sind frühestens nach fünfzehn
Jahren fällig.

longs n pl [lɒŋz]
Since we are not likely to need our
capital over the next fifteen years we
have invested in longs.
→ long-dated securities

Langläufer, langfristige Anleihen
Weil wir unser Kapital wahrscheinlich
frühestens in fünfzehn Jahren benötigen, haben
wir in Langläufer investiert.

medium-dated securities n pl
[ˌmiːdiəm deɪtɪd sɪˈkjʊərətiz]
Medium-dated securities are redeemable
after between five and fifteen years.
→ mediums

**mittelfristige Wertpapiere, mittelfristige
Anleihen**
Mittelfristige Wertpapiere haben Laufzeiten von
fünf bis fünfzehn Jahren.

mediums n pl [ˈmiːdiəmz]

Since he is going to retire in five years he
has invested his money in mediums in
order to top up his old age pension.
→ medium-dated securities

**mittelfristige Wertpapiere, mittelfristige
Anleihen**
Weil er in fünf Jahren in Rente geht, hat er sein
Geld in mittelfristige Anleihen investiert, um
seine Rente aufzubessern.

convertible security n [kənˌvɜːtəbl
sɪˈkjʊərəti]
Convertible securities can be exchanged
for ordinary shares in the issuing
company.
→ convertible bond

Wandelanleihe, wandelbares Wertpapier

Wandelbare Wertpapiere können gegen
Stammaktien der ausgebenden Gesellschaft
eingetauscht werden.

fixed-interest security n [fɪkst ˌɪntrəst
sɪˈkjʊərəti]
Debentures and gilts are fixed-interest
securities.

festverzinsliches Wertpapier

Schuldverschreibungen und öffentliche
Anleihen sind festverzinsliche Wertpapiere.

unlisted security n [ˌʌnlɪstɪd sɪ'kjʊərəti]
Unlisted securities are usually high-risk securities and are only traded on the Unlisted Securities Market.

nicht notiertes Wertpapier, Freiverkehrswert
Nicht notierte Wertpapiere sind gewöhnlich sehr riskant und werden nur im Freiverkehr gehandelt.

listed security n [ˌlɪstɪd sɪ'kjʊərəti]

Once a security is admitted to an official stock exchange list, it is called a listed security.
→ **quoted security**

börsennotiertes Wertpapier, börsengängiges Wertpapier
Wenn ein Wertpapier in die offizielle Liste einer Börse aufgenommen wird, ist es ein börsennotiertes Wertpapier.

quoted security n [ˌkwəʊtɪd sɪ'kjʊərəti]

Every security in an official stock exchange list is a quoted security.
→ **listed security**

börsennotiertes Wertpapier, börsengängiges Wertpapier
Jedes Wertpapier in der Liste der börsenfähigen Aktien einer Börse ist ein börsennotiertes Wertpapier.

undated security n [ˌʌndeɪtɪd sɪ'kjʊərəti]
Undated securites usually constitute a long-term investment.

Wertpapier ohne feste Laufzeit

Wertpapiere ohne feste Laufzeit stellen gewöhnlich eine langfristige Investition dar.

gilt-edged securities n pl GB [ˌgɪlt edʒd sɪ'kjʊərətiz]
Until quite recently, German savings banks were only allowed to invest in gilt-edged securities.
→ **gilts, government stocks**

Staatspapiere, Staatsanleihen

Bis vor kurzem durften deutsche Sparkassen nur in Staatsanleihen investieren.

gilts n pl GB [gɪlts]
In Germany gilts are issued by the federal government, state government and by local authorities.
→ **gilt-edged securities, government stocks**

Staatspapiere, Staatsanleihen
In Deutschland werden Staatspapiere von der Bundesregierung, von Länderregierungen und Kommunalbehörden ausgegeben.

bond n [bɒnd]

If you are interested in fixed-interest securities you can invest in bonds.

Anleihe, Schuldverschreibung, Obligation, Rentenwert
Wenn Sie an festverzinslichen Wertpapieren interessiert sind, können Sie in Anleihepapiere investieren.

convertible bond n [kən,vɜːtəbl 'bɒnd]
The investor was interested in having his convertible bonds exchanged for shares.
→ **convertible security**

Wandelanleihe
Der Investor war daran interessiert, für seine Wandelanleihen Aktien zu erhalten.

collateral bond n [kə,lætərəl 'bɒnd]
Rather than invest in unsecured bonds the management decided to buy collateral bonds.

wertpapiergesicherte Schuldverschreibung
Statt in ungesicherte Anleihen zu investieren entschloss sich die Geschäftsleitung, wertpapiergesicherte Schuldverschreibungen zu kaufen.

corporate bond n US ['kɔːpərət ˌbɒnd]

Issuing corporate bonds is a typical way of raising capital.

Industrieobligation, Industrieschuldverschreibung
Die Ausgabe von Industrieobligationen ist eine typische Methode der Kapitalbeschaffung.

government bond n ['gʌvənmənt ˌbɒnd]
Government bonds are safer than
ordinary debentures because
governments cannot go bankrupt.

Staatsanleihe
Staatsanleihen sind sicherer als gewöhnliche
Schuldverschreibungen, weil Staaten nicht in
Konkurs gehen können.

junk bond n ['dʒʌŋk bɒnd]

If you invest all your capital in junk
bonds, you risk losing everything.

**ungesicherte Schuldverschreibung, hoch
riskante Schuldverschreibung**
Wenn du all dein Kapital in ungesicherte
Schuldverschreibungen investierst, riskierst du
alles zu verlieren.

registered bond n ['redʒɪstəd ˌbɒnd]
A company must keep records of the
names and addresses of holders of
registered bonds.

Namensschuldverschreibung
Eine Gesellschaft muss Namen und Adressen
der Inhaber von Namensschuldverschreibungen
in ihren Geschäftsunterlagen festhalten.

unsecured bond n ['ʌnsɪkjʊəd ˌbɒnd]
In theory, anybody buying unsecured
bonds risks losing everything.

ungesicherte Schuldverschreibung
Theoretisch riskiert jeder, der ungesicherte
Schuldverschreibungen kauft, alles zu verlieren.

Treasury bond n US ['treʒəri ˌbɒnd]
The recently issued 30-year Treasury
bond yields an interest rate of 3.75
percent.

Staatsanleihe, Schatzanleihe
Die soeben emittierte Staatsanleihe mit einer
Laufzeit von dreißig Jahren bringt 3,75 %
Zinsen ein.

eurobond n ['jʊərəʊbɒnd]
Most eurobonds are issued in London.

Euroanleihe
Die meisten Euroanleihen werden in London
emittiert.

Treasury bill n GB ['treʒəri bɪl]
Treasury bills are issued by the Bank of
England, should be repaid within three
months and do not earn interest.

Schatzwechsel
Schatzwechsel werden von der Bank von
England mit einer Laufzeit von drei Monaten
ausgegeben und bringen keine Zinsen ein.

government stocks n pl GB
['gʌvənmənt stɒks]
Government stocks are fixed-interest
securities.
→ gilts, gilt-edged securities

öffentliche Obligationen, Staatsanleihen

Öffentliche Obligationen sind festverzinsliche
Wertpapiere.

debenture n [dɪ'bentʃə]
Large companies in need of finance
often issue debentures.

Schuldverschreibung(en), Obligation(en)
Große Gesellschaften, die Kapital benötigen,
geben oft Schuldverschreibungen aus.

secured debenture n [sɪˌkjʊəd
dɪ'bentʃə]
We have decided to issue secured
debentures by using our company's
assets as security.

gesicherte Schuldverschreibung
Wir haben beschlossen, eine gesicherte
Schuldverschreibung auszugeben, indem wir
unser Gesellschaftsvermögen als Sicherheit
verwenden.

debenture capital n [dɪˌbentʃə 'kæpɪtl]
Rather than issue new shares the
company decided to raise further
debenture capital.
→ debt capital, loan capital

Anleihekapital, Fremdkapital
Statt neue Aktien auszugeben, beschloss die
Gesellschaft, weiteres Anleihekapital
aufzunehmen.

debenture stock n [dɪˌbentʃə 'stɒk]
We have issued debenture stock worth
£150m.
→ loan stock

Schuldverschreibung, Obligation
Wir haben Schuldverschreibungen in Höhe von
150 Millionen Pfund ausgegeben.

loan stock n [ˌləʊn ˈstɒk]
I have decided to invest in interest-bearing securities and have bought loan stock.
→ **debenture stock**

Anleihen, Obligationen
Ich habe mich für festverzinsliche Wertpapiere entschieden und Anleihen gekauft.

nominal value n *GB* [ˌnɒmɪnl ˈvælju:]
The nominal value of a share can be as low as 50p.
→ **par value**

Nominalwert, Nennwert
Der Nennwert einer Aktie ist in manchen Fällen nicht höher als 50 Pence.

par value n [pɑ: ˈvælju:]
Dividends are paid as a percentage of the share's par value or in pence.
→ **nominal value**

Nominalwert, Nennwert
Dividenden werden als Prozentsatz des Nominalwerts einer Aktie oder in Pence angegeben.

scrip n [skrɪp]
If no share certificate is issued, share ownership can be proved by a scrip.

Bezugsschein, Zwischenschein
Wenn kein Aktienzertifikat ausgestellt wird, dient ein Bezugsschein als Nachweis des Aktienbesitzes.

bonus issue n [ˈbəʊnəs ˌɪʃu:]
The board proposes a bonus issue of one share for every ten already held.

(Ausgabe von) Gratisaktien
Der Vorstand schlägt die Ausgabe von Gratisaktien im Verhältnis 1 zu 10 vor.

capitalization issue n [ˌkæpɪtəlaɪˈzeɪʃn ˌɪʃu:]
The general meeting accepted the board's proposal for a capitalization issue.
→ **scrip issue**

(Ausgabe von) Bezugsrechtsaktien

Die Hauptversammlung stimmte dem Vorschlag des Vorstands für eine Ausgabe von Bezugs-rechtsaktien zu.

scrip issue n [ˈskrɪp ˌɪʃu:]
Our existing shareholders will be offered a scrip issue of one share for every twenty already held.
→ **capitalization issue**

(Ausgabe von) Bezugsrechtsaktien
Wir werden unseren Altaktionären Bezugs-rechtsaktien im Verhältnis 1 zu 20 anbieten.

ex bonus adj [ˌeks ˈbəʊnəs]
We would like you to know that the shares you have instructed us to buy for you are ex bonus.
→ **ex-cap, ex scrip**

ex Gratisaktien, ohne Gratisaktien
Wir möchten Ihnen mitteilen, dass die Aktien, die wir für Sie kaufen sollen, ex Gratisaktien sind.

ex cap adj [ˌeks ˈkæp]
Some investors regard ex cap shares as rather unattractive.
→ **ex bonus, ex scrip**

ex Gratisaktien, ohne Gratisaktien
Einige Investoren halten Aktien ex Gratisaktien für ziemlich unattraktiv.

ex scrip adj [ˌeks ˈskrɪp]
The insurance company disposed of a large part of its holding in ex scrip shares.
→ **ex bonus, ex cap**

ex Gratisaktien, ohne Gratisaktien
Die Versicherungsgesellschaft veräußerte einen großen Teil ihres Bestandes an Aktien ex Gratisaktien.

nominal yield n [ˌnɒmɪnl ˈji:ld]
Our company's debentures usually have a nominal yield of between 6 and 7 %.

(Ertrag aus der) Nominalverzinsung
Die Anleihen unserer Gesellschaft haben üblich-erweise eine Nominalverzinsung von 6 bis 7 %.

dividend n ['dɪvɪdend]
In the USA dividends are paid up to
four times a year.

cum dividend adj *GB* [kʌm 'dɪvɪdend]
Since you have purchased a cum
dividend share you have a claim on the
next dividend.
→ **dividend on**

dividend warrant n ['dɪvɪdend ˌwɒrənt]
Your dividend warrant usually reaches
you in the form of a crossed cheque.

dividend-on adj *US* [ˌdɪvɪdend 'ɒn]
Investors are only interested in dividend-
on stock.
→ **cum dividend**

ex dividend adj *GB* [ˌeks 'dɪvɪdend]
If you buy an ex dividend share you are
not entitled to receive a dividend.
→ **dividend off**

dividend-off adj *US* [ˌdɪvɪdend 'ɒf]
It goes without saying that I am not
interested in dividend-off stocks.
→ **ex dividend**

final dividend n [ˌfaɪnl 'dɪvɪdend]
The general meeting declared a final
dividend of 6 pence.

interim dividend n [ˌɪntərɪm 'dɪvɪdend]
Interim dividends are usually paid at the
end of the first half-year.

call option n [ˌkɔːl 'ɒpʃn]
Investors often make a call option
agreement in order to have the right to
buy a commodity at a later date.
→ **call**

traded option n [ˌtreɪdɪd 'ɒpʃn]
There are traded options in a small
number of UK companies.

public issue n [ˌpʌblɪk 'ɪʃuː]
The company invited subscribers for its
new shares by a public issue advertised
in the national newspapers.

issued capital n [ˌɪʃuːd 'kæpɪtl]
The issued capital can never be higher
than the authorized capital.

minority interest n [maɪˌnɒrəti 'ɪntrəst]
We hold a thirty per cent minority
interest in this holding company.
→ **minority holding, minority stake**

Dividende
In den USA werden bis zu vier Mal jährlich
Dividenden ausgezahlt.

mit Dividende
Da Sie eine Aktie mit Dividende erworben
haben, haben Sie Anspruch auf die nächste
Dividende.

Dividendengutschrift
Ihre Dividendengutschrift geht Ihnen gewöhnlich in Form eines Verrechnungschecks zu.

mit Dividende
Investoren sind nur an Aktien mit Dividende
interessiert.

ohne Dividende
Wenn Sie eine Aktie ohne Dividende kaufen,
haben Sie kein Anrecht auf eine Dividende.

ohne Dividende
Es versteht sich von selbst, dass ich nicht an
Aktien ohne Dividende interessiert bin.

Schlussdividende
Die Hauptversammlung beschloss eine
Schlussdividende von 6 Pence.

Zwischendividende, Interimsdividende
Zwischendividenden werden normalerweise zum
Ende der ersten Jahreshälfte gezahlt.

Kaufoption
Investoren schließen oft einen Kaufoptions-
vertrag ab, um zu einem späteren Zeitpunkt das
Recht zum Kauf eines Rohstoffs zu haben.

handelbare Option
Handelbare Optionen gibt es für wenige
britische Gesellschaften.

öffentliche Emission
Die Gesellschaft bot Interessenten ihre neuen
Aktien auf dem Wege einer in der nationalen
Presse annoncierten öffentlichen Emission an.

begebenes Kapital
Das begebene Kapital kann nie höher sein als
das genehmigte Kapital.

Minderheitsbeteiligung
Wir halten eine Minderheitsbeteiligung von
dreißig Prozent an dieser Holdinggesellschaft.

minority holding n [maɪˌnɒrəti ˈhəʊldɪŋ]
Since we have only a minority holding
we are not in a position to influence
company policy.
→ minority interest, minority stake

Minderheitsbeteiligung
Da wir nur eine Minderheitsbeteiligung haben,
sind wir nicht in der Lage, die Unternehmens-
politik dieser Holding zu beeinflussen.

minority stake n [maɪˌnɒrəti ˈsteɪk]
The government used to have a minority
stake in British Telecom.
→ minority holding, minority interest

Minderheitsbeteiligung
Früher hatte die Regierung eine
Minderheitsbeteiligung an British Telecom.

mutual fund n US [ˈmjuːtʃʊəl ˌfʌnd]

Investing in mutual funds reduces the
risk for small investors.
→ unit trust

**offener Investmentfonds, Investmentgesell-
schaft**
Investitionen in offene Investmentfonds senken
das Risiko des Kleinanlegers.

unit trust n GB [ˈjuːnɪt ˈtrʌst]

Unit trust management companies
usually invest in a wide range of shares.
→ mutual fund

**offener Investmentfonds, Investmentgesell-
schaft**
Verwaltungsgesellschaften offener Investmentfonds investieren gewöhnlich in eine ganze
Palette von Aktien.

Trading

trading n [ˈtreɪdɪŋ]
Early trading at the stock exchange was
brisk.

Geschäftstätigkeit, Handel
Die ersten Stunden an der Börse waren von
reger Geschäftstätigkeit gekennzeichnet.

financial market n [faɪˌnænʃl ˈmɑːkɪt]
New York, Tokyo and London are the
world's biggest financial markets.

Finanzmarkt
New York, Tokio und London sind die größten
Finanzmärkte der Welt.

active market n [ˌæktɪv ˈmɑːkɪt]
Chemical shares were traded in an active
market.

lebhafter Markt, lebhafte Börse
Der Markt für Chemieaktien war lebhaft.

after-hours dealing n [ˌɑːftər aʊəz
ˈdiːlɪŋ]
As a result of the demand for our shares,
brisk after-hours dealing is expected.
→ street dealing

**nachbörslicher Handel, Nachbörse(nge-
schäft)**
Als Folge der Nachfrage nach unseren Aktien
wird ein lebhafter nachbörslicher Handel
erwartet.

street dealing n [ˈstriːt ˌdiːlɪŋ]

The broker tried to make up for the
losses he sustained during the session by
active street dealing.
→ after-hours dealing

**Nachbörse(ngeschäft), nachbörslicher
Handel**
Der Makler versuchte, seine Verluste während
der Börsensitzung durch aktives Nachbörsengeschäft wettzumachen.

aftermarket n [ˈɑːftə ˌmɑːkɪt]
As a result of the demand for our shares,
a brisk aftermarket is expected.

Handel mit neu emittierten Wertpapieren
Als Folge der Nachfrage nach unseren Aktien
wird ein lebhafter Handel (mit diesen neu
emittierten Wertpapieren) erwartet.

buyer's market n [ˌbaɪəz ˈmɑːkɪt]
A buyer's market always means low prices because supply is well in excess of demand.
→ **easy market**

Käufermarkt, Markt mit Überangebot
Käufermarkt bedeutet auch immer niedrige Preise, weil die Nachfrage bei großem Angebot gering ist.

cash market n [ˈkæʃ ˌmɑːkɪt]
Cash market prices for commodities are sometimes very high.
→ **spot market**

Spotmarkt, Kassamarkt
Die Kassakurse für Rohstoffe sind manchmal sehr hoch.

easy market n [ˈiːzi ˌmɑːkɪt]
There's been an easy market for government bonds in the last few days.
→ **buyer's market**

Käufermarkt, Markt mit Überangebot
Für Staatsanleihen gibt es seit einigen Tagen einen Käufermarkt.

heavy market n [ˈhevi ˌmɑːkɪt]
We have made heavy losses because we were forced to sell in a heavy market. There were hardly any buyers and prices kept falling.

gedrückter Markt
Wir haben schwere Verluste erlitten, weil wir gezwungen waren, in einem gedrückten Markt zu verkaufen. Es gab kaum Käufer und die Preise gaben nach.

spot market n [ˈspɒt ˌmɑːkɪt]
The severe winter meant that we had to buy oil on the spot market.
→ **cash market**

Spotmarkt, Kassamarkt
Wegen des strengen Winters mussten wir Öl auf dem Spotmarkt kaufen.

advance v [ədˈvɑːns]
After the announcement of the latest labour market figures share prices advanced slightly.

ansteigen, anziehen
Nach Bekanntgabe der jüngsten Arbeitsmarktzahlen stiegen die Aktienpreise leicht an.

bottoming out n [ˌbɒtəmɪŋ ˈaʊt]
Market analysts expect a bottoming out of share price indices.

Erreichen des Tiefstandes
Analysten erwarten, dass die Aktienindizes nicht weiter fallen.

bounce n [baʊns]
There was a 14.5p bounce in our company's shares.

scharfer Anstieg
Die Aktien unserer Gesellschaft machten einen Sprung von 14,5 Pence nach oben.

decline v [dɪˈklaɪn]
Following news of poor first quarter results, our company's share prices declined yesterday.
→ **depreciate**

nachgeben, fallen
Nachdem die schwachen Ergebnisse unserer Gesellschaft im ersten Quartal bekannt wurden, gaben unsere Aktienkurse gestern nach.

drift v [drɪft]
In April aluminium prices in New York drifted.

leicht nachgeben, schwächer notieren
In New York gaben die Aluminiumpreise im April leicht nach.

drop v [drɒp]
Wheat prices at the Baltic Exchange have dropped considerably in recent months.

fallen, nachgeben
Die Weizenpreise an der „Baltic Exchange" sind in den letzten Monaten beträchtlich gefallen.

ease v [iːz]
Equities opened on a strong note but eased later.
→ **edge down**

nachgeben, sich abschwächen, leichter tendieren
Aktien eröffneten stark, gaben aber im Verlauf nach.

edge down v [ˌedʒ 'daʊn]

On Tuesday, German blue chip shares edged down slightly before closing on a stronger note.
→ ease

schwächer tendieren, leicht fallen, nachgeben
Am Dienstag tendierten deutsche Spitzenwerte schwächer, bevor sie sich gegen Börsenschluss wieder erholten.

edge up v [ˌedʒ 'ʌp]
Copper quotations in New York edged up following news of an end to the miners' strike in Peru.

stärker tendieren, leicht steigen
Auf die Nachricht vom Ende des Bergarbeiterstreiks in Peru tendierten die Kupferpreise in New York stärker.

firm v [fɜːm]
Eurobonds have been firming lately.

fester tendieren, anziehen, sich festigen
Euroanleihen tendieren seit einiger Zeit fester.

jump v [dʒʌmp]
As a result of the drought in Africa millet quotations have jumped in the world's commodity exchanges.

in die Höhe schnellen, sprunghaft steigen
Wegen der Dürre in Afrika sind die Hirsepreise an den Warenbörsen der Welt in die Höhe geschnellt.

nosedive v ['nəʊzdaɪv]
After a series of accidents quotations of German chemical companies nosedived.
→ plummet

kräftig fallen
Nach einer Reihe von Unfällen haben die Notierungen deutscher Chemieunternehmen einen Kurssturz erlebt.

plummet v ['plʌmɪt]
As a result of the Gulf War share prices were expected to plummet.
→ nosedive

kräftig fallen
Als Folge des Golfkrieges wurde ein kräftiger Sturz der Aktienkurse erwartet.

rally v ['ræli]
On news of a bullish tendency in New York, quotations at the London Stock Exchange rallied considerably.

sich erholen, anziehen
Auf die Nachricht von einer optimistischen Tendenz in New York hin, erholten sich die Notierungen an der Londoner Börse erheblich.

rally n ['ræli]
News of the new chief executive's appointment led to an immediate rally in the company's share prices.

Erholung, Preisaufschwung
Die Nachricht von der Ernennung des neuen Vorstandsvorsitzenden führte zu einer sofortigen Erholung der Aktienkurse der Gesellschaft.

rocket v ['rɒkɪt]
After the presidential elections American share prices rocketed.
→ shoot up, soar, surge

kräftig steigen, hochschnellen
Nach der Präsidentschaftswahl stiegen die amerikanischen Aktienkurse kräftig an.

shoot up v [ˌʃuːt 'ʌp]
Share prices have shot up since the company's successful takeover.
→ rocket, soar, surge

in die Höhe schießen, kräftig steigen
Seit der erfolgreichen Übernahme der Firma sind die Aktienpreise in die Höhe geschossen.

slide v [slaɪd]
Commodity prices on the commodity exchanges have been sliding over the past few weeks.

(ab)rutschen, (ab)sacken, nachgeben
An den Warenbörsen rutschen seit einigen Wochen die Preise.

slump v [slʌmp]
After the Kobe earthquake Japanese equities slumped dramatically.

dramatisch sinken, stark zurückgehen
Nach dem Erdbeben in Kobe sind die Stammaktien japanischer Unternehmen stark gesunken.

soar v [sɔː]
The company's good prospects are reflected in soaring share prices.
→ **rocket, shoot up, surge**

steil ansteigen, hochschnellen
Die guten Aussichten des Unternehmens spiegeln sich in steil ansteigenden Aktienkursen wider.

soften v ['sɒfn]
Quotations of soft commodities at COMEX are expected to soften further.

sich abschwächen, nachgeben
Man erwartet, dass sich die Notierungen für Lebensmittelrohstoffe an der New Yorker Warenbörse weiter abschwächen.

spurt v [spɜːt]
Without any obvious reason, the price of cotton futures spurted last week.

sprunghaft steigen, plötzlich steigen
Ohne ersichtlichen Grund stiegen die Preise für Baumwolltermingeschäfte in der letzten Woche sprunghaft an.

surge v [sɜːdʒ]
Company shares have surged since the appointment of a new chairman.
→ **rocket, soar, shoot up**

steil ansteigen, hochschnellen
Seit der Ernennung des neuen Aufsichtsratsvorsitzenden sind die Aktien steil angestiegen.

tumble v ['tʌmbl]
The company's poor results over the past two years are going to send its share prices tumbling.

stark fallen, purzeln
Das schlechte Ergebnis der Gesellschaft in den vergangenen zwei Jahren wird ihre Aktienkurse stark fallen lassen.

weaken v ['wiːkən]
After a short recovery the Dow Jones has weakened again.

sich abschwächen, zurückgehen
Nach einer kurzen Erholung hat sich der Dow Jones wieder abgeschwächt.

after-hours price n [ˌɑːftər aʊəz 'praɪs]
Unfortunately we had to sell your shares at a low after-hours price.
→ **street price**

nachbörslicher Kurs, nachbörslicher Preis
Leider mussten wir Ihre Aktien zu einem niedrigen nachbörslichen Kurs verkaufen.

street price n ['striːt praɪs]
The street price of A&B shares continued the downward trend of the day.
→ **after-hours price**

nachbörslicher Kurs, nachbörslicher Preis
Der nachbörsliche Kurs der A&B-Aktien setzte den negativen Trend des Tages fort.

option money n ['ɒpʃn ˌmʌni]
If you wish to purchase options, you'll have to pay option money.

Optionspreis
Wenn Sie Optionen erwerben wollen, müssen Sie den Optionspreis zahlen.

portfolio n [pɔːt'fəʊliəʊ]
We've purchased some more blue chips in order to increase our portfolio.

Portefeuille, Wertpapierbestand, Depot
Wir haben einige weitere Spitzenwerte erworben, um unser Portefeuille zu erweitern.

official list n [əˌfɪʃl 'lɪst]

If you wish to reduce the risk in speculating in securities, you should restrict your dealing to securities on the official list.

Liste der börsenfähigen Wertpapiere, amtliches Kursblatt
Wenn Sie Ihr Risiko beim Spekulieren mit Wertpapieren verringern wollen, sollten Sie sich auf das Handeln mit Wertpapieren beschränken, die in der Liste der börsenfähigen Wertpapiere aufgeführt sind.

disinvest v [ˌdɪsɪn'vest]
The recession has caused many companies to disinvest.

Anlagekapital zurückziehen, desinvestieren
Wegen der Rezession haben viele Gesellschaften ihr Anlagekapital zurückgezogen.

disinvestment n [ˌdɪsɪn'vestmənt]
Disinvestment is a means of obtaining cash.

open position n [ˌəʊpən pə'zɪʃn]
If Jones & Myers brokers cannot find buyers for its huge supplies of copper very soon, their open position will cause them to suffer tremendous losses.

option n ['ɒpʃn]
We have advised our brokers to buy options in commodity futures.

maturity n [mə'tʃʊərəti]
What's the maturity date of this debenture?
→ redemption date

redeem v [rɪ'diːm]
Government bonds can, as a rule, be redeemed after ten years.

redemption n [rɪ'dempʃn]
There is an interest penalty for early redemption.

redemption date n [rɪ'dempʃn deɪt]
When is the redemption date on this government bond?
→ maturity

redemption yield n [rɪ'dempʃn jiːld]
The redemption yield on government bonds tends to be low, but they are very safe.

yield gap n ['jiːld gæp]
The yield gap between the yield on shares and gilts has changed dramatically in recent weeks.

letter of allotment n [ˌletə r əv ə'lɒtmənt]
We are expecting the letter of allotment any day now because we need to know how much money to put up.

letter of regret n [ˌletə r əv rɪ'gret]

British Telecom had to send thousands of letters of regret to applicants for shares because the flotation was a huge success.

letter of renunciation n [ˌletə r əv rɪˌnʌnsi'eɪʃn]
If you do not wish to buy the shares allotted to you, we would ask you to fill in the letter of renunciation and send it back to us.

Desinvestition, Rückziehen von Anlagekapital
Desinvestition ist ein Mittel zur Beschaffung von Barmitteln.

ungedecktes Engagement
Wenn das Maklerhaus Jones & Myers nicht sehr bald Käufer für seine riesigen Vorräte an Kupfer findet, wird es durch sein ungedecktes Engagement gewaltige Verluste erleiden.

Option, Optionsgeschäft
Wir haben unsere Makler angewiesen, Optionen für Warenterminkontrakte zu kaufen.

Fälligkeit
Was ist das Fälligkeitsdatum dieser Schuldverschreibung?

einlösen, tilgen, ablösen
Staatsanleihen können in der Regel nach zehn Jahren eingelöst werden.

Tilgung, Ablösung, Einlösung
Es gibt Zinsstrafen für vorzeitige Tilgung.

Fälligkeit(sdatum), Tilgungstermin
Wann wird diese Staatsanleihe fällig?

Effektivrendite, Tilgungserlös
Bei Staatsanleihen tendiert die Effektivrendite dazu niedrig zu sein, aber sie sind sehr sicher.

Ertragslücke, Renditegefälle
In den vergangenen Wochen hat sich die Ertragslücke zwischen Aktien und Staatsanleihen dramatisch verändert.

Zuteilungsanzeige

Wir erwarten täglich die Zuteilungsanzeige, weil wir wissen müssen, wie viel Kapital wir aufbringen müssen.

Absagebrief, Mitteilung über Nichtzuteilung von Effekten
British Telecom musste Tausende von Absagebriefen an Aktienzeichner senden, weil der Börsengang ein riesiger Erfolg war.

Abtretungserklärung, Abtretung von Bezugsrechten
Wenn Sie die Ihnen zugeteilten Aktien nicht erwerben wollen, möchten wir Sie bitten, die Abtretungserklärung auszufüllen und uns zurückzusenden.

market letter n [ˌmɑːkɪt ˈletə]
One of the most expensive market letters in the USA is the Value Line Investment Survey, which is published weekly.

Börsenbericht, Marktbericht
Einer der teuersten Börsenberichte in den USA ist der wöchentlich erscheinende Value Line Investment Survey.

market indicator n [ˌmɑːkɪt ˈɪndɪkeɪtə]

All the market indicators point to a sustained recovery.

Marktindikator, Marktbarometer, Börsenbarometer,
Alle Marktindikatoren deuten auf eine nachhaltige Erholung hin.

holding n [ˈhəʊldɪŋ]
The company founder's family still has a thirty per cent holding.

(Aktien-)Besitz, Beteiligung
Die Familie des Gründers der Gesellschaft hält noch dreißig Prozent der Anteile.

company prospectus n [ˈkʌmpəni prəˌspektəs]
One of the documents to be submitted to the quotations department of the stock exchange is the company prospectus.
→ prospectus

Emissionsprospekt, Börsenprospekt

Zu den Dokumenten, die der Börsenzulassungsabteilung vorgelegt werden müssen, gehört der Emissionsprospekt.

prospectus n [prəˈspektəs]
Every new issue of shares is accompanied by a prospectus.
→ company prospectus

Emissionsprospekt, Börsenprospekt
Zu jeder neuen Aktienemission gehört ein Emissionsprospekt.

transfer agent n [ˈtrænsfɜː ˌeɪdʒənt]
The transfer agent keeps a record of all the changes in stock ownership.

Umschreibestelle
Die Umschreibestelle dokumentiert alle Veränderungen des Aktienbesitzes.

spread n [spred]
The difference between the spot price of a commodity and its futures price is the spread of the commodity.

Kursspanne, Kursdifferenz
Der Unterschied zwischen dem Kassakurs und dem Terminkurs einer Ware ist die Kursspanne der Ware.

unit trust n GB [ˈjuːnɪt ˌtrʌst]
Unit trusts are a low-risk form of investment since a unit consists of a wide range of shares and consequently the risk is spread.
→ mutual fund

offener Investmentfonds
Offene Investmentfonds sind eine Investitionsform mit niedrigem Risiko, weil eine Einheit aus einer breiten Streuung von Aktien besteht und daher das Risiko ebenfalls gestreut ist.

trust fund n [ˈtrʌst fʌnd]

The proceeds from the auction will be placed in a trust fund.

Treuhandfonds, treuhänderisch verwalteter Fonds
Der Versteigerungserlös wird in einen Treuhandfonds eingezahlt.

eurodollar n [ˈjʊərəʊdɒlə]
Eurodollars are dollars kept in European banks to help finance trade and commerce.

Eurodollar
Bei Eurodollars handelt es sich um Dollars, die in europäischen Banken verwahrt werden, um Handel und Wirtschaft zu finanzieren.

Securities and Investment Board n
GB [sɪˌkjʊərətiz ənd ɪnˈvestmənt bɔːd]
SIB [ˌes aɪ ˈbiː]
One of the functions of the Securities and Investments Board in Great Britain is to protect small investors.

Börsenaufsichtsbehörde

Eine der Aufgaben der Börsenaufsichtsbehörde in Großbritannien ist der Schutz der Kleininvestoren.

Securities and Exchange Commission n *US* [sɪˌkjʊərətiz ənd ɪksˈtʃeɪndʒ kəˌmɪʃn]
SEC [ˌes iː ˈsiː]
In contrast to the British SIB, the American Securities and Exchange Commission (SEC) has more statutory powers.

Börsenaufsichtsbehörde

Im Vergleich zur britischen Börsenaufsichtsbehörde hat die amerikanische Börsenaufsichtsbehörde mehr gesetzliche Vollmachten.

Financial Intermediaries, Managers and Brokers Regulatory Association n [faɪˌnænʃl ɪntəˌmiːdiəriz ˌmænɪdʒəz ən ˌbrəʊkəz ˌregjələtəri əˌsəʊsiˈeɪʃn]
FIMBRA [ˌfɪmbrə]
The longhand version of FIMBRA is Financial Intermediaries, Managers and Brokers Regulatory Association.

Aufsichtsvereinigung für Finanzmakler, Finanzverwalter und Makler

Ausgeschrieben heißt FIMBRA (auf Deutsch) „Aufsichtsvereinigung für Finanzmakler, Finanzverwalter und Makler."

Jobs and activities

official broker n [əˌfɪʃl ˈbrəʊkə]
If you wish to buy shares, you should contact an official broker.

amtlicher Börsenmakler
Wenn Sie Aktien erwerben möchten, sollten Sie sich an einen amtlichen Börsenmakler wenden.

banker n [ˈbæŋkə]
A banker is, for example, the owner, director or manager of a bank.

Bankier, Banker
Ein Bankier ist z. B. der Besitzer, Direktor oder Geschäftsführer einer Bank.

after-hours dealing n [ˌɑːftə r aʊəz ˈdiːlɪŋ]
Blue chips eased during the session but recovered in after-hours dealings.
→ street dealing

Nachbörse(ngeschäft), nachbörslicher Handel
Spitzenwerte tendierten während der Börsensitzung leichter, erholten sich aber im Nachbörsengeschäft.

street dealing n [ˈstriːt ˌdiːlɪŋ]
The broker tried to make up for the losses he sustained during the session by active street dealing.
→ after-hours dealing

Nachbörse(ngeschäft), nachbörslicher Handel
Der Makler versuchte, seine Verluste während der Börsensitzung durch aktives Nachbörsengeschäft wettzumachen.

insider dealing n [ɪnˌsaɪdə ˈdiːlɪŋ]
One of the company's directors was taken to court for insider dealing.

Insidergeschäfte
Einem der Vorstandsmitglieder der Gesellschaft wurde wegen Insidergeschäften der Prozess gemacht.

hedging n [ˈhedʒɪŋ]
If you deal in futures, hedging is essential if you wish to minimize your risk.

Kurssicherung(sgeschäft), Hedging
Kurssicherung ist bei Termingeschäften unerlässlich, wenn Sie Ihr Risiko minimieren wollen.

hedge v [hedʒ]
In order to hedge against rising oil prices in winter, we bought oil at a fixed price in April for delivery in October.

sich absichern
Um uns gegen steigende Ölpreise im Winter abzusichern, kauften wir im April Öl zu einem Festpreis, das im Oktober geliefert wurde.

speculate v ['spekjuleɪt]
If you only buy shares to sell them as soon as possible at as high a price as possible, you speculate.

speculation n [ˌspekju'leɪʃn]
Any investment in shares other than for long-term purposes is speculation.

speculator n ['spekjuleɪtə]
Speculators are only interested in making as much money as possible. They are not really interested in the companies whose shares they buy.

arbitrage n ['ɑːbɪtrɑːʒ]
Arbitrage helped investors to profit from the difference between share prices in Chicago and New York.

arbitrageur n [ˌɑːbɪtrɑː'ʒɜː]
As soon as a takeover bid for Miller plc seemed likely, arbitrageurs tried to drive up the price of Miller shares by encouraging investors to buy, so that they might later sell their own shares at a profit.

averaging n ['ævərɪdʒɪŋ]
Averaging can help maintain the price of a share.

averaging down n [ˌævərɪdʒɪŋ 'daʊn]
Averaging down may reduce the average cost of buying a share but it increases the risk of the investment considerably.

averaging up n [ˌævərɪdʒɪŋ 'ʌp]
By averaging up the investor managed to increase his profit by selling the shares at a later date.

bed-and-breakfasting n GB [ˌbed ən 'brekfəstɪŋ]
I would advise you to reduce your tax liability by bed and breakfasting.

underwrite an issue v [ˌʌndəˌraɪt ən 'ɪʃuː]
Financial institutions such as insurance companies usually underwrite share issues.

institutional investor n [ɪnstɪˌtjuːʃənl ɪn'vestə]
Life insurance companies and pension funds are the main institutional investors.

spekulieren
Wenn man nur Aktien kauft, um sie baldmöglichst zu einem möglichst hohen Preis zu verkaufen, spekuliert man.

Spekulation
Jegliche Investition in Aktien, die nicht langfristig angelegt ist, ist Spekulation.

Spekulant(in)
Spekulanten sind nur daran interessiert, so viel Geld wie möglich zu machen. Sie haben kein wirkliches Interesse an den Gesellschaften, deren Aktien sie kaufen.

Arbitrage
Arbitrage half Investoren, von den unterschiedlichen Aktienkursen in Chicago und New York zu profitieren.

Arbitrageur
Sobald ein Übernahmeangebot für Miller plc möglich erschien, versuchten Arbitrageure, die Preise für Miller-Aktien in die Höhe zu treiben, indem sie Investoren zum Aktienkauf ermunterten, um später ihre eigenen Aktien gewinnbringend abzustoßen.

Aktienkauf zu verschiedenen Kursen
Der Kauf von Aktien zu verschiedenen Kursen kann den Kurs einer Aktie stabil halten.

Aktiennachkauf bei fallenden Kursen
Aktiennachkauf bei fallenden Kursen kann zwar die Durchschnittskosten des Kaufs einer Aktie senken, aber dadurch erhöht sich das Risiko der Investition erheblich.

Aktiennachkauf bei steigenden Kursen
Durch Aktiennachkauf bei steigenden Kursen gelang es dem Investor, seinen Gewinn zu erhöhen, indem er die Aktien zu einem späteren Zeitpunkt verkaufte.

Pensionsgeschäfte

Ich würde Ihnen raten, Ihre Steuerschuld durch Pensionsgeschäfte zu senken.

eine Emission garantieren
Aktienemissionen werden in der Regel von Finanzinstituten wie Versicherungsgesellschaften garantiert.

institutioneller Anleger

Lebensversicherungsgesellschaften und Rentenfonds sind die wichtigsten institutionellen Anleger.

investment analyst n [ɪnˌvestmənt ˈænəlɪst]
Most merchant banks employ a large number of investment analysts.
→ investment consultant

Anlageberater(in), Vermögensberater(in)

Die meisten Handelsbanken beschäftigen eine große Zahl von Anlageberatern.

investment consultant n [ɪnˌvestmənt kənˈsʌltənt]
Investment consultants are expected to be both highly responsible and very honest.
→ investment analyst

Anlageberater(in), Vermögensberater(in)

Von Anlageberatern wird erwartet, dass sie sehr verantwortungsbewusst und ehrlich sind.

agiotage n [ˈædʒətɪdʒ]
As the currency dealer expected the pound to rise, he resorted to agiotage and bought large amounts of sterling to sell them later.

Devisenspekulation, Agiotage
Da der Devisenhändler steigende Pfundkurse erwartete, spekulierte er mit Devisen, indem er große Pfundbeträge kaufte, um sie später wieder zu verkaufen.

allotment n [əˈlɒtmənt]
The pension fund received an allotment of 50,000 shares from the new issue.
→ allotment of shares, allotment of stocks

Zuteilung
Der Rentenfonds erhielt eine Zuteilung von 50.000 Aktien aus der neuen Emission.

allotment of shares n GB [əˈlɒtmənt əv ˈʃeəz]
Once we have received all the applications we shall make an allotment of shares by random draw.
→ allotment, allotment of stocks

Aktienzuteilung

Nach Eingang aller Anträge werden wir eine Zuteilung der Aktien durch Los vornehmen.

allotment of stocks n US [əˈlɒtmənt əv ˈstɒks]
I'm afraid we are only in a position to grant you an allotment of 50% of the stocks you have subscribed for.
→ allotment, allotment of shares

Aktienzuteilung

Leider sind wir nur in der Lage, Ihnen 50 % der Aktien zuzuteilen, die Sie gezeichnet haben.

buy on margin v [ˌbaɪ ɒn ˈmɑːdʒɪn]
If you do not have enough capital to pay for all the shares you wish to buy, you can still buy them on margin.

auf Einschuss kaufen
Wenn Sie nicht genügend Kapital für alle Aktien haben, die Sie kaufen möchten, können Sie sie immer noch auf Einschuss kaufen.

call n [kɔːl]
The customer informed his broker that he wished to exercise his call.
→ call option

Kaufoption
Der Kunde informierte seinen Makler, dass er seine Kaufoption ausüben wolle.

call option n [ˈkɔːl ˌɒpʃn]
A call option gives you the right to buy a certain amount of a commodity at an agreed price at a later date.
→ call

Kaufoption
Eine Kaufoption gibt Ihnen das Recht, eine gewisse Menge einer Ware zu einem späteren Zeitpunkt zu einem festen Kurs zu kaufen.

margin call n US [ˈmɑːdʒɪn kɔːl]

If you buy stocks on loan and their price falls below a fixed level, you will receive a margin call.

Aufforderung zur Erhöhung der Einschusszahlung, Nachschussforderung
Wenn Sie Aktien auf Einschuss kaufen und deren Kurs unter ein festgesetztes Niveau sinkt, erhalten Sie eine Aufforderung zur Erhöhung der Einschusszahlung.

put n [pʊt]

In order to hedge against excessive losses I have made a put agreement for Japanese securities with my bank.

→ **put option**

Verkaufsoption

Um mich gegen außergewöhnliche Verluste absichern, habe ich mit meiner Bank eine Verkaufsoption für japanische Wertpapiere vereinbart.

put option n [ˌpʊt ˈɒpʃn]

I herewith inform you that I wish to exercise my put option. Please, sell my A&B shares immediately at the agreed price.

→ **put**

Verkaufsoption

Hiermit teile ich Ihnen mit, dass ich meine Verkaufsoption wahrnehmen möchte. Verkaufen Sie bitte umgehend meine A&B-Aktien zu dem vereinbarten Preis.

cash deal n [ˈkæʃ diːl]

We acquired the shares with a cash deal.

Kassageschäft

Wir haben die Aktien durch ein Kassageschäft erworben.

fill or kill order n [ˈfɪl ɔː ˈkɪl ˌɔːdə]

Since the customer gave her broker a fill or kill order and the latter was not able to execute the order, it was cancelled.

Sofortauftrag

Da die Kundin ihrem Makler einen Sofortauftrag erteilt hatte und dieser nicht sogleich ausgeführt werden konnte, wurde der Auftrag storniert.

good-till-cancelled order n [ˌgʊd tɪl ˈkænsld ˌɔːdə]

I gave my broker a good-till-cancelled order as I suspected the futures contract might be difficult and slow to pull off.

Auftrag bis auf Widerruf

Weil ich glaubte, dass der Terminkontraktabschluss schwierig und langwierig sein würde, gab ich meinem Makler einen auf Widerruf gültigen Auftrag.

limit order n [ˈlɪmɪt ɔːdə]

In his first transaction with his new broker the client issued a limit order.

→ **stop order**

Limitorder, Limitauftrag

In seiner ersten Transaktion mit seinem neuen Makler erteilte der Kunde eine Limitorder.

stop order n [ˈstɒp ɔːdə]

The client did not wish to spend more than 155p per share, so she gave her broker a stop order.

→ **limit order**

Limitauftrag, Limitorder

Die Klientin wollte nicht mehr als 155 Pence pro Aktie ausgeben, daher gab sie ihrem Makler einen Limitauftrag.

stop loss order n [ˈstɒp lɒs ˌɔːdə]

In order to avoid further losses, the investor gave his broker a stop loss order in case shares fell by 5%.

Stop-Loss-Order

Für den Fall eines Kursrückgangs um 5 % erteilte der Investor seinem Makler eine Stop-Loss-Order zur Vermeidung weiterer Verluste.

sell short v [sel ˈʃɔːt]

Bears often sell short because they expect prices to fall.

in Blanko verkaufen, ohne Deckung verkaufen, leerverkaufen, fixen

Baissiers verkaufen oft in Blanko, weil sie fallende Kurse erwarten.

odd lot n [ˌɒd ˈlɒt]

The private investor had only enough capital to purchase an odd lot of this blue chip.

weniger als 100 Aktien

Der private Investor hatte nur genug Kapital, um weniger als hundert Stück dieses Spitzenpapiers zu kaufen.

round lot n [ˌraʊnd ˈlɒt]

The insurance company only invested in round lots.

100 Aktien

Die Versicherungsgesellschaft investierte nur in Stückelungen von jeweils 100 Aktien.

time bargain n ['taɪm ˌbɑːgɪn]
Rather than invest in this company's shares immediately, the broker made a time bargain to purchase them in three months.

Termingeschäft
Statt sofort in Aktien dieser Gesellschaft zu investieren, schloss der Makler ein Termingeschäft ab, um sie in drei Monaten zu kaufen.

corporate raider n *US* [ˌkɔːpərət 'reɪdə]
Far too many corporate raiders are only interested in making a killing by asset stripping.
→ **raider**

Firmenaufkäufer, Firmenhai
Viel zu viele Firmenaufkäufer sind nur daran interessiert, durch die Ausschlachtung von Firmen einen Reibach zu machen.

raider n *GB* ['reɪdə]
The raider acquired 22% of the company's shares before making a takeover bid
→ **corporate raider**

Firmenaufkäufer, Firmenhai
Der Firmenaufkäufer kaufte 22 % der Gesellschaftsaktien, bevor er ein Übernahmeangebot machte.

INSURANCE

Taking out insurance

take out insurance v [teɪk ˌaʊt ɪn'ʃʊərəns]
We'd better take out a medical insurance for our trip to South-East Asia.

eine Versicherung abschließen, sich versichern
Für unsere Südostasienreise täten wir gut daran, eine Krankenversicherung abzuschließen.

insurance n [ɪn'ʃʊərəns]
My insurance covers all risks.

Versicherung
Meine Versicherung deckt alle Risiken ab.

(insurance) policy n [ɪn'ʃʊərəns ˌpɒləsi]
An insurance policy is a contract of insurance between the insurer and the insured.

Versicherungspolice
Eine Versicherungspolice ist ein Versicherungsvertrag zwischen dem Versicherungsgeber und dem Versicherungsnehmer.

insurance agent n [ɪn'ʃʊərəns ˌeɪdʒənt]
Insurance agents usually work on a commission basis.

Versicherungsvertreter(in)
Versicherungsvertreter arbeiten gewöhnlich auf Provisionsbasis.

insurance broker n [ɪn'ʃʊərəns ˌbrəʊkə]
Unlike insurance agents, insurance brokers work on their own account and are not beholden to any one insurer.

Versicherungsmakler(in)
Im Gegensatz zu Versicherungsvertretern arbeiten Versicherungsmakler auf eigene Rechnung und sind keinem Versicherungsgeber verpflichtet.

insurance company n [ɪn'ʃʊərəns ˌkʌmpəni]
Private insurance is only offered by insurance companies.

Versicherungsgesellschaft

Privatversicherungen werden nur von Versicherungsgesellschaften angeboten.

mutual insurance company n [ˌmjuːtʃuəl ɪn'ʃʊərəns ˌkʌmpəni]
A mutual insurance company is regarded as operating in the public interest, because it is not a profit-seeking organization.

Versicherungsverein auf Gegenseitigkeit

Ein Versicherungsverein auf Gegenseitigkeit (VVaG) wird als gemeinnützig angesehen, weil er keine auf Gewinnerzielung ausgerichtete Organisation ist.

insurable adj [ɪn'ʃʊərəbl]
At Lloyd's almost any risk is insurable.

versicherungsfähig, versicherbar
Bei Lloyd's kann man fast jedes Risiko versichern.

insurer n [ɪn'ʃʊərə]
Not all risks are underwritten by insurers.

Versicherungsgeber, Versicherer
Nicht alle Risiken werden von Versicherungsgebern versichert.

the insured n [ði ɪn'ʃʊəd]
The insured can only file a claim if he or she has paid at least one premium.

der Versicherungsnehmer
Der Versicherungsnehmer kann nur dann einen Anspruch geltend machen, wenn er bzw. sie zumindest eine Prämie gezahlt hat.

policyholder n ['pɒləsiˌhəʊldə]
Most policyholders pay their premiums by direct debit.

Versicherungsnehmer(in), Versicherte(r)
Die meisten Versicherungsnehmer bezahlen ihre Prämien per Lastschriftverfahren.

renew v [rɪ'njuː]
If you don't cancel your policy, it will be renewed automatically.

verlängern
Falls Sie nicht kündigen, verlängert sich Ihre Versicherungspolice automatisch.

renewal notice n [rɪ'njuːəl ˌnəʊtɪs]
You will receive a renewal notice to
remind you to pay the premium by the
due date.

Verlängerungsbescheid
Sie werden einen Verlängerungsbescheid erhal-
ten, der Sie daran erinnert, die Prämie bis zum
Fälligkeitstag zu zahlen.

cover n GB ['kʌvə]
The insurer provides cover in return for
the premium.
→ coverage

Versicherungsschutz, Deckung
Als Gegenleistung für die Prämie bietet der
Versicherungsgeber Versicherungsschutz.

coverage n US ['kʌvərɪdʒ]
Our policy provides coverage against
theft and fire.
→ cover

Versicherungsschutz, Deckung
Unsere Police deckt Diebstahl- und
Feuerschäden ab.

liability n [ˌlaɪə'bɪləti]
By taking out insurance, you can
transfer liability from yourself to the
insurer.

Haftung, Haftpflicht
Durch den Abschluss einer Versicherung kann
man die Haftung von sich selbst auf den
Versicherer übertragen.

benefit n ['benɪfɪt]
Under this policy, benefits are paid after
the third day of sickness.

(Versicherungs-)Leistung
Nach diesem Versicherungsvertrag werden Leistungen vom vierten Krankheitstag an gezahlt.

claim n [kleɪm]
The lower the number of claims, the
lower the premiums.

Schadensfall, Versicherungsanspruch
Je niedriger die Zahl der Schadensfälle, um so
niedriger die Prämien.

adjust a claim v [ə,dʒʌst ə 'kleɪm]
Insurers will hesitate to adjust a claim if
they suspect fraud.

einen Schaden regulieren
Versicherungsgeber zögern bei der Regulierung
eines Schadens, wenn sie einen Betrugsverdacht
haben.

loss n [lɒs]
People take out insurance to protect
themselves against possible losses.

Schaden, Verlust
Man schließt eine Versicherung ab, um sich
gegen mögliche Schäden zu schützen.

loss adjustment n [ˌlɒs ə'dʒʌstmənt]
Policyholders usually want instant loss
adjustment.

Schadensregulierung, Schadensausgleich
Versicherungsnehmer wollen gewöhnlich eine
sofortige Schadensregulierung.

personal injury n [ˌpɜːsənl 'ɪndʒəri]
Personal injuries sustained by third
parties are not always covered.

Personenschaden, Körperverletzung
Von Dritten erlittene Personenschäden sind
nicht immer abgedeckt.

sustain v [sə'steɪn]
If you sustain a loss which is covered by
your policy, you will have to file a claim.

erleiden
Wenn Sie einen Schaden erleiden, der von Ihrer
Police gedeckt ist, dann müssen Sie einen An-
spruch geltend machen.

excess n ['ekses]
Insurance companies often insist on an
excess in order to prevent bogus claims.

Selbstbeteiligung
Versicherungsgesellschaften bestehen oft auf
einer Selbstbeteiligung, um Scheinansprüche zu
verhindern.

premium n ['priːmiəm]
Insurance premiums are reasonable with
this insurance company.

Prämie
Versicherungsprämien sind bei dieser
Versicherungsgesellschaft nicht allzu hoch.

premium rate n ['priːmiəm reɪt]
Premium rates are calculated according to the number of claims made.

Prämiensatz
Die Prämiensätze werden nach der Anzahl der Schadensfälle berechnet.

index-linked adj ['ɪndeks lɪŋkt]
Insurance premiums are often index-linked, i.e. they rise in line with the retail price index.

indexgebunden, dynamisiert
Versicherungsprämien sind oft indexgebunden, d. h. sie steigen im gleichen Verhältnis wie der Einzelhandelsindex.

due date n [ˌdjuː 'deɪt]
Premiums must be paid by the due date. Otherwise claims may be rejected.

Fälligkeitsdatum
Prämien müssen spätestens bis zum Fälligkeitsdatum gezahlt werden. Sonst werden Ansprüche vielleicht nicht anerkannt.

proposal form n [prə'pəʊzl fɔːm]
The proposal form contained questions concerning the state of the applicant's health.

Antragsformular
Das Antragsformular enthielt Fragen zum Gesundheitszustand des Antragstellers.

proposer n [prə'pəʊzə]
The proposer is obliged by law to furnish particulars of his or her medical history.

Antragsteller(in)
Der Antragsteller ist rechtlich verpflichtet, seine bzw. ihre Krankengeschichte im Einzelnen darzulegen.

exclusion n [ɪk'skluːʒn]

Every policy has certain exclusions of liability.

Leistungsausschluss, Versicherungsbegrenzung, Haftungsausschluss
Jede Versicherungspolice sieht bestimmte Haftungsausschlüsse vor.

peril n ['perəl]
Traditional perils in marine insurance are "pirates, mutinies and restraint of princes".

Risiko, Gefahr
Traditionelle Risiken in der Seeversicherung sind „Piraten, Meuterei und hoheitsrechtliche Eingriffe".

risk n [rɪsk]
In insurance it is vital to spread the risk.

Risiko
Im Versicherungswesen ist es unerlässlich, das Risiko zu streuen.

spread v [spred]
Without the principle of spreading the risk, nuclear power plants couldn't be insured.

streuen, verteilen
Ohne das Prinzip der Risikostreuung könnte man Atomkraftwerke nicht versichern.

actuarial adj [ˌæktʃʊ'eəriəl]
According to our actuarial department, some premiums will have to be raised.

versicherungsmathematisch
Nach Auskunft unserer versicherungsmathematischen Abteilung müssen einige Prämien erhöht werden.

actuary n ['æktʃʊəri]
Every insurance company employs actuaries to work out statistical probabilities.

Versicherungsmathematiker(in)
Jede Versicherungsgesellschaft beschäftigt Versicherungsmathematiker zur Berechnung statistischer Wahrscheinlichkeiten.

member n [ˌmembə]
At present Lloyd's has about 4,000 members
→ name, underwriter

Einzelversicherer, Versicherungsgeber
Gegenwärtig hat Lloyd's etwa 4.000 Einzelversicherer.

member's agent n [ˌmembəz ˈeɪdʒənt]

Quite a few members' agents lost their jobs when their principals were forced out of business.
→ underwriting agent

Versicherungsagent, Agent eines Lloyd's-Konsortiums
Relativ viele Versicherungsagenten wurden arbeitslos, als ihre Auftraggeber in Konkurs gingen.

name n [neɪm]
Being a Lloyd's name used to confer status.
→ member, underwriter

Einzelversicherer, Versicherungsgeber
Früher erhöhte es das gesellschaftliche Ansehen, wenn man Einzelversicherer bei Lloyd's war.

underwriter n [ˈʌndəraɪtə]
Lloyd's underwriters are, as a rule, not personally involved in the day-to-day business of writing insurance.
→ member, name

Einzelversicherer, Versicherungsgeber
Die Einzelversicherer von Lloyd's sind normalerweise nicht persönlich im tagtäglichen Vertragsabschlussgeschäft tätig.

underwriting agent n [ˌʌndəraɪtɪŋ ˈeɪdʒənt]
Every Lloyd's syndicate has its own underwriting agents.
→ member's agent

Versicherungsagent, Agent eines Lloyd's-Konsortiums
Jedes Lloyd's-Konsortium hat seine Versicherungsagenten.

underwriting activity n [ˌʌndəraɪtɪŋ ækˈtɪvəti]
The actual underwriting activity at Lloyd's is not done by the names, but by their agents.

Versicherungstätigkeit

Die eigentliche Versicherungstätigkeit bei Lloyd's wird nicht von den Mitgliedern, sondern von ihren Agenten ausgeübt.

syndicate n [ˈsɪndɪkət]
In recent years, some syndicates have underwritten risks for which the names concerned are now paying dearly.

Konsortium, Versicherungsgruppe
In den letzten Jahren haben einige Konsortien Risiken versichert, die die betreffenden Versicherungsträger jetzt teuer zu stehen kommen.

shipping register n [ˈʃɪpɪŋ ˌredʒɪstə]
Lloyd's famous shipping register is constantly being updated.

Schiffsregister
Lloyd's berühmtes Schiffsregister wird fortwährend auf den neuesten Stand gebracht.

marine insurance n [məˌriːn ɪnˈʃʊərəns]
Lloyd's began in 1689, when merchants and shipowners met in Edward Lloyd's coffee house in the City of London to arrange marine insurance.

Seeversicherung, Seetransportversicherung
Lloyd's begann im Jahre 1689, als Kaufleute und Reeder sich in Edward Lloyd's Kaffeehaus in der Londoner City trafen, um Seeversicherungen abzuschließen.

reinsurance n [ˌriːɪnˈʃʊərəns]
Lloyd's non-marine business largely consists of writing reinsurance policies.

Rückversicherung
Das Sachversicherungsgeschäft von Lloyd's besteht weitgehend im Abschließen von Rückversicherungspolicen.

reinsurer n [ˌriːɪnˈʃʊərə]
Many underwriters act as reinsurers.

Rückversicherer
Viele Versicherer sind als Rückversicherer tätig.

INSURANCE

reinsure v [ˌriːinˈʃʊə]
Lloyd's underwriters have long
specialized in reinsuring risks.

rückversichern
Lloyd's Versicherer spezialisieren sich seit
langem auf die Rückversicherung von Risiken.

take a line v [ˌteɪk ə ˈlaɪn]

Underwriting agents take a line, i.e. they
cover a fraction of the risk.

**ein (Teil-)Risiko übernehmen, ein (Teil-)Risiko
versichern**
Die Versicherungsagenten übernehmen ein
Teilrisiko, d. h. sie decken einen Bruchteil des
Risikos ab.

subscription n [səbˈskrɪpʃn]
The members of Lloyd's are required to
pay an annual subscription.

Beitrag, Mitgliedsbeitrag
Die Mitglieder von Lloyd's müssen einen
Jahresbeitrag zahlen.

average n [ˈævərɪdʒ]
Lloyd''s underwriters provide cover
against general average and particular
average.

Havarie
Lloyd's Versicherer bieten Deckung für
allgemeine und besondere Havarien.

place with v [ˈpleɪs wɪð]
A marine risk will be placed with several
underwriters.

versichern bei
Ein Seetransportrisiko wird normalerweise bei
mehreren Versicherungsträgern versichert.

aviation n [ˌeɪviˈeɪʃn]
Aviation is an important branch of
Lloyd's business activities these days.

Luftfahrt
Das Luftfahrtgeschäft ist heutzutage ein sehr
wichtiger Geschäftszweig von Lloyd's.

earthquake n [ˈɜːθkweɪk]
Lloyds' reputation is based on its
tradition of paying on the nail, for
instance after the San Francisco
earthquake of 1906.

Erdbeben
Der Ruf von Lloyd's basiert auf seiner Tradi-
tion der prompten Zahlung, z. B. nach dem
Erdbeben von San Francisco im Jahre 1906.

Private insurance

private insurance n [ˈpraɪvət ɪnˈʃʊərəns]
He took out private insurance.

Privatversicherung
Er schloss eine Privatversicherung ab.

liability insurance n [ˌlaɪəˈbɪləti
ɪnˌʃʊərəns]
If you have children, a liability insurance
is certainly to be recommended.

Haftpflichtversicherung

Wenn Sie Kinder haben, ist eine Haftpflichtversicherung sicherlich zu empfehlen.

life assurance n *GB* [ˈlaɪf əˌʃʊərəns]
In view of the imminent pensions crisis,
many people have taken out a life
assurance policy.
→ life insurance

Lebensversicherung
Angesichts der drohenden Rentenkrise haben
viele Leute eine Lebensversicherung abgeschlossen.

life insurance n [ˈlaɪf ɪnˌʃʊərəns]
Life insurance is one of the fastest
growing sectors in the insurance industry.
→ life assurance

Lebensversicherung
Das Lebensversicherungsgeschäft ist einer der
am schnellsten wachsenden Bereiche des
Versicherungswesens.

life policy n [ˈlaɪf ˌpɒlɪsi]
In recent years, there has been a
considerable increase in the number of
life policies taken out by employees.

Lebensversicherung
In den letzten Jahren ist die Anzahl der von
Arbeitnehmern abgeschlossenen Lebensver-
sicherungen deutlich angestiegen.

whole-life assurance n [ˌhəʊlˌlaɪf əˈʃʊərəns]
One way of providing for your family is to take out whole-life assurance.

Lebensversicherung auf den Todesfall

Eine Möglichkeit zur Absicherung der eigenen Familie ist der Abschluss einer Lebensversicherung auf den Todesfall.

term insurance n [ˌtɜːm ɪnˈʃʊərəns]
Employers usually take out term assurance for employees in dangerous jobs.

Risikolebensversicherung

Arbeitgeber schließen gewöhnlich eine Risikolebensversicherung für Arbeitnehmer in gefährlichen Berufen ab.

endowment insurance n [ɪnˈdaʊmənt ɪnˌʃʊərəns]
The chief attraction of endowment assurance is the prospect of receiving a huge sum of money after 15 years.

Kapitallebensversicherung

Die besondere Attraktivität einer Kapitallebensversicherung besteht in der Aussicht auf eine riesige Geldsumme nach 15 Jahren.

home contents insurance n [ˌhəʊm ˌkɒntents ɪnˈʃʊərəns]
Theft, burst water pipes and fire are usually covered by home contents insurance.

Hausratversicherung

Diebstahl, Wasserrohrbruch und Feuer sind normalerweise durch eine Hausratsversicherung abgedeckt.

health insurance n [ˈhelθ ɪnˌʃʊərəns]
If you are not insured through a statutory scheme, you'd better take out private health insurance.

Krankenversicherung

Wenn Sie nicht in einer gesetzlichen Krankenversicherung sind, dann sollten Sie sich privat versichern.

building insurance n [ˈbɪldɪŋ ɪnˌʃʊərəns]
Homeowners are well advised to take out building insurance against risks such as structural damage or earthquake.

Gebäudeversicherung

Hausbesitzer tun gut daran, eine Gebäudeversicherung gegen Risiken wie Bauschäden oder Erdbeben abzuschließen.

commercial vehicle isurance n [kəˌmɜːʃl ˌviːəkl ɪnˈʃʊərəns]
In view of the damage caused by commercial vehicles, there should be no limit to the sum covered by a commercial vehicle insurance.

Nutzfahrzeugversicherung

Angesichts der von Nutzfahrzeugen verursachten Schäden sollte die Versicherungssumme einer Nutzfahrzeugversicherung unbegrenzt sein.

comprehensive cover n [ˌkɒmprɪˌhensɪv ˈkʌvə]
If you treat yourself to a brand-new car, you should take out comprehensive cover.

Vollkasko(versicherung)

Wenn Sie sich ein funkelnagelneues Auto zulegen, dann sollten Sie eine Vollkaskoversicherung abschließen.

third-party cover n [ˌθɜːd ˌpɑːti ˈkʌvə]
All motor vehicles using public highways are required by law to have third-party cover.

Haftpflichtversicherung, Haftpflichtversicherungsschutz
Eine Haftpflichtversicherung ist gesetzlich für alle Kraftfahrzeuge vorgeschrieben, die öffentliche Straßen benutzen.

cover note n [ˈkʌvə nəʊt]
You can't register a car unless you can produce a cover note.

Versicherungsdoppelkarte, vorläufige Deckungszusage
Sie können ein Auto nur dann anmelden, wenn Sie eine Versicherungsdoppelkarte vorweisen können.

INSURANCE

no-claim(s) bonus n [ˌnəʊˈkleɪmz ˌbəʊnəs]
You forfeit your no-claim(s) bonus when you cause an accident.
→ no-claim(s) discount

no-claim(s) discount n [ˌnəʊˈkleɪmz ˌdɪskaʊnt]
After several years of claim-free driving you will qualify for a substantial no-claim discount.
→ no-claim(s) bonus

appraisal n [əˈpreɪzl]
The insurance company insisted on an appraisal before adjusting the claim.
→ valuation

valuation n [ˌvæljuˈeɪʃn]
We should ask a jeweller for a valuation.
→ appraisal

the deceased n [ðə dɪˈsiːst]
In the event of death, the dependants of the deceased will be paid the sum assured.

dependant n [dɪˈpendənt]
A term policy is chiefly designed to benefit the dependants of the assured.

Schadenfreiheitsrabatt

Sie verlieren Ihren Schadenfreiheitsrabatt, wenn Sie einen Unfall verursachen.

Schadenfreiheitsrabatt
Nach mehreren Jahren unfallfreien Fahrens haben Sie Anspruch auf einen erheblichen Schadenfreiheitsrabatt.

Schätzung, Bewertung
Die Versicherungsgesellschaft verlangte vor Regulierung des Schadens eine Schätzung.

Schätzung
Wir sollten einen Juwelier um eine Schätzung bitten.

der/die Verstorbene
Im Todesfall erhalten unterhaltsberechtigte Angehörige des Verstorbenen die Versicherungssumme.

unterhaltsberechtigte(r) Angehörige(r)
Eine Risikolebensversicherung soll hauptsächlich den unterhaltsberechtigten Angehörigen des Versicherungsnehmers zugute kommen.

LAW

Commercial law

commercial law n [kɒ'mɜːʃl lɔː]
Commercial law relates principally to business practices, including banking, insurance, drawing up contracts and buying and selling.
→ business law, mercantile law

Handelsrecht, Wirtschaftsrecht
Handelsrecht bezieht sich in erster Linie auf die Geschäftspraxis, einschließlich Finanzwesen, Versicherung, Abschluss von Verträgen und Kauf und Verkauf.

business law n ['bɪznəs lɔː]
Business law is part of civil law.
→ commercial law, mercantile law

Handelsrecht, Wirtschaftsrecht
Das Handelsrecht ist Teil des Zivilrechts.

mercantile law n ['mɜːkəntaɪl lɔː]
Banking transactions are covered by mercantile law.
→ commercial law, business law

Handelsrecht, Wirtschaftsrecht
Bankgeschäfte unterliegen dem Handelsrecht.

affirmation of contract n [æfə,meɪʃn əv 'kɒntrækt]
We're still waiting for the affirmation of contract.

Vertragsbestätigung
Wir warten immer noch auf die Vertragsbestätigung.

freedom of contract n [,friːdəm əv 'kɒntrækt]
The restrictions imposed by the government impeded the freedom of contract of some companies.

Vertragsfreiheit
Die von der Regierung verhängten Restriktionen engten die Vertragsfreiheit einiger Unternehmen ein.

frustration of contract n [frʌ,streɪʃn əv 'kɒntrækt]
The company's failure to supply any of the goods resulted in a frustration of contract.

Wegfall der Vertragsgrundlage
Da die Firma keine der Waren lieferte, entfiel die Vertragsgrundlage.

repudiation of contract n [rɪ,pjuːdi,eɪʃn əv 'kɒntrækt]
They were so annoyed by the poor quality of the goods delivered that they decided on a total repudiation of the contract.

Erfüllungsverweigerung, Rücktritt vom Vertrag
Sie waren über die schlechte Qualität der Ware so verärgert, dass sie sich entschlossen, die Erfüllung des Vertrages insgesamt zu verweigern.

exclusion clause n [ɪk'skluːʒn ,klɔːz]
The directors thought that the exclusion clause in the contract allowed too much room for manoeuvre.

Ausschlussklausel, Freizeichnungsklausel
Die Firmenleitung war der Meinung, dass die Ausschlussklausel des Vertrags zu weit gehend abgefasst war.

anti-competitive agreement n [,æntikəm'petətɪv ə'griːmənt]
The European Commission regarded the deal as constituting an anti-competitive agreement.

wettbewerbswidrige Abrede
Die Europäische Kommission sah die Vereinbarung als wettbewerbswidrige Abrede an.

fair trading n [ˌfeə ˈtreɪdɪŋ]
The ombudsman was keen to ensure fair trading.

fairer Handel
Der Ombudsmann war bestrebt, für fairen Handel zu sorgen.

trade regulations n pl [ˈtreɪd reɡjuˌleɪʃnz]
The minister was determined to cut "red tape" and reduce the number of trade regulations.

Handelsvorschriften
Der Minister war entschlossen, bürokratische Vorschriften und die Anzahl der Handelsvorschriften zu reduzieren.

restraint of trade n [rɪˌstreɪnt əv ˈtreɪd]
The minister was concerned that the agreement would lead to a restraint of trade.

Wettbewerbsbeschränkung
Der Minister war besorgt, dass die Vereinbarung auf eine Wettbewerbsbeschränkung hinauslaufen würde.

Restrictive Practices Court n GB [rɪˌstrɪktɪv ˈpræktɪsɪz kɔːt]
Price-fixing deals are, as a matter of principle, referred to the Restrictive Practices Court.

Kartellgericht
Fälle von Preisabsprachen werden grundsätzlich an das Kartellgericht überwiesen.

consumer protection n [kənˈsjuːmə prəˌtekʃn]
The laws are designed to improve consumer protection.

Verbraucherschutz
Die Gesetze sollen den Verbraucherschutz erhöhen.

sale of goods n [ˌseɪl əv ˈɡʊdz]
The law relating to sale of goods is rather complex.

Warenverkauf
Die den Warenverkauf regelnden Gesetze sind recht komplex.

trade description n [ˌtreɪd dɪˈskrɪpʃn]
Any trade description should be neither false nor misleading.

Warenkennzeichnung
Jede Warenkennzeichnung muss frei von falschen oder irreführenden Angaben sein.

slander of goods n [ˈslɑːndər əv ɡʊdz]
Comparative advertising is a tricky business because it may entail slander of goods.

Herabsetzung der Ware der Konkurrenz
Vergleichende Werbung ist eine schwierige Sache, weil sie eine Herabsetzung der Ware der Konkurrenz bedeuten kann.

unsolicited goods n pl [ˌʌnsəlɪsɪtɪd ˈɡʊdz]
Unsolicited goods can be returned at the consignor's expense.

nicht bestellte Ware
Unaufgefordert zugestellte Ware kann auf Kosten des Absenders zurückgeschickt werden.

title to sell n [ˌtaɪtl tə ˈsel]
He had no title to sell the goods.

Verkaufsrecht
Er war nicht befugt, die Ware zu veräußern.

without title adj [wɪðaʊt ˈtaɪtl]
The seller of the goods was without title, and the sale was therefore void.

ohne Besitzanspruch, ohne Eigentumsrecht, ohne Rechtstitel
Auf diese Ware hatte der Verkäufer keinen Besitzanspruch. Deshalb war der Verkauf nicht rechtsgültig.

caveat emptor n lat [ˌkæviæt ˈemptɔː]
Caveat emptor is an ancient principle of commercial law and means "buyer beware".

Mängelprüfungspflicht des Käufers, Gewährleistungsausschluss
Die Mängelprüfungspflicht des Käufers ist ein althergebrachtes Prinzip des Handelsrechts und bedeutet „Vorsicht beim Kauf".

LAW

fitness for the purpose n [ˌfɪtnəs fə ðə ˈpɜːpəs]
The goods delivered did not have fitness for the purpose specified in the contract.

invite to tender v [ɪnˌvaɪt tə ˈtendə]
The local building contractors were invited to tender for the building of a leisure centre.
→ invite tenders

invitation to tender n [ɪnvɪˌteɪʃn tə ˈtendə]
This invitation to tender for the building of an office block may save our company if we are awarded the contract.
→ invitation to treat

invitation to treat n [ɪnvɪˌteɪʃn tə ˈtriːt]

The advertisement was not an offer but merely an invitation to treat.
→ invitation to tender

knock-for-knock agreement n [ˌnɒk fə ˌnɒk əˈgriːmənt]
Knock-for-knock agreements are common in the insurance world, especially in cases of multiple pile-ups.

Mareva injunction n [məˈriːvə ɪnˈdʒʌŋkʃn]
The High Court issued a Mareva injunction in order to freeze the French company's assets in Great Britain.

accord and satisfaction n [əˌkɔːd ənd ˌsætɪsˈfækʃn]
The company promised accord and satisfaction.

indemnify v [ɪnˈdemnɪfaɪ]
The company was contractually bound to indemnify him for any damage sustained.

indemnity n [ɪnˈdemnəti]
An indemnity fund is being set up.

statement of affairs n [ˌsteɪtmənt əv əˈfeəz]
A statement of affairs is required in cases of insolvency.

insolvency n [ɪnˈsɒlvənsi]
The company's financial problems eventually led to insolvency.

Eignung für einen besonderen Zweck, zugesicherte Eigenschaft
Die gelieferte Ware entsprach nicht der vertraglich zugesicherten Eignung.

Angebot(e) erbitten, ausschreiben
Die örtlichen Bauunternehmer wurden aufgefordert, Angebote für den Bau eines Freizeitzentrums abzugeben.

Ausschreibung, Aufforderung zur Abgabe eines Angebots
Diese Ausschreibung für den Bau eines Bürogebäudes rettet vielleicht unser Unternehmen, wenn uns der Auftrag zugesprochen wird.

Ausschreibung, Aufforderung zur Abgabe eines Angebots
Die Anzeige war kein Angebot, sondern lediglich eine Ausschreibung.

gegenseitige Regressverzichtsabsprache, gegenseitiger Regressverzicht
Gegenseitige Regressverzichtsabsprachen sind im Versicherungswesen üblich, besonders bei Massenkarambolagen.

dinglicher Arrest

Das oberste Zivilgericht verfügte einen dinglichen Arrest, um die Anlagegüter der französischen Firma in Großbritannien beschlagnahmen zu können.

Abfindung, vergleichsweise Erfüllung

Die Firma versprach, eine Abfindung zu zahlen.

entschädigen
Die Firma war vertraglich verpflichtet, ihn für jeden tatsächlich erlittenen Schaden zu entschädigen.

Entschädigung, Schadenersatz
Es wird ein Entschädigungsfonds eingerichtet.

Bericht über die Vermögenslage, Offenbarungseid
Bei Insolvenz ist ein Bericht über die Vermögenslage erforderlich.

Insolvenz, Zahlungsunfähigkeit
Die finanziellen Probleme des Unternehmens führten schließlich zur Insolvenz.

LAW

bankruptcy n ['bæŋkrʌpsi]
Bankruptcy is defined as a state of affairs in which an individual's or company's liabilities exceed their assets.

Konkurs, Bankrott
Konkurs wird als Finanzlage definiert, bei der die Verbindlichkeiten das Vermögen einer Person oder Gesellschaft übersteigen.

bankruptcy petition n ['bæŋkrʌpsi pə'tɪʃn]
In a final attempt to recover some money the creditors resorted to a bankruptcy petition.

Konkursantrag, Antrag auf Konkurseröffnung
Als letzten Versuch zur Wiedererlangung eines Teils des Geldes stellten die Gläubiger schließlich einen Konkursantrag.

official receiver n [ə,fɪʃl rɪ'siːvə]
The business was put into the hands of the official receiver.

vorläufige(r) Konkursverwalter(in)
Das Unternehmen wurde dem vorläufigen Konkursverwalter überantwortet.

receiver n [rɪ'siːvə]
The receiver tried to salvage the business as a going concern.

Konkursverwalter(in)
Der Konkursverwalter versuchte das Unternehmen als Ganzes zu retten.

receivership n [rɪ'siːvəʃɪp]
The company was forced into receivership.

Konkurs, Konkursverwaltung
Die Firma wurde zum Konkurs gezwungen.

wind up v [waɪnd 'ʌp]
The creditors agreed to the business being wound up.
→ liquidate

abwickeln, liquidieren
Die Gläubiger stimmten der Abwicklung des Unternehmens zu.

winding-up petition n [waɪndɪŋ ,ʌp pə'tɪʃn]
The creditors lodged a winding-up petition with the court.

Liquidationsantrag, Antrag auf Liquidation
Die Gläubiger stellten bei Gericht einen Liquidationsantrag.

liquidate v ['lɪkwɪdeɪt]
The court appointed a receiver to liquidate the company which had filed for bankruptcy.
→ wind up

liquidieren, abwickeln
Das Gericht bestellte einen Konkursverwalter, um die Gesellschaft abzuwickeln, die Konkurs angemeldet hatte.

liquidation n [,lɪkwɪ'deɪʃn]
The firm had already gone into liquidation.
→ winding up

Liquidation, Abwicklung,
Die Firma war bereits in Liquidation gegangen.

liquidator n ['lɪkwɪdeɪtə]
The responsibility for what was left of the collapsed business was now in the hands of the liquidators.

Abwickler(in), Liquidator(in)
Die Verantwortung für die Überreste der in Konkurs gegangenen Firma lag nun bei den Abwicklern.

civil law n [ˌsɪvl 'lɔː]
Civil law deals with disputes between private parties.

Zivilrecht
Das Zivilrecht behandelt Streitfälle zwischen privaten Parteien.

action n ['ækʃn]
She brought an action against the other partners.
→ lawsuit

Klage, Prozess, Verfahren
Sie strengte eine Klage gegen die anderen Teilhaber an.

lawsuit n ['lɔːsuːt]
We had to resort to a lawsuit to get them to pay our bill.
→ action

Klage, Prozess, Verfahren
Wir mussten eine Klage einreichen, damit sie unsere Rechnung bezahlten.

litigant n ['lɪtɪgənt]
The case took longer because one of the litigants represented himself, whereas the other party was legally represented.

Prozesspartei, prozessierende Partei
Der Rechtsstreit dauerte länger, weil eine der Prozessparteien sich selbst vertrat, während die andere anwaltlich vertreten war.

litigate v ['lɪtɪgeɪt]
He threatened to litigate if the damage was not put right.

klagen, prozessieren
Er drohte mit einer Klage, falls der Schaden nicht behoben würde.

litigation n [ˌlɪtɪ'geɪʃn]
Litigation can be costly and stressful.

Prozess, Prozessieren, Rechtsstreit
Prozesse können teuer und anstrengend sein.

sue v [suː]
He threatened to sue his neighbour.

verklagen, gerichtlich belangen
Er drohte seinen Nachbarn zu verklagen.

plaintiff n ['pleɪntɪf]
The plaintiff was advised to settle his case out of court.

Kläger(in)
Dem Kläger wurde nahe gelegt, den Fall außergerichtlich zu regeln.

stay of proceedings n [ˌsteɪ əv prə'siːdɪŋz]
The judge refused to grant a stay of proceedings and fixed an early court hearing date.

Aussetzung des Verfahrens

Der Richter lehnte den Antrag auf Aussetzung des Verfahrens ab und legte einen baldigen Prozesstermin fest.

power of attorney n [ˌpaʊər əv ə'tɜːni]

Our firm of solicitors has power of attorney in all civil cases.

Prozessvollmacht, Handlungsvollmacht, Vertretungsvollmacht, Vollmacht
Unsere Anwaltssozietät hat Prozessvollmacht für alle privatrechtlichen Fälle.

test case n ['test keɪs]
We regard this action as a test case.

Musterprozess
Wir betrachten dieses Verfahren als einen Musterprozess.

acknowledgement of service n [əkˌnɒlɪdʒmənt əv 'sɜːvɪs]
On receipt of the documents detailing the charge, she was required to provide an acknowledgement of service within 14 days.

Bestätigung der Zustellung der Klageschrift

Nach Erhalt der Unterlagen, in denen Einzelheiten der Anklage standen, musste sie die Zustellung der Klageschrift innerhalb von 14 Tagen bestätigen.

award n [ə'wɔːd]

The award was annulled.

Schiedsspruch, Zuerkennung, zuerkannter Betrag
Der Schiedsspruch wurde für nichtig erklärt.

LAW

award v [ə'wɔːd]
The court awarded heavy damages.

erkennen auf, zuerkennen, zusprechen
Das Gericht erkannte auf hohen Schadenersatz.

judgment in default n [ˌdʒʌdʒmənt ɪn dɪ'fɔːlt]
His failure to appear in court led to a judgment in default.

Säumnisurteil

Da er nicht zur Verhandlung erschienen war, kam es zu einem Säumnisurteil.

bailee n [beɪ'liː]
A bailee is a person or legal entity who is temporarily entrusted with another person's assets.

Verwahrer(in)
Ein Verwahrer ist eine natürliche oder juristische Person, die zeitweilig die Vermögenswerte einer anderen Person verwahrt.

bailiff n GB ['beɪlɪf]
The court ordered the bailiffs to seize the debtor's goods.

Gerichtsvollzieher(in)
Das Gericht wies die Gerichtsvollzieher an, die Waren des Schuldners zu beschlagnahmen.

bailment n ['beɪlmənt]

Even leaving your coat in a cloakroom is a form of bailment.

Hinterlegung, Besitzüberlassung (beweglicher Sachen) auf Zeit
Selbst die Abgabe eines Mantels an einer Garderobe ist eine Form der Hinterlegung.

bailor n ['beɪlə]
As a bailor, you will be required to pay the person who is temporarily looking after your assets.

Hinterleger(in), Übergeber(in)
Als Hinterleger müssen Sie jemanden dafür bezahlen, dass er oder sie sich zeitweilig um Ihre Vermögenswerte kümmert.

will n [wɪl]
He was advised to make a will.

Testament, letzter Wille
Ihm wurde geraten, ein Testament aufzusetzen.

composition n [ˌkɒmpə'zɪʃn]
A composition is a form of settlement between a debtor and a creditor which might save time and money.
→ **deed of arrangement**

Vergleich
Ein Vergleich ist eine Form der Einigung zwischen einem Gläubiger und einem Schuldner, die Zeit und Geld sparen kann.

deed of arrangement n [ˌdiːd əv ə'reɪndʒmənt]
A deed of arrangement between a debtor and a creditor can save time and money.
→ **composition**

Vergleich

Ein Vergleich zwischen einem Gläubiger und einem Schuldner kann Zeit und Geld sparen.

out-of-court settlement n [aʊt əv kɔːt 'setlmənt]
Both parties were happy to be able to reach an out-of-court settlement.

außergerichtlicher Vergleich

Beide Prozessparteien waren zufrieden, dass sie einen außergerichtlichen Vergleich schließen konnten.

damages n pl ['dæmɪdʒɪz]
The lawyer asked the court to award substantial damages.

Schadenersatz
Der Anwalt beantragte beim Gericht die Zuerkennung eines hohen Schadenersatzes.

negligence n ['neglɪdʒəns]
The damage was alleged to have occurred because of his negligence.

Fahrlässigkeit, fahrlässiges Verhalten
Der Prozessbehauptung zufolge war der Schaden eine Folge seiner Fahrlässigkeit.

tort n [tɔːt]
In cases of tort you may sue for damages.

zivilrechtliches Delikt, Schädigung
Bei einem zivilrechtlichen Delikt können Sie auf Schadenersatz klagen.

act of God n [ˌækt əv 'gɒd]
The company said it was not liable for the flooding, as this was due to an act of God.
→ force majeure

höhere Gewalt
Die Gesellschaft lehnte jede Haftung für die Überschwemmung mit dem Hinweis ab, es handele sich um einen Fall von höherer Gewalt.

force majeure n frz [ˌfɔːs mæˈʒɜː]
Force majeure is an unexpected and unavoidable event.
→ act of God

höhere Gewalt
Höhere Gewalt ist ein unerwartetes und unabwendbares Ereignis.

assignment of rights n [əˌsaɪnmənt əv 'raɪts]
Any assignment of rights will be offset by some form of quid pro quo.

Übertragung von Rechten, Abtretung von Rechten
Jede Übertragung von Rechten wird durch irgendeine Gegenleistung kompensiert.

bona fide adj lat. [ˌbəʊnə 'faɪdi]
They expected his actions to be bona fide at all times.

in gutem Glauben, gutgläubig
Sie erwarteten, dass er zu allen Zeiten in gutem Glauben handeln würde.

mala fide adj lat. [ˌmælə 'faɪdi]
It was obvious that his actions were mala fide.

unredlich, arglistig, böswillig
Es war offensichtlich, dass er unredlich gehandelt hatte.

contract n ['kɒntrækt]
A contract is a binding agreement, written, oral or implied, between two or more parties.

Vertrag, Kontrakt
Ein Vertrag ist eine verbindliche, schriftliche, mündliche oder stillschweigende Vereinbarung zwischen zwei oder mehreren Parteien.

party (to the contract) n ['pɑːti tə ðə 'kɒntrækt]
The parties to the contract opted for an out-of-court settlement.

(Vertrags-)Partei

Die Vertragsparteien entschieden sich für einen außergerichtlichen Vergleich.

breach of contract n [ˌbriːtʃ əv 'kɒntrækt]
The company denied that there was any breach of contract.

Vertragsverletzung, Vertragsbruch

Die Firma bestritt jede Vertragsverletzung.

performance of contract n [pəˌfɔːməns əv 'kɒntrækt]
The plaintiff requested the court to order specific performance of the contract.

Vertragserfüllung

Der Kläger stellte den Antrag, das Gericht möge auf genaue Vertragserfüllung dringen.

privity of contract n [ˌprɪvəti əv 'kɒntrækt]
All parties were anxious to retain privity of contract.

Vertragsverhältnis, vertragliche Bindung

Alle Parteien waren darauf bedacht, das Vertragsverhältnis beizubehalten.

rescind a contract v [rɪˌsɪnd ə 'kɒntrækt]
As the company had failed to keep to its part of the agreement, the other contractual party saw no reason not to rescind the contract.

vom Vertrag zurücktreten, einen Vertrag auflösen
Da die Gesellschaft ihren Teil der Vereinbarung nicht eingehalten hatte, sah die andere Vertragspartei keinen Grund, warum sie nicht vom Vertrag zurücktreten sollte.

restrictive covenant n [rɪˌstrɪktɪv 'kʌvənənt]
The property was subject to several restrictive covenants.

Nutzungsbeschränkung, einschränkende Klausel
Die Immobilie unterlag verschiedenen Nutzungsbeschränkungen.

void adj [vɔɪd]
The contract was void and without legal effect.

ungültig, nichtig, unwirksam
Der Vertrag war ungültig und rechtsunwirksam.

voidable adj ['vɔɪdəbl]
A contract is voidable in the event of fraud.

anfechtbar
Ein Vertrag ist im Betrugsfall anfechtbar.

consideration n [kən‚sɪdə'reɪʃn]
"No contract without consideration" is an axiom of civil law.

Gegenleistung, Entgelt
„Kein Vertrag ohne Gegenleistung" ist ein Grundsatz des Zivilrechts.

creditor n ['kredɪtə]
The creditors were owed a lot of money.

Gläubiger(in)
Die Gläubiger hatten große Außenstände.

debtor n ['detə]
The debtor owed a great many people a great deal of money.

Schuldner(in)
Der Schuldner schuldete vielen Leuten viel Geld.

defamation n [‚defə'meɪʃn]
The newspaper article was pure defamation.

Verleumdung, üble Nachrede, Diffamierung
Der Zeitungsartikel war reine Verleumdung.

duty of care n [‚djuːti əv 'keə]
There was a duty of care incumbent on the owner of the estate as well as on the visitor to it.

Sorgfaltspflicht
Sowohl dem Besitzer des Anwesens als auch dem Besucher oblag eine Sorgfaltspflicht.

industrial tribunal n [ɪn‚dʌstriəl traɪ'bjuːnl]
The industrial tribunal ruled that the dismissal was justified.

Arbeitsgericht

Das Arbeitsgericht entschied, dass die Entlassung berechtigt war.

judicial review n [dʒuˌdɪʃl rɪ'vjuː]
Judicial review is an effective way of taking legal action against an abuse of administrative power.

Normenkontrolle, gerichtliche Überprüfung
Normenkontrollen sind ein wirksames Mittel, um gegen Behördenmissbrauch gerichtlich vorzugehen.

lack of capacity n [‚læk əv kə'pæsəti]
They were too young to enter into a binding contract. It was consequently a case of lack of capacity.

mangelnde Geschäftsfähigkeit, beschränkte Geschäftsfähigkeit
Für einen verbindlichen Vertrag waren sie zu jung. Es handelte sich mithin um einen Fall von mangelnder Geschäftsfähigkeit.

lien n ['liːən]
Courts usually grant a lien on the debtor's property.

Pfandrecht
Gerichte gewähren gewöhnlich ein Pfandrecht auf das Eigentum des Schuldners.

distrain v [dɪ'streɪn]
The court had no option but to distrain his goods.

pfänden
Das Gericht hatte keine andere Wahl, als seine Güter zu pfänden.

limitation period n [‚lɪmɪ'teɪʃn ‚pɪəriəd]
Legal proceedings could not take place because the offence was outside the limitation period.

Verjährungsfrist
Der Prozess konnte nicht stattfinden, weil der Fall verjährt war.

misrepresentation n [‚mɪs‚reprɪzen'teɪʃn]
The advertisement was a clear case of misrepresentation as to the quality of the goods being sold.

arglistige Täuschung, Vorspiegelung falscher Tatsachen, Irreführung
Die Anzeige war ein klarer Fall von arglistiger Täuschung in Bezug auf die zum Verkauf angebotene Ware.

nuisance n ['njuːsns]
She was ordered to abate the nuisance immediately.

ombudsman n *schwed* ['ɒmbʊdzmən]
He was not satisfied with the council's offer and sought redress from the ombudsman.

personal injury n [ˌpɜːsənl 'ɪndʒəri]
The car accident left them with severe personal injuries.

recourse n [rɪ'kɔːs]
Unfortunately, we have no recourse for compensation.

restitution n [ˌrestɪ'tjuːʃn]
He was ordered by the court to make full restitution of the moneys embezzled.

sequestration n [ˌsiːkwə'streɪʃn]
The court ordered the sequestration of the assets of the losing party.

waive v [weɪv]
He was reluctant to waive his contractual rights.

waiver n ['weɪvə]
His consent amounted to a waiver of his contractual rights.

warranty n ['wɒrənti]
The manufacturer is required to repair the appliance free of charge as long as the latter is under warranty.
→ guarantee, guaranty

product liability n ['prɒdʌkt laɪəˌbɪləti]
Product liability has become more and more important in the USA.

vicarious liability n [vɪˌkeərɪəs laɪə'bɪləti]
Employers are deemed to have vicarious liability for the authorized acts of their employees.

joint and several adj [ˌdʒɔɪnt ənd 'sevrəl]
Liability in this affair was joint and several.

conveyancing n [kən'veɪənsɪŋ]
The loss of the conveyancing monopoly has hit many small firms of solicitors.

Belästigung, Störung, Ärgernis
Sie wurde angewiesen, die Belästigung umgehend abzustellen.

Ombudsmann, Beschwerdekommissar
Da er mit dem Angebot der Stadtverwaltung nicht einverstanden war, wandte er sich mit der Bitte um Entschädigung an den Ombudsmann.

Körperverletzung, Personenschaden
Bei dem Autounfall erlitten sie schwere Körperverletzungen.

Regressanspruch, Regress, Rückgriff
Leider haben wir keinen Regressanspruch auf Entschädigung.

Erstattung, Rückgabe
Das Gericht wies ihn an, die veruntreuten Gelder in voller Höhe zu erstatten.

Beschlagnahme, Zwangsverwaltung
Das Gericht ordnete die Beschlagnahme des gesamten Vermögens der unterlegenen Partei an.

verzichten
Es widerstrebte ihm, auf seine vertraglichen Rechte zu verzichten.

Verzichterklärung, Verzicht
Seine Zustimmung lief auf einen Verzicht auf seine vertraglichen Rechte hinaus.

Garantie, Gewährleistung
Der Hersteller ist zur kostenlosen Reparatur des Geräts verpflichtet, solange dieses noch unter die Garantie fällt.

Produkthaftung
Die Produkthaftung gewinnt in den USA immer mehr an Bedeutung.

Haftung für den Erfüllungsgehilfen

Arbeitgeber haften stellvertretend für Handlungen ihrer Arbeitnehmer, zu denen diese autorisiert waren.

gesamtschuldnerisch

Bei dieser Sache handelte es sich um einen Fall von gesamtschuldnerischer Haftung.

(notarielle) Grundstücksübertragung
Der Verlust des Monopols bei der (notariellen) Grundstücksübertragung hat viele kleine Anwaltssozietäten hart getroffen.

LAW

title n ['taɪtl]
Title to the goods remains with the seller until the purchase price has been paid in full.

abstract of title n [ˌæbstrækt əv 'taɪtl]
Before the house sale could be completed, the purchaser wished to see the full abstract of title.

freehold n ['friːhəʊld]

He preferred to purchase a property which was freehold.

leasehold n ['liːshəʊld]
She was reluctant to purchase a leasehold property with only ten years remaining on the lease.

lessee n [le'siː]
The lessee took out a long-term lease on the lessor's property.

lessor n [le'sɔː]
The lessor was willing to let the property on a short-term lease.

tenancy n ['tenənsi]
They took out a tenancy agreement with the landlord.

mortgagee n ['mɔːgɪdʒiː]

Mortgagees are very often building societies.

mortgagor n ['mɔːgɪdʒɔː]

The mortgagor borrowed money from the building society in order to purchase a house.

foreclose on a mortgage v [fɔːˌkləʊz ɒn ə 'mɔːgɪdʒ]
Building societies will foreclose on a mortgage if the borrower fails to honour his commitments.

foreclosure n [fɔː'kləʊʒə]

With rising unemployment, the number of foreclosures is bound to rise, too.

eviction n [ɪ'vɪkʃn]
The squatters were threatened with eviction.

Eigentumsrecht, Rechtstitel
Das Eigentumsrecht an der Ware verbleibt bis zur vollen Begleichung des Kaufpreises beim Verkäufer.

Grundbuchauszug
Der Käufer wollte vor Abschluss des Hauskaufs den vollen Grundbuchauszug sehen.

uneingeschränktes Eigentumsrecht, Grundeigentum
Er zog den Kauf eines Hauses mit uneingeschränktem Eigentumsrecht vor.

Pachtbesitz, Mietbesitz
Sie hatte kein besonderes Interesse am Kauf eines Pachtgrundstücks mit einem Nutzungsrecht von nur noch zehn Jahren.

Mieter(in), Pächter(in)
Der Mieter schloss einen langfristigen Mietvertrag für das Haus des Vermieters ab.

Vermieter(in), Verpächter(in)
Der Vermieter war bereit die Wohnung kurzfristig zu vermieten.

Mietverhältnis, Pachtverhältnis
Sie schlossen einen Mietvertrag mit dem Vermieter ab.

Sicherungsnehmer(in), Hypothekengläubiger(in)
Bausparkassen fungieren oft als Sicherungsnehmer.

Sicherungsgeber(in), Hypothekenschuldner(in)
Der Sicherungsgeber nahm ein Bausparkassendarlehen zum Kauf eines Hauses auf.

aus einer Hypothek vollstrecken, eine Hypothek für verfallen erklären
Bausparkassen vollstrecken aus der Hypothek, wenn der Darlehensnehmer seinen Verpflichtungen nicht nachkommt.

Zwangsvollstreckung aus einer Hypothekenforderung
Mit steigender Arbeitslosigkeit wird auch die Anzahl der Zwangsvollstreckungen aus Hypothekenforderungen ansteigen.

Zwangsräumung, Exmission
Den Hausbesetzern wurde die Zwangsräumung angedroht.

repossess v [ˌriːpəˈzes]
As the mortgage had not been paid for several months, the building society threatened to repossess the house.

repossession n [ˌriːpəˈzeʃn]
In the United Kingdom, there are thousands of repossessions every year because home buyers are unable to honour their mortgage commitments.

chattels n pl [ˈtʃætlz]
An inventory of his land and chattels was required.

agency n [ˈeɪdʒənsi]
The law of agency is a very important part of civil law.

agent n [ˈeɪdʒənt]
The principal instructed his agent to submit a report.

copyright n [ˈkɒpiraɪt]
The author claimed copyright on his new book.

principal n [ˈprɪnsəpl]
The principal instructed the agent as to how the task was to be completed.

patent n [ˈpætnt]
The company took out a patent on its invention.

proxy n [ˈprɒksi]
I'll give you a proxy to act on my behalf.

trust n [trʌst]
The assets will be held in trust pending further decisions.

trustee n [trʌˈstiː]
A lawyer has been appointed trustee of the deceased's estate.

wieder in Besitz nehmen
Weil die Hypothek einige Monate nicht gezahlt worden war, drohte die Bausparkasse, das Haus wieder in Besitz zu nehmen.

Wiederinbesitznahme
Im Vereinigten Königreich gibt es jedes Jahr mehrere tausend Fälle von Wiederinbesitznahmen, da Eigenheimkäufer nicht in der Lage sind, den sich aus der Hypothek ergebenden Verpflichtungen nachzukommen.

bewegliches Vermögen
Eine Aufstellung seiner Liegenschaften und seines beweglichen Vermögens war erforderlich.

Stellvertretung, Vollmacht
Das Recht der Stellvertretung ist ein sehr wichtiger Bestandteil des Zivilrechts.

Stellvertreter(in), Beauftragte(r)
Der Auftraggeber wies seinen Stellvertreter an, einen Bericht vorzulegen.

Urheberrecht, Copyright, Musterschutz
Der Verfasser machte sein Urheberrecht für sein neues Buch geltend.

Vollmachtgeber(in), Auftraggeber(in)
Der Vollmachtgeber instruierte seinen Bevollmächtigten, wie die Aufgabe zu erledigen sei.

Patent
Die Gesellschaft ließ sich die Erfindung patentieren.

Vollmacht
Ich erteile dir Vollmacht, mich zu vertreten.

Treuhand(schaft), Treuhandverhältnis
Bis auf weiteres wird das Anlagevermögen treuhänderisch verwaltet.

Treuhänder, Treuhandnehmer
Ein Rechtsanwalt ist als Treuhänder für den Nachlass des Verstorbenen ernannt worden.

LAW

Criminal law

criminal law n [ˌkrɪmɪnl ˈlɔː]
She decided to specialize in criminal law.
→ penal law

penal law n [ˌpiːnl ˈlɔː]
Penal law covers any punishable offences.
→ criminal law

Strafrecht
Sie beschloss sich auf Strafrecht zu spezialisieren.

Strafrecht
Das Strafrecht deckt alle strafbaren Vergehen ab.

criminal n ['krɪmɪnl]
Convicted criminals are usually sent to prison.
→ offender

Straftäter(in)
Verurteilte Straftäter erhalten gewöhnlich eine Haftstrafe.

offender n [ə'fendə]
The judge had thirty offenders to deal with that morning.
→ criminal

Straftäter(in)
Der Richter musste sich an jenem Morgen mit dreißig Straftätern beschäftigen.

defendant n [dɪ'fendənt]
The defendant was obviously guilty.

Angeklagte(r)
Der Angeklagte war offensichtlich schuldig.

the accused n [ði ə'kjuːzd]
The accused pleaded not guilty.

der/die Angeklagte, die Angeklagten
Der Angeklagte erklärte sich für nicht schuldig im Sinne der Anklage.

crime n [kraɪm]
Crime doesn't pay.
→ offence

Verbrechen, Straftat
Verbrechen lohnen sich nicht.

offence n [ə'fens]
Jumping the lights is a motoring offence.
→ crime

Delikt, Straftat, Vergehen
Bei Rot über die Ampel zu fahren ist ein Verkehrsdelikt.

illegal adj [ɪ'liːgl]
The activity was clearly illegal.
→ unlawful

gesetzeswidrig, rechtswidrig, widerrechtlich
Die Handlung war ohne Zweifel gesetzeswidrig.

unlawful adj [ˌʌn'lɔːfl]
The police were called in because it was an unlawful assembly.
→ illegal

verboten, rechtswidrig, widerrechtlich
Die Polizei wurde gerufen, da es sich um eine verbotene Versammlung handelte.

commit v [kə'mɪt]
Anyone found committing a speeding offence will be fined.

begehen
Wer beim Überschreiten der zulässigen Geschwindigkeit ertappt wird, wird mit einer Geldbuße belegt.

assault n [ə'sɔːlt]
It was an unprovoked assault.

tätlicher Angriff, versuchte Gewaltanwendung
Es handelte sich um einen nicht provozierten tätlichen Angriff.

burglary n ['bɜːgləri]
The burglary was serious because the house was occupied.

Einbruch, Einbruchsdiebstahl
Es handelte sich um einen Fall von schwerem Einbruch, weil das Haus bewohnt war.

burglar n ['bɜːglə]
None of the people in the neighbourhood felt safe at home until the burglar was caught.

Einbrecher(in)
Niemand in der Nachbarschaft fühlte sich sicher, bis der Einbrecher gefasst war.

discrimination n [dɪˌskrɪmɪ'neɪʃn]
Any discrimination on the grounds of sex or race is forbidden.

Diskriminierung, Benachteiligung
Jede Art von Diskriminierung aufgrund des Geschlechts oder der Rasse ist verboten.

embezzle v [ɪm'bezl]
The teller embezzled thousands of pounds over the years.

veruntreuen, unterschlagen
Der Kassierer veruntreute im Laufe der Jahre mehrere tausend Pfund.

embezzlement n [ɪm'bezlmənt]
She was found guilty of embezzlement.

Unterschlagung, Veruntreuung
Sie wurde der Unterschlagung für schuldig befunden.

fraud n [frɔːd]
Every year, insurance companies lose millions through fraud.

Betrug, arglistige Täuschung
Jedes Jahr entstehen den Versicherungsgesellschaften durch Betrug Verluste in Millionenhöhe.

handling stolen property n [ˌhændlɪŋ ˌstəʊlən 'prɒpəti]
She did not steal the goods, but was convicted of handling stolen property.

Hehlerei

Sie hatte die Ware zwar nicht gestohlen, wurde jedoch wegen Hehlerei verurteilt.

motoring offence n [ˌməʊtərɪŋ ə'fens]

He did not think of himself as a real criminal because all he had committed was a minor motoring offence.

Verkehrsdelikt, Verstoß gegen die Straßenverkehrsordnung
Er sah sich nicht als wirklichen Straftäter an, da er nur ein unbedeutendes Verkehrsdelikt begangen hatte.

endorsement of licence n GB
[ɪnˌdɔːsmənt əv 'laɪsns]
For this offence of speeding he was given an endorsement of licence.

Eintragung im Führerschein, Eintragung von Strafpunkten im Führerschein
Für Fahren mit überhöhter Geschwindigkeit erhielt er einen Eintrag in seinen Führerschein.

shoplifting n ['ʃɒplɪftɪŋ]
You can expect to be reported to the police if you're caught shoplifting.

Ladendiebstahl
Sie müssen mit einer Anzeige rechnen, wenn Sie beim Ladendiebstahl erwischt werden.

theft n [θeft]
Theft is a growing problem in the inner cities.

Diebstahl
Diebstahlsdelikte stellen ein immer größer werdendes Problem in den Innenstädten dar.

trespass n ['trespəs]

It was ruled a case of accidental trespass.

Besitzstörung, widerrechtliches Betreten, Hausfriedensbruch
Es wurde entschieden, dass es sich um eine nicht vorsätzliche Besitzstörung handelte.

weights and measures offence n [ˌweɪts ənd ˌmeʒəz ɒ'fens]
The local authority prosecuted several companies for weights and measures offences.

Verstoß gegen die Eichbestimmungen

Die Kommunalbehörde belangte mehrere Firmen wegen Verstoßes gegen die Eichbestimmungen.

antecedents n pl [ˌæntɪ'siːdnts]
The defendant had no antecedents.

Vorstrafen
Der Angeklagte war nicht vorbestraft.

arrest v [ə'rest]
He was warned by the police that if he continued to obstruct the traffic he would be arrested.

festnehmen
Die Polizei warnte ihn, dass er festgenommen würde, falls er den Verkehr weiterhin behinderte.

arrest warrant n [ə'rest ˌwɒrənt]
The court issued an arrest warrant when the defendant failed to turn up at the courthouse.

Haftbefehl
Da der Angeklagte nicht vor Gericht erschien, erließ das Gericht einen Haftbefehl.

lay a complaint v [ˌleɪ ə kəm'pleɪnt]
She went to the magistrates' court to lay a complaint against her landlady.
→ lay an information

Strafanzeige erstatten
Sie ging zum Amtsgericht, um eine Anzeige gegen ihre Vermieterin zu erstatten.

LAW

lay an information v [ˌleɪ ən ˌɪnfəˈmeɪʃn]
Criminal proceedings began by the laying
of an information at the courthouse.
→ lay a complaint

Strafanzeige erstatten
Das Strafverfahren begann damit, dass eine
Strafanzeige bei Gericht erstattet wurde.

charge v [tʃɑːdʒ]
She was charged with murder.
→ indict

anklagen
Sie wurde des Mordes angeklagt.

indict v [ɪnˈdaɪt]
Three young people were indicted for
murder.
→ charge

anklagen
Drei Jugendliche wurden des Mordes angeklagt.

indictment n [ɪnˈdaɪtmənt]
The clerk read out the indictment.

Anklageschrift
Der Urkundsbeamte las die Anklageschrift vor.

prosecution n [ˌprɒsɪˈkjuːʃn]

It looked as though the prosecution was
likely to lose the case when three
witnesses failed to appear in court.

**Anklagevertretung, Staatsanwaltschaft,
Strafverfolgung**
Es sah danach aus, dass die Anklagevertretung
diesen Prozess verlieren würde, weil drei Zeugen
nicht vor Gericht erschienen.

prosecutor n [ˈprɒsɪkjuːtə]

The prosecutor fought a hard case.

**Staatsanwalt, -anwältin, Vertreter(in) der
Anklage, Ankläger(in)**
Der Staatsanwalt hatte einen schwierigen Prozess.

prosecute v [ˈprɒsɪkjuːt]

If you exceed the speed limit, you'll be
prosecuted.

**strafrechtlich belangen, strafrechtlich
verfolgen**
Sie werden strafrechtlich belangt, wenn Sie die
Höchstgeschwindigkeit überschreiten.

perjury n [ˈpɜːdʒəri]
Perjury usually carries a stiff sentence.

Meineid
Meineid wird in der Regel streng geahndet.

conviction n [kənˈvɪkʃn]
This was his first conviction.

Verurteilung, Schuldspruch
Es war seine erste Verurteilung.

fine n [faɪn]
The most common sentence for a minor
offence is a fine.

Geldstrafe, Bußgeld
Die häufigste Form der Strafe für ein kleines
Delikt ist eine Geldstrafe.

penalty n [ˈpenlti]
The court imposed a lesser penalty
because of the guilty plea.
→ punishment, sentence

Strafe
Das Gericht verhängte wegen des Schuldbe-
kenntnisses eine geringere Strafe.

punishment n [ˈpʌnɪʃmənt]
The victim thought the punishment was
too lenient.
→ penalty, sentence

Strafmaß, Strafe
Das Opfer empfand das Strafmaß als zu milde.

sentence n [ˈsentəns]
The maximum sentence was five years
imprisonment.
→ penalty, punishment

Strafmaß, Strafe
Das höchstmögliche Strafmaß war eine fünf-
jährige Gefängnisstrafe.

custodial sentence n [kʌˌstəʊdiəl ˈsentəns]
Some offences, like aggravated vehicle
theft, carry a custodial sentence.
→ prison sentence

Gefängnisstrafe, Haftstrafe
Einige Vergehen wie schwerer Kfz-Diebstahl
werden automatisch mit einer Gefängnisstrafe
geahndet.

prison sentence n ['prɪzn ˌsentəns]
The judge imposed a prison sentence of five years.
→ custodial sentence

remand in custody v [rɪˌmɑːnd in 'kʌstədi]
The court had to decide whether to remand the prisoner in custody.

young offenders institution n [ˌjʌŋ əˌfendəz ˌɪnstɪ'tjuːʃn]
He was too young to be sent to prison, so he was committed to a young offenders institution for three months.

bail n [beɪl]
He was released on bail.

acquittal n [ə'kwɪtl]
She rejoiced at her husband's acquittal.
→ discharge

discharge n ['dɪstʃɑːdʒ]
This was his first offence and the court gave him a discharge.
→ acquittal

Haftstrafe, Gefängnisstrafe
Die Richterin verhängte eine Haftstrafe von fünf Jahren.

in Untersuchungshaft nehmen

Das Gericht musste entscheiden, ob der Gefangene in Untersuchungshaft bleiben sollte.

Jugendstrafanstalt

Für eine Gefängnisstrafe war er zu jung. Deshalb wurde er für drei Monate in eine Jugendstrafanstalt eingewiesen.

Kaution
Er wurde gegen Kaution auf freien Fuß gesetzt.

Freispruch
Sie freute sich, weil ihr Mann freigesprochen wurde.

Freispruch
Es war sein erstes Vergehen und deshalb wurde er freigesprochen.

Legal proceedings

proceedings n pl [prə'siːdɪŋz]
The court proceedings were complex and protracted.

legal proceedings n pl [ˌliːgl prə'siːdɪŋz]
He instituted legal proceedings.

legal profession n [ˌliːgl prə'feʃn]
Training to enter the legal profession is usually long and expensive.

legal aid n [ˌliːgl 'eɪd]
He was very wealthy and was therefore not entitled to legal aid.

(distinct) legal entity n [dɪˌstɪŋkt ˌliːgl 'entəti]
A partnership is not a (distinct) legal entity and therefore can neither sue nor be sued.

legal fees n pl [ˌliːgl 'fiːz]
The longer the court hearing, the higher the legal fees.

legislation n [ˌledʒɪs'leɪʃn]
The government has introduced new legislation to stop rising crime.

Verfahren
Das Gerichtsverfahren war kompliziert und langwierig.

Prozess
Er strengte einen Prozess an.

Juristen, Anwaltschaft
Die juristische Ausbildung ist gewöhnlich langwierig und teuer.

Prozesskostenhilfe, Armenrecht
Da er sehr wohlhabend war, hatte er keinen Anspruch auf Prozesskostenhilfe.

juristische Person

Eine Personengesellschaft ist keine juristische Person und daher weder aktiv noch passiv prozessfähig.

Prozesskosten
Je länger das Gerichtsverfahren, umso höher die Prozesskosten.

Gesetze, Gesetzgebung
Die Regierung hat neue Gesetze eingebracht, um den Anstieg der Kriminalität zu stoppen.

statute n ['stætʃuːt]
Laws known as "statutes" are passed by
Parliament.

Gesetz
Die als „statutes" bekannten Gesetze werden
vom Parlament verabschiedet.

court n [kɔːt]
The court dismissed the appeal.

Gericht(shof)
Das Gericht verwarf den Revisionsantrag.

court hearing n ['kɔːt hɪərɪŋ]
A court hearing is an expensive affair.

Gerichtsverfahren, Prozesstermin
Ein Gerichtsverfahren ist teuer.

contempt of court n [kənˌtempt əv 'kɔːt]
The defendant was found in contempt of
court.

Missachtung des Gerichts
Der Angeklagte missachtete dem Richter
zufolge die Würde des Gerichts.

venue n ['venjuː]
The venue is Aberdeen.

Gerichtsstand
Der Gerichtsstand ist Aberdeen.

magistrate n ['mædʒɪstreɪt]
The majority of magistrates in England
and Wales are lay magistrates.

Amtsrichter(in)
Die Mehrzahl der Amtsrichter in England und
Wales sind Laienrichter.

magistrate's clerk n ['mædʒɪstreɪts
klaːk]
A magisrate's clerk is required for some
court cases to advise the magistrate on
the law.

juristischer Beisitzer (am Amtsgericht)

Bei vielen Prozessen ist ein juristischer Beisitzer
erforderlich, der den Richter hinsichtlich der
Rechtslage berät.

sheriff n *schott* ['ʃerɪf]
Scottish sheriffs are professional judges.

Richter(in)
Die schottischen „Sheriffs" sind Berufsrichter.

judge n [dʒʌdʒ]
He was brought before the judge.

Richter(in)
Er wurde dem Richter vorgeführt.

judg(e)ment n ['dʒʌdʒmənt]
Both parties were satisfied with the
judgement.

Urteil
Beide (Prozess-)Parteien waren mit dem Urteil
zufrieden.

adjudication n [əˌdʒuːdɪ'keɪʃn]
The court's adjudication was awaited
with much interest.

Entscheidung
Die Entscheidung des Gerichts wurde mit
großem Interesse erwartet.

rule v [ruːl]
The court ruled that the evidence was
inadmissible.

entscheiden
Das Gericht entschied, dass das Beweismaterial
nicht zulässig sei.

ruling n ['ruːlɪŋ]
The judge gave his ruling at noon.

Entscheidung
Der Richter fällte seine Entscheidung mittags.

judicial precedent n [dʒuːdɪʃl 'presɪdənt]
The lower court felt obliged to follow the
judicial precedent set by the higher
court.

Präzedenzfall
Die niedere Instanz fühlte sich verpflichtet, dem
durch die höhere Instanz geschaffenen Präzedenzfall zu folgen.

jurisdiction n [ˌdʒʊərɪs'dɪkʃn]
The court declined jurisdiction to deal
with the case.

Zuständigkeit
Das Gericht wies die Zuständigkeit für diesen
Fall von sich.

jury n ['dʒʊəri]
The jury returned a guilty verdict.

Geschworene, Schöffen, Schwurgericht
Die Geschworenen fällten einen Schuldspruch.

appeal n [ə'piːl]
We're considering lodging an appeal.

Berufung, Revision
Wir erwägen Berufung einzulegen.

appeal v [ə'piːl]
The company executives decided to appeal against the court's decision.

Berufung einlegen, Revision einlegen
Die Unternehmensleitung entschloss sich, Berufung gegen das Urteil des Gerichts einzulegen.

data protection n [ˌdeɪtə prə'tekʃn]
The minister said he regarded data protection legislation as very important.

Datenschutz
Der Minister sagte, er halte gesetzgeberische Maßnahmen auf dem Gebiet des Datenschutzes für sehr wichtig.

affidavit n [ˌæfə'deɪvɪt]
The judge commented that the witness's oral evidence was very different from his sworn affidavit.

Erklärung unter Eid
Die Richterin bemerkte, dass die mündlichen Aussagen des Zeugen sehr deutlich von seiner Erklärung unter Eid abwichen.

deposition n [ˌdepə'zɪʃn]
The court clerk took a deposition from the witness.

eidliche Zeugenaussage, Aussage unter Eid
Der Urkundsbeamte des Gerichts nahm eine eidliche Zeugenaussage ab.

evidence n ['evɪdəns]
The evidence in the case against the defendant was overwhelming.

Beweismaterial
In dem vorliegenden Fall war das Beweismaterial gegen den Angeklagten überwältigend.

give evidence v [ˌgɪv 'evɪdəns]
Any refusal to give evidence may be construed as an attempt to pervert the course of justice.

(vor Gericht) aussagen
Jede Aussageverweigerung kann als Versuch der Rechtsbeugung gedeutet werden.

injunction n [ɪn'dʒʌŋkʃn]

The company has sought an injunction in order to prevent the publication of the report.
→ interim order

einstweilige Verfügung, gerichtliche Anordnung
Die Gesellschaft hat eine einstweilige Verfügung beantragt, um die Veröffentlichung des Berichts zu verhindern.

interim order n [ˌɪntərɪm 'ɔːdə]
The court merely made an interim order as it was not able to come to a final decision.
→ injunction

einstweilige Verfügung
Da das Gericht sich nicht zu einer endgültigen Entscheidung durchringen konnte, erließ es lediglich eine einstweilige Verfügung.

material adj [mə'tɪərɪəl]
Any facts material to this case must be disclosed.

relevant, rechtserheblich
Alle für diesen Fall relevanten Tatsachen müssen offen gelegt werden.

pending adj ['pendɪŋ]
The lawsuit was pending at the time.

anhängig
Damals war das Verfahren noch anhängig.

petition n [pə'tɪʃn]
She filed a petition for divorce.

Antrag
Sie hat die Scheidung eingereicht.

probate n ['prəʊbeɪt]

A grant of probate was needed before he could dispose of his parents' estate.

gerichtliche Testamentsbestätigung, Testamentseröffnung
Bevor er über den Nachlass seiner Eltern verfügen konnte, war eine gerichtliche Testamentsbestätigung nötig.

process n ['prəʊses]
The court served a process on the company's directors.

Vorladung, gerichtliche Verfügung
Das Gericht stellte der Geschäftsführung der Gesellschaft eine Vorladung zu.

LAW

remedy n ['remədi]
"Legal remedy", as a rule, means instituting proceedings.

Rechtsbehelf, Abhilfe
„Rechtsbehelf" bedeutet in der Regel die Einleitung gerichtlicher Schritte.

search warrant n ['sɜːtʃ ˌwɒrənt]
Without a search warrant, the police are not authorized to enter and search premises.

Durchsuchungsbefehl
Ohne Durchsuchungsbefehl darf die Polizei keine Hausdurchsuchung durchführen.

stipulate v ['stɪpjuleɪt]
The Companies Act stipulates that all limited companies be duly registered.

festlegen, vertraglich vereinbaren
Für Kapitalgesellschaften sieht das entsprechende Gesetz eine ordnungsgemäße Registrierung vor.

subpoena v *lat* [sə'piːnə]
The court has subpoenaed fifteen witnesses.

unter Strafandrohung vorladen
Das Gericht hat fünfzehn Zeugen unter Strafandrohung vorgeladen.

summons n ['sʌmənz]
The court served a summons on her.

Vorladung, Ladung
Das Gericht stellte ihr eine Vorladung zu.

witness n ['wɪtnəs]
The witness was asked whether she had been at the scene of the crime at the time in question.

Zeuge, Zeugin
Die Zeugin wurde gefragt, ob sie zum fraglichen Zeitpunkt am Tatort gewesen sei.

writ n [rɪt]
The court has issued a writ banning publication of the article.

gerichtliche Verfügung
Das Gericht hat eine Verfügung erlassen, die die Veröffentlichung des Artikels untersagt.

advocate n *bes. schott* ['ædvəkət]
The advocate was asked to shorten his submissions.

Rechtsanwalt, -anwältin
Der Rechtsanwalt wurde gebeten, seinen Vortrag abzukürzen.

barrister n *GB* ['bærɪstə]
The barrister represented the accused at court.

Anwalt, Anwältin
Der Angeklagte wurde vor Gericht durch einen Anwalt vertreten.

district attorney n *US* [ˌdɪstrɪkt ə'tɜːni]
The district attorney is responsible for bringing charges for crimes committed within his or her district.
→ **procurator fiscal, prosecuting attorney, public prosecutor**

Bezirksstaatsanwalt, -anwältin
Der Bezirksstaatsanwalt ist für die Einleitung von Strafverfahren aufgrund von Verbrechen verantwortlich, die in seinem Bezirk begangen worden sind.

procurator fiscal n *schott* [ˌprɒkjureɪtə 'fɪskl]
In Scotland, procurators fiscal are usually referred to as "fiscals".
→ **district attorney, prosecuting attorney, public prosecutor**

Staatsanwalt, -anwältin

Die Staatsanwälte in Schottland werden gewöhnlich „fiscals" genannt.

prosecuting attorney n *US* [ˌprɒsɪkjuːtɪŋ ə'tɜːni]
The prosecuting attorney presented the case against the defendant.
→ **district attorney, procurator fiscal, public prosecutor**

Staatsanwalt, -anwältin

Der Staatsanwalt vertrat den Fall gegen den Angeklagten vor Gericht.

LAW

public prosecutor n GB [ˌpʌblɪk ˈprɒsɪkjuːtə]
The public prosecutor demanded five years' imprisonment for the accused.
→ **district attorney, prosecuting attorney, procurator fiscal**

Staatsanwalt, -anwältin

Die Staatsanwältin verlangte fünf Jahre Freiheitsentzug für den Angeklagten.

Crown Prosecution Service n GB [ˌkraʊn ˌprɒsɪˈkjuːʃn ˌsɜːvɪs] CPS [ˌsiː piː ˈes]
The CPS will only proceed with a case if they are convinced that there is a reasonable chance of conviction.

Staatsanwaltschaft

Die Staatsanwaltschaft wird nur tätig, wenn sie überzeugt ist, dass es eine begründete Chance auf Verurteilung gibt.

solicitor n [səˈlɪsɪtə]
He instructed a solicitor immediately.

Rechtsanwalt, -anwältin
Er beauftragte sogleich eine Anwältin mit der Wahrnehmung seiner Interessen.

pleadings n pl [ˈpliːdɪŋz]
The bundle of pleadings was extensive and took one day to read.

Schriftsätze
Die Schriftsätze waren umfangreich. Ihre Lektüre erforderte einen ganzen Tag.

submission n [səbˈmɪʃn]
The judge listened carefully to the lawyer's submissions.

Ausführungen, Vortrag
Der Richter hörte den Ausführungen der Anwältin genau zu.

attachment of earnings n [əˌtætʃmənt əv ˈɜːnɪŋz]
The order will be enforced by way of attachment of earnings.

Lohnpfändung, Gehaltspfändung

Die Verfügung wird auf dem Wege der Lohnpfändung vollstreckt.

burden of proof n [ˌbɜːdn əv ˈpruːf]
The burden of proof lay with the prosecution.

Beweislast
Die Beweislast oblag der Staatsanwaltschaft.

corporation n [ˌkɔːpəˈreɪʃn]
The BBC is a corporation.

Körperschaft des öffentlichen Rechts
Die BBC ist eine öffentlich-rechtliche Körperschaft.

domicile n [ˈdɒmɪsaɪl]
His domicile was in France.

Wohnsitz, Firmensitz
Sein Wohnsitz war in Frankreich.

health and safety regulations n pl [ˌhelθ ənd ˈseɪfti ˌregjuˌleɪʃnz]
The company thought the health and safety regulations too onerous.

Arbeitsschutzvorschriften

Die Firma sah die Arbeitsschutzvorschriften als zu große Belastung an.

equity n [ˈekwəti]
The court was keen to apply the principles of equity.

Billigkeitsrecht, Billigkeit
Das Gericht war bemüht, die Prinzipien des Billigkeitsrechts anzuwenden.

business law n [ˈbɪznəs lɔː]
She decided to specialize in business law.
→ **commercial law, mercantile law**

Handelsrecht, Wirtschaftsrecht
Sie beschloss, sich auf Handelsrecht zu spezialisieren.

civil law n [ˌsɪvl ˈlɔː]
Civil law deals with disputes between private parties.
→ **private law**

Privatrecht, Zivilrecht, bürgerliches Recht
Das Zivilrecht behandelt Streitfälle zwischen privaten Parteien.

LAW

private law n [ˌpraɪvət ˈlɔː]
All problems relating to conveyancing are covered by private law.
→ **civil law**

Privatrecht, Zivilrecht, bürgerliches Recht
Alle mit der Grundstücksübertragung zusammenhängenden Probleme werden vom Privatrecht abgedeckt.

common law n [ˌkɒmən ˈlɔː]
Common law is a vital part of the English legal system.

Gewohnheitsrecht
Das Gewohnheitsrecht ist ein zentraler Bestandteil des englischen Rechtssystems.

employment law n [ɪmˈplɔɪmənt lɔː]
The trade unions thought that the new employment law favoured the employers.
→ **industrial law**

Arbeitsrecht
Die Gewerkschaften waren der Auffassung, das neue Arbeitsrecht bevorzuge die Arbeitgeber.

industrial law n [ɪnˌdʌstriəl ˈlɔː]
The Factory Acts of the early nineteenth century are the first examples of industrial law in Britain.
→ **employment law**

Arbeitsrecht
Die Fabrikgesetze im frühen neunzehnten Jahrhundert sind das erste Beispiel für Arbeitsrecht in Großbritannien.

appellate court n [əˈpelət ˌkɔːt]
The appellate court is the court to turn to if you want to lodge an appeal.
→ **Court of Appeal**

Berufungsgericht, Revisionsinstanz
Das Berufungsgericht ist das Gericht, an das man sich wendet, wenn man Berufung einlegen will.

Court of Appeal n GB [ˌkɔːt əv əˈpiːl]
The so-called "Law Lords" (Lords of Appeal in Ordinary) are the ultimate court of appeal in the UK.
→ **appellate court**

Berufungsgericht, Revisionsinstanz
Die so genannten „Law Lords" sind das letztinstanzliche Berufungsgericht im Vereinigten Königreich.

circuit court of appeal n US [ˌsɜːkɪt ˌkɔːt əv əˈpiːl]
Circuit courts of appeal try more important civil and criminal cases.

Bundesberufungsgericht, zweitinstanzliches Schwurgericht
Bundesberufungsgerichte entscheiden über größere Zivil- und Strafsachen.

District Court n schott, US [ˌdɪstrɪkt ˈkɔːt]
District courts are presided over by lay justices of the peace.
→ **Magistrates' Court**

Amtsgericht, Bezirksgericht
Amtsgerichten sitzen Laienrichter vor.

High Court n schott [ˈhaɪ ˌkɔːt]
In Scotland, the High Court in Edinburgh has exclusive jurisdiction in cases involving murder, treason and rape.

Oberstes Gericht
In Schottland ist allein das Oberste Gericht in Edinburgh zuständig für Fälle von Mord, Hochverrat und Vergewaltigung.

Magistrates' Court n engl., wal. [ˈmædʒɪstreɪts ˌkɔːt]
All cases are first referred to the Magistrates' Court.
→ **District Court**

Amtsgericht, erstinstanzliches Gericht
Alle Fälle werden zunächst ans Amtsgericht verwiesen.

Sheriff Court n schott [ˈʃerɪf ˌkɔːt]
Sheriff Courts handle lesser offences which carry prison sentences for repeat offenders of up to six months.

Schwurgericht
Schwurgerichte in Schottland behandeln weniger schwerwiegende Vergehen, auf die im Wiederholungsfall Gefängnisstrafen von bis zu sechs Monaten stehen.

Supreme Court n *US* [suː,priːm 'kɔːt]
The United States Supreme Court is the final court of appeal and the constitutional court.

Crown Court n *GB* [‚kraʊn 'kɔːt]
Trial before a Crown Court is by jury.

Oberstes Bundesgericht
Das Oberste Bundesgericht der Vereinigten Staaten ist das letztinstanzliche Gericht und das Verfassungsgericht.

Landgericht für Strafsachen
Prozesse vor dem „Crown Court" finden vor Geschworenen statt.

Appeal procedure in England and Wales

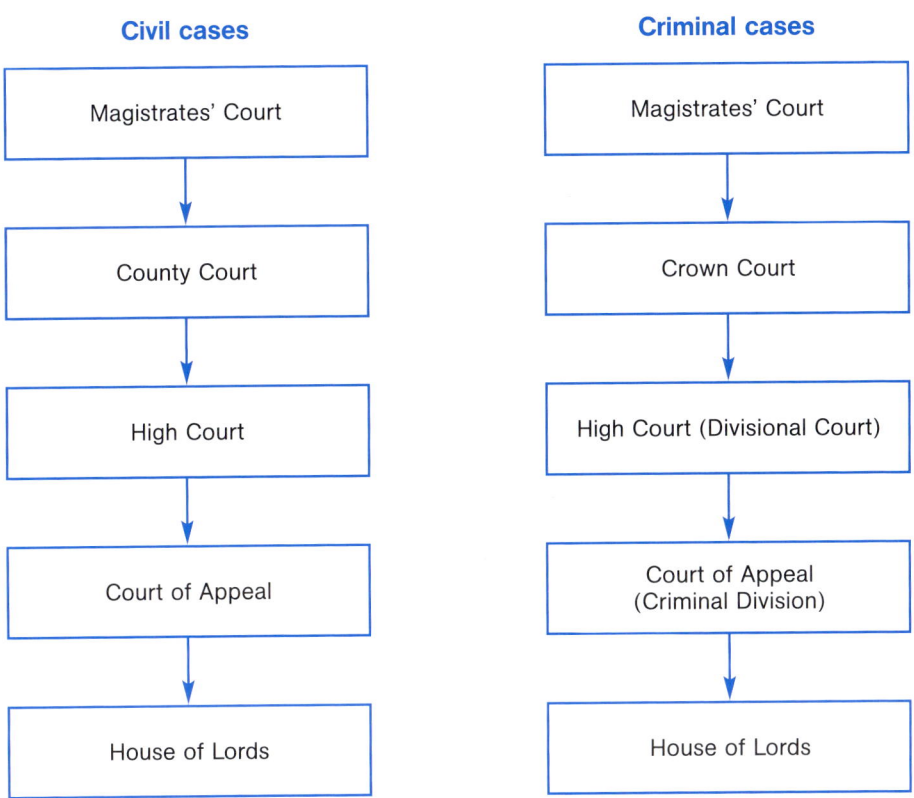

Civil cases

- Magistrates' Court
- County Court
- High Court
- Court of Appeal
- House of Lords

Criminal cases

- Magistrates' Court
- Crown Court
- High Court (Divisional Court)
- Court of Appeal (Criminal Division)
- House of Lords

TAXES AND SOCIAL SECURITY

Taxation

taxation n [tæk'seɪʃn]
Taxation is the primary source of revenue of any government.

Besteuerung
Die Besteuerung ist die wichtigste Einkommensquelle jeder Regierung.

tax n [tæks]
Last year I had to pay £5,000 in tax.

Steuer
Im letzten Jahr musste ich 5.000 Pfund Steuern zahlen.

tax v [tæks]
There is hardly anything that governments have not tried to tax.

besteuern
Es gibt kaum etwas, das Regierungen nicht zu besteuern versucht hätten.

Inland Revenue n GB [ˌɪnlənd 'revənjuː]
IR [ˌaɪ 'ɑː]
Don't forget to file your income tax return with the Inland Revenue.

Finanzamt, Einkommensteuerbehörde

Vergessen Sie nicht, Ihre Einkommensteuererklärung beim Finanzamt abzugeben.

taxman n coll ['tæksmən]
You can't beat the taxman. Cheating him is illegal.

Finanzamt
Das Finanzamt ist allmächtig. Wenn man es betrügt, macht man sich strafbar.

tax inspector n ['tæks ɪnˌspektə]

If you have problems with your tax return, you have to write to your tax inspector.

Finanzbeamter, -beamtin, Steuerinspektor(in)
Wenn Sie Probleme mit Ihrer Steuererklärung haben, müssen Sie dem zuständigen Finanzbeamten schreiben.

Internal Revenue Service n US [ɪnˌtɜːnl 'revənuː ˌsɜːvɪs]
IRS [ˌaɪ ɑːr 'es]
The Internal Revenue Service (IRS) collects individual and corporate taxes.

Bundessteuerbehörde

Die amerikanische Bundessteuerbehörde zieht Privat- und Körperschaftssteuern ein.

Treasury Secretary n US ['treʒəri ˌsekrəteri]
The Federal Reserve System is independent of the Treasury Secretary.

Finanzminister(in)

Die amerikanische Zentralbank ist vom Finanzminister unabhängig.

Chancellor of the Exchequer n GB [ˌtʃɑːnsələr əv ði ɪks'tʃekə]
Among other things, the Chancellor of the Exchequer exercises partial control over the Bank of England.

Schatzkanzler(in), Finanzminister(in)

Unter anderem unterliegt die Bank von England teilweise der Kontrolle durch den Schatzkanzler.

federal tax n US ['fedərəl ˌtæks]
Federal taxes serve to pay for federal expenditures.

Bundessteuer
Bundessteuern dienen der Finanzierung von Ausgaben der Bundesregierung.

state tax n US ['steɪt tæks]
State taxes must be paid in each US state. These taxes may be direct or indirect.

einzelstaatliche Steuer
Einzelstaatliche Steuern müssen in jedem amerikanischen Bundesstaat entrichtet werden. Diese Steuern können direkt oder indirekt sein.

revenue(s) n ['revənjuːz]
If revenues do not increase this year, the government will have to issue gilts.

tax revenue(s) n ['tæks ˌrevənjuːz]
Tax revenues are nowadays insufficient to pay for all public expenditures.
→ tax take

tax take n ['tæks teɪk]
If the tax take is not sufficient to meet budgetary requirements, the administration will have to issue bonds.
→ tax revenue(s)

fiscal adj ['fɪskl]
In the UK, the fiscal year runs from 6 April to 5 April of the following year, while the corresponding period in the USA is 1 July to 30 June.

tax assessment n ['tæks əˌsesmənt]
Your tax assessment is calculated on your income minus various allowances.

assess v [ə'ses]
The tax you pay is assessed on the basis of your taxable income.

compute v [kəm'pjuːt]
Computing your tax liability is a complicated procedure.

charge v [tʃɑːdʒ]
Excise duties are usually charged at source.

at source adv [ət 'sɔːs]
Income tax is, as a rule, collected at source.

deduct v [dɪ'dʌkt]
Tax will be deducted automatically from your income.

tax-deductible adj [ˌtæks dɪ'dʌktəbl]
Business lunches are tax-deductible in many countries.

deductible adj [dɪ'dʌktəbl]
Life assurance premiums used to be tax deductible in Britain.

set against tax v [ˌset əˌgenst 'tæks]
Your tax accountant will tell you what you can set against tax.

liable to tax adj [ˌlaɪəbl tə 'tæks]
All incomes above a certain threshold are liable to tax.

(Staats-)Einnahmen, Steueraufkommen
Wenn die Staatseinnahmen in diesem Jahr nicht steigen, muss die Regierung Anleihen ausgeben.

Steueraufkommen
Das Steueraufkommen reicht heutzutage nicht aus, um alle öffentlichen Ausgaben zu finanzieren.

Steueraufkommen
Wenn das Steueraufkommen zur Deckung der Haushaltserfordernisse nicht ausreicht, dann muss die Regierung Schuldverschreibungen ausgeben.

Steuer-, Finanz-
Im Vereinigten Königreich umfasst das Steuerjahr den Zeitraum 6. April bis 5. April des folgenden Jahres, in den USA 1. Juli bis 30. Juni.

Steuerveranlagung, Steuerbescheid
Ihre Steuer wird auf der Basis Ihres Einkommens abzüglich verschiedener Freibeträge berechnet.

veranlagen
Sie werden auf der Grundlage Ihres steuerpflichtigen Einkommens zur Steuer veranlagt.

berechnen
Die Berechnung Ihrer Steuerschuld ist ein kompliziertes Verfahren.

erheben
Verbrauchssteuern werden normalerweise an der Quelle erhoben.

an der Quelle
Die Einkommensteuer wird in der Regel an der Quelle eingezogen.

abziehen
Steuern werden automatisch von Ihrem Einkommen abgezogen.

steuerlich absetzbar
Geschäftsessen sind in vielen Ländern steuerlich absetzbar.

absetzbar, abzugsfähig
In Großbritannien waren Lebensversicherungsprämien früher steuerlich absetzbar.

steuerlich geltend machen
Ihr Steuerberater wird Ihnen sagen, was Sie steuerlich geltend machen können.

steuerpflichtig
Alle Einkommen oberhalb einer gewissen Schwelle sind steuerpflichtig.

tax liability n ['tæks ˈlaɪəˌbɪləti]
Your tax liability will rise in tandem with
your income.

Steuerschuld, Steuerpflicht
Ihre Steuerschuld steigt parallel zu Ihrem
Einkommen.

remit v [rɪˈmɪt]
Taxes collected at source are remitted to
the relevant tax authorities.

abführen, überweisen
An der Quelle erhobene Steuern werden an die
jeweiligen Steuerbehörden abgeführt.

land tax n ['lænd tæks]
In some countries land owners have to
pay a land tax.

Grundsteuer
In einigen Ländern müssen Grundeigentümer
eine Grundsteuer zahlen.

capitation tax n [ˌkæpɪˈteɪʃn ˌtæks]
Capitation tax is perhaps the oldest form
of taxation and it has never been
popular.
→ poll tax

Kopfsteuer
Die Kopfsteuer ist möglicherweise die älteste
Steuerart und sie war noch nie beliebt.

poll tax n ['pəʊl ˌtæks]
A poll tax is levied at the same rate on
every adult person in the community.
→ capitation tax

Kopfsteuer
Alle erwachsenen Bürger einer Gemeinde
zahlen den gleichen Kopfsteuersatz.

local tax n ['ləʊkl ˌtæks]
Local taxes may be charged on property,
on income or on goods sold locally.

Kommunalsteuer
Kommunalsteuern können auf Immobilien,
Einkommen oder auf am Ort verkaufte Waren
erhoben werden.

property tax n US ['prɒpəti ˌtæks]
Property tax is not only imposed on
land.

Vermögenssteuer
Vermögensteuer wird nicht nur auf Grund-
stücke erhoben.

withholding tax n [wɪðˈhəʊldɪŋ ˌtæks]
Wage and salary earners have their
income tax deducted as a withholding
tax.

Quellensteuer, einbehaltene Steuer
Lohn- und Gehaltsempfängern wird die Einkommensteuer als Quellensteuer abgezogen.

tax avoidance n ['tæks əˌvɔɪdəns]
Tax avoidance is an art, while tax
evasion constitutes a criminal offence.

Steuervermeidung
Steuervermeidung ist eine Kunst, während
Steuerhinterziehung ein Vergehen darstellt.

tax evasion n ['tæks ɪˌveɪʒn]
Anyone found guilty of tax evasion
could end up behind bars.

Steuerhinterziehung
Jeder, der der Steuerhinterziehung überführt
wird, kann im Gefängnis landen.

tax base n ['tæks beɪs]

With regard to VAT, the price of an item
at the point of sale is also the tax base.

**Besteuerungsgrundlage, Bemessungsgrund-
lage**
Für die Mehrwertsteuer ist der Preis einer Ware
am Ort des Verkaufs gleichzeitig die Besteuerungsgrundlage.

tax burden n ['tæks bɜːdn]
Some people consider their tax burden
too high and emigrate.

Steuerlast, steuerliche Belastung
Einige Leute empfinden ihre Steuerlast als zu
hoch und wandern aus.

tax credit n ['tæks kredɪt]
Tax credits help you to reduce your tax
burden.
→ tax offset, tax voucher

Steuergutschrift, Steueranrechnung
Steuergutschriften helfen Ihnen, Ihre steuerliche
Belastung zu reduzieren.

tax offset n ['tæks ˌɒfset]
Any corporation tax already paid by a business can be claimed as a tax offset.
→ **tax credit, tax voucher**

tax voucher n ['tæks ˌvaʊtʃə]
Shareholders receive a tax voucher for the advance corporation tax paid by their company.
→ **tax credit, tax offset**

tax cut n ['tæks kʌt]
Tax cuts can lead to huge budget deficits.

tax exemption n ['tæks ɪgˌzempʃn]
Various forms of tax exemption exist for charities.

tax exile n ['tæks eksaɪl]
The Channel Islands are teeming with tax exiles.

tax loss n ['tæks lɒs]
Tax losses are employed deliberately by companies as a means of tax avoidance.

tax regime n ['tæks reɪʒiːm]
Social justice should be an integral part of all tax regimes.

tax shelter n ['tæks ʃeltə]
We have decided to transfer some of our operations to Ireland because the Irish tax regime constitutes a tax shelter.
→ **tax haven**

tax haven n ['tæks heɪvn]
The Channel Islands and the Isle of Man owe their popularity to tourism and to the fact that they are tax havens.
→ **tax shelter**

tax shifting n ['tæks ˌʃɪftɪŋ]
Excise duties on alcohol and tobacco are a good example of tax shifting, as the tax ultimately has to be paid by the consumer.

tax-free adj [ˌtæks'friː]
Goods taken abroad are usually tax-free.

tax consultant n ['tæks kənˌsʌltənt]
The tax regime is so complicated that many people regard employing a tax consultant as a necessity.
→ **accountant**

Steuergutschrift, Steueranrechnung
Bereits von einem Unternehmen entrichtete Körperschaftssteuer kann als Steuergutschrift geltend gemacht werden.

Steuergutschrift
Aktionäre erhalten für die von ihrem Unternehmen entrichtete Körperschaftssteuervorauszahlung eine Steuergutschrift.

Steuersenkung
Steuersenkungen können zu riesigen Haushaltsdefiziten führen.

Steuerbefreiung
Für Wohlfahrtsverbände gibt es verschiedene Formen der Steuerbefreiung.

Steuerflüchtling
Auf den Kanalinseln wimmelt es von Steuerflüchtlingen.

steuerwirksamer Verlust
Steuerwirksame Verluste werden ganz bewusst von Firmen zur Steuervermeidung eingesetzt.

Steuersystem, Steuerordnung
Soziale Gerechtigkeit sollte ein Bestandteil aller Steuersysteme sein.

Steueroase
Wir haben uns entschlossen, einen Teil unserer Tätigkeit nach Irland zu verlagern, weil das irische Steuersystem eine Steueroase darstellt.

Steueroase
Die Kanalinseln und die Insel Man verdanken ihre Beliebtheit dem Fremdenverkehr und der Tatsache, dass sie Steueroasen sind.

Steuerüberwälzung
Warensteuern auf Alkohol und Tabak sind ein gutes Beispiel für Steuerüberwälzung, da diese letztlich vom Verbraucher gezahlt werden müssen.

steuerfrei
Waren, die ins Ausland verbracht werden, sind normalerweise steuerfrei.

Steuerberater(in)
Das Steuersystem ist so kompliziert, dass viele Leute nicht mehr ohne Steuerberater auskommen.

accountant n [əˈkaʊntənt]
According to my accountant, I need a
new car for writing-off purposes.
→ tax consultant

Steuerberater(in)
Meiner Steuerberaterin zufolge brauche ich zu
Abschreibungszwecken ein neues Auto.

unearned income n [ˌʌnɜːnd ˈɪnkʌm]
Under some tax regimes, unearned
income is taxed at a higher rate than
earned income.

Einkommen aus Kapitalvermögen
Bei einigen Steuersystemen werden Einkommen
aus Kapitalvermögen stärker besteuert als Einkommen aus selbstständiger und nichtselbst-
ständiger Arbeit.

rate structure n [ˈreɪt ˌstrʌktʃə]
The rate structure of various taxes is not
only complicated but subject to change
from time to time.

Tarifstruktur
Die Tarifstruktur verschiedener Steuern ist
nicht nur kompliziert, sondern wird auch von
Zeit zu Zeit verändert.

standard rate n [ˈstændəd ˌreɪt]
The standard rates of VAT vary
throughout Europe, ranging from 10 to
20 per cent.

Standardsatz
Die Standardsätze der Mehrwertsteuer weichen
in Europa voneinander ab. Sie bewegen sich
zwischen 10 und 20 Prozent.

reduced rate n [rɪˌdjuːst ˈreɪt]
In Germany, value added tax on food is
charged at a reduced rate.

reduzierter Satz
In Deutschland wird für Lebensmittel ein
reduzierter Mehrwertsteuersatz erhoben.

zero rate n [ˈzɪərəʊ ˌreɪt]
Some items, e.g. food and children's
clothes, are charged at the zero rate of
VAT in the UK.

Nullsatz
Einige Dinge, z. B. Lebensmittel und Kinderbe-
kleidung, sind im Vereinigten Königreich von
der Mehrwertsteuer befreit.

respite n [ˈrespaɪt]

If you can't pay your due tax, you may
be granted a respite.

**Zahlungsaufschub, Fristverlängerung,
Stundung**
Wenn Sie Ihre Steuerschuld nicht zahlen kön-
nen, dann wird Ihnen möglicherweise ein
Zahlungsaufschub gewährt.

budget n [ˈbʌdʒɪt]
On account of the public sector borrowing requirement, balanced budgets are
the exception rather than the rule.

Haushalt, Etat
Aufgrund des Kreditbedarfs der öffentlichen
Hand sind ausgeglichene Haushalte eher die
Ausnahme.

Budget Day n GB [ˈbʌdʒɪt deɪ]
On Budget Day, the Chancellor of the
Exchequer announces changes in tax
rates, which become effective at six p.m.
on the same day.

Tag der Vorlage des Haushalts
Am Tag der Haushaltsvorlage gibt der Schatzkanzler Veränderungen der Steuersätze bekannt, die um 18 Uhr desselben Tages in Kraft
treten.

fine v [faɪn]

You'll be fined if you don't pay your tax
bill by a certain date.

**mit einem Bußgeld belegen, eine Geldstrafe
verhängen**
Sie werden ein Bußgeld zahlen müssen, wenn
Sie Ihre Steuer nicht bis zu einem bestimmten
Termin bezahlen.

incentive n [ɪnˈsentɪv]
Tax cuts are an incentive to work harder
or, in the case of indirect tax, to spend
more.

Anreiz
Steuersenkungen sind ein Anreiz zur
Mehrarbeit bzw. zu größeren Ausgaben bei
indirekten Steuern.

Direct and indirect taxes

direct taxes n pl [ˌdərekt ˈtæksɪz]
Income tax is a direct tax.

direkte Steuern
Einkommensteuer ist eine direkte Steuer.

indirect taxes n pl [ˌɪndərekt ˈtæksɪz]
Indirect taxes are counted as excise duties.

indirekte Steuern
Zu den indirekten Steuern gehören die Verbrauchssteuern.

allowance n [əˈlaʊəns]
Various allowances enable you to reduce your tax burden.

Freibetrag
Verschiedene Freibeträge ermöglichen Ihnen eine Minderung Ihrer steuerlichen Belastung.

deduction n [dɪˈdʌkʃn]
Tax deductions can be claimed on various items, e.g. work-related expenditures.

abzugsfähiger Posten, Steuerabzug
Es gibt verschiedene abzugsfähige Posten, z. B. Werbungskosten.

set off against v [ˌset ˈɒf əˌgenst]
Companies set off profits against losses.

verrechnen mit
Unternehmen verrechnen Gewinne mit Verlusten.

tax band n [ˈtæks bænd]
There are only four tax bands in the UK at present – zero, 10%, 22% and 40%.
→ tax bracket

Steuerklasse, Steuerstufe
Zur Zeit gibt es nur drei Steuerklassen in Großbritannien: Null, 10 %, 22 % und 40 %.

tax bracket n [ˈtæks ˌbrækɪt]
Until the 1980s, people in the higher tax brackets paid up to 85% of their income to the taxman.
→ tax band

Steuerklasse, Steuerstufe
Bis zu den 80er Jahren des letzten Jahrhunderts zahlten Leute in den höheren Steuerklassen bis zu 85 % ihres Einkommens an das Finanzamt.

Direct and indirect taxes in the EU

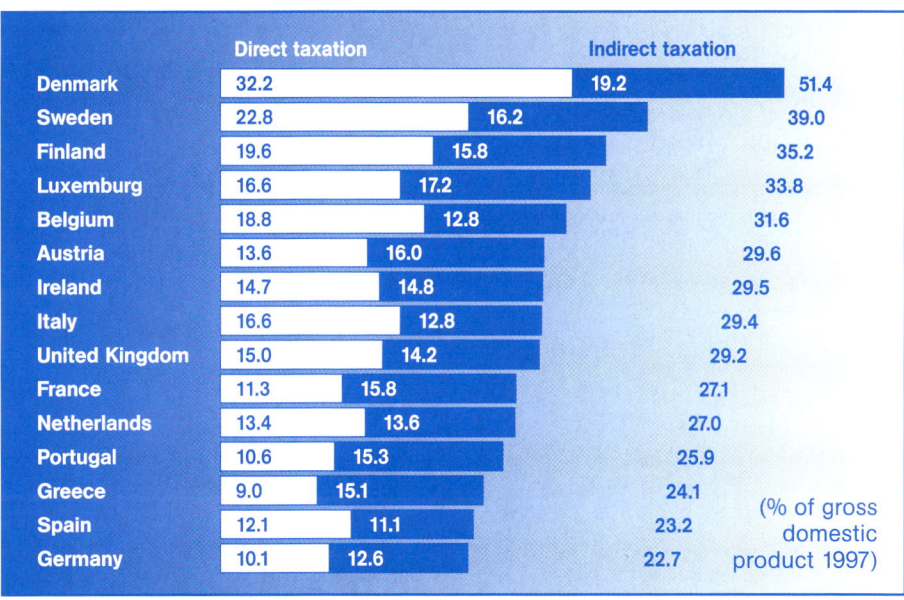

	Direct taxation	Indirect taxation	
Denmark	32.2	19.2	51.4
Sweden	22.8	16.2	39.0
Finland	19.6	15.8	35.2
Luxemburg	16.6	17.2	33.8
Belgium	18.8	12.8	31.6
Austria	13.6	16.0	29.6
Ireland	14.7	14.8	29.5
Italy	16.6	12.8	29.4
United Kingdom	15.0	14.2	29.2
France	11.3	15.8	27.1
Netherlands	13.4	13.6	27.0
Portugal	10.6	15.3	25.9
Greece	9.0	15.1	24.1
Spain	12.1	11.1	23.2
Germany	10.1	12.6	22.7

(% of gross domestic product 1997)

tax relief n ['tæks rɪˌliːf]
The German tax regime allows you to claim tax relief on work-related expenses.

Steuerermäßigung, Steuervergünstigung
Die deutsche Steuerordnung gestattet die Inanspruchnahme von Steuerermäßigungen für Werbungskosten.

tax return n ['tæks rɪˌtɜːn]
Completing a tax return requires a lot of time and effort.

Steuererklärung
Das Ausfüllen einer Steuererklärung erfordert viel Zeit und Aufwand.

tax schedule n *GB* ['tæks ˌʃedjuːl]
Tax schedule E covers earned income, e.g. wages and salaries.

Anlage (zur Steuererkärung)
Anlage E deckt Einkommen aus einer Erwerbstätigkeit ab, z. B. Löhne und Gehälter.

tax threshold n ['tæks ˌθreʃhəʊld]
All income below the tax threshold is tax-exempt.

Eingangssteuersatz
Alle Einkünfte unterhalb des Eingangssteuersatzes sind steuerfrei.

tax break n ['tæks breɪk]
Tax breaks act as incentives for investors.
→ **tax holiday**

zeitweilige Steuerbefreiung, steuerfreie Zeit
Zeitweilige Steuerbefreiungen dienen Anlegern als Anreiz.

tax holiday n ['tæks ˌhɒlədeɪ]
Ireland has attracted considerable inward investment by offering tax holidays.
→ **tax break**

zeitweilige Steuerbefreiung, steuerfreie Zeit
Durch das Angebot zeitweiliger Steuerbefreiung hat Irland erhebliche ausländische Investitionen hereingeholt.

on a sliding scale adv [ɒn ə ˌslaɪdɪŋ 'skeɪl]
In Germany, income tax is charged on a sliding scale, i.e. the more you earn, the higher your rate of tax.

progressiv
In Deutschland wird die Einkommensteuer progressiv erhoben, d. h. je mehr man verdient, umso höher der Steuersatz.

proportional rate n [prəˌpɔːʃənl 'reɪt]
The majority of Britain's taxpayers are assessed for income tax at the proportional rate of 22%.

Proportionalsatz
Die Mehrzahl der britischen Steuerzahler werden mit dem Proportionalsatz von 22 % zur Einkommensteuer veranlagt.

taxable income n [ˌtæksəbl 'ɪnkʌm]
As your taxable income rises, so will your tax burden.

steuerpflichtiges Einkommen
In dem Maße, wie Ihr steuerpflichtiges Einkommen steigt, steigt auch Ihre steuerliche Belastung.

income tax n ['ɪnkʌm ˌtæks]
In Great Britain income tax is charged at 10, 24 or 40% respectively.

Einkommensteuer
In Großbritannien werden Einkommen mit 10, 24 % bzw. 40 % besteuert.

income tax assessment n [ˌɪnkʌm tæks ə'sesmənt]
The Inland Revenue will send you your income tax assessment.

Einkommensteuerbescheid
Das Finanzamt wird Ihnen Ihren Einkommensteuerbescheid zuschicken.

income tax return n [ˌɪnkʌm tæks rɪ'tɜːn]
You mustn't forget to file your income tax return.

Einkommensteuererklärung
Sie dürfen nicht vergessen Ihre Einkommensteuererklärung abzugeben.

file v [faɪl]
You are required to file your tax return by the end of the month at the latest.

einreichen, abgeben
Sie müssen Ihre Steuererklärung bis spätestens Monatsende einreichen.

PAYE system n GB [ˌpiː eɪ waɪ ˈiː sɪstəm] pay-as-you-earn system [ˌpeɪ əz juː ˈɜːn sɪstəm]
PAYE saves the tax authorities a lot of money and man-hours.

capital gains tax n [ˌkæpɪtl ˈɡeɪnz tæks]
Capital gains tax is merely a tax on short-term speculative gains.

capital transfer tax n GB [ˌkæpɪtl ˈtrænsfɜː ˌtæks]
Capital transfer tax was introduced in the 1970s because many people avoided estate duty by making lifetime gifts to their children.
→ gift tax

gift tax n US [ˈɡɪft tæks]
A gift tax is really a tax on certain types of capital transfer.
→ capital transfer tax

corporation tax n [ˌkɔːpəˈreɪʃn tæks]
The profits of limited companies are liable to corporation tax.

advance corporation tax n [ədˌvɑːns kɔːpəˈreɪʃn tæks]
Advance corporation tax can be used as a tax credit, thus avoiding double taxation.

council tax n [ˈkaʊnsl tæks]
Council tax pays for local government and local services.

death tax n US [ˈdeθ tæks]
The heirs of the deceased will have to pay death tax on the estate if the latter exceeds a certain value.
→ estate duty, inheritance tax

estate duty n GB old [ɪˈsteɪt djuːti]
Estate duty was originally designed to bring about a redistribution of wealth.
→ death tax, inheritance tax

inheritance tax n [ɪnˈherɪtəns tæks]
Only assets well in excess of £100,000 are subject to inheritance tax.
→ death tax, estate duty

input tax n [ˈɪnpʊt tæks]
The input tax paid by your supplier can be deducted from your output tax.

Lohnsteuerabzugsverfahren

Das Lohnsteuerabzugsverfahren erspart den Steuerbehörden viel Geld und Arbeitsstunden.

Kapitalgewinnsteuer, Spekulationssteuer
Die Kapitalgewinnsteuer ist lediglich eine Steuer auf kurzfristig erzielte Spekulationsgewinne.

Schenkungs- und Erbschaftssteuer

Die Schenkungs- und Erbschaftssteuer wurde in den 70er Jahren des 20. Jahrhunderts eingeführt, weil viele Leute die Erbschaftssteuer umgingen, indem sie ihren Kindern zu ihren Lebzeiten Schenkungen machten.

Schenkungssteuer
Eine Schenkungssteuer ist in Wirklichkeit eine Steuer auf bestimmte Arten der Kapitalübertragung.

Körperschaftssteuer
Die Gewinne von Kapitalgesellschaften unterliegen der Körperschaftssteuer.

Körperschaftssteuervorauszahlung

Körperschaftssteuervorauszahlungen können als Steuergutschrift verwendet werden, sodass eine Doppelbesteuerung vermieden wird.

Kommunalsteuer
Die Kommunalsteuer dient zur Finanzierung der Kommunalverwaltung und kommunaler Dienstleistungen.

Erbschaftssteuer
Die Erben des Verstorbenen müssen Erbschaftssteuer auf den Nachlass zahlen, wenn Letzterer einen gewissen Wert übersteigt.

Erbschaftssteuer
Der ursprüngliche Zweck der Erbschaftssteuer bestand darin, eine Umverteilung des Reichtums herbeizuführen.

Erbschaftssteuer
Nur Nachlässe, die deutlich über 100.000 Pfund liegen, unterliegen der Erbschaftssteuer.

Vorsteuer
Die von Ihrem Lieferanten entrichtete Vorsteuer kann von Ihrer Umsatzsteuer abgezogen werden.

output tax n ['aʊtpʊt tæks]
Every seller has to pay output tax.

road tax n ['rəʊd tæks]
In some countries, road tax is levied at a flat rate.
→ vehicle excise duty

vehicle excise duty n [ˌviːəkl 'eksaɪz ˌdjuːti]
Vehicle excise duty on all cars is levied at a flat rate in Great Britain.
→ road tax

sales tax n *US* ['seɪlz tæks]
US states have their own types and rates of sales tax.

value added tax n ['væljuː ˌædɪd tæks]
VAT [ˌviː eɪ 'tiː]
Value-added tax is levied at every stage in the distribution process.

excise duties n pl ['eksaɪz ˌdjuːtiːz]
Excise duties are one of the oldest forms of taxation.

duty on hydrocarbon fuels n *GB* [ˌdjuːti ɒn ˌhaɪdrəʊˌkɑːbən 'fjuːəlz]
Duty on hydrocarbon fuels is easy to collect and yields enormous revenues.

Umsatzsteuer, Bruttomehrwertsteuer
Jeder Verkäufer muss Umsatzsteuer zahlen.

Kraftfahrzeugsteuer
In einigen Ländern wird die Kraftfahrzeugsteuer pauschal erhoben.

Kraftfahrzeugsteuer

In Großbritannien wird für alle Autos ein einheitlicher Kfz-Steuersatz erhoben.

Umsatzsteuer
Amerikanische Bundesstaaten haben ihre eigenen Umsatzsteuersysteme und -sätze.

Mehrwertsteuer (MwSt)

Mehrwertsteuer wird auf jeder Stufe des Vertriebsweges erhoben.

Verbrauchssteuer(n), Warensteuer(n)
Verbrauchssteuern gehören zu den ältesten Formen der Besteuerung.

Mineralölsteuer

Die Mineralölsteuer ist leicht einzutreiben und sorgt für erhebliche Steuereinkünfte.

Benefits and contributions

benefit n ['benɪfɪt]
You are entitled to claim benefits if you have paid National Insurance contributions.

contributions n pl *GB* [ˌkɒntrɪ'bjuːʃnz]
Even if you haven't paid any National Insurance contributions, you are entitled to claim social security.

voluntary contributions n pl *GB* [ˌvɒləntri ˌkɒntrɪ'bjuːʃnz]
Voluntary contributions can help protect your retirement pension, but they don't count towards unemployment benefit.

pension n ['penʃn]
More and more people are taking out endowment policies to supplement their pensions.

state pension n [ˌsteɪt 'penʃn]
You will receive a state pension once you reach retirement age.

Beihilfe, staatliche Leistung
Sie sind berechtigt, Beihilfen zu beanspruchen, wenn Sie Sozialversicherungsbeiträge gezahlt haben.

Beiträge (zur Sozialversicherung)
Sie haben eine Anspruch auf Sozialhilfe, selbst wenn Sie keine Sozialversicherungsbeiträge entrichtet haben.

freiwillige Beiträge (zur Sozialversicherung)

Freiwillige Beiträge helfen bei der Absicherung der Altersrente, aber sie werden beim Arbeitslosengeld nicht berücksichtigt.

Rente, Pension
Immer mehr Leute schließen eine Kapitallebensversicherung zur Ergänzung ihrer Rente ab.

staatliche Rente, Einheitsrente
Sie erhalten eine staatliche Rente, wenn Sie das Rentenalter erreicht haben.

state earnings-related pension scheme n [ˌsteɪt ˌɜːnɪŋz rɪˌleɪtɪd ˈpenʃn skiːm] SERPS [sɜːps]
SERPS was phased in over a period of ten years.

additional pension n [əˌdɪʃənl ˈpenʃn]
The additional pension is earnings-related.

basic pension n GB [ˌbeɪsɪk ˈpenʃn]
Your basic pension depends on how many qualifying years your National Insurance contribution record contains.

occupational pension n GB [ɒkjuˌpeɪʃənl ˈpenʃn]
If you are a member of an employer's occupational pension scheme, you can contract out of the state additional pension scheme.

old age pensioner n [ˌəʊld eɪdʒ ˈpenʃənə] OAP [ˌəʊ eɪ ˈpiː]
In some cities, OAPs travel free of charge on public transport.

old age pension n [ˌəʊld eɪdʒ ˈpenʃn]
Some OAPs receive an occupational pension to supplement their old age pension.
→ retirement pension, superannuation

retirement pension n GB [rɪˈtaɪəmənt ˌpenʃn]
You are entitled to a retirement pension when you reach the statutory pensionable age.
→ old age pension, superannuation

superannuation n GB [ˌsuːpərˌænjuˈeɪʃn]
On retirement, civil servants receive superannuation.
→ old age pension, retirement pension

widow's pension n GB [ˌwɪdəʊz ˈpenʃn]
A widow's pension is a taxable weekly benefit for widows aged 45 or over.

widow's payment n GB [ˌwɪdəʊz ˈpeɪmənt]
A widow's payment is a tax-free lump sum payment, which is paid immediately after the husband dies.

einkommensabhängige staatliche Rentenversicherung

Die einkommensabhängige staatliche Rentenversicherung wurde über einen Zeitraum von zehn Jahren eingeführt.

Zusatzrente
Die Zusatzrente ist einkommensabhängig.

Grundrente
Die Höhe Ihrer Grundrente hängt davon ab, über wie viel anrechenbare Jahre Ihre Sozialversicherungsbeiträge nachweislich gezahlt worden sind.

Betriebsrente, Berufsrente

Wenn Sie über eine betriebliche Rentenversicherung versichert sind, dann können Sie sich von der staatlichen Zusatzrentenversicherung befreien lassen.

Rentner(in)

In einigen Städten werden Rentner in öffentlichen Verkehrsmitteln unentgeltlich befördert.

Altersrente
Einige Rentner beziehen zusätzlich zu ihrer Altersrente eine Betriebsrente.

Altersrente

Sie können eine Altersrente bekommen, wenn Sie das gesetzliche Rentenalter erreicht haben.

Pension, Altersrente
Nach ihrer Pensionierung erhalten Regierungsbeamte eine Pension.

Witwenrente
Die Witwenrente ist eine steuerpflichtige wöchentliche Leistung für Witwen, die mindestens 45 Jahre alt sind.

Witwenbeihilfe

Die Witwenhilfe ist ein steuerfreier Pauschalbetrag, der unmittelbar nach dem Tode des Ehegatten gezahlt wird.

poverty threshold n US ['pɒvəti ˌθreʃhəʊld]
The poverty threshold is an income level, adjusted for inflation, below which individuals are defined by the government as poor.

Armutsgrenze

Die Armutsgrenze ist ein inflationsbereinigtes Einkommensniveau, unterhalb dessen Bürger von der Regierung als arm definiert werden.

National Insurance n GB [ˌnæʃnəl ɪn'ʃʊərəns] NI [en 'aɪ]
If you are employed or self-employed, you must pay NI contributions.

Sozialversicherung

Wenn Sie angestellt oder selbstständig sind, müssen Sie Sozialversicherungsbeiträge zahlen.

social services department n GB [ˌsəʊʃl ˌsɜːvɪsɪz dɪ'pɑːtmənt]
Your social services department will help you claim the benefits you are entitled to.

Sozialamt

Ihr Sozialamt wird Ihnen dabei helfen, die Leistungen zu beantragen, auf die Sie Anspruch haben.

income support n GB [ˌɪnkʌm sə'pɔːt]
Income support is a state benefit for people aged 18 or over whose income is below a certain level.
➔ supplementary security income

Sozialhilfe

Die Sozialhilfe ist eine staatliche Sozialleistung für Bürger ab 18 Jahren, deren Einkommen unterhalb eines bestimmten Niveaus liegt.

social security n [ˌsəʊʃl sɪ'kjʊərəti]
Social security has become a major cost factor in recent years.

soziale Sicherheit

Die Sozialhilfe ist in den vergangenen Jahren zu einem wichtigen Kostenfaktor geworden.

supplementary security income n [sʌplɪˌmentri sɪ'kjʊərəti ˌɪnkʌm] SSI [es es 'aɪ]
Under the SSI programme the national government guarantees a certain level of income for the needy.
➔ income support

Sozialhilfe

Mit dem SSI-Programm garantiert die Regierung ein gewisses Einkommensniveau für bedürftige Bürger.

social security contribution n [ˌsəʊʃl sɪˌkjʊərəti kɒntrɪ'bjuːʃn]
Under the German social security system, employers and employees each pay 50% of social security contributions.

Sozialversicherungsbeitrag

Beim deutschen Sozialversicherungssystem zahlen Arbeitgeber und Arbeitnehmer jeweils 50 % der Sozialversicherungsbeiträge.

social fund n GB [ˌsəʊʃl 'fʌnd]
The social fund used to help people with expenses which are difficult to meet from regular income, e.g. funeral expenses.

Sozialfonds, Notfonds

Der Sozialfonds half Leuten bei Kosten, die sie nur schwer aus regulären Einkünften bestreiten können, z. B. Bestattungskosten.

aid to families with dependent children n US ['eɪd tə ˌfæməliz wɪð dɪˌpendənt 'tʃɪldrən] AFDC [eɪ ef diː 'siː]
AFDC is a social welfare program providing cash assistance to needy parents and their children.

Kindergeld

Das in den USA gewährte Kindergeld ist ein Sozialhilfeprogramm für bedürftige Eltern und ihre Kinder.

food stamps n pl US ['fuːd stæmps]
Food stamps or coupons have monetary value, but they can only be used to purchase food.

Lebensmittelmarken

Lebensmittelmarken oder -gutscheine haben Geldwert, aber sie können nur zum Kauf von Lebensmitteln verwendet werden.

cold weather payment n *GB* [ˌkəʊld ˈweðə ˌpeɪmənt]
If you are on income support and your family includes a child under five, you may be eligible for a cold weather payment in the winter.

crisis loan n *GB* [ˈkraɪsɪs ləʊn]
A crisis loan could cover living expenses for a short period of time.

family credit n *GB* [ˌfæməli ˈkredɪt]
Family credit is a tax-free benefit for working parents with children.

housing benefit n *GB* [ˈhaʊzɪŋ ˌbenɪfɪt]
Housing benefit is paid by local councils to people who need help to pay their rent.

means-tested benefit n *US* [ˌmiːnz testɪd ˈbenɪfɪt]

Means-tested benefits are part of a social welfare program providing cash or in-kind benefits to individuals with little or no income.

one-parent benefit n *GB* [ˌwʌn peərənt ˈbenɪfɪt]
One-parent benefit is paid on top of child benefit for people bringing up a child alone. It is paid for the eldest child only, and the beneficiary does not have to be the child's birth-parent.

child benefit n *GB* [ˌtʃaɪld ˈbenɪfɪt]
Child benefit is a tax-free cash payment for anyone, regardless of income or National Insurance contributions, who is responsible for a child.

budgeting loan n *GB* [ˈbʌdʒɪtɪŋ ləʊn]
Budgeting loans are interest-free loans for people who have been on income support for at least 26 weeks.

reduced earnings allowance n *GB* [rɪˌdjuːst ˈɜːnɪŋz əˌlaʊəns]
You are entitled to a reduced earnings allowance if you are unable to return to your regular occupation due to a disability.

Brennstoffbeihilfe

Wenn Sie Sozialhilfeempfänger sind und zu Ihrer Familie ein Kind unter fünf Jahren gehört, dann können Sie im Winter gegebenenfalls einen Heizkostenzuschuss bekommen.

Überbrückungsdarlehen
Ein Überbrückungsdarlehen könnte die Lebenshaltungskosten für einen kurzen Zeitraum abdecken.

Familienbeihilfe
Die Familienbeihilfe ist eine steuerfreie Sozialleistung für berufstätige Ehepaare mit Kindern.

Wohngeld, Mietzuschuss
Wohngeld wird von Kommunalverwaltungen an Leute gezahlt, die Hilfe bei der Zahlung ihrer Miete benötigen.

Sozialhilfe unter Berücksichtigung der Vermögensverhältnisse, von der Bedürftigkeit abhängende Sozialleistung
Sozialleistungen unter Berücksichtigung der Vermögensverhältnisse sind Teil eines Sozialhilfeprogramms, in dessen Rahmen Personen mit wenig oder ohne Einkommen Bar- oder Sachleistungen erhalten.

Beihilfe für Alleinerziehende

Die Beihilfe für Alleinerziehende wird zusätzlich zum Kindergeld an Alleinerziehende gezahlt. Sie wird nur für das älteste Kind ausgezahlt, und der Empfänger muss nicht leibliche Mutter oder leiblicher Vater des Kindes sein.

Kindergeld
Das Kindergeld ist eine steuerfreie Barleistung an jeden, der für ein Kind verantwortlich ist und zwar unabhängig von Einkommen oder (geleisteten) Sozialversicherungsbeiträgen.

Anschaffungsdarlehen
Anschaffungsdarlehen sind zinsfreie Darlehen für diejenigen, die seit mindestens 26 Wochen Sozialhilfe beziehen.

Beihilfe bei verminderter Erwerbsfähigkeit

Sie können bei verminderter Erwerbsfähigkeit eine Beihilfe bekommen, wenn Sie Ihrer normalen Tätigkeit aufgrund einer Behinderung nicht mehr nachgehen können.

council tax benefit n GB [ˌkaʊnsl tæks 'benɪfɪt]

If you claim income support, you can claim council tax benefit at the same time.

Kommunalsteuerbeihilfe

Wenn Sie Sozialhilfe beantragen, dann können Sie gleichzeitig eine Kommunalsteuerbeihilfe beantragen.

maternity allowance n GB [mə'tɜ:nəti ə,laʊəns]

You may be eligible for maternity allowance, if you are not entitled to statutory maternity pay.

Mutterschaftsbeihilfe

Sie können gegebenenfalls eine Mutterschaftsbeihilfe erhalten, wenn Sie keinen Anspruch auf das gesetzliche Mutterschaftsgeld haben.

maternity payment n GB [mə'tɜ:nəti ,peɪmənt]

People on income support may be eligible for a maternity payment of £100 to help buy things for a new baby.

Mutterschaftsgeld

Sozialhilfeempfänger können gegebenenfalls ein Mutterschaftsgeld in Höhe von 100 Pfund als Zuschuss für den Kauf von Sachen für das Neugeborene bekommen.

statutory maternity pay n GB [ˌstætʃətri mə'tɜ:nəti peɪ]

If you work for an employer and are expecting a baby, you can get statutory maternity pay from your employer.

gesetzliches Mutterschaftsgeld

Wenn Sie angestellt sind und ein Kind erwarten, dann können Sie das gesetzliche Mutterschaftsgeld von Ihrem Arbeitgeber erhalten.

incapacity benefit n GB [ˌɪnkə'pæsəti ,benɪfɪt]

Incapacity benefit is for people under state pension age.

Erwerbsunfähigkeitsgeld

Das Erwerbsunfähigkeitsgeld ist für Personen, die das gesetzliche Rentenalter noch nicht erreicht haben.

disability living allowance n GB [dɪsə,bɪləti 'lɪvɪŋ ə,laʊəns] DLA [ˌdi: el 'eɪ]

DLA is a tax-free benefit for people who need help with personal care and/or mobility.

Behindertenzuschuss

Der Behindertenzuschuss ist eine steuerfreie Leistung für Bürger, die Hilfe in Bezug auf Pflege und/oder Mobilität benötigen.

disability working allowance n GB [dɪsə,bɪləti 'wɜ:kɪŋ ə,laʊəns] DWA [ˌdi: dʌblju: 'eɪ]

DWA is an income-related benefit for people aged 16 or over who work an average of 16 hours a week or more and have a disability which limits their earning capacity.

Zulage für behinderte Arbeitnehmer

Die Zulage für behinderte Arbeitnehmer ist eine einkommensbezogene Leistung für Arbeitnehmer, die mindestens 16 Jahre alt sind und pro Woche durchschnittlich 16 Stunden oder mehr arbeiten und deren Verdienstmöglichkeiten durch ihre Behinderung eingeschränkt sind.

severe disablement allowance n GB [sɪ,vɪə dɪs'eɪblmənt ə,laʊəns] SDA [ˌes di: 'eɪ]

Severe disablement allowance is a tax-free benefit for people who have not been able to work for at least 28 consecutive weeks because of illness or disablement, and cannot get incapacity benefit because they have not paid enough NI contributions.

Schwerbehindertenzulage

Die Schwerbehindertenzulage ist eine steuerfreie Leistung für Arbeitnehmer, die aufgrund von Krankheit oder Behinderung mindestens 28 Wochen hintereinander nicht haben arbeiten können und kein Erwerbsunfähigkeitsgeld erhalten, da sie keine ausreichenden Sozialversicherungsbeiträge gezahlt haben.

National Health Service n *GB* [ˌnæʃnəl 'helθ ˌsɜːvɪs] NHS [ˌen eɪtʃ 'es]
The National Health Service is funded from tax revenues.

Medicaid n *US* ['medɪkeɪd]

Medicaid was introduced because there is no statutory health insurance scheme in the US.

Medicare n *US* ['medɪkeə]
Medicare was introduced because many senior citizens have no medical insurance.

statutory health insurance scheme n [ˌstætʃətri ˌhelθ ɪn'ʃʊərəns skiːm]
The first statutory health insurance scheme was introduced in Germany in the 1880s.

attendance allowance n *GB* [ə'tendəns əˌlaʊəns]
Attendance allowance is a tax-free weekly cash benefit for people aged 65 or over, who need help with personal care because of illness or disability.

nursing care insurance n ['nɜːsɪŋ keə ɪnˌʃʊərəns]
Nursing care insurance is part of the statutory insurance system in Germany.

community care grant n *GB* [kə'mjuːnəti keə ˌgrɑːnt]
Community care grants serve to help elderly or disabled people to lead independent lives in the community.

in-patient care n *GB* ['ɪnpeɪʃnt keə]
Under the National Health Service, in-patient care is free.

sickness benefit n ['sɪknəs ˌbenɪfɪt]
Sickness benefit is paid by the state in the UK.

statutory sick pay n *GB* [ˌstætʃətri 'sɪk peɪ] SSP [ˌes es 'piː]
Most people who work for an employer and are sick for at least four days in a row can claim SSP from their employers, for a maximum of 28 weeks.

staatlicher Gesundheitsdienst

Der staatliche Gesundheitsdienst wird aus dem Steueraufkommen finanziert.

Gesundheitsfürsorge für Einkommensschwache
Da es in den Vereinigten Staaten keine gesetzliche Krankenversicherung gibt, wurde die Gesundheitsfürsorge für Einkommensschwache eingeführt.

Gesundheitsfürsorge für ältere Bürger
Die Gesundheitsfürsorge für ältere Bürger wurde eingeführt, weil viele von ihnen nicht krankenversichert sind.

gesetzliche Krankenversicherung

Die erste gesetzliche Krankenversicherung wurde in den 80er Jahren des 19. Jahrhunderts in Deutschland eingeführt.

Pflegegeld, Pflegebeihilfe

Pflegegeld ist eine steuerfreie wöchentlich gewährte Barleistung für Bürger, die 65 Jahre alt oder älter sind und aufgrund von Krankheit oder Behinderung Hilfe bei der persönlichen Pflege benötigen.

Pflegeversicherung

Die Pflegeversicherung ist Teil des gesetzlichen Versicherungssystems in Deutschland.

Pflegebeihilfe

Die Pflegebeihilfe dient dazu, älteren oder behinderten Menschen ein selbstständiges Leben in der Gemeinschaft zu ermöglichen.

stationäre Pflege(behandlung)
Im Rahmen des staatlichen britischen Gesundheitsdiensts ist die stationäre Pflege kostenlos.

Krankengeld
In Großbritannien ist das Krankengeld eine staatliche Leistung.

gesetzliches Krankengeld

Die Mehrzahl derjenigen, die in einem Beschäftigungsverhältnis sind und mindestens vier Tage hintereinander krank sind, können vom Arbeitgeber für höchstens 28 Wochen gesetzliches Krankengeld erhalten.

sick note n GB ['sɪk nəʊt]
Sick notes are issued by your doctor.

Arbeitsunfähigkeitsbescheinigung
Arbeitsunfähigkeitsbescheinigungen werden von Ihrem Arzt ausgestellt.

invalidity benefit n GB [ˌɪnvə'lɪdəti ˌbenɪfɪt]
Invalidity benefit is granted to people under state pension age who are unable to work because of an illness or disability.

Invaliditätsbeihilfe

Die Invaliditätsbeihilfe wird Personen gewährt, die das gesetzliche Rentenalter noch nicht erreicht haben und aufgrund einer Krankheit oder Behinderung arbeitsunfähig sind.

invalidity care allowance n GB [ˌɪnvə'lɪdəti 'keər əlaʊəns]
Invalidity care allowance is a taxable weekly cash benefit for people of working age who care for a severely disabled person.

Zuschuss für die Betreuung Behinderter

Der Zuschuss für die Betreuung Behinderter ist eine zu versteuernde Barleistung an Personen im erwerbsfähigen Alter, die eine schwer behinderte Person betreuen.

nursing home n ['nɜːsɪŋ həʊm]
It can take quite some time to find a suitable nursing home.

Pflegeheim
Es kann eine geraume Zeit dauern, bis man ein geeignetes Pflegeheim findet.

prescription charges n pl GB [prɪ'skrɪpʃn ˌtʃɑːdʒɪz]
Prescription charges have been raised to £6.10 per item.

Rezeptgebühren

Die Rezeptgebühren sind auf 6,10 Pfund pro Medikament erhöht worden.

funeral payment n GB ['fjuːnərəl ˌpeɪmənt]
If you or your partner are on income support, you may, if applicable, be able to receive a funeral payment of up to a maximum of £875.

Bestattungsgeld

Wenn Sie oder Ihr Partner Sozialhilfeempfänger sind, dann können Sie unter Umständen ein Bestattungsgeld bis zu einer Höhe von 875 Pfund erhalten.

redundancy payment n GB [rɪ'dʌndənsi ˌpeɪmənt]
A redundancy payment is a statutory payment which depends on the employee's income, age and length of service.

Entlassungsabfindung, Abfindungszahlung

Die Entlassungsabfindung ist eine gesetzlich geregelte Zahlung, die von Einkommen, Alter und Beschäftigungszeit des Arbeitnehmers abhängig ist.

Job Centre n GB ['dʒɒb sentə]
Your local Job Centre will help you to find a job.

Arbeitsamt
Ihr örtliches Arbeitsamt wird Ihnen helfen, eine Stelle zu finden.

jobseeker's allowance n GB ['dʒɒbsiːkəz ˌəlaʊəns]
Jobseeker's allowance is a new name for unemployment benefit.

Zuschuss für Arbeitssuchende, Arbeitslosenhilfe
„Zuschuss für Arbeitssuchende" ist eine neue Bezeichnung für Arbeitslosengeld.

training allowance n GB ['treɪnɪŋ ˌəlaʊəns]
If you join a recognized training scheme, you will probably get a training allowance based on the amount of benefit you were getting before you started training.

Ausbildungsbeihilfe

Wenn Sie in ein anerkanntes Ausbildungsprogramm eintreten, dann erhalten Sie wahrscheinlich eine Ausbildungsbeihilfe auf der Basis der vor Eintritt in die Ausbildungsmaßnahme erhaltenen Leistung.

unemployment benefit n *GB*
[ʌnɪmˈplɔɪmənt ˌbenɪfɪt]
Unemployment benefit is a weekly cash payment for people who are out of work.
→ **unemployment compensation**

Arbeitslosenhilfe

Die Arbeitslosenhilfe ist eine wöchentlich gezahlte Barleistung an Leute, die arbeitslos sind.

unemployment compensation n *US*
[ʌnɪmˌplɔɪmənt kɒmpenˈseɪʃn]
Unemployment compensation is designed to help those who are out of work.
→ **unemployment benefit**

Arbeitslosenhilfe

Die Arbeitslosenhilfe ist dazu da, den Arbeitslosen zu helfen.

unemployment insurance n
[ʌnɪmˌplɔɪmənt ɪnˈʃʊərəns]
In Germany, unemployment insurance was introduced in the 1920s.

Arbeitslosenversicherung

In Deutschland wurde die Arbeitslosenversicherung in den 20er Jahren des letzten Jahrhunderts eingeführt.

be on the dole v *coll* [biː ɒn ðə ˈdəʊl]
He's been on the dole for the past ten years.

stempeln gehen, arbeitslos sein
Er geht schon seit zehn Jahren stempeln.

guardian's allowance n *GB* [ˌgɑːdiənz əˈlaʊəns]
If you bring up a child who has lost its parents, you may be entitled to a guardian's allowance in the form of a tax-free cash payment.

Vormundschaftsgeld

Wenn Sie ein Kind erziehen, das die Eltern verloren hat, dann können Sie gegebenenfalls ein Vormundschaftsgeld als steuerfreie Barleistung bekommen.

Christmas bonus n *GB* [ˈkrɪsməs ˌbəʊnəs]
Every year, shortly before Christmas, old age pensioners receive a Christmas bonus with their pensions.

Weihnachtsgeld

Rentner erhalten jedes Jahr kurz vor Weihnachten ein steuerfreies Weihnachtsgeld zusammen mit ihrer Rente.

TAXES AND SOCIAL SECURITY

HUMAN RESOURCES

People employed

employee n [ɪmˈplɔɪiː]
Employees earn a wage or a salary.

Arbeitnehmer(in)
Arbeitnehmer erhalten Lohn oder Gehalt.

employer n [ɪmˈplɔɪə]
Employers also have to pay social
security contributions.

Arbeitgeber(in)
Auch Arbeitgeber müssen Sozialversicherungsbeiträge leisten.

contract of employment n [ˌkɒntrækt
əv ɪmˈplɔɪmənt]
His contract of employment provided for
thirty days of paid leave each year.

Arbeitsvertrag

Sein Arbeitsvertrag sah dreißig Tage bezahlten
Urlaub im Jahr vor.

staff n [stɑːf]
Our company has a staff of 500.
→ payroll

Mitarbeiter, Belegschaft, Personal
Unsere Firma hat 500 Mitarbeiter.

trainee n [treɪˈniː]
Most trainees in Britain are trained on
the job.

Auszubildende(r)
Die meisten Auszubildenden in Großbritannien
werden am Arbeitsplatz ausgebildet.

apprentice n [əˈprentɪs]
There are still apprentices in some
traditional crafts or trades in Britain.

Auszubildende(r), Lehrling
In Großbritannien gibt es in einigen traditionellen Handwerksberufen noch Auszubildende.

apprenticeship n [əˈprentɪʃɪp]
Journeymen have served an
apprenticeship and passed a trade test.

Lehre
Gesellen haben eine Lehre gemacht und die
Gesellenprüfung bestanden.

blue-collar worker n [ˌbluː kɒlə ˈwɜːkə]
Blue-collar workers often work on the
production line.

Arbeiter(in)
Arbeiter sind oft am Fließband tätig.

grey-collar worker n [ˌgreɪ kɒlə ˈwɜːkə]
Foremen are typical grey-collar workers.

Arbeiter(in) im Angestelltenverhältnis
Vorarbeiter sind typische Arbeiter im Angestelltenverhältnis.

white-collar worker n [ˌwaɪt kɒlə
ˈwɜːkə]
A secretary is a typical white-collar
worker.

(Büro)angestellte(r)

Eine Sekretärin ist eine typische Büroangestellte.

skilled worker n [ˌskɪld ˈwɜːkə]

We are only seeking skilled workers for
this very demanding job.

**Fachkraft, gelernte(r) Arbeiter(in), Fachar-
beiter(in)**
Für diese sehr anspruchsvolle Aufgabe suchen
wir nur Fachkräfte.

semi-skilled worker n [ˌsemi skɪld
ˈwɜːkə]
Our payroll largely consists of semi-
skilled workers.

angelernte(r) Arbeiter(in)

Ein großer Teil unserer Belegschaft besteht aus
angelernten Arbeitern.

unskilled worker n [ʌnskɪld ˈwɜːkə]
Unskilled workers are usually the first to
lose their jobs.

ungelernte(r) Arbeiter(in)
Ungelernte Arbeiter verlieren in der Regel als
Erste ihren Arbeitsplatz.

wage earner n ['weɪdʒ ɜːnə]
Wage earners are usually paid by the hour.

Lohnarbeiter(in), Lohnempfänger(in)
Lohnarbeiter erhalten gewöhnlich Stundenlohn.

clerical staff n [ˌklerɪkl 'stɑːf]
We'll have to recruit more clerical staff to cope with the workload.

Büropersonal, Büroangestellte
Um die anfallende Arbeit bewältigen zu können, müssen wir mehr Büropersonal einstellen.

clerk n [klɑːk]
We are seeking two new clerks for our information department.

Büroangestellte(r)
Wir suchen zwei Büroangestellte für unsere Informationsabteilung.

foreman, forewoman n ['fɔːmən, 'fɔːwʊmən]
He is the foreman on this building site.

Vorarbeiter(in)

Er ist der Vorarbeiter auf der Baustelle.

journeyman n *GB, old* ['dʒɜːnimən]
After your apprenticeship you'll be a journeyman.

Geselle
Nach der Lehre werden Sie Geselle.

master n ['mɑːstə]
She's been apprenticed to a master plumber.

Meister(in)
Sie geht bei einem Klempnermeister in die Lehre.

personal assistant n [ˌpɜːsənl əˈsɪstənt] P.A. [ˌpiː 'eɪ]
Most senior executives have their own P.A.

Privatsekretär(in), Chefsekretär(in)

Die meisten Angestellten in Führungspositionen haben eine eigene Privatsekretärin.

on the shop floor [ɒn ðə ʃɒp 'flɔː]
There is growing discontent on the shop floor.

im Betrieb
Im Betrieb wächst die Unzufriedenheit.

full-time adj ['fʊl taɪm]
Most employees still hold a full-time job.

Vollzeit-, Ganztags-
Die meisten Arbeitnehmer haben noch eine Vollzeitstelle.

part-time adj [pɑːt 'taɪm]
Many women with children work part-time.

Teilzeit-
Viele Frauen mit Kindern haben Teilzeitstellen.

flexitime n ['fleksitaɪm]
Flexitime is now widespread in all service industries.

Gleitzeit
Gleitzeit ist heutzutage in allen Dienstleistungsbereichen weit verbreitet.

executive n [ɪgˈzekjutɪv]
Executives are usually entitled to a company car.

leitende(r) Angestellte(r)
Leitende Angestellte haben gewöhnlich Anrecht auf einen Firmenwagen.

chief executive n [ˌtʃiːf ɪgˈzekjətɪv]

Our chief executive commands quite a respectable salary.
→ chief executive officer, managing director

Hauptgeschäftsführer(in), Generaldirektor(in), Vorstandsvorsitzende(r)
Unsere Hauptgeschäftsführerin bezieht ein ganz ansehnliches Gehalt.

chief executive officer n [ˌtʃiːf ɪgˈzekjətɪv 'ɒfɪsə] CEO [ˌsiː iː 'əʊ]
The CEO is responsible for the everyday running of the company.
→ chief executive, managing director

Vorstandsvorsitzende(r), Generaldirektor(in), Hauptgeschäftsführer(in)
Der Vorstandsvorsitzende ist für den laufenden Geschäftsbetrieb der Gesellschaft verantwortlich.

managing director n GB [ˌmænɪdʒɪŋ dəˈrektə]
The managing director is one of the most important senior executives in any company.
→ chief executive, chief executive officer

Generaldirektor(in), Hauptgeschäftsführer(in), Vorstandsvorsitzende(r)
In jeder Gesellschaft ist der Generaldirektor einer der wichtigsten leitenden Angestellten.

director n [dəˈrektə]

She was elected director by the annual general meeting of shareholders.

Aufsichtsratsmitglied, Vorstandsmitglied, Verwaltungsratsmitglied
Sie wurde auf der Aktionärshauptversammlung zum Aufsichtsratsmitglied gewählt.

junior adj [ˈdʒuːniə]
She joined our company in a junior position.

untergeordnet
Sie begann bei uns in einer untergeordneten Position.

junior executive n [ˌdʒuːniə ɪgˈzekjutɪv]
After two years Joan was made junior executive.

Nachwuchskraft in der Unternehmensleitung
Nach zwei Jahren wurde Joan zur Nachwuchskraft in der Unternehmensleitung befördert.

manager n [ˈmænɪdʒə]
Complaints should be addressed to the manager.

Geschäftsführer(in), Leiter(in), Chef(in)
Für Beschwerden ist der Geschäftsführer zuständig.

personnel manager n GB [ˌpɜːsəˈnel ˌmænɪdʒə]
The personnel manager is responsible for all staff-related issues.
→ head of human resources

Personalchef(in), Leiter(in) der Personalabteilung
Die Personalchefin ist für alle Personalangelegenheiten verantwortlich.

head of human resources n [ˌhed əv ˌhjuːmən rɪˈsɔːsɪz]
The head of human resources is responsible for employees' welfare.
→ personnel manager

Personalchef(in), Leiter(in) der Personalabteilung
Die Personalchefin ist für die Angelegenheiten der Angestellten verantwortlich.

vice president n US [ˌvaɪs ˈprezɪdənt]
Lee Iacocca was once vice president of Chrysler.

Vizepräsident
Lee Iacocca war einmal Vizepräsident von Chrysler.

head of department n [ˌhed əv dɪˈpɑːtmənt]
She's been promoted to head of department.

Abteilungsleiter(in)

Sie ist zur Abteilungsleiterin befördert worden.

payroll n [ˈpeɪrəʊl]
British Steel used to have a payroll of more than 50,000.
→ staff

Belegschaft
British Steel hatte früher eine Belegschaft von mehr als 50.000.

payroll n [ˈpeɪrəʊl]
I'm afraid Mr. Miller is no longer on our company's payroll.

Lohn- und Gehaltsliste
Herr Miller ist leider nicht mehr auf der Lohn- und Gehaltsliste unserer Firma.

job title n [ˈdʒɒb taɪtl]
In recent years many job titles have been changed because they were felt to be discriminatory.

Berufsbezeichnung
In den letzten Jahren sind viele Berufsbezeichnungen geändert worden, weil sie als diskriminierend empfunden wurden.

safety at work n [ˌseɪfti ət 'wɜːk]
Our safety officer has made some suggestions to improve safety at work.
→ occupational safety

occupational safety n [ɒkju,peɪʃənl 'seɪfti]
Occupational safety is monitored by the factory inspectorate.
→ safety at work

working conditions n pl [ˌwɜːkɪŋ kən'dɪʃnz]
Negotiating acceptable working conditions is just as important as persuading employers to pay higher wages.

workplace n ['wɜːkpleɪs]
Safety in the workplace is of paramount importance.

overstaffed adj [ˌəʊvə'stɑːft]
Our office is anything but overstaffed, when you consider the workload each one of us has to cope with.

understaffed adj [ˌʌndə'stɑːft]
I'm afraid we can't handle any further orders at the moment because we are understaffed.

redundancy n [rɪ'dʌndənsi]
There are bound to be more redundancies if we don't land this defence contract.

job loss n ['dʒɒb lɒs]
If all the coal mines in the area are closed, there will be job losses in other industries, too.

job satisfaction n ['dʒɒb sætɪs,fækʃn]

Our employee suggestion scheme has improved job satisfaction among our employees.

job security n [ˌdʒɒb sɪ'kjʊərəti]
Public employees enjoy job security.

job sharing n ['dʒɒb ʃeərɪŋ]
Job sharing is one way of saving jobs that would otherwise be cut.

Sicherheit am Arbeitsplatz
Unser Sicherheitsbeauftragter hat einige Vorschläge unterbreitet, um die Sicherheit am Arbeitsplatz zu erhöhen.

Sicherheit am Arbeitsplatz

Die Gewerbeaufsicht überwacht die Sicherheit am Arbeitsplatz.

Arbeitsbedingungen

Das Aushandeln zumutbarer Arbeitsbedingungen ist genau so wichtig wie die Durchsetzung höherer Löhne.

Arbeitsplatz
Sicherheit am Arbeitsplatz ist vorrangig.

überbesetzt
Wenn man die Arbeitsbelastung jedes Einzelnen von uns bedenkt, ist unser Büro ganz sicher nicht überbesetzt.

unterbesetzt
Leider können wir zur Zeit keine weiteren Aufträge abwickeln, weil wir unterbesetzt sind.

Entlassung
Es wird unweigerlich weitere Entlassungen geben, wenn wir diesen Rüstungsauftrag nicht an Land ziehen.

Arbeitsplatzverlust
Wenn alle Zechen des Reviers geschlossen werden, gehen auch in anderen Branchen Arbeitsplätze verloren.

Zufriedenheit am Arbeitsplatz, Zufriedenheit im Beruf
Unser betriebliches Vorschlagsprogramm hat die Zufriedenheit unserer Mitarbeiter am Arbeitsplatz gesteigert.

Sicherheit des Arbeitsplatzes
Öffentliche Bedienstete haben einen sicheren Arbeitsplatz.

Jobsharing, Teilung des Arbeitsplatzes
Jobsharing ist ein Weg zur Erhaltung von Arbeitsplätzen, die sonst verloren gehen würden.

HUMAN RESOURCES

personnel functions n pl [ˌpɜːsəˈnel ˈfʌŋkʃns]
I am to assist the manager in personnel functions.

(Bearbeitung von) Personalangelegenheiten
Ich soll die Chefin bei der Bearbeitung von Personalangelegenheiten unterstützen.

management n [ˈmænɪdʒmənt]
The management view these proposals with scepticism.

Geschäftsführung, Unternehmensleitung
Die Geschäftsführung steht diesen Vorschlägen skeptisch gegenüber.

personnel management n [ˌpɜːsəˈnel ˌmænɪdʒmənt]
Good personnel management is of vital importance.

Personalverwaltung, Personalführung

Eine gute Personalverwaltung ist von äußerster Wichtigkeit.

personnel manager n GB [ˌpɜːsəˈnel ˌmænɪdʒə]
The personnel manager is responsible for all job-related affairs in an enterprise.
→ head of human resources

Personalchef(in), Leiter(in) der Personalabteilung
Der Personalchef ist für alle mit dem Arbeitsverhältnis zusammenhängenden Angelegenheiten in einem Unternehmen verantwortlich.

job n [dʒɒb]
It is hoped that the new project will create 500 jobs.

Arbeitsplatz, Stelle
Man hofft, dass das neue Projekt 500 Arbeitsplätze schafft.

application n [ˌæplɪˈkeɪʃn]
Sometimes it's a good idea to send an unsolicited application.

Bewerbung
Manchmal ist es sinnvoll, eine Bewerbung auf Verdacht abzuschicken.

reference n [ˈrefərəns]
Can you produce any references?

Referenz, Empfehlungsschreiben
Können Sie Referenzen vorweisen?

candidate n [ˈkændɪdət]
Candidates should state their present income.

Kandidat(in), Bewerber(in)
Die Bewerber sollen ihr augenblickliches Gehalt angeben.

job applicant n [ˈdʒɒb ˌæplɪkənt]
All job applicants will have to submit a CV.

Stellenbewerber(in)
Alle Stellenbewerber müssen einen Lebenslauf vorlegen.

personal data sheet n [ˈpɜːsənl ˈdeɪtə ʃiːt] PDS [ˌpiː diː ˈes]
The company have a copy of the applicant's personal data sheet.

tabellarischer Lebenslauf

Die Firma hat eine Kopie des tabellarischen Lebenslaufs des Bewerbers.

curriculum vitae n GB [kəˌrɪkjələm ˈviːtaɪ] CV [ˌsiː ˈviː]
A CV is often set out in the form of a personal data sheet (PDS).
→ résumé

Lebenslauf

Ein Lebenslauf wird oft in tabellarischer Form vorgelegt.

résumé n US frz [ˈrezjumeɪ]
In your résumé you should list your data in reverse chronological order.
→ curriculum vitae

Lebenslauf

In Ihrem Lebenslauf sollten Sie Ihre Angaben in umgekehrter chronologischer Ordnung machen.

interview n [ˈɪntəvjuː]
Only applicants under 35 were invited for an interview.

Einstellungsgespräch, Vorstellungsgespräch
Nur Bewerber unter 35 wurden zu einem Einstellungsgespräch eingeladen.

Curriculum vitae

Curriculum vitae

Name:	Tanja Christina Maier
Date of birth:	24 February 1982
Current address:	Eichenallee 23
	14999 Berlin
	Germany
Telephone number:	0049 30 827999
Marital status:	Single

Education and qualifications:

1988–1992	Grundschule Alte Eichen, Berlin
1992–1998	Matthias Claudius Realschule, Berlin
	Mittlere Reife, July 1998

Professional training and qualifications:

1998–2001	Traineeship in wholesaling with Karl Peters
	Lebensmittelgroßhandel GmbH, Archivstr. 440
	14195 Berlin
2001	Examination by the Berlin Chamber of Commerce
	(Kaufmannsgehilfenbrief)

Work experience:

2001 – present	Karl Peters Lebensmittelgroßhandel GmbH
	Type of company: food wholesaler
	Post: clerk in the sales department
	Responsibilities: assisting the sales manager in negotiations with customers, dealing with enquiries, correspondence and general office work

Additional skills:	Fluent in English (one parent American), courses in data processing (Word, Excel) at evening classes
Interests:	Swimming, volleyball, reading
References:	OStR. Herr Dr. Gerd Berger — Pastor Jürgen Naumann
	Karlsberger Platz 13 — Stettiner Str. 99
	13245 Berlin — 14231 Berlin

questionnaire n [ˌkwestʃə'neə]
Applicants usually have to fill in several questionnaires.

Fragebogen
Bewerber müssen gewöhnlich mehrere Frage-bogen ausfüllen.

engage v [ɪn'geɪdʒ]
We have engaged five welders.
→ **hire, recruit**

einstellen, engagieren
Wir haben fünf Schweißer eingestellt.

hire v ['haɪə]
American companies often fire staff as easily as they hire them.
→ **engage, recruit**

einstellen
Amerikanische Firmen feuern Arbeitnehmer oft ebenso schnell, wie sie sie einstellen.

employ v [ɪm'plɔɪ]
Our company employs five hundred staff.

beschäftigen, einstellen
Unsere Firma beschäftigt fünfhundert Mitarbeiter.

employment n [ɪm'plɔɪmənt]
Those seeking employment should get in touch with their local job centre.

Arbeit, Beschäftigung
Arbeitsuchende sollten sich beim zuständigen Arbeitsamt melden.

employment agency n [ɪm'plɔɪmənt ˌeɪdʒənsi]
There are also private employment agencies.

Stellenvermittlung(sagentur)
Es gibt auch private Stellenvermittlungen.

recruit v [rɪ'kruːt]
This company only recruits graduates.
→ **hire, engage**

einstellen, rekrutieren
Diese Gesellschaft stellt nur Hochschulabsol-venten ein.

recruitment n [rɪ'kruːtmənt]

We have appointed Mr Pressgang to deal with all questions relating to recruitment.

Einstellung (von Arbeitskräften), Personalan-werbung
Wir haben Herrn Pressgang mit der Wahrneh-mung aller Aufgaben hinsichtlich der Einstel-lung von Arbeitskräften beauftragt.

recruitment officer n [rɪ'kruːtmənt ˌɒfɪsə]
Our recruitment officer will conduct the interviews.

Einstellungssachbearbeiter(in)
Unsere Einstellungssachbearbeiterin wird die Einstellungsgespräche durchführen.

promote v [prə'məʊt]
He was promoted from assistant sales manager to sales manager.

befördern
Er wurde vom stellvertretenden Verkaufsleiter zum Verkaufsleiter befördert.

promotion n [prə'məʊʃn]
She has certainly deserved her promotion to head of department.

Beförderung
Sie hat ihre Beförderung zur Abteilungsleiterin wirklich verdient.

transfer v ['trænsfɜː]
I've asked to be transferred to the personnel department.

versetzen
Ich habe um meine Versetzung in die Personal-abteilung gebeten.

shortlist v ['ʃɔːtlɪst]
They shortlisted five candidates out of twenty-five.

in die engere Wahl ziehen
Sie haben fünf von fünfundzwanzig Kandidaten in die engere Wahl gezogen.

shortlist n ['ʃɔːtlɪst]
Our shortlist comprised five candidates.

Auswahlliste, engere Wahl
Unsere Auswahlliste umfasste fünf Kandidaten.

give notice v [ˌgɪv 'nəʊtɪs]
She was given a month's notice.

kündigen
Ihr wurde mit einmonatiger Frist gekündigt.

dismiss v [dɪsˈmɪs]
In order to cut costs, the management had to dismiss several hundred workers.
→ fire, make redundant, sack

entlassen
Um Kosten zu senken, musste die Betriebsleitung einige hundert Arbeiter entlassen.

dismissal n [dɪsˈmɪsl]
Unfair dismissals can be contested at an industrial tribunal.

Entlassung
Ungerechtfertigte Entlassungen können vor einem Arbeitsgericht angefochten werden.

fire v coll [ˈfaɪə]
Hiring and firing is part of her job as head of human resources.
→ dismiss, make redundant, sack

feuern, entlassen
„Anheuern und Feuern" ist Teil ihrer Aufgabe als Personalchefin.

make redundant v [ˌmeɪk rɪˈdʌndənt]
Five hundred workers were made redundant at the Cowley plant last year.
→ dismiss, fire, sack

entlassen
Im letzten Jahr wurden im Werk Cowley fünfhundert Arbeiter entlassen.

sack v coll [sæk]
The boss was so enraged that he sacked Jones on the spot.
→ dismiss, fire, make redundant

rauswerfen, entlassen
Der Chef war so wütend, dass er Jones auf der Stelle rauswarf.

reinstate v [ˌriːɪnˈsteɪt]
The union representative insisted that all the strikers be reinstated.

wieder einstellen
Der Gewerkschaftsvertreter bestand darauf, dass alle Streikenden wieder eingestellt würden.

reinstatement n [ˌriːɪnˈsteɪtmənt]
The entire paint shop walked out demanding the reinstatement of their shop steward.

Wiedereinstellung
Die ganze Lackiererei legte die Arbeit nieder und forderte die Wiedereinstellung ihres Vertrauensmannes.

equal opportunity n [ˌiːkwəl ɒpəˈtjuːnəti]
Job advertisements often end with the words "equal opportunity employer".

Chancengleichheit
Stellenanzeigen schließen oft mit der Zeile „Arbeitgeber, der Chancengleichheit praktiziert".

wages clerk n [ˈweɪdʒɪz klɑːk]
Our wages clerk will no doubt make the right deductions.

Lohnbuchhalter(in)
Unsere Lohnbuchhalterin wird sicher die richtigen Abzüge vornehmen.

Remuneration

remuneration n [rɪˌmjuːnəˈreɪʃn]
Remuneration will depend on your performance.
→ pay

Vergütung, Bezahlung, Entlohnung
Ihre Vergütung ist leistungsbezogen.

remuneration package n [rɪˌmjuːnəˈreɪʃn ˌpækɪdʒ]
Your remuneration package is performance-related.

Vergütungspaket, Vergütung
Ihr Vergütungspaket hängt von Ihrer Leistung ab.

earnings n pl [ˈɜːnɪŋz]
Your earnings consist of your salary and some fringe benefits.

Einkünfte
Ihre Einkünfte umfassen Ihr Gehalt und einige Lohnnebenleistungen.

pay n [peɪ]
Wages and salaries are forms of pay.
→ remuneration

Entlohnung, Bezahlung, Vergütung
Löhne und Gehälter sind Formen der Entlohnung.

performance-related pay n
[pə'fɔːməns rɪˌleɪtɪd peɪ]
The introduction of performance-related pay is a way of improving productivity.
→ incentive wage

Leistungslohn

Die Einführung von Leistungslöhnen ist eine Methode zur Erhöhung der Produktivität.

living wage n [ˌlɪvɪŋ 'weɪdʒ]

What point is there in having a job if you don't even earn a living wage?

den Lebensunterhalt deckender Lohn, das Existenzminimum sichernder Lohn
Welchen Sinn hat es, eine Arbeitsstelle zu haben, wenn der Lohn nicht einmal den Lebensunterhalt deckt?

income n ['ɪnkʌm]
Executive directors often have a high income.

Einkommen
Vorstandsmitglieder haben oft ein hohes Einkommen.

earned income n [ɜːnd 'ɪnkʌm]

Earned income includes any remuneration from a permanent job.

Einkommen aus selbstständiger und nicht selbstständiger Arbeit
Einkommen aus selbstständiger und nicht selbstständiger Arbeit schließt jede Vergütung aus einem festen Arbeitsverhältnis ein.

salary n ['sæləri]
White-collar workers receive an annual salary.

Gehalt
Angestellte erhalten ein Jahresgehalt.

wage n [weɪdʒ]
Wages are normally calculated at an hourly rate.

Lohn
Der Lohn wird normalerweise auf der Basis der geleisteten Stunden berechnet.

wage level n ['weɪdʒ levl]
Wage levels in Poland are considerably lower than in Britain.

Lohnniveau
Das Lohnniveau in Polen ist erheblich niedriger als in Großbritannien.

hourly rate n [ˌaʊəli 'reɪt]
Workers are paid either an hourly rate or a piece rate.
→ hourly wage

Stundenlohn, Stundensatz
Arbeiter erhalten entweder einen Stundenlohn oder einen Stücklohn.

hourly wage n [ˌaʊəli 'weɪdʒ]
To work out the weekly wage you multiply the hours worked by the hourly wage.
→ hourly rate

Stundenlohn, Stundensatz
Man multipliziert die geleisteten Stunden mit dem Stundenlohn, um den Wochenlohn zu berechnen.

incentive wage n [ɪnˌsentɪv 'weɪdʒ]
The typical incentive wage consists of a time rate and a piece rate.
→ performance-related pay

Leistungslohn
Der typische Leistungslohn besteht aus Zeitlohn und Stücklohn.

piece rate n ['piːs reɪt]
The workers on the assembly line have put in a claim for higher piece rates.

Akkordlohn, Stücklohn
Die Fließbandarbeiter fordern höhere Akkordlöhne.

time rate n ['taɪm reɪt]
Most wage earners are paid hourly wages, i.e. they are paid at a certain time rate.

Zeitlohn, Stundenlohn
Die Mehrzahl der Arbeiter erhält einen Stundenlohn, d. h. sie werden nach Zeit entlohnt.

raise n US [reɪz]
Since her boss didn't offer her a raise, she accepted the offer of a new job with another corporation.
→ rise

Gehaltserhöhung, Lohnerhöhung
Weil ihr Chef ihr keine Gehaltserhöhung anbot, nahm sie das Stellenangebot eines anderen Unternehmens an.

rise n GB [raɪz]
I might be looking for a job elsewhere unless I get a rise.
→ raise

Lohnerhöhung, Gehaltserhöhung
Ich suche mir vielleicht einen anderen Job, wenn ich keine Lohnerhöhung bekomme.

advance n [əd'vɑːns]
Could I please have an advance on my wages?

Vorschuss
Könnte ich bitte einen Lohnvorschuss haben?

employee benefit n [ɪmˌplɔɪiː 'benɪfɪt]

In the United States, health insurance for employees is an employee benefit.
→ fringe benefit, perk

Lohnnebenleistung, betriebliche Sondervergütung
In den Vereinigten Staaten zählt die Krankenversicherung für Arbeitnehmer zu den Lohnnebenleistungen.

fringe benefit n ['frɪndʒ ˌbenɪfɪt]

Luncheon vouchers and a company car are typical fringe benefits.
→ employee benefit, perk

Lohnnebenleistung, betriebliche Sondervergütung
Essensgutscheine und Firmenwagen sind typische Lohnnebenleistungen.

perk n coll [pɜːk]

Tuition fee assistance is a perk.
→ employee benefit, fringe benefit

Lohnnebenleistung, betriebliche Sondervergütung
Eine Schulgeldbeihilfe (für Privatschulerziehung) ist eine Lohnnebenleistung.

pension plan n ['penʃn plæn]
In Great Britain, pension plans are the norm rather than the exception.

betriebliche Altersversorgung, Betriebsrente
In Großbritannien ist die betriebliche Altersversorgung eher die Regel als die Ausnahme.

retirement pension n GB [rɪ'taɪəmənt ˌpenʃn]
Nowadays most retirement pensions are earnings-related.

Altersrente

Heutzutage sind die meisten Altersrenten einkommensabhängig.

profit sharing n ['prɒfɪt ˌʃeərɪŋ]
Profit sharing makes for highly motivated employees.

Gewinnbeteiligung
Eine Gewinnbeteiligung sorgt für hoch motivierte Arbeitnehmer.

time clock n ['taɪm klɒk]
Don't forget to register your working hours by clocking in and out on the time clock.

Stechuhr
Vergiss nicht, deine Arbeitszeit an der Stechuhr zu registrieren.

time sheet n ['taɪm ʃiːt]
The wages department computes workers' earnings according to their time sheets.

Stundenzettel, Arbeitszettel
Die Lohnbuchhaltung berechnet die Arbeitslöhne entsprechend den Stundenzetteln.

working hours n pl [ˌwɜːkɪŋ 'aʊəz]
Average working hours have increased rather than decreased in recent years.

Arbeitsstunden
Die duchschnittliche Anzahl der Arbeitsstunden hat in den letzten Jahren eher zu- als abgenommen.

HUMAN RESOURCES

INDUSTRIAL RELATIONS

Industrial action

industrial action n [ɪnˌdʌstrɪəl ˈækʃn]
Since 1980 there has not been much industrial action in Britain.
→ **industrial dispute**

Arbeitskampf(maßnahmen)
In Großbritannien hat es seit 1980 nicht mehr viele Arbeitskämpfe gegeben.

industrial dispute n [ɪnˌdʌstrɪəl dɪˈspjuːt]
Industrial disputes have become less common in recent years.
→ **industrial action**

Arbeitskampf

Arbeitskämpfe sind in den letzten Jahren selten geworden.

industrial relations n pl [ɪnˌdʌstrɪəl rɪˈleɪʃnz]
In times of high unemployment industrial relations tend to be strained.

Beziehungen zwischen Arbeitnehmern und Arbeitgebern
In Zeiten hoher Arbeitslosigkeit sind die Beziehungen zwischen Arbeitnehmern und Arbeitgebern oft angespannt.

strike v [straɪk]
The rail workers in France have been striking for three weeks now.

streiken
Die französischen Eisenbahner streiken jetzt schon drei Wochen.

strike n [straɪk]
In 1851 there was a famous strike in the northern English town of Preston.

Streik
1851 gab es einen berühmten Streik in der nordenglischen Stadt Preston.

strike ballot n [ˈstraɪk ˌbælət]
In the UK unions are only allowed to call a strike after a strike ballot.

Urabstimmung
In Großbritannien dürfen Gewerkschaften einen Streik nur nach einer Urabstimmung ausrufen.

strike breaker n [ˈstraɪk ˌbreɪkə]
Strike breakers should not be surprised if they forfeit their union card.
→ **blackleg**

Streikbrecher(in)
Streikbrecher dürfen sich nicht wundern, wenn sie aus der Gewerkschaft ausgeschlossen werden.

blackleg n [ˈblækleg]
Blacklegs are not particularly popular with pickets.
→ **strike breaker**

Streikbrecher(in)
Streikbrecher sind bei Streikposten nicht sehr beliebt.

official strike n [əˌfɪʃl ˈstraɪk]

Trade unions cannot be sued for damages resulting from official strikes.

offizieller Streik, gewerkschaftlich genehmigter Streik
Gewerkschaften können infolge eines offiziellen Streiks nicht auf Schadenersatz verklagt werden.

unofficial strike n [ˌʌnəfɪʃl ˈstraɪk]
The trade union leadership does not approve of unofficial strikes.

inoffizieller Streik
Die Gewerkschaftsführung sieht inoffizielle Streiks nicht gern.

sympathetic strike n [sɪmpəˌθetɪk ˈstraɪk]
Yesterday the coal miners went on sympathetic strike to support the transport workers
→ **sympathy strike**

Sympathiestreik
Die Bergarbeiter sind gestern in einen Sympathiestreik zur Unterstützung der Transportarbeiter getreten.

sympathy strike n ['sɪmpəθɪ ˌstraɪk]
Sympathy strikes caused a lot of disruption in the past.
→ sympathetic strike

token strike n ['təʊkən ˌstraɪk]
The printers went on a two-hour token strike yesterday.

wildcat strike n ['waɪldkæt ˌstraɪk]
Strictly speaking, a wildcat strike is illegal.

call a strike v [ˌkɔːl ə 'straɪk]
The union called a strike in response to the employers' derisory offer of a one per cent pay rise.

call off a strike v [ˌkɔːl 'ɒf ə straɪk]
When the strike fund was empty, the union was forced to call off the strike.

go on strike v [ˌgəʊ ɒn 'straɪk]
Police officers are not allowed to go on strike.

down tools v [ˌdaʊn 'tuːlz]
The workers downed tools for several hours.

walkout n ['wɔːkaʊt]

There have been walkouts in several industries following the government's latest proposals to cut social security benefits.

work-to-rule n [ˌwɜːk tə 'ruːl]
A work-to-rule is hard to define legally.

lock out v [ˌlɒk 'aʊt]
Occasionally employers react to industrial action by locking out their employees.

lockout n ['lɒkaʊt]
If you really call a strike, we shall be forced to impose a lockout.

go-slow n ['gəʊ sləʊ]
Because of the air traffic controllers' go-slow, air traffic was severely obstructed.

picket v ['pɪkɪt]

Our union members are picketing in front of the factory gates.

Sympathiestreik
Früher verursachten Sympathiestreiks viele Probleme.

Warnstreik
Die Drucker sind gestern in einen zweistündigen Warnstreik getreten.

wilder Streik
Streng genommen ist ein wilder Streik illegal.

einen Streik ausrufen
Als Reaktion auf das lächerliche Angebot einer einprozentigen Lohnerhöhung durch die Arbeitgeber rief die Gewerkschaft einen Streik aus.

einen Streik abbrechen, einen Streik abblasen
Als die Streikkasse leer war, sah sich die Gewerkschaft gezwungen den Streik abzubrechen.

in den Streik treten, streiken
Polizeibeamte dürfen nicht streiken.

die Arbeit niederlegen
Die Arbeiter legten für mehrere Stunden die Arbeit nieder.

spontane Arbeitsniederlegung, spontaner Streik
Als Reaktion auf die neuesten Pläne der Regierung zur Kürzung von Sozialleistungen hat es in mehreren Branchen spontane Arbeitsniederlegungen gegeben.

Arbeit nach Vorschrift, Dienst nach Vorschrift
Arbeit nach Vorschrift lässt sich nur schwer juristisch definieren.

aussperren
Gelegentlich reagieren Arbeitgeber auf Arbeitskämpfe, indem sie ihre Arbeitnehmer aussperren.

Aussperrung
Wenn Sie wirklich einen Streik ausrufen, werden wir gezwungen sein mit einer Aussperrung zu reagieren.

Bummelstreik
Wegen des Bummelstreiks der Fluglotsen war der Flugverkehr erheblich eingeschränkt.

als Streikposten stehen, mit Streikposten sperren, mit Streikposten besetzen
Unsere Gewerkschaftsmitglieder stehen als Streikposten vor den Fabriktoren.

INDUSTRIAL RELATIONS

picket n ['pɪkɪt]
The pickets blocked the factory gates.

Streikposten
Die Streikposten blockierten die Fabriktore.

secondary picketing n [ˌsekəndri 'pɪkɪtɪŋ]
Secondary picketing is illegal in the UK.

Bestreiken von Fremdbetrieben

Das Bestreiken von Drittbetrieben ist in Großbritannien nicht zulässig.

arbitrate v ['ɑːbɪtreɪt]
A judge has been appointed to arbitrate in this wage dispute.

schlichten
Ein Richter ist zum Schlichter in diesem Tarifkonflikt berufen worden.

arbitration n [ˌɑːbɪ'treɪʃn]
The conflict was referred to arbitration because the wage negotiations had ended in deadlock.

Schlichtung, Schiedsgerichtsverfahren
Der Konflikt wurde zur Schlichtung überwiesen, weil die Lohnverhandlungen festgefahren waren.

arbitrator n ['ɑːbɪtreɪtə]
The arbitrator's award is definitive.

Schlichter
Der Schiedsspruch des Schlichters ist verbindlich.

Advisory Conciliation and Arbitration Service n GB [ədˌvaɪzəri kənsɪli'eɪʃn ənd ɑːbɪ'treɪʃn ˌsɜːvɪs]
ACAS ['eɪkæs]
The governing body of ACAS consists of union representatives, employers' representatives and members appointed by the government.

Schlichtungskommission, Schiedsstelle

Der Verwaltungsrat von ACAS besteht aus Gewerkschaftsvertretern, Vertretern der Arbeitgeber und von der Regierung bestellten Mitgliedern.

Labor Relations Board n US [ˌleɪbə rɪ'leɪʃnz bɔːd] LRB [el ɑː 'biː]
The Labor Relations Board was established to stop unfair union practices.

Schiedsstelle, Schlichtungsstelle

Die Schiedsstelle wurde eingerichtet, um unlauteren Machenschaften der Gewerkschaften Einhalt zu gebieten.

industrial tribunal n [ɪnˌdʌstriəl traɪ'bjuːnl]
The first industrial tribunals in Britain were established in the early 1970s.

Arbeitsgericht

Die ersten Arbeitsgerichte in Großbritannien wurden zu Beginn der 70er Jahre des letzten Jahrhunderts eingerichtet.

mediate v ['miːdieɪt]
By skillfully mediating one can often avoid a strike.

vermitteln
Durch geschickte Vermittlung kann oft ein Streik vermieden werden.

negotiate v [nɪ'gəʊʃieɪt]
Having negotiated until the early hours of the morning, the two sides eventually agreed on a compromise.

verhandeln
Nachdem sie bis in die frühen Morgenstunden verhandelt hatten, einigten sich die Parteien schließlich auf einen Kompromiss.

negotiation n [nɪˌgəʊʃi'eɪʃn]
The dispute was settled after protracted negotiations.

Verhandlung
Der Konflikt wurde nach längeren Verhandlungen beigelegt.

negotiating table n [nɪ'gəʊʃieɪtɪŋ teɪbl]
Solving industrial disputes round the negotiating table is better than engaging in industrial action.

Verhandlungstisch
Es ist besser, Arbeitsstreitigkeiten am Verhandlungstisch zu lösen, als sich auf einen Arbeitskampf einzulassen.

negotiator n [nɪˈgəʊʃieɪtə]
The employers' federation is said to be dissatisfied with its chief negotiator.

bargaining power n [ˈbɑːgənɪŋ paʊə]
In this wage dispute, the employers' bargaining power is greater than that of the unions.

settlement n [ˈsetlmənt]
The settlement is expected to cost the industry dear.

worker participation n [ˌwɜːkə pɑːˌtɪsɪˈpeɪʃn]
In Germany, worker participation has generally made for peaceful industrial relations.

worker director n [ˌwɜːkə dəˈrektə]
Unlike in the UK, there are worker directors, i.e. representatives of the workforce, on the boards of certain German public limited companies.

single-union deal n [ˌsɪŋgl ˈjuːniən diːl]

Japanese companies locating in the UK insist on single-union deals.

demarcation dispute n [ˌdiːmɑːˈkeɪʃn ˌdɪspjuːt]
The introduction of new machinery often leads to demarcation disputes between unions.

wage claim n [ˈweɪdʒ kleɪm]
The union has put in a wage claim of 10%.

wage negotiation n [ˌweɪdʒ nɪˌgəʊʃiˈeɪʃn]
The wage negotiations in the steel industry have ended in deadlock.

collective bargaining n [kəˌlektɪv ˈbɑːgənɪŋ]
Management wanted to replace collective bargaining with individual arrangements.

free collective bargaining n [ˌfriː kəˈlektɪv ˈbɑːgənɪŋ]
Free collective bargaining rules out any government interference.

manning agreement n [ˌmænɪŋ əˈgriːmənt]
The new management is threatening to close the foundry unless the unions consent to a new manning agreement.

Unterhändler(in)
Der Arbeitgeberverband ist dem Vernehmen nach nicht mit seinem Chefunterhändler zufrieden.

Verhandlungsposition
In diesem Tarifkonflikt haben die Arbeitgeber eine bessere Verhandlungsposition als die Gewerkschaften.

Einigung
Man erwartet, dass die Einigung diesen Wirtschaftszweig teuer zu stehen kommt.

Mitbestimmung

In Deutschland trägt die Mitbestimmung im Allgemeinen zu friedlichen Beziehungen zwischen den Tarifparteien bei.

Arbeitsdirektor(in)
Anders als in Großbritannien sitzen in den Vorständen bestimmter deutscher Aktiengesellschaften Arbeitsdirektoren, d. h. Arbeitnehmervertreter.

Vereinbarung über die Vertretung von Arbeitnehmern durch eine einzige Gewerkschaft
Japanische Unternehmen, die sich in Großbritannien ansiedeln, bestehen auf einer einzigen Gewerkschaft als Verhandlungspartner.

Kompetenzstreitigkeit

Die Einführung neuer Maschinen führt oft zu Kompetenzstreitigkeiten zwischen Gewerkschaften.

Lohnforderung
Die Gewerkschaft hat 10 % mehr Lohn gefordert.

Tarifverhandlung
Die Tarifverhandlungen in der Stahlindustrie sind festgefahren.

Tarifverhandlungen

Die Betriebsleitung wollte Tarifverhandlungen durch individuelle Absprachen ersetzen.

Tarifautonomie

Die Tarifautonomie schließt jede Einmischung seitens der Regierung aus.

Vereinbarung über die Personalstärke

Die neue Leitung droht mit der Stilllegung der Gießerei, falls die Gewerkschaft nicht einer neuen Vereinbarung über die Personalstärke zustimmt.

labour organization n [ˌleɪbə ɔːɡənaɪˈzeɪʃn]
Labour organizations represent the interests of the working population.

Arbeitnehmerorganisation

Arbeitnehmerorganisationen vertreten die Interessen der arbeitenden Bevölkerung.

general union n *GB* [ˌdʒenrəl ˈjuːnjən]
The TGWU (Transport and General Workers' Union) is a typical general union.

branchenübergreifende Gewerkschaft

Die TGWU (Transportarbeitergewerkschaft) ist eine typische branchenübergreifende Gewerkschaft.

labor union n *US* [ˈleɪbə ˌjuːnjən]
Labor unions pursue a so-called bread-and-butter policy rather than political aims.
→ **trade union**

Gewerkschaft

Die amerikanischen Gewerkschaften verfolgen eher eine so genannte Brot-und-Butter-Politik als politische Ziele.

industrial union n [ɪnˌdʌstriəl ˈjuːnjən]
All German unions are organized along the lines of industrial unions.

Industriegewerkschaft

Alle deutschen Gewerkschaften sind nach dem Prinzip der Industriegewerkschaft organisiert.

trade union n *GB* [ˌtreɪd ˈjuːnjən]
The umbrella organization of trade unions is the TUC (Trades Union Congress).
→ **labor union**

Gewerkschaft

Der Dachverband der britischen Gewerkschaften ist der TUC.

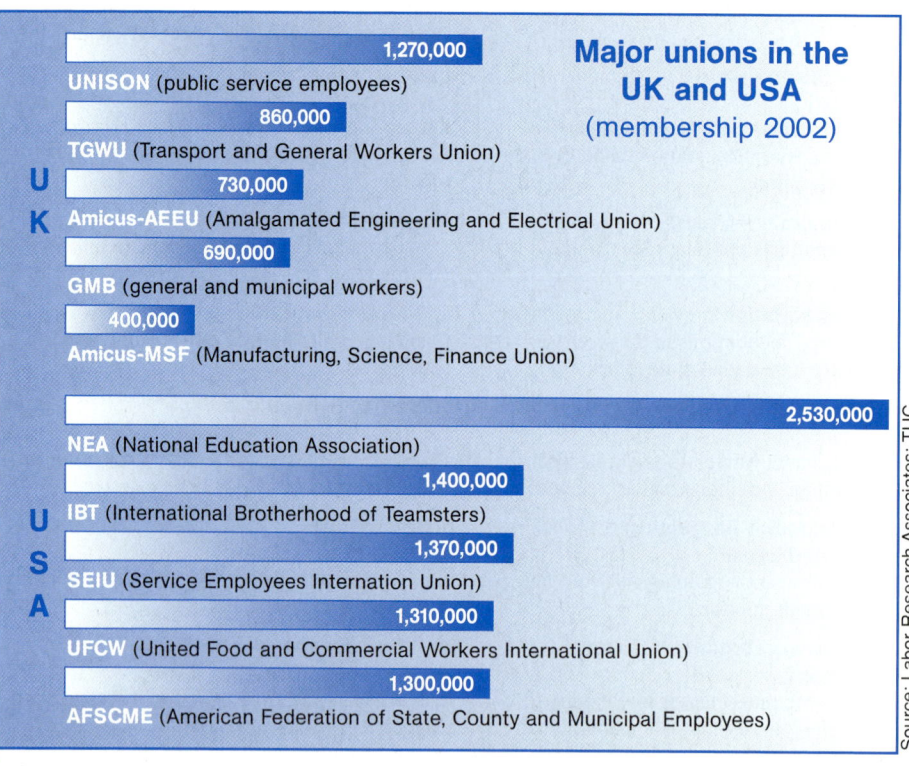

Major unions in the UK and USA
(membership 2002)

UK

1,270,000 — UNISON (public service employees)
860,000 — TGWU (Transport and General Workers Union)
730,000 — Amicus-AEEU (Amalgamated Engineering and Electrical Union)
690,000 — GMB (general and municipal workers)
400,000 — Amicus-MSF (Manufacturing, Science, Finance Union)

USA

2,530,000 — NEA (National Education Association)
1,400,000 — IBT (International Brotherhood of Teamsters)
1,370,000 — SEIU (Service Employees Internation Union)
1,310,000 — UFCW (United Food and Commercial Workers International Union)
1,300,000 — AFSCME (American Federation of State, County and Municipal Employees)

Source: Labor Research Associates; TUC

INDUSTRIAL RELATIONS

trade union official n *GB* [ˌtreɪd ˈjuːnɪən əˈfɪʃl]
Most major unions have paid trade union officials.
→ union official

(hauptamtlicher) Gewerkschaftsfunktionär
Die meisten wichtigen Gewerkschaften haben bezahlte hauptamtliche Gewerkschaftsfunktionäre.

union official n [ˈjuːnɪən əˈfɪʃl]
The shop steward is not a union official.
→ trade union official

(hauptamtlicher) Gewerkschaftsfunktionär
Der Vertrauensmann ist kein hauptamtlicher Gewerkschaftsfunktionär.

trade union secretary n *GB* [ˌtreɪd ˈjuːnɪən ˈsekrətri]
Trade union secretaries used to be elected for life.

Gewerkschaftsvorsitzende(r)
Früher wurden Gewerkschaftsvorsitzende auf Lebenszeit gewählt.

craft union n *GB* [ˈkrɑːft ˈjuːnjən]
Printers were among the first to form a craft union.

Fachgewerkschaft
Drucker gehörten zu den Ersten, die eine Fachgewerkschaft gründeten.

employers' federation n [ɪmˌplɔɪəz ˈfedəreɪʃn]
Not all employers in an industry are members of their respective employers' federation.

Arbeitgeberverband
Nicht alle Arbeitgeber einer Branche sind Mitglieder ihres jeweiligen Arbeitgeberverbandes.

International Labour Organization n [ˌɪntəˌnæʃnəl ˌleɪbər ɔːɡənaɪˈzeɪʃn]
ILO [aɪ el ˈəʊ]
The International Labour Organization was founded in 1919.

Internationale Arbeitsorganisation (IAO)
Die Internationale Arbeitsorganisation wurde 1919 gegründet.

Trades Union Congress n *GB* [ˌtreɪdz ˈjuːnɪən ˈkɒŋgres] TUC [ˌtiː juː ˈsiː]
The umbrella organization of British trade unions is the TUC (Trades Union Congress).

britischer Gewerkschaftsdachverband
Der Dachverband der britischen Gewerkschaften ist der TUC.

Transport and General Workers' Union n *GB* [trænˈspɔːt ənd ˈdʒenrəl ˈwɜːkəz ˈjuːnɪən]
TGWU [ˌtiː dʒiː ˌdʌbljuː ˈjuː]
The TGWU is a typical general union.

Transportarbeitergewerkschaft
Die TGWU ist eine typische branchenübergreifende Gewerkschaft.

American Federation of Labor/Congress of Industrial Organizations n *US* [əˌmerɪkən fedəˌreɪʃn əv ˈleɪbə, ˌkɒŋgres əv ɪnˌdʌstriəl ˌɔːɡənaɪˈzeɪʃnz]
AFL/CIO [ˌeɪ ef ˈel ˌsiː aɪ ˈəʊ]
The umbrella organization of American labor unions is the AFL/CIO.

amerikanischer Gewerkschaftsdachverband
Der Dachverband der amerikanischen Gewerkschaften ist der AFL/CIO.

Confederation of British Industry n *GB* [kənˌfedəˈreɪʃn əv ˌbrɪtɪʃ ˈɪndəstri]
CBI [ˌsiː biː ˈaɪ]
The CBI is the British equivalent of the German BDI.

Verband der britischen Industrie
Der CBI ist das britische Gegenstück zum BDI (Bundesverband der Deutschen Industrie).

Labor Relations Board n US [ˌleɪbə rɪ'leɪʃnz bɔːd] LRB [ˌel ɑː 'biː]
Industrial disputes are referred to the Labor Relations Boards.

closed shop n GB [ˌkləʊzd 'ʃɒp]
Closed shops resulted from the large number of unions in Britain.
→ **union shop**

union shop n US ['juːniən ʃɒp]
Employees in a union shop must become members of a union once they're employed in a company.
→ **closed shop**

shop steward n [ˌʃɒp 'stjuːəd]
Our shop steward, Judy Scragill, is at a meeting with the management.

umbrella organization n [ʌm'brelə ɔːgənaɪ'zeɪʃn]
The umbrella organization of American labor unions is the AFL/CIO.

political fund n GB [pə'lɪtɪkl 'fʌnd]
The Labour Party used to receive most of its income from the unions' political funds.

pension fund n ['penʃn fʌnd]
Many unions have their own pension funds.

opt out v [ˌɒpt 'aʊt]
Union members can, of course, opt out of paying contributions to the political fund.

Schlichtungskommission, Schiedsstelle

Arbeitsstreitigkeiten werden an die Schlichtungskommission überwiesen.

Betrieb mit Gewerkschaftszwang
Betriebe mit Gewerkschaftszwang waren die Folge der großen Anzahl von Gewerkschaften in Großbritannien.

Betrieb mit Gewerkschaftszwang
Arbeitnehmer in einem Betrieb, der nur gewerkschaftlich organisierte Arbeitnehmer beschäftigt, müssen in die Gewerkschaft eintreten, sobald sie bei diesem Betrieb angestellt sind.

Vertrauensfrau, Vertrauensmann
Unsere Vertrauensfrau Judy Scragill ist in einer Besprechung mit der Betriebsleitung.

Dachverband

Der Dachverband der amerikanischen Gewerkschaften ist die AFL/CIO.

politischer Fonds
Die Labour Party bezog früher den größten Teil ihres Einkommens aus den politischen Fonds der Gewerkschaften.

Rentenfonds, private Rentenversicherung
Viele Gewerkschaften haben einen eigenen Rentenfonds.

sich dagegen entscheiden, aussteigen
Natürlich können Gewerkschaftsmitglieder sich dafür entscheiden, nicht mehr in den politischen Fonds einzuzahlen.

THE TRANSPORT INDUSTRY

Transporting goods

goods n pl [gʊdz]
The goods have arrived at our warehouse and are ready for collection.

Ware(n), Güter, Fracht
Die Waren sind in unserem Lager eingetroffen und stehen zur Abholung bereit.

transport n ['trænspɔ:t]
The transport of our products is usually effected by rail.
→ **transportation, carriage**

Transport, Beförderung, Transportwesen
Der Transport unserer Produkte wird in der Regel per Bahn abgewickelt.

transport v [træns'pɔ:t]
Perishable products are often transported by air.

befördern, transportieren
Leicht verderbliche Produkte werden oft auf dem Luftweg befördert.

transportation n US [ˌtrænspɔ:'teɪʃn]
The transportation of our products is carried out by long-distance trucks.
→ **transport, carriage**

Transport, Beförderung, Transportwesen
Der Transport unserer Produkte wird per Fernlaster durchgeführt.

multimodal transport n [ˌmʌltiməʊdl 'trænspɔ:t]
Multimodal transport has been made possible by containerization.

kombinierter Ladeverkehr (KLV), Kombiverkehr
Der kombinierte Güterverkehr wurde durch den Einsatz von Containern möglich gemacht.

transporter n [træn'spɔ:tə]
We would like to charter a transporter.

(Schwer-)Transporter
Wir möchten gern einen Transporter mieten.

transport industry n ['trænspɔ:t ˌɪndəstri]
Britain has a very efficient transport industry.

Transportindustrie, Transportgewerbe
Großbritannien hat eine sehr effiziente Transportindustrie.

transport company n ['trænspɔ:t ˌkʌmpəni]
Our transport company has both a road haulage and an ocean transport division.

Transportunternehmen

Unser Transportunternehmen hat sowohl eine Straßen- als auch eine Hochseetransportabteilung.

transport system n ['trænspɔ:t ˌsɪstəm]
The transport system in Scotland has been improved considerably in recent years.

Verkehrsinfrastruktur, Verkehrssystem
Die Verkehrsinfrastruktur in Schottland ist in den vergangenen Jahren beträchtlich verbessert worden.

cargo n ['kɑ:gəʊ]
The ship is just discharging a cargo of bananas.

Ladung, Fracht
Das Schiff löscht gerade eine Ladung Bananen.

bag cargo n ['bæg ˌkɑ:gəʊ]
Flour is a typical bag cargo.

Sackgut
Mehl ist ein typisches Sackgut.

bale cargo n ['beɪl ˌkɑ:gəʊ]
Cotton is a typical bale cargo.

Ballengut
Baumwolle ist typisches Ballengut.

barrel cargo n ['bærəl ˌkɑ:gəʊ]
We transport all our wines as barrel cargo.

Fassladung
Wir befördern all unsere Weine als Fassladung.

berth cargo n ['bɜːθ ˌkɑːɡəʊ]
Since there is still cargo space left, we'll take in berth cargo at the cheap rate.

Auffüllladung
Da wir noch Laderaum haben, nehmen wir noch Auffüllladung zum billigen Frachttarif mit.

bulk cargo n ['bʌlk ˌkɑːɡəʊ]
Bulk cargo is often transported by waterway.

Massenfrachtgut, Massengutladung
Massenfrachtgut wird oft auf dem Wasserweg befördert.

bulky adj ['bʌlki]
Bulky items like transformers are often transported by river barge.

sperrig, unhandlich
Sperrige Güter wie Transformatoren werden oft auf Binnenschiffen transportiert.

in bulk [ɪn bʌlk]
Wholesalers obtain goods in bulk.

en gros, in großen Mengen
Großhändler beziehen ihre Waren en gros.

chilled cargo n ['tʃɪld ˌkɑːɡəʊ]
Fresh tropical fruits are sent as chilled cargo.

Kühlgut, gekühlte Ladung
Frische tropische Früchte werden als Kühlgut versandt.

discharge a cargo v [dɪs'tʃɑːdʒ ə ˌkɑːɡəʊ]
In Hamburg we discharged a cargo of bananas.

eine Ladung löschen

In Hamburg haben wir eine Ladung Bananen gelöscht.

handle cargo v [ˌhændl 'kɑːɡəʊ]
Our company has been handling cargo for more than forty years.

Fracht umschlagen
Unsere Gesellschaft schlägt seit mehr als vierzig Jahren Fracht um.

manifest a cargo v [ˌmænɪfest ə 'kɑːɡəʊ]
In Hamburg we manifested a cargo of bananas.

eine Ladung anmelden

In Hamburg haben wir eine Ladung Bananen angemeldet.

take in cargo v [teɪk ˌɪn 'kɑːɡəʊ]
The freight train will start taking in cargo in fifteen minutes.

Fracht einladen, laden
In fünfzehn Minuten wird mit der Beladung des Güterzugs begonnen.

take up cargo v [teɪk ˌʌp 'kɑːɡəʊ]
The freight train took up cargo from the lorries.

Ladung übernehmen
Der Güterzug übernahm Ladung von den Lastwagen.

cargo agent n ['kɑːɡəʊ ˌeɪdʒənt]
Please finalize delivery details with our cargo agent.

Frachtspediteur(in)
Bitte besprechen Sie die Details der Lieferung mit unserem Frachtspediteur.

cargo boat n ['kɑːɡəʊ bəʊt]
We'll forward this consignment by cargo boat.

Frachtschiff
Wir werden diese Lieferung mit dem Fracht-schiff befördern.

cargo flight n ['kɑːɡəʊ flaɪt]
There are four cargo flights from London to Berlin every day.

Frachtflug
Jeden Tag gibt es vier Frachtflüge von London nach Berlin.

cargo handling n ['kɑːɡəʊ ˌhændlɪŋ]
Cargo handling must take place as swiftly as possible.

Güterumschlag
Der Güterumschlag muss so schnell wie mög-lich vonstatten gehen.

carrier n ['kæriə]

Waltham is a major carrier.

Transportunternehmen, Spediteur, Fracht-führer
Waltham ist ein großes Transportunternehmen.

THE TRANSPORT INDUSTRY

carriage n [ˈkærɪdʒ]
Carriage is to be effected by truck.
→ **transport, transportation**

shipment n [ˈʃɪpmənt]
Shipment will be made by MV Ariane.

shipper n [ˈʃɪpə]
The shipper is responsible for immediate delivery.
→ **freight forwarder**

shipping n [ˈʃɪpɪŋ]
The cost of shipping these goods is high.

shipping agent n [ˈʃɪpɪŋ ˌeɪdʒənt]
In international trade the services of a shipping agent are essential.
→ **forwarding agent**

shipping arrangements n pl [ˈʃɪpɪŋ əˌreɪndʒmənts]
The stipulated shipping arrangements are to be observed strictly.

shipping charges n pl [ˈʃɪpɪŋ ˌtʃɑːdʒɪz]
Shipping charges are to be paid by the consignee.

shipping company n [ˈʃɪpɪŋ ˌkʌmpəni]
Our shipping company operates mainly in Michigan.

trans(s)hipment n [trænsˈʃɪpmənt]
Transshipment is not permitted.

charter n [ˈtʃɑːtə]
There are plenty of vessels available for charter.

charter v [ˈtʃɑːtə]
We have decided to charter cargo space on a tramp.

charter business n [ˈtʃɑːtə ˌbɪznəs]
We're going to expand our charter business even further.

charter carrier n [ˈtʃɑːtə ˌkæriə]

For urgent deliveries you can always call upon the services of a charter carrier.

charter agreement n [ˈtʃɑːtə əˈgriːmənt]
Our charter agreement is valid until 1 May 2008.
→ **charter party**

consignment n [kənˈsaɪnmənt]
We dispatched the consignment this morning.

Beförderung, Transport
Die Beförderung muss mit Lastwagen erfolgen.

Transport, Verfrachtung (Schifffahrt), Versand
Der Transport wird mit MS Ariane abgewickelt.

Verfrachter, Spediteur
Der Verfrachter ist für die unverzügliche Auslieferung verantwortlich.

Verfrachtung (Schifffahrt), Versand
Die Frachtkosten für diese Güter sind hoch.

Spediteur(in), Reedereivertreter(in)
Im internationalen Handel sind die Dienste eines Spediteurs unerlässlich.

Versandvereinbarungen

Die festgelegten Versandvereinbarungen müssen genau beachtet werden.

Versandkosten
Die Versandkosten sind vom Empfänger zu zahlen.

Reederei, Transportunternehmen
Unser Transportunternehmen arbeitet im Wesentlichen in Michigan.

Umladung, Umladegeschäft
Umladung verboten.

Chartern, Befrachtung
Es sind reichlich Schiffe zum Chartern verfügbar.

chartern, befrachten
Wir haben uns entschlossen, Laderaum auf einem Trampschiff zu chartern.

Chartergeschäft
Wir wollen unser Chartergeschäft weiter ausbauen.

Chartergesellschaft, Chartertransportgesellschaft
Für dringende Lieferungen können Sie immer die Dienste einer Chartergesellschaft in Anspruch nehmen.

Chartervertrag, Befrachtungsvertrag
Unser Chartervertrag ist bis zum 1. Mai 2008 gültig.

Frachtgut, (Waren-)Sendung
Wir haben das Frachtgut heute Morgen aufgegeben.

THE TRANSPORT INDUSTRY

consignee n [ˌkɒnsaɪˈniː]
The consignee is required to acknowledge receipt of the consignment.

(Waren-)Empfänger
Der Empfänger muss den Erhalt der Sendung quittieren.

consignor n [kənˈsaɪnə]
The consignor is responsible for proper packaging.

Absender, Befrachter
Der Absender ist für ordnungsgemäße Verpackung verantwortlich.

delivery n [dɪˈlɪvəri]
The goods are available for prompt delivery.

Lieferung, Zustellung, Auslieferung
Die Waren sind kurzfristig lieferbar.

just-in-time adj [ˌdʒʌst in ˈtaɪm]
Just-in-time deliveries save a lot of costs.

einsatzsynchron
Einsatzsynchrone Lieferungen sparen eine Menge Kosten.

despatch n [dɪˈspætʃ]
The consignment is ready for despatch.
→ dispatch

Versand
Die Ladung ist versandbereit.

despatch v [dɪˈspætʃ]
We despatched the goods this morning.
→ dispatch

absenden, versenden
Wir haben die Ware heute Morgen abgesendet.

despatch area n [dɪˈspætʃ eəriə]
We're afraid we can't deliver the goods because your company is outside our despatch area.

Versandgebiet
Leider können wir die Waren nicht ausliefern, weil Ihre Gesellschaft außerhalb unseres Versandgebiets liegt.

despatch department n [dɪˈspætʃ dɪˌpɑːtmənt]
We have instructed our despatch department to forward your consignment immediately.

Versandabteilung

Wir haben unsere Versandabteilung angewiesen, ihre Lieferung umgehend zu liefern.

dispatch n [dɪˈspætʃ]
The consignment is ready for dispatch.
→ despatch

Versand
Die Ladung ist versandbereit.

dispatch v [dɪˈspætʃ]
We dispatched the goods by courier.
→ despatch

absenden, versenden
Wir haben die Ware per Boten geschickt.

distribute v [dɪˈstrɪbjuːt]
It is essential to re-organize our dispatch department in order to ensure that our products are distributed efficiently.

vertreiben
Wir müssen unbedingt unsere Versandabteilung umstrukturieren, um einen effizienten Vertrieb unserer Produkte zu gewährleisten.

distribution n [ˌdɪstrɪˈbjuːʃn]
The dispatch department is responsible for the distribution of our products.

Vertrieb, Verteilung
Die Versandabteilung ist für die Verteilung unserer Produkte verantwortlich.

forwarding agent n [ˈfɔːwədɪŋ ˌeɪdʒənt]
Forwarding agents also advise their customers on the most suitable means of transport for a given cargo.
→ shipping agent

Spediteur
Spediteure beraten ihre Kunden auch hinsichtlich der besten Transportart für eine bestimmte Ladung.

freight n [freɪt]
Freight and passengers are transported by railway.

Frachtgut
Frachtgut und Passagiere werden mit der Bahn befördert.

freight forwarder n ['freɪt ˌfɔːwədə]
The freight forwarder cannot be held responsible for delays due to force majeure.
→ **shipper**

freight market n ['freɪt ˌmɑːkɪt]
Cargo space can be chartered at a freight market.
→ **freight exchange**

freight exchange n ['freɪt ɪksˌtʃeɪndʒ]
The Baltic Exchange is one of the world's leading freight exchanges.
→ **freight market**

domestic freight n [dəˌmestɪk 'freɪt]
Domestic freight in Germany is predominantly transported by road haulage.

haulier n ['hɔːlɪə]

The haulier collects the consignment from the manufacturer's address.

haulage n ['hɔːlɪdʒ]
The haulage of goods is undertaken by haulage contractors.

affreight v [ə'freɪt]
We have affreighted MV Cynthia.

affreightment n [ə'freɪtmənt]
We have secured affreightment of MV Cynthia at the Baltic Exchange.

transit n ['trænzɪt]
The goods were damaged in transit.

transit charges n pl ['trænzɪt tʃɑːdʒɪz]
Transit charges are to be borne by the consignee.

transit freight n ['trænzɪt freɪt]
Transit freight is usually sealed by the customs authorities in the exporter's country.

transit of goods n [ˌtrænzɪt əv 'gʊdz]
The transit of goods is made more convenient by the TIR sign.

transit shed n ['trænzɪt ʃed]
Please collect the goods at the transit shed.

transit trade n ['trænzɪt treɪd]
The transit trade is an important element in international trade.

Spediteur, Verfrachter
Der Spediteur kann nicht für Verzögerungen auf Grund höherer Gewalt verantwortlich gemacht werden.

Frachtenbörse
Laderaum kann an einer Frachtenbörse gechartert werden.

Frachtenbörse
Die Londoner Schifffahrtsbörse ist eine der führenden Frachtenbörsen der Welt.

Inlandsfracht
Inlandsfracht wird in Deutschland vorwiegend auf der Straße befördert.

Transportunternehmer, Spediteur, Frachtführer
Der Transportunternehmer übernimmt die Warensendung am Standort des Herstellers.

Beförderung
Die Beförderung von Gütern wird von Transportunternehmen übernommen.

befrachten
Wir haben die MS Cynthia befrachtet.

Befrachtung
Wir haben an der Londoner Schifffahrtsbörse die Befrachtung der MS Cynthia sichergestellt.

Transit, Durchfuhr
Die Güter wurden unterwegs beschädigt.

Transitgebühren
Transitgebühren sind vom Empfänger zu zahlen.

Transitfracht, Durchfuhrfracht
Transitfracht wird gewöhnlich von den Zollbehörden im Land des Exporteurs verplombt.

Warendurchfuhr
Die Warendurchfuhr wird durch das TIR-Zeichen erleichtert.

Transitlager
Bitte holen Sie die Waren im Transitlager ab.

Transithandel
Der Transithandel ist ein wesentliches Element im internationalen Handel.

THE TRANSPORT INDUSTRY

trade route n ['treɪd ˌruːt]
The "Hellweg" in Germany used to be a famous trade route.

Handelsstraße
Der „Hellweg" in Deutschland war eine bekannte Handelsstraße.

load n [ləʊd]
This crane can lift loads of up to 10 tons.

Last, Ladung
Dieser Kran kann Lasten von bis zu 10 t heben.

load v [ləʊd]
The lorry is still loading.

beladen, befrachten
Der Lastwagen wird immer noch beladen.

run n [rʌn]
Empty runs are very expensive.

Fahrt
Leerfahrten sind sehr teuer.

hold n [həʊld]
Five consignments of medical supplies were in the plane's hold.

Laderaum
Im Laderaum des Flugzeugs befanden sich fünf Ladungen mit medizinischen Gütern.

container n [kən'teɪnə]
The standardized container measures eight by eight by twenty feet.

Container, (Transport-)Behälter
Der Standardcontainer misst acht mal acht mal zwanzig Fuß.

containerization n [kənˌteɪnəraɪ'zeɪʃn]
Containerization has revolutionized freight transport.

Umstellung auf Container(verkehr)
Die Umstellung auf Containerverkehr hat die Güterbeförderung revolutioniert.

crate n [kreɪt]
The crate was prized open by the customs officers.

Kiste
Die Kiste wurde von den Zollbeamten aufgebrochen.

pallet n ['pælət]
Pallets can easily be loaded and unloaded.

Palette
Paletten können leicht auf- und abgeladen werden.

pipeline n ['paɪplaɪn]
The Siberian oil pipeline is leaking considerable amounts of oil.

Pipeline, Rohrleitung
Die sibirische Ölpipeline verliert beträchtliche Mengen Öl.

dead weight n US [ˌded 'weɪt]
The vehicle has a dead weight of seven tons.
→ **tare**

Leergewicht, Eigengewicht
Das Fahrzeug hat ein Leergewicht von sieben Tonnen.

tare n ['teə]
You work out the net weight by deducting the tare from the gross weight.
→ **dead weight**

Verpackungsgewicht, Tara
Man berechnet das Nettogewicht, indem man das Verpackungsgewicht vom Bruttogewicht abzieht.

tonne, metric ton n [tʌn, 'metrɪk ˌtʌn]
There are 1000kg in a metric ton.

Tonne, Metertonne
Eine Metertonne hat 1000 kg.

ton, long ton n GB [tʌn, ˌlɒŋ 'tʌn]
The British long ton weighs 2240lbs.

Longtonne
Die britische Longtonne wiegt 1016 kg.

ton, short ton n US [tʌn, ˌʃɔːt 'tʌn]
The American short ton weighs 2000lbs.

Shorttonne
Die amerikanische Shorttonne wiegt 907 kg.

surface transport n ['sɜːfɪs trænspɔːt]
Surface transport is cheaper than air transport.

Transport auf dem Land- bzw. Wasserweg
Transporte auf dem Land- bzw Wasserweg sind billiger als auf dem Luftweg.

air transport n ['eə trænspɔːt]
Air transport is faster than surface transport.

Transport auf dem Luftweg
Transporte auf dem Luftweg sind schneller als auf dem Landweg.

air cargo n ['eə ˌkɑːgəʊ]
Medical goods are often transported as air cargo.
→ air freight

Luftfracht
Medizinische Güter werden oft als Luftfracht befördert.

air freight n ['eə freɪt]
Diamonds are nearly always transported as air freight.
→ air cargo

Luftfracht
Diamanten werden praktisch immer als Luftfracht befördert.

air freight handling n [ˌeə freɪt 'hændlɪŋ]
Air freight handling must take place very quickly.

Luftfrachtumschlag

Der Luftfrachtumschlag muss sehr schnell vonstatten gehen.

air parcel n [ˌeə 'pɑːsl]
I'll send this as an air parcel.

Luftpostpaket
Ich verschicke das als Luftpostpaket.

helicopter n ['helɪkɒptə]
Helicopters transport cargoes to oil rigs.

Hubschrauber, Helikopter
Hubschrauber transportieren Ladungen zu Bohrinseln.

Transport International Routier n *frz*
[ˌtrænspɔːt ɪntəˌnæʃnəl ru'tjeɪ]
TIR [ˌtiː aɪ 'ɑː]
This transport is a TIR operation.

TIR (europäisches Straßenverkehrsabkommen)

Dieser Transport wird nach TIR abgewickelt.

common carrier n [ˌkɒmən 'kæriə]
A common carrier is bound to carry goods, subject to limitations he has made known before.

Spediteur, Frachtführer
Ein Spediteur ist zur Beförderung von Waren nach Maßgabe von Einschränkungen verpflichtet, die er vorher bekannt gegeben hat.

private carrier n [ˌpraɪvət 'kæriə]

Private carriers in Britain require a C-licence.

Werkverkehr, privater Spediteur, privater Frachtführer
Für den Werkverkehr ist in Großbritannien eine „C"-Lizenz erforderlich.

haul v [hɔːl]
Trucks often haul building materials.

befördern, transportieren
Lastwagen befördern oft Baustoffe.

road haulage n ['rəʊd ˌhɔːlɪdʒ]
Road haulage is the usual form of transport for domestic freight.

Güterkraftverkehr, Straßentransport
Für Inlandsfrachten ist der Güterkraftverkehr die übliche Transportart.

road haulage contractor n [ˌrəʊd ˌhɔːlɪdʒ kən'træktə]
Just-in-time delivery is a very lucrative business for road haulage contractors.

Straßentransportunternehmer, Spediteur

Für Straßentransportunternehmer sind einsatzsynchrone Lieferungen ein sehr lukratives Geschäft.

THE TRANSPORT INDUSTRY

transport operator n [ˈtrænspɔːt ˌɒpəreɪtə]
The consignment will be delivered by a local transport operator.

Spediteur, Transportunternehmer
Die Sendung wird von einem örtlichen Spediteur ausgeliefert.

all-terrain vehicle n [ˌɔːl təreɪn ˈviːəkl]

Many farmers have all-terrain vehicles.

(Straßen- und) Geländefahrzeug, Geländewagen
Viele Bauern haben Geländefahrzeuge.

utility vehicle n [juːˈtɪləti ˌviːəkl]
Most farmers have a utility vehicle for all sorts of purposes.

Mehrzweckfahrzeug, Nutzfahrzeug
Die meisten Bauern haben ein Mehrzweckfahrzeug für alle möglichen Zwecke.

flat-bed trailer n [ˈflætbed treɪlə]
Our yacht was transported on a flat-bed trailer.
→ low loader

Tieflader
Unser Segelboot wurde auf einem Tieflader transportiert.

fork-lift truck n [ˈfɔːklɪft ˌtrʌk]
Our fork-lift trucks can easily lift heavy loads.

Gabelstapler
Unsere Gabelstapler können mühelos schwere Lasten heben.

heavy goods vehicle n [ˈhevi ɡʊdz ˈviːɪkl] HGV [ˌeɪtʃ dʒiː ˈviː]
Drivers of heavy goods vehicles require a special licence.

Lastkraftwagen (LKW)

Lastkraftwagenfahrer brauchen einen besonderen Führerschein.

lorry n GB [ˈlɒri]
Transport will be effected by lorry.
→ truck

Lastwagen (LKW)
Der Transport wird per LKW durchgeführt.

lorry driver n GB [ˈlɒri ˌdraɪvə]
Some lorry drivers seem to think they're king of the road.
→ trucker

Lastwagenfahrer(in)
Einige Lastwagenfahrer scheinen zu glauben, sie seien die Könige der Landstraße.

articulated lorry n GB [ɑːˌtɪkjuleɪtɪd ˈlɒri]
Articulated lorries consist of a tractor and a semi-trailer.
→ tractor-trailer

Sattelschlepper

Sattelschlepper bestehen aus einer Zugmaschine und einem Auflieger.

long-distance lorry n GB [ˌlɒŋdɪstəns ˈlɒri]
Our fleet also includes ten long-distance lorries.

Fernlaster, Fernlastwagen

Zu unserem Fuhrpark gehören auch zehn Fernlaster.

medium-weight lorry n GB [ˌmiːdiəmweɪt ˈlɒri]
We only require a medium-weight lorry for this consignment of five tons.

mittelschwerer Lastwagen

Für diese Ladung von fünf Tonnen benötigen wir nur einen mittelschweren Laster.

lorry depot n GB [ˌlɒri ˈdepəʊ]
If you want to have this consignment delivered soon, you should ring our lorry depot.

Lastwagendepot
Wenn Sie diese Sendung bald ausgeliefert haben möchten, sollten Sie unser Lastwagendepot anrufen.

lorry fleet n GB [ˈlɒri fliːt]
Some major manufacturers have their own lorry fleet.

Fuhrpark
Einige große Hersteller haben ihren eigenen Fuhrpark.

lorry load n *GB* ['lɒri ˌləʊd]
We have a lorry load of marble for Windsor.

low loader n ['ləʊ ˌləʊdə]
High loads are transported by low loader.
→ flat-bed trailer

piggyback service n *GB* ['pɪɡibæk ˌsɜːvɪs]
Piggyback services combine road and rail transport.
→ trailer-on-flat-car service

van n [væn]
The local butcher makes his deliveries by van.

light van n *GB* [ˌlaɪt 'væn]
You are allowed to drive a light van with an ordinary driving licence.

small van n [ˌsmɔːl 'væn]
I would like to hire a small van.

pick-up (truck) n *US* ['pɪkʌp trʌk]
Pick-ups are very popular in America.

removal van n [rɪ'muːvl væn]
The removal van called at six a.m.

trailer n ['treɪlə]
In TOFC transport, trailers are put on flat cars.

semi-trailer n [ˌsemi'treɪlə]
We have a fleet of twenty trucks, six truck tractors and twelve semi-trailers.

trailer-on-flat-car service n *US*
[ˌtreɪlər ɒn 'flæt kɑː ˌsɜːvɪs]
TOFC service [ˌtiː əʊ ef 'siː ˌsɜːvɪs]
TOFC service makes for an easy transshipment of goods.
→ piggyback service

truck n [trʌk]
We have a fleet of twenty trucks.
→ lorry

trucker n *US* ['trʌkə]
Many truckers put in more hours than they are allowed to.
→ lorry driver

dump truck n [dʌmp trʌk]
You'll need a dump truck in order to take all this waste to the landfill site.

(Last-)Wagenladung
Wir haben eine Wagenladung Marmor für Windsor.

Tieflader
Hohe Ladungen werden per Tieflader befördert.

Huckepackverkehr

Der Huckepackverkehr kombiniert Straßen- und Eisenbahntransport.

Lieferwagen
Der hiesige Metzger liefert per Lieferwagen aus.

Transporter
Einen Transporter kann man mit einem normalen Führerschein fahren.

Kleinlieferwagen
Ich möchte gern einen kleinen Lieferwagen mieten.

Pritschenwagen
In Amerika sind Pritschenwagen sehr beliebt.

Umzugswagen
Der Umzugswagen kam um sechs Uhr morgens.

Anhänger, Sattelzuganhänger, Wohnwagen
Im Huckepackverkehr werden Anhänger auf offenen Güterwagen befördert.

Sattelauflieger
Wir haben einen Fuhrpark von zwanzig LKWs, sechs Sattelzugmaschinen und zwölf Sattelaufliegern.

Huckepackverkehr

Huckepackverkehr erleichtert die Umladung von Gütern.

Lastwagen, Güterwagen
Wir haben einen Fuhrpark von zwanzig LKWs.

Lastwagenfahrer(in)
Viele Lastwagenfahrer fahren mehr Stunden als erlaubt.

Kipper
Um all diesen Müll zur Deponie zu bringen, brauchen Sie einen Kipper.

THE TRANSPORT INDUSTRY

heavy-duty truck n [ˌhevi djuːti ˈtrʌk]
Heavy-duty trucks often have eighteen wheels.

Schwertransporter, Schwerlaster
Schwertransporter haben oft achtzehn Räder.

refrigerated truck n [rɪˈfrɪdʒəreɪtɪd ˌtrʌk]
Meat must be transported in refrigerated trucks.

Kühlwagen
Fleisch muss in Kühlwagen transportiert werden.

tractor-trailer n US [ˈtræktə treɪlə]
Tractor-trailers are very efficient commercial vehicles because the tractor can be used elsewhere while the trailer is being loaded.

Sattelschlepper
Sattelschlepper sind sehr leistungsfähige Nutzfahrzeuge, da die Zugmaschine anderweitig eingesetzt werden kann, während der Anhänger beladen wird.

truck and trailer n [ˌtrʌk ənd ˈtreɪlə]
Trucks and trailers are sometimes extralong vehicles.

Lastwagen mit Anhänger, Lastzug
Lastwagen mit Anhänger sind manchmal überlange Fahrzeuge.

truck tractor n [ˈtrʌk ˌtræktə]
We have a fleet of twenty trucks, six truck tractors and twelve semi-trailers.

Sattelzugmaschine
Wir haben einen Fuhrpark von zwanzig LKWs, sechs Sattelzugmaschinen und zwölf Sattelaufliegern.

truckage n US [ˈtrʌkɪdʒ]
Truckage is widely used for domestic trade in the USA.

Güterkraftverkehr
In den USA ist der Güterkraftverkehr für Inlandstransporte weit verbreitet.

tachograph n [ˈtækəgrɑːf]
Tachographs can easily be manipulated.

Fahrtenschreiber
Fahrtenschreiber können leicht manipuliert werden.

hazard warning panel n [ˌhæzəd ˈwɔːnɪŋ pænl]
All road tankers carrying dangerous chemicals are required to display a hazard warning panel on the outside of the vehicle.

Gefahrentafel
Alle Tanklastwagen, die gefährliche Chemikalien befördern, müssen an der Außenseite des Fahrzeugs eine Gefahrentafel aufweisen.

loading gauge n [ˈləʊdɪŋ geɪdʒ]
British railways have a much smaller loading gauge than those on the continent.

Lademaß
Die britischen Eisenbahnen haben ein viel kleineres Lademaß als die Bahnen auf dem Kontinent.

freight train n [ˈfreɪt treɪn]
The next freight train from Edinburgh arrives at 8.15 a.m.
➜ goods train

Güterzug
Der nächste Güterzug aus Edinburgh kommt um 8.15 Uhr.

goods train n [ˈgʊdz treɪn]
The next goods train to Edinburgh departs at 2.25 p.m.
➜ freight train

Güterzug
Der nächste Güterzug nach Edinburgh geht um 14.25 Uhr.

freightliner n [ˈfreɪtlaɪnə]
Freightliners run according to fixed timetables.

Güterschnellzug
Güterschnellzüge verkehren nach festen Fahrplänen.

reefer n US [ˈriːfə]
Fresh vegetables are transported in reefers.

Kühlcontainer, Kühlwaggon
Frischgemüse wird in Kühlcontainern befördert.

wagonage n ['wægənɪdʒ]
Wagonage is the main means of transport used by our company.

Güterzugtransport
Güterzugtransport ist die wichtigste Transportart unseres Unternehmens.

siding n *GB* ['saɪdɪŋ]

Most major manufacturers have their own industrial siding.

Fabrikanschlussgleis, Anschlussgleis, Abstellgleis
Die meisten wichtigen Hersteller haben ihr eigenes Fabrikanschlussgleis.

boxcar n *US* ['bɒkskɑː]
This freight train consists of 25 boxcars.
→ **box wagon**

geschlossener Güterwagen
Dieser Güterzug besteht aus 25 geschlossenen Güterwagen.

box wagon n *US* ['bɒks ˌwægən]
Your consignment has been loaded into box wagon no. 5.
→ **boxcar**

geschlossener Güterwagen
Ihre Ladung ist in den geschlossenen Güterwagen Nr. 5 geladen worden.

flat car n ['flætkɑː]
Flat cars are often loaded with containers.
→ **flat truck**

Flachwagen (Eisenbahn)
Flachwagen werden oft mit Containern beladen.

flat truck n ['flæt trʌk]
Trailers can be put on flat trucks.
→ **flat car**

Flachwagen (Eisenbahn)
Auflieger können auf offene Güterwagen verladen werden.

open truck n [ˌəʊpən 'trʌk]
Cars can be transported on open trucks.

offener Güterwagen
Autos können auf offenen Güterwagen transportiert werden.

Seaborne transport and inland waterways

seaborne transport n ['siːbɔːn ˌtrænspɔːt]
Containerization has made sea transport easier.

Seetransport, Seeverkehr
Der Einsatz von Containern hat den Seetransport vereinfacht.

waterway n ['wɔːtəweɪ]

The Channel is an important European waterway.

Schifffahrtsstraße, Schifffahrtsweg, Wasserweg
Der Ärmelkanal ist eine wichtige europäische Schifffahrtsstraße.

inland waterway n [ˌɪnlənd 'wɔːtəweɪ]
Navigable rivers, lakes and canals are inland waterways.

Binnenwasserstraße
Schiffbare Flüsse, Seen und Kanäle sind Binnenwasserstraßen.

waterage n *GB* ['wɔːtərɪdʒ]
Waterage is a slow but cheap form of transport.

Beförderung auf dem Wasserweg
Die Beförderung auf dem Wasserweg ist eine langsame, aber kostengünstige Transportart.

navigable adj ['nævɪgəbl]
The Rhine is navigable from Basel to Rotterdam.

schiffbar
Der Rhein ist von Basel bis Rotterdam schiffbar.

fairway n ['feəweɪ]
The fairway is marked by buoys.

Fahrrinne
Die Fahrrinne ist durch Bojen gekennzeichnet.

buoy n [bɔɪ]
Buoys mark the channel which ships are permitted to use.

Boje
Bojen markieren die Fahrrinne, die Schiffe benutzen dürfen.

Baltic (Mercantile and Shipping) Exchange n GB [ˌbɔːltɪk ˌmɜːkəntaɪl ənd ˌʃɪpɪŋ ɪksˈtʃeɪndʒ]
The Baltic Exchange is a shipping market and a commodity exchange.

Londoner Schifffahrtsbörse

Die „Baltic Exchange" ist eine Schifffahrts- und eine Warenbörse.

shipbroker n [ˈʃɪpbrəʊkə]
He is a shipbroker at the Baltic Exchange.

Schiffsmakler(in)

Er ist als Schiffsmakler an der „Baltic Exchange" tätig.

time charter n [ˈtaɪm ˌtʃɑːtə]
We shall require a time charter for this large order from Brazil.

Zeitcharter

Für diesen Großauftrag aus Brasilien benötigen wir einen Zeitcharter.

voyage charter n [ˈvɔɪdʒ ˌtʃɑːtə]
We shall have to find a voyage charter for this consignment at the Baltic Exchange.

Reisecharter

Wir müssen für diese Ladung an der „Baltic Exchange" einen Reisecharter finden.

charter party n [ˈtʃɑːtə pɑːti]
CP [ˌsiː ˈpiː]
We have negotiated a charter party with shipowners Myers Ltd.
→ charter agreement

Charterpartie, Chartervertrag, Befrachtungsvertrag

Wir haben eine Charterpartie mit der Reederei Myers Ltd. ausgehandelt.

chamber of shipping n [ˌtʃeɪmbər əv ˈʃɪpɪŋ]
The Chamber of Shipping is negotiating wage increases with the seamen's union.

Reedereiverband

Der Reedereiverband verhandelt gerade mit der Gewerkschaft für Seeleute über Lohnerhöhungen.

shipowner n [ˈʃɪpəʊnə]
Shipowners are increasingly using flags of convenience.

Reeder(in), Schiffseigner(in)

Reeder fahren zunehmend unter Billigflaggen.

ship's agent n [ˌʃɪps ˈeɪdʒənt]
The ship's agent is responsible for securing cargoes.

Schiffsagent(in), Reedereivertreter(in)

Aufgabe des Schiffsagenten ist es, für Ladungen zu sorgen.

skipper n [ˈskɪpə]
Skippers are usually in charge of small vessels.

Skipper, Kapitän

„Skipper" führen gewöhnlich kleine Schiffe.

supercargo n [ˈsuːpəkɑːgəʊ]
The supercargo is responsible for keeping the cargo manifest.

Ladeoffizier, Supercargo

Der Ladeoffizier ist für die Führung der Ladeliste verantwortlich.

vessel n [ˈvesl]
The consignment is to be delivered alongside the vessel.

Schiff

Die Ladung muss Längsseite Schiff geliefert werden.

lay up v [ˌleɪ ˈʌp]
As a result of industrial action, three of our ferries had to be laid up.

auflegen, zeitweilig stilllegen

Wegen eines Arbeitskampfs mussten drei unserer Fähren aufgelegt werden.

barge n [bɑːdʒ]
In domestic freight, barges are used for bulk cargos.

Lastschiff, Lastkahn, Binnenschiff

Im Binnenfrachtverkehr werden Lastschiffe für Massengutladungen benutzt.

barge operator n ['bɑːdʒ ˌɒpəreɪtə]

There are very few barge operators in Britain.

Binnenschiffer, Binnenschifffahrtsunternehmen

In Großbritannien gibt es nur wenige Binnenschiffer.

barge owner n ['bɑːdʒ əʊnə]
Barge owners have fallen upon hard times lately.

Partikulier, Einzelschiffer
Partikulieren geht es in der letzten Zeit nicht besonders gut.

bulk carrier n ['bʌlk kærɪə]
Iron ore, coal and cereals are transported by bulk carriers.

Massengutfrachter
Eisenerz, Kohle und Getreide werden von Massengutfrachtern befördert.

cargo liner n ['kɑːgəʊ ˌlaɪnə]
Our cargo liner MV Anne sails to Le Havre every Tuesday at 8 p.m.

Linienfrachter
Unser Linienfrachter MS Anne fährt jeden Dienstag um 20 Uhr nach Le Havre.

coasting trade n ['kəʊstɪŋ treɪd]
The UK has a very brisk coasting trade.

Küstenschifffahrt
Großbritannien hat eine sehr lebhafte Küstenschifffahrt.

coasting vessel n ['kəʊstɪŋ vesl]
Coasting vessels account for a major percentage of domestic freight traffic.

Küstenschiff
Auf Küstenschiffe entfällt ein hoher Prozentsatz des Binnenfrachtverkehrs.

freighter n ['freɪtə]
Freighters operate as cargo liners or tramps.

Frachter
Frachter fahren als Linienfrachter oder Trampschiffe.

laker n US ['leɪkə]
Chicago is the main port for lakers.

Frachter, der auf den Großen Seen verkehrt
Chicago ist der Haupthafen für Frachtschiffe, die auf den Großen Seen verkehren.

lighter n ['laɪtə]
The lighter brought the cargo alongside ship.

Leichter, Lastkahn
Der Leichter brachte die Ladung längsseits.

maritime adj ['mærɪtaɪm]
England has always been a maritime nation.

Seefahrer-, See-, seefahrend, Schifffahrts-,
England ist seit jeher eine Seefahrernation.

maritime law n [ˌmærɪtaɪm 'lɔː]
Maritime law is a very complex matter.

Seerecht
Das Seerecht ist eine sehr komplizierte Angelegenheit.

mercantile marine n [ˌmɜːkəntaɪl məˈriːn]
Japan has a very large mercantile marine.
➔ merchant navy

Handelsflotte

Japan hat eine große Handelsflotte.

merchant navy n [ˌmɜːtʃənt 'neɪvi]
Greece has a huge merchant navy.
➔ mercantile navy

Handelsflotte
Griechenland hat eine riesige Handelsflotte.

merchantman n ['mɜːtʃəntmən]
In the case of war, merchantmen can be confiscated by the navy.

Handelsschiff
Im Kriegsfall können Handelsschiffe von der Marine beschlagnahmt werden.

motor vessel n ['məʊtə vesl]
MV [ˌem 'viː]
Transport is to be effected by MV Ariadne.

Motorschiff (MS)

Der Transport ist mit MS Ariadne durchzuführen.

tanker n ['tæŋkə]
Tankers usually operate as tramps.

tramp n [træmp]
Tramps sail to wherever there is cargo
waiting for them.

bunker n ['bʌŋkə]
We must fill our bunkers with oil.

bunker v ['bʌŋkə]
Before we set off on this voyage, we must
bunker fuel.

draught n GB [drɑːft]
This tanker has a draught of ten metres.

dunnage n ['dʌnɪdʒ]
Loads are protected against listing by
dunnage.

empty voyage n [ˌempti 'vɔɪɪdʒ]
Tramps are cheap because they reduce
the number of empty voyages.

gross registered ton n [ˌgrəʊs
ˌredʒɪstəd 'tʌn]
Some Channel ferries have a capacity of
more than 20,000 gross registered tons.

shipping ton n ['ʃɪpɪŋ tʌn]
The shipping ton in Britain is 40 cubic
feet, in the USA 42 cubic feet (i.e. 1,113
and 1,189 cubic metres respectively).

tonnage n ['tʌnɪdʒ]
Our freighter has a tonnage of 50,000
gross registered tons.

hatch n [hætʃ]
In adverse weather conditions the
hatches must be battened down.

load line n ['ləʊd laɪn]
The freighter was so full that the load
line could hardly be seen.

navigate v ['nævɪgeɪt]
Navigating is difficult in these waters.

navigation risk n [ˌnævɪ'geɪʃn rɪsk]
The weather conditions off Cape Horn
present a severe navigation risk.

ocean-going adj ['əʊʃngəʊɪŋ]
Most coasting vessels are not ocean-
going.

overside adj ['əʊvəsaɪd]
Our cargo will be delivered overside into
lighters.

Tanker
Tanker fahren gewöhnlich als Trampschiffe.

Trampschiff
Trampschiffe fahren überall dahin, wo Fracht
auf sie wartet.

Bunker
Wir müssen unsere Bunker mit Öl füllen.

Treibstoff laden, bunkern
Bevor wir diese Seereise antreten, müssen wir
Treibstoff laden.

Tiefgang
Dieser Tanker hat einen Tiefgang von zehn
Metern.

Abmattung, Staumaterial
Ladungen werden durch Abmattung gegen
Verrutschen gesichert.

Leerfahrt
Trampschiffe sind billig, weil sie die Anzahl der
Leerfahrten verringern.

Bruttoregistertonne

Einige Kanalfähren haben eine Kapazität von
über 20.000 BRT.

Frachttonne
In Großbritannien hat die Frachttonne 40, in
den USA 42 Kubikfuß (d. h. 1.133 bzw. 1.189
Kubikmeter).

Tonnage, Laderaum
Unser Frachter hat eine Tonnage von 50.000
Bruttoregistertonnen.

Ladeluke
Bei ungünstigem Wetter müssen die Ladeluken
dichtgemacht werden.

Ladelinie
Der Frachter war so voll, dass man die
Ladelinie kaum noch sehen konnte.

navigieren, steuern
Das Navigieren in diesen Gewässern ist schwierig.

Schifffahrtsrisiko
Die Wetterbedingungen bei Kap Horn stellen
ein ernstes Schifffahrtsrisiko dar.

hochseetüchtig, Hochsee-
Die meisten Küstenschiffe sind nicht hochseetüchtig.

Überbord-
Unsere Ladung wird über Bord auf Leichter
verladen.

anchorage n ['æŋkərɪdʒ]
This bay provides safe anchorage for
ocean-going vessels.

free port n ['friː 'pɔːt]
Hamburg has a free port.

outport n ['aʊtpɔːt]
Avonmouth is the outport of Bristol.

port of discharge n [ˌpɔːt əv 'dɪstʃaːdʒ]
The port of discharge for this cargo is
Southampton.

port of lading n [ˌpɔːt əv 'leɪdɪŋ]
Newcastle and Cardiff used to be
Britain's chief ports of lading for coal.
→ **port of loading**

port of loading n [ˌpɔːt əv 'ləʊdɪŋ]
The port of loading for this cargo is
Tilbury.
→ **port of lading**

dockyard n ['dɒkjaːd]
Many Channel ferries were built by
German dockyards.

docker n ['dɒkə]
The dockers downed tools for two hours.

ballast n ['bæləst]
The ship was filled with ballast before it
set sail.

boatload n ['bəʊtləʊd]
We require a barge for a boatload of
grain to Basle.

shipload n ['ʃɪpləʊd]
We have a shipload of machinery for
Argentina.

barratry n ['bærətri]

The captain was taken to court on
charges of barratry.

bulk consignment n [ˌbʌlk
kən'saɪnmənt]
We have just received a bulk
consignment of iron ore from Narvik.

bulk delivery n [ˌbʌlk dɪ'lɪvəri]
We are still expecting a bulk delivery
today.

close for cargo v [kləʊz fə 'kaːgəʊ]

The ship is closed for cargo.

Ankerplatz
Diese Bucht bietet sichere Ankerplätze für
Hochseeschiffe.

Freihafen
Hamburg hat einen Freihafen.

Außenhafen, Seehafen
Avonmouth ist Bristols Außenhafen.

Entladehafen, Löschhafen
Der Entladehafen für diese Ladung ist
Southampton.

Verladehafen
Newcastle und Cardiff waren früher Großbritanniens wichtigste Verladehäfen für Kohle.

Verladehafen
Der Verladehafen für diese Ladung ist Tilbury.

Werft
Viele Kanalfähren wurden von deutschen
Werften gebaut.

Hafenarbeiter
Die Hafenarbeiter legten für zwei Stunden die
Arbeit nieder.

Ballast
Das Schiff wurde mit Ballast gefüllt, bevor es in
See stach.

Bootsladung
Wir benötigen ein Lastschiff für eine Bootsladung Getreide nach Basel.

Schiffsladung
Wir haben eine Schiffsladung Maschinen für
Argentinien.

**Barratterie, Veruntreuung von Schiff oder
Ladung**
Der Kapitän wurde unter der Anklage der
Barratterie vor Gericht gestellt.

(Massengut-)Ladung, Massen(gut)sendung

Wir haben soeben eine Massensendung Eisenerz
aus Narvik erhalten.

Massengutlieferung
Wir erwarten heute noch eine Massengutlieferung.

**Ladeschluss haben, keine Ladung mehr
annehmen**
Das Schiff hat bereits Ladeschluss.

deck cargo n ['dek ˌkɑːgəʊ]
Containers are also transported as deck cargo.

Deckladung
Container werden auch als Deckladung befördert.

enter a cargo v [ˌentər ə 'kɑːgəʊ]
We wish to enter a cargo of fifty containers.

eine Schiffsladung deklarieren
Wir möchten eine Schiffsladung von fünfzig Containern deklarieren.

jettison cargo v [ˌdʒetɪsn 'kɑːgəʊ]
Because of the gale, the crew was forced to jettison part of the cargo.

Ladung über Bord werfen
Wegen des Sturms war die Besatzung gezwungen, einen Teil der Ladung über Bord zu werfen.

turn-round n ['tɜːnraʊnd]
Channel ferries have a very quick turn-round.

Be- und Entladen, Liegezeit, Wendezeit
Kanalfähren werden sehr schnell be- und entladen.

landed adj ['lændɪd]
All prices quoted are landed.

gelöscht
Alle Angebotspreise beziehen sich auf gelöschte Waren.

landing n ['lændɪŋ]
Landing of the cargo will be delayed by two hours.

Ausladen, Löschen
Das Ausladen dieses Schiffs wird sich um zwei Stunden verzögern.

landing agent n ['lændɪŋ ˌeɪdʒənt]
Landing will be handled by a landing agent.

Anlandevertreter, Seehafenspediteur
Das Ausladen dieses Schiffes wird von einem Anlandevertreter organisiert.

landing notice n ['lændɪŋ ˌnəʊtɪs]
The landing notice has already been dispatched.

Frachtankunftsbenachrichtigung
Die Frachtankunftsbenachrichtigung ist bereits abgeschickt worden.

lay days n pl ['leɪ deɪz]
The charter party allowed us two lay days.

Liegezeit
Der Chartervertrag gestand uns zwei Liegetage zu.

salvage n ['sælvɪdʒ]
The salvage of the stranded ferry took twelve hours.

Bergung
Die Bergung der gestrandeten Fähre dauerte zwölf Stunden.

salvage v ['sælvɪdʒ]
The stranded trawler was salvaged three days later.

bergen
Der gestrandete Trawler wurde drei Tage später geborgen.

salvage company n ['sælvɪdʒ ˌkʌmpəni]
The salvage company towed the disused oil rig to Norway.

Bergungsgesellschaft
Die Bergungsgesellschaft schleppte die stillgelegte Ölplattform nach Norwegen.

salvage contract n ['sælvɪdʒ ˌkɒntrækt]
The shipowner and the salvage company entered into a salvage contract.

Bergungsvertrag
Die Reederei und die Bergungsgesellschaft haben einen Bergungsvertrag abgeschlossen.

salvage craft n ['sælvɪdʒ ˌkrɑːft]
The salvage craft took the wreck in tow.

Bergungsschiff
Das Bergungsschiff nahm das Wrack in Schlepp.

salvage money n ['sælvɪdʒ ˌmʌni]
If you succeed in salvaging a ship, you receive salvage money.

Bergelohn
Wenn es Ihnen gelingt, ein Schiff zu bergen, erhalten Sie Bergelohn.

documents n pl [ˌdɒkjumənts]
Usually the documents reach the
consignee before the consignment itself.

Papiere, Dokumente, Unterlagen
Gewöhnlich erreichen die Papiere den
Empfänger eher als die Fracht selbst.

transport document n ['trænspɔːt
ˌdɒkjumənt]
The consignment note is an important
transport document.
→ **cargo document**

Transportdokument, Frachtpapier

Der Frachtbrief ist ein wichtiges Transportdokument.

cargo document n ['kɑːgəʊ ˌdɒkjumənt]
The bill of lading is the most important
cargo document.
→ **transport document**

Frachtpapier, Transportdokument
Das Konnossement ist das wichtigste Frachtpapier.

transit document n ['trænzɪt
ˌdɒkjumənt]
Goods in transit must be accompanied
by the relevant transit documents.

Transitdokument

Für Güter im Transitverkehr müssen die notwendigen Transitdokumente mitgeführt werden.

advice note n [əd'vaɪs nəʊt]
We have received an advice note for the
goods we ordered last week.
→ **despatch note, dispatch note**

Versandanzeige, (Versand-)Avis
Wir haben eine Versandanzeige für die in der
letzten Woche bestellten Waren erhalten.

despatch note n [dɪ'spætʃ nəʊt]
Thank you for the despatch note for
order no. 123, which we received yesterday.
→ **advice note, dispatch note**

Versandanzeige, (Versand-)Avis
Wir danken Ihnen für die Versandanzeige für
Auftrag 123, die wir gestern erhalten haben.

dispatch note n [dɪ'spætʃ nəʊt]
We enclose the dispatch note for order
no. 246.
→ **despatch note, advice note**

Versandanzeige, (Versand-)Avis
Hiermit übersenden wir Ihnen die
Versandanzeige für Auftrag 246.

waybill n ['weɪbɪl]
One copy of the waybill is retained by
the consignor.
→ **consignment note**

Frachtbrief, Warenbegleitschein
Eine Kopie des Frachtbriefs verbleibt beim
Versender.

consignment note n [kən'saɪnmənt
ˌnəʊt]
One copy of the consignment note is
handed to the consignee.
→ **waybill**

Frachtbrief, Warenbegleitschein

Eine Kopie des Frachtbriefs wird dem
Empfänger ausgehändigt.

air(way) bill n ['eəweɪ ˌbɪl]
One copy of the air(way) bill is retained
by the consignor.

Luftfrachtbrief
Eine Kopie des Luftfrachtbriefs verbleibt beim
Versender.

arrival notice n [ə'raɪvl ˌnəʊtɪs]
Please collect the goods immediately on
receipt of the arrival notice.

Ankunftsmeldung, Schiffsankunftsavis
Bitte holen Sie die Waren unmittelbar nach
Empfang der Ankunftsmeldung ab.

bill of lading n [ˌbɪl əv 'leɪdɪŋ]
B/L[ˌbiː 'el]
The shipping company makes out the
B/L.

**Konnossement, Seefrachtbrief, Ladeschein
(Binnenschifffahrt)**
Der Reeder stellt das Konnossement aus.

blank bill of lading n [ˌblæŋk bɪl əv ˈleɪdɪŋ] blank B/L [ˌblæŋk ˌbiː ˈel]
A blank bill of lading does not contain the name of the consignee.

clean bill of lading n [ˌkliːn ˌbɪl əv ˈleɪdɪŋ] clean B/L [ˌkliːn ˌbiː ˈel]
A clean bill of lading states that the goods were received by the shipowner in apparent good condition.

collective bill of lading n [kəˌlektɪv ˌbɪl əv ˈleɪdɪŋ] collective B/L [kəˌlektɪv ˌbiː ˈel]
A collective B/L is used when several shipments to several consignees on board a freighter are destined for one port of disembarkation.

dirty bill of lading n [ˌdɜːti ˌbɪl əv ˈleɪdɪŋ] dirty B/L [ˌdɜːti ˌbiː ˈel]
A dirty B/L states that the goods sent were not received by the shipping agent in apparent good condition.
→ foul bill of lading

foul bill of lading n [ˌfaʊl ˌbɪl əv ˈleɪdɪŋ] foul B/L [ˌfaʊl ˌbiː ˈel]
As the consignment was damaged when it was being taken on board, the captain of the ship issued a foul bill of lading.
→ dirty bill of lading

order bill of lading n [ˌɔːdə ˌbɪl əv ˈleɪdɪŋ] order B/L [ˌɔːdə ˌbiː ˈel]
The order B/L is made out to the order of the shipper, the consignee or a bank.

through bill of lading n [ˌθruː ˌbɪl əv ˈleɪdɪŋ] through B/L [ˌθruː ˌbiː ˈel]
A through B/L is used for consignments which are to be transhipped.

ship's certificate of registry n [ʃɪps səˌtɪfɪkət əv ˈredʒɪstri]
The ship's certificate of registry provides all relevant information on a ship.

ship's register n [ˌʃɪps ˈredʒɪstə]
The ship's register is something like a ship's identity card.

captain's entry n [ˌkæptɪnz ˈentri]
The captain's entry must be presented to the customs authorities.

cargo book n [ˈkɑːɡəʊ bʊk]
A cargo book is not sufficient for overseas transport.

Blankokonnossement, Blankoseefrachtbrief

Ein Blankokonnossement enthält nicht den Namen des Empfängers.

reines Konnossement, Konnossement ohne Vorbehalt
Ein reines Konnossement bestätigt, dass die Waren von der Reederei in augenscheinlich gutem Zustand in Empfang genommen wurden.

Sammelkonnossement

Das Sammelkonnossement wird für Ladungen an Bord eines Frachters benutzt, die für verschiedene Empfänger an einem Entladehafen bestimmt sind.

unreines Konnossement, eingeschränktes Konnossement
Ein unreines Konnossement bestätigt, dass die übergebenen Waren von der Schiffsagentur nicht in augenscheinlich gutem Zustand in Empfang genommen wurden.

unreines Konnossement, eingeschränktes Konnossement
Da die Ladung bei der Übernahme an Bord beschädigt wurde, stellte der Kapitän ein unreines Konnossement aus.

Orderkonnossement

Das Orderkonnossement wird an die Order des Spediteurs, des Frachtempfängers oder einer Bank ausgestellt.

Transitkonnossement, Durchfuhrkonnossement
Ein Transitkonnossement wird für Ladungen benutzt, die umgeladen werden müssen.

Schiffsregisterbrief

Der Schiffsregisterbrief enthält alle wichtigen Informationen über ein Schiff.

Schiffsregister
Das Schiffsregister ist so etwas wie der Personalausweis eines Schiffes.

Zolldeklaration des Kapitäns
Die Zolldeklaration des Kapitäns muss den Zollbehörden vorgelegt werden.

Frachtbuch
Ein Frachtbuch reicht für internationale Transporte nicht aus.

delivery note n [dɪ'lɪvəri nəʊt]
Every consignment is accompanied by a delivery note, which is handed to the consignee.

delivery order n [dɪ'lɪvəri ˌɔːdə]

We regret to inform you that we are unable to trace the delivery order for order no. 135.

delivery receipt n [dɪ'lɪvəri rɪˌsiːt]

The consignee should sign the delivery receipt.

dock receipt n ['dɒk rɪˌsiːt]
A dock receipt is made out for goods received at a dockside warehouse.

dock warrant n US ['dɒk ˌwɒrənt]
For goods received at a dockside warehouse, a dock warrant is issued to the owner of the goods.

freight note n ['freɪt nəʊt]
Please remit the amount stated in our freight note.

log n [lɒg]
A ship's log, the official daily record of a ship, is kept by the captain.

manifest n ['mænɪfest]

According to our manifest, there are no hazardous goods on board.

routing order n ['ruːtɪŋ ˌɔːdə]
Please follow the routing instructions in the attached routing order.

shipping certificate n ['ʃɪpɪŋ səˌtɪfɪkət]
We herewith enclose the shipping certificate for order no. 246.

shipping documents n pl ['ʃɪpɪŋ ˌdɒkjumənts]
In international transport, the shipping documents usually reach the consignee before the consignment itself.

shipping instructions n pl ['ʃɪpɪŋ ɪnˌstrʌkʃnz]
Enclosed you will find our shipping instructions.

Lieferschein, Warenbegleitschein
Zu jeder Ladung gehört ein Lieferschein, der dem Frachtempfänger übergeben wird.

Auslieferungsschein, Konnossements-anteilschein
Wir bedauern, Ihnen mitteilen zu müssen, dass wir den Auslieferungsschein für Auftrag 135 nicht finden können.

Warenempfangsschein, Empfangsbe-stätigung
Der Empfänger soll den Warenempfangsschein unterschreiben.

Kaiempfangsschein, Übernahmeschein
Für Waren, die in einem Lagerhaus im Hafen eingelagert werden, wird ein Kaiempfangsschein ausgestellt.

Docklagerschein
Für Waren, die in einem Lagerhaus im Hafen eingelagert werden, wird dem Eigentümer der Waren ein Docklagerschein ausgehändigt.

Frachtrechnung
Bitte überweisen Sie den auf unserer Frachtrechnung angezeigten Betrag.

Logbuch, Schiffstagebuch
Das Logbuch, das offizielle Schiffstagebuch, wird vom Kapitän aufbewahrt.

Ladeliste, Ladungsverzeichnis, Ladungs-manifest
Nach unserer Ladeliste befindet sich kein Gefahrgut an Bord.

Leitvorschrift
Bitte folgen Sie den Streckenanweisungen der beigefügten Leitvorschrift.

Versandbescheinigung
Hiermit übersenden wir Ihnen die Versand-bescheinigung für Auftrag Nr. 246.

Versandpapiere, Frachtpapiere

Im internationalen Frachtverkehr erreichen die Versandpapiere den Frachtempfänger gewöhnlich eher als die Fracht selbst.

Versandvorschriften, Transportvorschriften

Unsere Versandvorschriften sind in der Anlage beigefügt.

charges n pl [ˌtʃɑːdʒɪz]
The charges are to be paid in advance.

Gebühren
Die Gebühren müssen im Voraus entrichtet werden.

freight n [ˈfreɪt]
Freight is to be paid for the transport of goods.

Frachtkosten
Frachtkosten müssen für den Transport von Gütern gezahlt werden.

anchor dues n pl [ˈæŋkə djuːz]
The anchor dues for your ship are not very high.
➔ anchorage, keelage

Ankergebühren
Die Ankergebühren für Ihr Schiff sind nicht hoch.

anchorage n [ˈæŋkərɪdʒ]
Anchorage for private yachts is free.
➔ anchor dues, keelage

Ankergebühren
Für Privatjachten werden keine Ankergebühren erhoben.

berth charges n pl [ˈbɜːθ ˌtʃɑːdʒɪz]
Berth charges are paid by shipowners.
➔ dockage, quayage, wharfage

Kaigebühren
Kaigebühren werden von den Schiffseignern entrichtet.

berth rate n [ˈbɜːθ reɪt]
The berth rate for this container is £100.
➔ general goods tariff

Stückguttarif
Der Stückguttarif für diesen Container beträgt 100 Pfund.

cartage n [ˈkɑːtɪdʒ]
All prices are quoted inclusive of cartage.
➔ portage, truckage

Rollgeld, Zustellgebühr
Unsere Preise verstehen sich einschließlich Rollgeld.

demurrage n [dɪˈmʌrɪdʒ]

Demurrage is usually paid by the shipowner.

Liegegeld (nach Ablauf der Liegezeit, Schifffahrt)**, Wagenstandsgeld**
Liegegeld wird in der Regel vom Reeder entrichtet.

dockage n [ˈdɒkɪdʒ]
Dockage at our port is minimal.
➔ berth charges, wharfage, quayage

Kaigebühren
In unserem Hafen werden nur minimale Kaigebühren erhoben.

freight rate n [ˈfreɪt reɪt]
Freight rate 1a applies to shipments to Venezuela.

Frachttarif
Für Sendungen nach Venezuela gilt Frachttarif 1a.

general goods tariff n [ˌdʒenərəl gʊdz ˈtærɪf]
The general goods tariffs on Britain's railways are not sufficiently attractive to divert freight from the roads.
➔ berth rate

Stückguttarif

Die Stückguttarife der britischen Eisenbahn sind nicht attraktiv genug, um Fracht von der Straße abzuziehen.

harbour dues n pl [ˈhɑːbə djuːz]
The larger the ship's tonnage, the higher the harbour dues.
➔ port charges

Hafengeld, Hafengebühren
Das Hafengeld steigt mit der Tonnage des Schiffes.

haulage n [ˈhɔːlɪdʒ]
Haulage can be quite expensive.

Transportkosten
Die Transportkosten können recht hoch sein.

keelage n [ˈkiːlɪdʒ]
Keelage is usually paid by shipowners.
→ **anchorage, anchor dues**

landing charges n pl [ˈlændɪŋ ˌtʃɑːdʒɪz]
Landing charges are usually paid by the consignee.

lighterage n [ˈlaɪtərɪdʒ]
Lighterage must be paid immediately.

lockage n [ˈlɒkɪdʒ]
No lockage will be charged for using this lock.

moorage n [ˈmʊərɪdʒ]
If you wish to stay here overnight with your yacht, you'll have to pay moorage.

port charges n pl [ˈpɔːt ˌtʃɑːdʒɪz]
Port charges can be quite considerable.
→ **harbour dues**

portage n [ˈpɔːtɪdʒ]
The portage charged by our company is 5 per cent of the invoiced amount.
→ **cartage, truckage**

quayage n [ˈkiːɪdʒ]
Quayage must be paid at the harbour master's office.
→ **berth charges, dockage, wharfage**

truckage n [ˈtrʌkɪdʒ]
Truckage for this delivery is payable by the consignee.
→ **cartage, portage**

wagonage n [ˈwægənɪdʒ]
Wagonage for this delivery is payable by the consignee.

waterage n [ˈwɔːtərɪdʒ]
Increases in fuel prices have resulted in increased waterage.

wharfage n [ˈwɔːfɪdʒ]
Wharfage must be paid on all loading and unloading activities.
→ **berth charges, dockage, quayage**

Ankergebühr(en)
Die Ankergebühr wird gewöhnlich von den Reedern entrichtet.

Löschungskosten, Landungskosten
Die Löschungskosten werden gewöhnlich vom Frachtempfänger entrichtet.

Leichtergeld, Leichterlohn
Leichtergeld muss sofort bezahlt werden.

Schleusengeld
Für diese Schleuse brauchen Sie kein Schleusengeld zu bezahlen.

Liegegeld
Wenn Sie über Nacht mit Ihrer Jacht hier bleiben wollen, müssen Sie Liegegeld bezahlen.

Hafengeld, Hafengebühren
Das Hafengeld kann ganz beträchtlich sein.

Rollgeld, Zustellgebühr
Das von unserer Gesellschaft erhobene Rollgeld beträgt 5 Prozent des Rechnungsbetrags.

Kaigebühr
Die Kaigebühr muss beim Hafenmeister entrichtet werden.

Rollgeld, Zustellgebühr
Das Rollgeld für diese Lieferung ist vom Empfänger zu entrichten.

Transportkosten
Die Transportkosten für diese Lieferung sind vom Empfänger zu entrichten.

Wasserfracht(kosten)
Brennstoffpreiserhöhungen hatten eine Erhöhung der Wasserfracht zur Folge.

Kaigebühr
Für alle Lade- und Löschtätigkeiten sind Kaigebühren fällig.

THE TRANSPORT INDUSTRY

TRAVEL

Tourism

Tourist revenues of selected countries
(% of total export revenue)

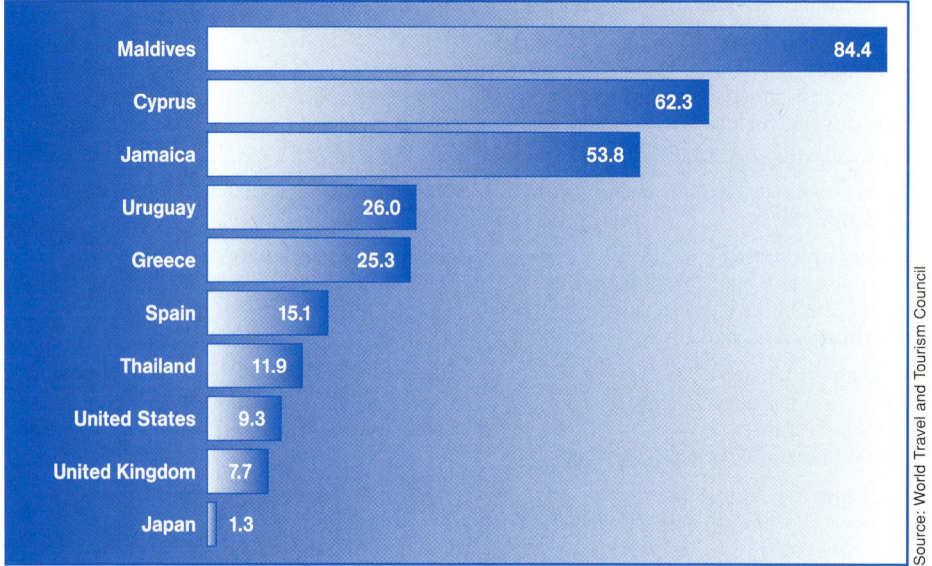

Maldives	84.4
Cyprus	62.3
Jamaica	53.8
Uruguay	26.0
Greece	25.3
Spain	15.1
Thailand	11.9
United States	9.3
United Kingdom	7.7
Japan	1.3

tourism n ['tʊərɪzəm]
The term "tourism" refers to both leisure and business travel.

Fremdenverkehr, Tourismus
Der Ausdruck „Fremdenverkehr" bezieht sich auf Urlauber und Geschäftsreisende.

tourist agency n ['tʊərɪst ˌeɪdʒənsi]
Among other things, the tourist agency helps tourists find accommodation.
→ **tourist information centre**

Fremdenverkehrsbüro
Unter anderem ist das Fremdenverkehrsbüro Touristen bei der Suche nach Unterkunft behilflich.

tourist class n ['tʊərɪst klɑːs]
I'm travelling tourist class.

Touristenklasse
Ich reise in der Touristenklasse.

tourist information centre n [ˌtʊərɪst ɪnfəˈmeɪʃn sentə]
Every holiday resort has its own tourist information centre.
→ **tourist agency**

Touristeninformation(szentrum)

Jeder Urlaubsort hat sein eigenes Touristeninformationszentrum.

tourist visa n ['tʊərɪst ˌviːzə]
Her tourist visa has expired.

Touristenvisum
Ihr Touristenvisum ist abgelaufen.

visa n ['viːzə]
Tourists to Russia require a visa.

Visum
Reisende nach Russland benötigen ein Visum.

entry visa n ['entrɪ ˌviːzə]
Without an entry visa, the immigration officer will refuse non-EU citizens entry.

Einreisevisum
Der Einwanderungsbeamte wird Nicht-EU-Bürgern ohne Visum die Einreise verwehren.

customs allowance n [ˌkʌstəmz ə'laʊəns]
The customs allowance for spirits has been increased.

Freimenge, erlaubte Einfuhrmenge zollfreier Waren
Die Freimenge für Spirituosen ist erhöht worden.

leisure industry n ['leʒər ˌɪndəstri]
The leisure industry is becoming more and more important.

Freizeitindustrie
Die Freizeitindustrie wird immer wichtiger.

tour n [tʊə]
Americans like doing a tour of Europe.

Rundreise
Amerikaner machen gern eine Rundreise durch Europa.

tour v [tʊə]
We're going to tour Scotland this summer.

eine Rundreise machen
In diesem Sommer machen wir eine Rundreise durch Schottland.

tour company n ['tʊə ˌkʌmpəni]
Quite a few tour companies go bust every year.
→ tour operator

Reiseveranstalter, Reiseunternehmen
Jedes Jahr macht eine große Zahl von Reiseveranstaltern Pleite.

tour operator n ['tʊər ˌɒpəreɪtə]
Tour operators are only liable to a limited extent.
→ tour company

Reiseveranstalter, Reiseunternehmen
Reiseveranstalter sind nur begrenzt haftbar.

tour guide n ['tʊə ɡaɪd]
The tourist guide speaks excellent English.

Fremdenführer(in)
Der Fremdenführer spricht hervorragend Englisch.

conducted tour n [kənˌdʌktɪd 'tʊə]
We went on a conducted tour of Paris.
→ guided tour

Führung
Wir nahmen an einer Führung durch Paris teil.

guided tour n [ˌɡaɪdɪd 'tʊə]
The guided tour of the old town took all morning.
→ conducted tour

Führung
Die Führung durch die Altstadt dauerte den ganzen Vormittag.

package tour n ['pækɪdʒ tʊə]
Every year, millions of people go on a package tour to Spain.

Pauschalreise
Jedes Jahr machen Millionen von Touristen eine Pauschalreise nach Spanien.

travel agent n ['trævl ˌeɪdʒənt]
I always book my holiday with a travel agent.

Reisebüro
Ich buche meinen Urlaub immer in einem Reisebüro.

travel agent n ['trævl ˌeɪdʒənt]
I'm training to be a travel agent.

Reisebürokaufmann, -kauffrau
Ich werde zum Reisebürokaufmann ausgebildet.

travel allowance n ['trævl ə‚laʊəns]
My company pays me a very handsome travel allowance for business trips.

Reisekostenzuschuss
Für Geschäftsreisen zahlt mir meine Firma einen ordentlichen Reisekostenzuschuss.

travel expenses n pl ['trævl ɪkˌspensɪz]
I get my travel expenses refunded.

Reisekosten, Reisespesen
Mir werden meine Reisekosten erstattet.

TRAVEL

traveler's check n *US* ['trævələz tʃek]
Traveler's checks are safer than cash to take on vacation.
→ traveller's cheque

Reisescheck, Travellerscheck
Reiseschecks sind sicherer als Bargeld, wenn man in Urlaub fährt.

traveller's cheque n *GB* ['trævələz tʃek]
Traveller's cheques can only be cashed if you show your passport.
→ traveler's check

Reisescheck, Travellerscheck
Reiseschecks können nur bei Vorlage des Reisepasses eingelöst werden.

bureau de change n *frz* ['bjʊərəʊ də ˌtʃɔndʒ]
A bureau de change usually charges commission.

Wechselstube
Eine Wechselstube verlangt gewöhnlich eine Provision.

exchange rate n [ɪks'tʃeɪndʒ reɪt]
The exchange rate of a currency is subject to fluctuations.

Wechselkurs
Der Wechselkurs einer Währung unterliegt Schwankungen.

bank holiday n ['bæŋk hɒlədeɪ]
Christmas Day is a bank holiday in Britain.

Feiertag
In Großbritannien ist der erste Weihnachtstag ein Feiertag.

vacation n *US* [vəɪ'keɪʃn]
Many Americans do not have more than two weeks' vacation.
→ holiday

Urlaub, Ferien
Viele Amerikaner haben nicht mehr als zwei Wochen Urlaub.

holiday(s) n *GB* ['hɒlədeɪz]
Nowadays many people go on holiday twice a year.
→ vacation

Urlaub, Ferien
Heutzutage fahren viele Leute zwei Mal im Jahr in Urlaub.

holidaymaker n ['hɒlədeɪˌmeɪkə]
Holidaymakers often spoil the countryside they want to enjoy.

Urlauber(in)
Urlauber zerstören oft die Landschaft, die sie genießen wollen.

holiday resort n ['hɒlədeɪ rɪˌzɔːt]
Scarborough is a traditional holiday resort on the east coast of Britain.

Urlaubsort
Scarborough ist ein traditioneller Urlaubsort an der Ostküste Großbritanniens.

resort n [rɪ'zɔːt]
Brighton used to be a popular seaside resort.

Urlaubsort
Brighton war früher ein beliebtes Seebad.

destination n [ˌdestɪ'neɪʃn]
For the main part, we organize travel to remote destinations.

Reiseziel
Wir organisieren vorwiegend Fernreisen.

identity card n [aɪ'dentəti kɑːd]
All Germans above sixteen are required to have an identity card or a passport.

Personalausweis
Alle Deutschen, die älter als sechzehn Jahre sind, müssen einen Personalausweis oder Pass haben.

passport n ['pɑːspɔːt]
UK citizens require a passport for travelling abroad.

(Reise-)Pass
Für Auslandsreisen benötigen Bürger des Vereinigten Königreichs einen Pass.

passenger n ['pæsɪndʒə]
Will all passengers without a ticket please report to the purser's office.

Fahrgast, Passagier
Alle Fahrgäste ohne Fahrschein werden gebeten, sich beim Zahlmeister zu melden.

TRAVEL

transit passenger n [ˈtrænzɪt ˌpæsɪndʒə]
During our stopover in Rio transit passengers may stay on board.

Transitpassagier
Während unserer Zwischenlandung in Rio können Transitpassagiere an Bord bleiben.

standby passenger n [ˈstændbaɪ ˌpæsɪndʒə]
Standby passengers may have to wait a long time, but they travel cheaply.

Stand-by-Passagier, Passagier auf der Warteliste
Stand-by-Passagiere müssen zwar oft lange warten, aber sie reisen billig.

booking n [ˈbʊkɪŋ]
Please confirm your booking at your earliest convenience.

Buchung
Bitte bestätigen Sie Ihre Buchung so bald wie möglich.

class n [klɑːs]
This ship has three separate classes.

Klasse
Dieses Schiff hat drei verschiedene Klassen.

business class n, adv [ˈbɪznəs klɑːs]
I'm travelling business class because it's far more comfortable.

Businessclass, Businessklasse
Ich reise in der Businessclass, weil es viel bequemer ist.

economy class n, adv [ɪˈkɒnəmi klɑːs]
Everybody in our company travels economy class.

Economyclass, Touristenklasse
In unserer Firma reisen alle Economyclass.

first class n, adv [ˌfɜːst ˈklɑːs]
Travelling first class can be rather expensive.

erste(r) Klasse
Erster Klasse zu reisen kann ziemlich teuer sein.

second class n, adv [ˈsekənd klɑːs]
Ordinary passengers travel second class.

zweite(r) Klasse
Normale Passagiere reisen zweiter Klasse.

depart v [dɪˈpɑːt]
The train departs at 11.13 a.m. from platform 13.

abfahren, abfliegen
Der Zug fährt um 11.13 Uhr von Gleis 13 ab.

departure n [dɪˈpɑːtʃə]
There are up to forty departures per hour from our airport.

Abfahrt, Abflug
Von unserem Flughafen fliegen stündlich bis zu vierzig Flugzeuge ab.

arrival n [əˈraɪvl]
There are only five arrivals per day at our village station.

Ankunft
An unserem Dorfbahnhof kommen täglich nur fünf Züge an.

arrive v [əˈraɪv]
The train arrives at 12.15 p.m.

ankommen
Der Zug kommt um 12.15 Uhr an.

baggage n US [ˈbægɪdʒ]
On international flights you must not have more than twenty kilogrammes of baggage.
→ luggage

Gepäck
Auf internationalen Flügen dürfen Sie nicht mehr als zwanzig Kilogramm Gepäck mitnehmen.

baggage handling n US [ˈbægɪdʒ hændlɪŋ]
Baggage handling at this airport leaves much to be desired.
→ luggage handling

Gepäckabfertigung
Die Gepäckabfertigung an diesem Flughafen lässt viel zu wünschen übrig.

excess baggage n US [ˌekses ˈbægɪdʒ]
Excess baggage must be paid for.
→ excess luggage

Übergepäck
Für Übergepäck muss eine Gebühr entrichtet werden.

TRAVEL

baggage insurance n US ['bægɪdʒ ɪn'ʃʊərəns]
To avoid losses you should take out a baggage insurance.
→ luggage insurance

Reisegepäckversicherung

Um Verluste zu vermeiden, sollten Sie eine Reisegepäckversicherung abschließen.

luggage n GB ['lʌgɪdʒ]
On international flights your luggage is checked very carefully.
→ baggage

Gepäck

Auf internationalen Flügen wird Ihr Gepäck sehr sorgfältig geprüft.

luggage handling n GB ['lʌgɪdʒ hændlɪŋ]
We are making every effort to improve the quality of luggage handling at all our ports.
→ baggage handling

Gepäckabfertigung

Wir unternehmen alles nur Erdenkliche, um die Qualität der Gepäckabfertigung in all unseren Häfen zu verbessern.

luggage insurance n GB ['lʌgɪdʒ ɪn'ʃʊərəns]
The loss of our luggage did not cause us any financial loss as we had taken out luggage insurance.
→ baggage insurance

Reisegepäckversicherung

Der Verlust unseres Gepäcks verursachte uns keinen finanziellen Verlust, weil wir eine Reisegepäckversicherung abgeschlossen hatten.

excess luggage n GB [ˌekses 'lʌgɪdʒ]
Airlines are not obliged to transport excess luggage.
→ excess baggage

Übergepäck
Fluggesellschaften sind nicht verpflichtet, Übergepäck zu transportieren.

change v [tʃeɪndʒ]
A few years ago you had to change in London in order to fly from Brussels to Edinburgh.

umsteigen
Vor ein paar Jahren musste man in London umsteigen, um von Brüssel nach Edinburgh zu fliegen.

en route adv frz [ˌɒn 'ruːt]
On our way to the Florida Keys we stopped en route to visit Miami.

unterwegs
Auf dem Weg zu den Florida Keys machten wir unterwegs einen Zwischenstopp, um Miami zu besuchen.

route n [ruːt]
Our route takes us to all major cities in the USA.

(Reise-)Route, Reiseweg
Unsere Reiseroute führt durch alle größeren Städte der USA.

itinerary n [aɪ'tɪnərəri]
Enclosed please find the itinerary for our tour of Scotland.

Reiseroute
In der Anlage finden Sie die Reiseroute unserer Schottlandrundreise.

excursion n [ɪk'skɜːʃn]
Geology students often go on excursions.

Exkursion, Ausflug
Geologiestudenten gehen oft auf Exkursionen.

fare n ['feə]
The fare for a return ticket is usually twice that of a single ticket.

Fahrpreis
Der Fahrpreis für eine Rückfahrkarte ist normalerweise doppelt so hoch wie der für eine einfache Fahrkarte.

low-season fare n ['ləʊ 'siːzn feə]
The low-season fare is £150 cheaper than the high-season fare.

Nebensaisonfahrpreis, Vor- und Nachsaisonfahrpreis
Der Nebensaisonfahrpreis liegt 150 Pfund unter dem Hochsaisonfahrpreis.

high-season fare n ['haɪ 'siːzn feə]
High-season fares are sometimes twice as high as low-season fares.

return fare n GB [rɪ'tɜːn feə]
The return fare is twice as high as the single fare.

round-trip ticket n US [ˌraʊndtrɪp 'tɪkɪt]
He's booked a round-trip ticket to Washington DC.
→ **return ticket**

single fare n GB ['sɪŋgl feə]
The single fare from Brighton to London is very expensive.
→ **one-way ticket**

one-way ticket n US [ˌwʌnweɪ 'tɪkɪt]
A one-way ticket cannot be used for a return trip
→ **single ticket**

seasonal adj ['siːzənl]
There are, of course, seasonal differences in our fares.

season n ['siːzn]
If you want to save money, you should go on holiday before the season starts.

dead season n ['ded 'siːzn]
Most hotel owners use the dead season for their own holiday.

high season n ['haɪ 'siːzn]
Parents with children are usually forced to go on holiday during the high season.

off-season n ['ɒfsiːzn]
Last year we travelled to Spain in the off-season.
→ **low season**

low season n ['ləʊ 'siːzn]
Let's go to Italy in March, that's low season.
→ **off-season**

off-peak adj ['ɒf'piːk]
A cheap day return is an off-peak ticket.

carrier n ['kæriə]
British Airways is Britain's biggest carrier.

fly-cruise n ['flaɪkruːz]
Our fly-cruise takes you by plane to and from Miami, where our cruise starts and ends.

Hochsaisonfahrpreis
Hochsaisonfahrpreise sind oft doppelt so hoch wie Nebensaisonfahrpreise.

Fahrpreis für eine Rückfahrkarte
Der Fahrpreis für eine Rückfahrkarte ist doppelt so hoch wie der einfache Fahrpreis.

Hin- und Rückfahrkarte
Er hat eine Rückfahrkarte nach Washington DC gebucht.

einfacher Fahrpreis
Der Preis für eine einfache Fahrt von Brighton nach London ist sehr hoch.

einfache Fahrkarte
Eine einfache Fahrkarte gilt nicht für die Rückfahrt.

saisonal, saisonbedingt, Saison-
Unsere Fahrpreise hängen natürlich von der Jahreszeit ab.

Saison, Jahreszeit
Wenn Sie Geld sparen wollen, sollten Sie vor der Saison in Urlaub fahren.

tote Saison, Sauregurkenzeit
Die meisten Hotelbesitzer nutzen die tote Saison für ihren eigenen Urlaub.

Hauptsaison, Hochsaison
Eltern mit Kindern müssen normalerweise während der Hauptsaison in Urlaub fahren.

Vor- und Nachsaison, Nebensaison
Letztes Jahr waren wir in der Nebensaison in Spanien.

Vor- und Nachsaison, Nebensaison
Lass uns im März nach Italien fahren, dann ist Vorsaison.

außerhalb der Stoßzeiten
Eine verbilligte Tagesrückfahrkarte ist ein Fahrschein für verkehrsschwache Tageszeiten.

Fluggesellschaft
British Airways ist Großbritanniens größte Fluggesellschaft.

kombinierte Flug- und Kreuzfahrtreise
Bei unserer kombinierten Flug- und Kreuzfahrtreise fliegen Sie von und nach Miami, wo unsere Kreuzfahrt beginnt und endet.

TRAVEL

fly-drive n [ˈflaɪdraɪv]
Our fly-drive combines various flights and trips by hire car.

kombinierte Flug- und Mietwagenreise
Unsere kombinierte Flug- und Mietwagenreise verbindet verschiedene Flüge und Fahrstrecken per Mietwagen.

page v [peɪdʒ]
Would you please page Mr Myers?

ausrufen
Würden Sie bitte Herrn Myers ausrufen?

pictogram n [ˈpɪktəʊgræm]
Pictograms have become increasingly popular in international travel.

Piktogramm, Bildzeichen
Piktogramme erfreuen sich im internationalen Reiseverkehr immer größerer Beliebtheit.

quarantine n [ˈkwɒrəntiːn]
Pets without a passport are only allowed into the UK after six months of quarantine.

Quarantäne
Haustiere ohne Impfpass werden erst nach einer sechsmonatiger Quarantäne ins Vereinigte Königreich gelassen.

marina n [məˈriːnə]
Most major seaside resorts have their own marina.

Jachthafen
Die meisten größeren Seebäder haben einen eigenen Jachthafen.

timetable n [ˈtaɪmteɪbl]
The nearest timetable is in the ticket hall.

Fahrplan, Flugplan
Der nächste Fahrplan ist in der Schalterhalle.

local time n [ˈləʊkl ˈtaɪm]
Arrival is at 9 a.m. local time.

Ortszeit
Ankunft ist um 9 Uhr Ortszeit.

time zone n [ˈtaɪm zəʊn]
There are 24 time zones.

Zeitzone
Es gibt 24 Zeitzonen.

Central European Time n [ˌsentrəl ˌjʊərəˈpɪən taɪm] CET [ˌsiː iː ˈtiː]
CET is one hour ahead of Universal Time Coordinated.

mitteleuropäische Zeit

MEZ ist der Weltzeit eine Stunde voraus.

Central Standard Time n [ˌsentrəl ˈstændəd taɪm] CST [ˌsiː es ˈtiː]
CST is six hours behind Universal Time Coordinated.
→ Central Time

Zeitzone im amerikanischen mittleren Westen
CST ist sechs Stunden hinter der Weltzeit zurück.

Central Time n [ˈsentrəl taɪm] CT [ˌsiː ˈtiː]
CT is six hours behind Universal Time Coordinated.
→ Central Standard Time

Zeitzone im amerikanischen mittleren Westen
CT ist sechs Stunden hinter der Weltzeit zurück.

Eastern Standard Time n [ˌiːstən ˈstændəd taɪm] EST [ˌiː es ˈtiː]
EST is five hours behind Universal Time Coordinated.

Zeitzone an der amerikanischen Atlantikküste
EST ist fünf Stunden hinter der Weltzeit zurück.

Mountain Time n [ˈmaʊntɪn taɪm] MT [ˌem ˈtiː]
MT is seven hours behind Universal Time Coordinated.

Zeitzone in den Rocky Mountains
MT ist sieben Stunden hinter der Weltzeit zurück.

Pacific Time n [pəˈsɪfɪk taɪm] PT [ˌpiː ˈtiː]
PT is eight hours behind Universal Time Coordinated.

Zeitzone an der amerikanischen Pazifikküste
PT ist acht Stunden hinter der Weltzeit zurück.

TRAVEL

Universal Time Coordinated n
[ˌjuːnɪ'vɜːsl taɪm ˌkəʊ'ɔːdɪneɪtəd]
UTC [juː tiː 'siː]
UTC is one hour behind Central European Time.
→ **Greenwich Mean Time**

Weltzeit

Die Weltzeit ist eine Stunde hinter der mitteleuropäischen Zeit zurück.

Greenwich Mean Time n [ˌgrenɪdʒ 'miːn taɪm] GMT [ˌdʒiː em 'tiː]
Greenwich Mean Time is also known as Universal Time Coordinated.
→ **Universal Time Coordinated**

westeuropäische Zeit (WEZ)

Die westeuropäische Zeit ist auch als UTC bekannt.

Association of British Travel Agents
n [əˌsəʊsi'eɪʃn əv ˌbrɪtɪʃ 'trævl eɪdʒənts]
ABTA ['æbtə]
ABTA maintains bonded funds to help tourists travel home if their tour operator goes bust.

britischer Reisebüroverband

Der britische Reisebüroverband unterhält einen Notfonds, um Touristen, deren Reiseveranstalter Pleite macht, die Heimreise zu ermöglichen.

British Tourist Authority n [ˌbrɪtɪʃ 'tʊərɪst ɔːˌθɒrəti] BTA [ˌbiː tiː 'eɪ]
The BTA has offices in many countries to promote Britain abroad.

britische Fremdenverkehrsbehörde

BTA unterhält Zweigstellen in vielen Ländern, um für Großbritannien zu werben.

English Tourist Board n [ˌɪŋglɪʃ 'tʊərɪst bɔːd]
The Welsh, Northern Irish, Scottish and English Tourist Boards are responsible for supporting tourism in their respective countries.

englische Touristenbehörde

Die walisischen, nordirischen, schottischen und englischen Touristenbehörden sind für die Förderung des Fremdenverkehrs in ihren Ländern verantwortlich.

American Automobile Association n
[əˌmerɪkən ˌɔːtəməʊbiːl əˌsəʊsi'eɪʃn]
AAA [eɪ eɪ 'eɪ]
The AAA, America's leading automobile club, is colloquially called "triple A".

amerikanischer Automobilclub

Der AAA, Amerikas führender Automobilclub, wird umgangssprachlich „triple A" genannt.

Royal Automobile Club n GB [ˌrɔɪəl 'ɔːtəməbiːl klʌb] RAC [ˌɑːr eɪ 'siː]
The RAC is one of Britain's two automobile associations.

britischer Automobilclub

Der RAC ist einer der beiden Automobilclubs in Großbritannien.

Automobile Association GB
[ˌɔːtəməbiːl əˌsəʊsi'eɪʃn]
AA [eɪ 'eɪ]
The AA is one of Britain's two automobile associations.

Automobilclub

Der AA ist einer der beiden Automobilclubs in Großbritannien.

Accommodation and catering

accommodation n [əˌkɒmə'deɪʃn]
Youth hostels offer reasonably priced accommodation for young people.

Unterkunft
Jugendherbergen bieten jungen Leuten eine preisgünstige Unterkunft.

accommodate v [ə'kɒmədeɪt]
This hotel accommodates 250 guests.

unterbringen, beherbergen
Dieses Hotel hat Platz für 250 Gäste.

TRAVEL

catering trade n ['keɪtərɪŋ treɪd]
Every pub, inn, restaurant, hotel and
canteen is part of the catering trade.

Hotel- und Gaststättengewerbe, Gastronomie
Jede Kneipe, jedes Gasthaus, Restaurant, Hotel
und jede Kantine gehört zum Hotel- und Gaststättengewerbe.

caterer n ['keɪtərə]
Most airlines have their own caterers.

Cateringfirma
Die meisten Fluggesellschaften haben ihre
eigene Cateringfirma.

self-catering holiday n [ˌselfkeɪtərɪŋ
'hɒlədeɪ]
Self-catering holidays are attractive for
families with young children.

Urlaub für Selbstversorger

Urlaub für Selbstversorger ist für Familien mit
kleinen Kindern attraktiv.

bed and breakfast n [ˌbed ən 'brekfəst]
B&B [ˌbiː ən 'biː]
Bed and breakfast is widespread in
Britain.

Übernachtung mit Frühstück

In Großbritannien ist Übernachtung mit Frühstück in Pensionen weit verbreitet.

bed and breakfast (place) n [ˌbed ən
'brekfəst pleɪs] B&B [ˌbiː ən 'biː]
There are dozens of bed and breakfast
places in every village.

private Frühstückspension

In jedem Dorf gibt es Dutzende von privaten
Frühstückspensionen.

patron n *formal* ['peɪtrən]
All patrons are requested to vacate their
rooms by 11 a.m.

Gast
Alle Gäste werden gebeten, ihre Zimmer bis 11
Uhr zu räumen.

put up v [ˌpʊt 'ʌp]

My father put me up when a gas
explosion destroyed my flat.

**(kurzfristig) aufnehmen, (kurzfristig) unter-
bringen**
Mein Vater hat mich aufgenommen, als eine
Gasexplosion meine Wohnung zerstört hatte.

vacancy n ['veɪkənsi]
Sorry, no vacancies.

(freies) Zimmer
Leider keine Zimmer frei.

vacant adj ['veɪkənt]
The lavatory is vacant.

frei, unbesetzt
Die Toilette ist frei.

board v [bɔːd]
My daughter boards with Mrs Smith
during the week.

in Pension sein, in Pension haben
Unter der Woche ist meine Tochter bei Frau
Smith in Pension.

board and lodging n [ˌbɔːd ənd 'lɒdʒɪŋ]
My daughter offers board and lodging
throughout the year.

Kost und Logis
Meine Tochter bietet das ganze Jahr Kost und
Logis.

cottage n ['kɒtɪdʒ]
We have a lovely cottage in the
Cotswolds.

Landhaus, Häuschen
Wir haben ein schönes Landhaus in den
Cotswolds.

guesthouse n ['gesthaʊs]
Guesthouses are usually less expensive
than hotels.

Gasthof, Pension
Gasthöfe sind in der Regel preiswerter als
Hotels.

hostel n ['hɒstl]
Sailors often stay in hostels.

(Wohn-)Heim
Seeleute übernachten oft in Wohnheimen.

inn n [ɪn]
There are several excellent inns in our
area.

Gasthaus
Bei uns in der Gegend gibt es mehrere ausge-
zeichnete Gasthäuser.

motel n [məʊ'tel]
For travellers with their own cars, there are a number of good motels just outside the town.

Motel
Für Reisende mit eigenem Wagen gibt es in der näheren Umgebung der Stadt eine Reihe guter Motels.

youth hostel n ['juːθ hɒstl]
Young people often stay in youth hostels.

Jugendherberge
Junge Leute übernachten oft in Jugendherbergen.

warden n ['wɔːdn]
The warden will confirm your booking within a fortnight.

Herbergsmutter, Herbergsvater
Die Herbergsmutter wird Ihre Buchung innerhalb von vierzehn Tagen bestätigen.

full board n [ˌfʊl 'bɔːd]
Accommodation with full board includes all meals.

Vollpension
Bei Übernachtung mit Vollpension sind alle Mahlzeiten inklusive.

half board n [ˌhɑːf 'bɔːd]
If you want to be out fishing all day, you'd better book half board.

Halbpension
Wenn Sie den ganzen Tag angeln wollen, sollten Sie Halbpension buchen.

book v [bʊk]
I would like to book a room for two nights.

buchen
Ich möchte gern ein Zimmer für zwei Nächte buchen.

check in v [ˌtʃek 'ɪn]
We checked in as soon as we arrived at the hotel.

sich anmelden, einchecken
Wir haben uns gleich nach unserer Ankunft im Hotel angemeldet.

check out v [ˌtʃek 'aʊt]
All guests are required to check out by 11 a.m.

abreisen, auschecken
Alle Gäste werden gebeten bis elf Uhr abzureisen.

reception n [rɪ'sepʃn]
Will all guests please assemble at the reception?

Rezeption, Empfang
Alle Gäste werden gebeten sich an der Rezeption zu versammeln.

receptionist n [rɪ'sepʃənɪst]
All guests are requested to register with the receptionist on arrival.

Empfangsdame, Empfangschef, Portier
Alle Gäste werden gebeten, sich bei Ankunft beim Empfang zu melden.

double bed n ['dʌbl 'bed]
American-style double beds are often very wide and parents can share them with one or more children.

Doppelbett
Doppelbetten des amerikanischen Typs sind oft sehr breit und Eltern können sie mit einem Kind oder mehreren Kindern teilen.

twin beds n pl ['twɪn 'bedz]
Many elderly couples book rooms with twin beds.

zwei (gleiche) Einzelbetten
Viele ältere Paare buchen Zimmer mit zwei Einzelbetten.

single room n ['sɪŋgl ruːm]
Single rooms are hardly less expensive than double rooms.

Einzelzimmer
Einzelzimmer sind kaum billiger als Doppelzimmer.

double room n ['dʌbl ruːm]
Could I please have a double room for two nights?

Doppelzimmer
Ich hätte gern ein Doppelzimmer für zwei Nächte.

twin-bed room n ['twɪnbed ruːm]
The football team booked ten twin-bed rooms.

Zweibettzimmer
Die Fußballmannschaft buchte zehn Zweibettzimmer.

non-smoking room n [ˌnɒnˈsməʊkɪŋ ˌruːm]
All our hotel rooms are non-smoking rooms.

Nichtraucherzimmer
Alle unsere Hotelzimmer sind Nichtraucherzimmer.

en suite facilities n pl [ɒn ˌswiːt fəˈsɪlətiz]
All our double rooms have en suite facilities.

mit eigenem Bad und eigener Toilette
Alle unsere Doppelzimmer haben eigenes Bad und WC.

page boy n [ˈpeɪdʒ bɔɪ]
Our page boys will be happy to do your errands.

Page, Botenjunge
Unsere Pagen übernehmen gern Ihre Besorgungen.

porter n [ˈpɔːtə]
There is always a porter on duty at the reception desk.

Portier
Die Rezeption ist immer mit einem Portier besetzt.

hall porter n [ˌhɔːl ˈpɔːtə]
There will always be a hall porter for any enquiries you may have.

Portier
Wenn Sie Fragen haben, steht für Sie jederzeit ein Portier bereit.

night porter n [ˈnaɪt ˌpɔːtə]
The night porter starts work at 10 p.m.

Nachtportier
Die Arbeit des Nachtportiers beginnt um 22 Uhr.

conference facilities n pl [ˈkɒnfərəns fəˈsɪlətiz]
We have conference facilities for forty people.

Konferenzeinrichtungen
Wir sind auf Konferenzen mit vierzig Personen eingerichtet.

restaurant n [ˈrestrɒnt]
Eating out in a restaurant can be very expensive.

Restaurant, Speiselokal
Zum Essen ins Restaurant zu gehen kann sehr teuer sein.

proprietary cooking n [prəˌpraɪətri ˈkʊkɪŋ]
This small village inn is deservedly renowned for its proprietary cooking.

Inhaber kocht selbst
Dieses kleine Dorfgasthaus ist verdientermaßen berühmt für seine Speisen, die der Inhaber selbst zubereitet.

cuisine n frz [kwɪˈziːn]
We offer French cuisine of an excellent standard.

Küche
Wir bieten französische Küche von ausgezeichnetem Standard.

chef (de cuisine) n frz [ˌʃef də kwiˈziːn]
The chef tasted the soup.

Küchenchef, Chefkoch
Der Küchenchef schmeckte die Suppe ab.

fast food n [ˌfɑːst ˈfuːd]
Children love fast food.

Fastfood, Schnellgericht(e)
Kinder lieben Fastfood.

menu n [ˈmenjuː]
Waiter, could I have the menu, please?

Speisekarte
Herr Ober, ich hätte gern die Speisekarte.

wine list n [ˈwaɪn lɪst]
Would you please pass me the wine list?

Weinkarte
Würden Sie mir bitte die Weinkarte reichen?

waiter n [ˈweɪtə]
Waiter, the bill please.

Kellner
Herr Ober, die Rechnung bitte.

head waiter n [ˌhed ˈweɪtə]
The head waiter supervises the waiters and waitresses.

Oberkellner
Der Oberkellner beaufsichtigt die Kellnerinnen und Kellner.

TRAVEL

waitress n ['weɪtrɪs]
Waitress, could we have separate bills, please?

head waitress n ['hed weɪtrɪs]
The head waitress supervises the waiters and waitresses.

bill n *GB* [bɪl]
The bill, please.
→ check

check n *US* [tʃek]
Let me pick up the check for you.
→ bill

service charge n ['sɜːvɪs tʃɑːdʒ]
In Britain the service charge is included in hotel bills.

tip n [tɪp]
Every waiter will be happy to receive a tip.

tip v [tɪp]
You shouldn't tip too lavishly.

pub n [pʌb]
Nowadays most pubs also offer food.

leisure centre n ['leʒə ˌsentə]
Most leisure centres also have a swimming pool.

campsite n *GB* ['kæmpsaɪt]
The campsites in our area are equipped with all the necessary facilities.
→ camp ground

camp ground n *US* ['kæmp graund]
Careful, racoons on the camp ground.
→ campsite

caravan park n *US* ['kærəvæn ˌpaːk]
There are marvelous caravan parks in Yosemite National Park.
→ caravan site

caravan site n *GB* ['kærəvæn ˌsaɪt]
There's a splendid caravan site just outside Callander
→ caravan park

holiday camp n ['hɒlədeɪ ˌkæmp]
Butlins is a large-scale operator of cheap holiday camps.

Kellnerin
Wir hätten gern getrennte Rechnungen.

Oberkellnerin
Die Oberkellnerin beaufsichtigt die Kellner und Kellnerinnen.

(Gaststätten-)Rechnung
Die Rechnung, bitte.

(Gaststätten-)Rechnung
Lassen Sie mich die Rechnung für Sie bezahlen.

Bedienungsgeld
In Großbritannien ist das Bedienungsgeld in Hotelrechnungen enthalten.

Trinkgeld
Jeder Kellner freut sich über Trinkgeld.

Trinkgeld geben
Sie sollten nicht zu großzügig Trinkgeld geben.

Kneipe, Gaststätte
Heutzutage bieten die meisten Kneipen auch Speisen an.

Freizeitzentrum
Die meisten Freizeitzentren haben auch ein Schwimmbad.

Campingplatz
Die Campingplätze in unserer Gegend sind mit allen notwendigen Einrichtungen ausgestattet.

Campingplatz
Vorsicht, auf diesem Campingplatz gibt es Waschbären.

Wohnwagenpark
Im Yosemite-Nationalpark gibt es herrliche Wohnwagenparks.

Wohnwagenpark
Gleich außerhalb von Callander ist ein hervorragender Wohnwagenparks.

Ferienlager
Butlins betreibt in großem Stil billige Ferienlager.

TRAVEL

flying n ['flaɪɪŋ]
Flying is fun.

Fliegen
Fliegen macht Spaß.

fly a plane v [ˌflaɪ ə 'pleɪn]
The plane was flown by our airline's most experienced pilot.

ein Flugzeug fliegen
Das Flugzeug wurde vom erfahrensten Piloten unserer Gesellschaft geflogen.

flight n [flaɪt]
We regret to announce that flight No. 437 has been cancelled.

Flug
Wir bedauern, Ihnen mitteilen zu müssen, dass Flug Nr. 437 gestrichen wurde.

flight attendant n [ˌflaɪt ə'tendənt]
I have applied for the job of a flight attendant.
→ air hostess, (air) stewardess, (air) steward

Flugbegleiter(in)
Ich habe mich um die Stelle eines Flugbegleiters beworben.

flight engineer n [ˌflaɪt ˌendʒɪ'nɪə]
The flight engineer inspects the engines before take-off.

Flugingenieur(in)
Der Flugingenieur inspiziert kurz vor dem Abflug die Triebwerke.

flight number n ['flaɪt nʌmbə]
We regret to announce that, due to adverse weather conditions, flight no. 405 has been cancelled.

Flugnummer
Wir bedauern, mitteilen zu müssen, dass Flug Nummer 405 infolge schlechter Witterungs-bedingungen gestrichen wurde.

flight passenger n ['flaɪt ˌpæsɪndʒə]
Will all flight passengers to New York please proceed to gate no. 6?

Fluggast
Alle Fluggäste nach New York werden gebeten, sich zu Ausgang 6 zu begeben.

flight schedule n US ['flaɪt ˌʃedjuːl]
According to the flight schedule, the last flight departs at 22.30 hours.
→ flight timetable

Flugplan
Nach dem Flugplan geht der letzte Flug um 22.30 Uhr.

flight timetable n GB ['flaɪt ˌtaɪmteɪbl]
This summer's flight timetable will be published on 1 March.
→ flight schedule

Flugplan
Der Flugplan für diesen Sommer wird am 1. März veröffentlicht.

domestic flight n [dəˌmestɪk 'flaɪt]
For domestic flights please proceed to terminal 1.
→ internal flight

Inlandsflug
Für Inlandsflüge begeben Sie sich bitte in das Abfertigungsgebäude 1.

internal flight n [ɪnˌtɜːnl 'flaɪt]
Internal flights are checked in at terminal 1.
→ domestic flight

Inlandsflug
Inlandsflüge werden in Terminal 1 abgefertigt.

international flight n [ɪntəˌnæʃnəl 'flaɪt]
International flights are handled by terminals 2 and 3.

internationaler Flug, Auslandsflug
Internationale Flüge werden in Terminal 2 und 3 abgefertigt.

handle a flight v [ˌhændl ə 'flaɪt]
Airport workers refused to handle flights to Iraq.

einen Flug abfertigen
Das Flughafenpersonal weigerte sich, Flüge in den Irak abzufertigen.

go by air v [ˌgəʊ baɪ 'eə]
I always go by air to international conferences.

airline n ['eəlaɪn]
Most governments support one of their national airlines.

aeroplane n GB ['erəpleɪn]
Aeroplane is just another word for plane.
→ airplane, plane

airplane n US ['eəpleɪn]
An airplane is an aircraft with wings and at least one engine.
→ aeroplane, plane

plane n GB [pleɪn]
A glider is a plane without an engine.
→ aeroplane, airplane

aircraft n ['eəkrɑːft]
There are various types of aircraft such as helicopters and planes.

wide-bodied aircraft n ['waɪd bɒdɪd 'eəkrɑːft]
The European Airbus 300 is a typical wide-bodied aircraft.

air staff n ['eə stɑːf]
Our air staff have gone on strike for higher salaries.

air hostess n ['eə ˌhəʊstəs]
To be an air hostess is the dream job of many young girls.
→ (air) stewardess, flight attendant

(air) stewardess n ['eə stjʊədes]
Proficiency in more than one foreign language is a must for any air stewardess.
→ air hostess, flight attendant

(air) steward n ['eə stjʊəd]
Air stewards are not much more than waiters in a plane.
→ flight attendant

cabin crew n ['kæbɪn kruː]
We have a cabin crew of five.

pilot n ['paɪlət]
Despite the storm the pilot managed to touch down smoothly.

scheduled flight n ['ʃedjuːld flaɪt, 'skedʒʊld flaɪt]
British Airways operates scheduled flights to destinations all over the world.

---

fliegen, mit dem Flugzeug reisen
Ich fliege immer zu internationalen Konferenzen.

Fluggesellschaft
Die meisten Regierungen unterstützen eine ihrer nationalen Fluggesellschaften.

Flugzeug
„Aeroplane" ist nur ein anderes Wort für „plane".

Flugzeug
Ein Flugzeug ist ein Luftfahrzeug mit Flügeln und mindestens einem Motor.

Flugzeug
Ein Segelflugzeug ist ein Flugzeug ohne Motor.

Luftfahrzeug
Es gibt verschiedene Luftfahrzeuge wie Hubschrauber und Flugzeuge.

Großraumflugzeug
Der europäische Airbus 300 ist ein typisches Großraumflugzeug.

Flugpersonal
Unsere Flugpersonal streikt für höhere Gehälter.

Stewardess, Flugbegleiterin
Stewardess ist der Traumberuf vieler junger Mädchen.

Stewardess, Flugbegleiterin
Die Beherrschung von mindestens zwei Fremdsprachen ist für eine Stewardess unerlässlich.

Steward, Flugbegleiter
Stewards sind nicht viel mehr als Kellner in einem Flugzeug.

Kabinenbesatzung
Wir haben eine fünfköpfige Kabinenbesatzung.

Pilot(in)
Trotz des Gewitters gelang dem Piloten eine weiche Landung.

Linienflug
British Airways betreibt Linienflüge zu Zielen in der ganzen Welt.

TRAVEL

charter flight n ['tʃɑːtə flaɪt]
Most of the flights from Luton are charter flights.

Charterflug
Die meisten Flüge von Luton sind Charterflüge.

charter operator n ['tʃɑːtər ˌɒpəreɪtə]
Hapag-Lloyd Flug is a large German charter operator.

Charterfluggesellschaft
Hapag-Lloyd Flug ist eine große deutsche Charterfluggesellschaft.

charter plane n ['tʃɑːtə pleɪn]
The charter plane to Mallorca is just taking off.

Charterflugzeug
Das Charterflugzeug nach Mallorca startet gerade.

operate charters v [ˌɒpəreɪt 'tʃɑːtəz]
Condor operates charters for Lufthansa.

einen Charterflugdienst betreiben
Condor betreibt den Charterflugdienst für Lufthansa.

airport n ['eəpɔːt]
London Heathrow is Britain's busiest airport.

Flughafen
London Heathrow ist Großbritanniens verkehrsreichster Flughafen.

terminal n ['tɜːmɪnl]
London Heathrow has four terminals.

Abfertigungsgebäude, Terminal
London Heathrow hat vier Abfertigungsgebäude.

arrivals n pl [ə'raɪvlz]
Arrivals are on the first floor.

Ankunft
Der Ankunftbereich ist im ersten Stock.

departures n pl [dɪ'pɑːtʃəz]
Departures are on the ground floor.

Abflug
Der Abflugbereich ist im Erdgeschoss.

check in v ['tʃek 'ɪn]
For domestic flights you must check in at least twenty minutes prior to departure.

einchecken
Für Inlandflüge müssen Sie mindestens zwanzig Minuten vor Abflug einchecken.

board a plane v [ˌbɔːd ə 'pleɪn]
Will all passengers for New York please board their plane immediately?

an Bord gehen
Alle Passagiere nach New York werden gebeten, sich sofort an Bord ihrer Maschine zu begeben.

boarding card n ['bɔːdɪŋ kɑːd]
Before boarding the plane you will have to show your boarding card to the flight attendants.

Bordkarte
Bevor Sie das Flugzeug besteigen, müssen Sie den Flugbegleitern ihre Bordkarte zeigen.

departure lounge n [dɪ'pɑːtʃə laʊndʒ]
After checking in all passengers should proceed to the departure lounge.

Warteraum
Nach dem Einchecken sollten sich alle Passagiere in den Warteraum begeben.

gate n [geɪt]
Last call for passengers to London. Please proceed to gate 15.

Flugsteig
Letzter Aufruf für Passagiere nach London. Bitte begeben Sie sich zu Flugsteig 15.

take off v [ˌteɪk 'ɒf]
Our plane requires only five hundred metres for taking off.

starten, abheben
Unser Flugzeug benötigt zum Starten nur fünfhundert Meter.

take-off n ['teɪk ɒf]
Due to adverse weather conditions take-off will be delayed for two hours.

Start
Wegen ungünstiger Wetterbedingungen wird sich der Start um zwei Stunden verzögern.

runway n ['rʌnweɪ]
Our runway is too short for jumbos.

Start- und Landebahn
Unsere Start- und Landebahn ist zu kurz für Jumbos.

stopover n ['stɒpəʊvə]

We're flying to Australia with a stopover in Mumbai.

jet lag n ['dʒet læg]
Intercontinental travellers usually suffer from jet lag.

shuttle n ['ʃʌtl]
The shuttle between London and Edinburgh is widely used.

air taxi n *US* ['eə tæksi]
Air taxis can be hired by groups of passengers for short distances.

airport access road n [ˌeəpɔːt 'ækses rəʊd]
Widening our airport access road is a matter of urgency.
→ airport feeder

airport feeder n [ˌeəpɔːt 'fiːdə]
I'm afraid we'll have to build another airport feeder.
→ airport access road

airport premises n pl [ˌeəpɔːt 'premɪsɪz]
No unauthorized personnel on the airport premises.

routing n ['ruːtɪŋ]
Several important routings meet over Germany.

air traffic regulations n pl [ˌeə træfɪk regjuˈleɪʃnz]
As a result of strict air traffic regulations there are relatively few accidents.

International Air Transport Association n [ˌɪntəˌnæʃnəl eə ˌtrænspɔːt əˌsəʊsiˈeɪʃn] IATA [iˈɑːtə]
Most large airlines are members of the International Air Transport Association.

Federal Aviation Administration n *US* ['fedərəl eɪvɪˌeɪʃn ədˌmɪnɪ'streɪʃn] FAA [ef: eɪ 'eɪ]
The FAA has ordered an investigation into the Miami crash.

Civil Aviation Authority n *GB* [ˌsɪvl eɪvɪˌeɪʃn ɔːˈθɒrəti] CAA [ˌsiː eɪ 'eɪ]
The CAA is Britain's aviation watchdog.

Zwischenlandung, Stopover, Zwischenaufenthalt
Wir fliegen nach Australien mit einer Zwischenlandung in Mumbai.

Jetlag
Interkontinentalreisende leiden häufig unter Jetlag.

(Flugzeug im) Pendelverkehr, Shuttleservice
Der Pendelverkehr zwischen London und Edinburgh wird viel genutzt.

Lufttaxi
Lufttaxis können für kurze Distanzen von Gruppen gemietet werden.

Flughafenzubringer, Flughafenzufahrtstraße

Es ist dringend nötig, dass unser Flughafenzubringer verbreitert wird.

Flughafenzubringer, Flughafenzufahrtstraße
Wir werden leider einen weiteren Flughafenzubringer bauen müssen.

Flughafengelände
Unbefugten ist das Betreten des Flughafengeländes verboten.

Luftstraße, Route
Über Deutschland kreuzen sich mehrere wichtige Luftstraßen.

Flugverkehrsbestimmungen

Wegen der strengen Flugverkehrsbestimmungen gibt es relativ wenig Unfälle.

Internationaler Luftverkehrsverband (IATA)

Die meisten großen Fluglinien sind Mitglieder der IATA.

amerikanische Zivilluftfahrtbehörde

Die amerikanische Zivilluftfahrtbehörde hat eine Untersuchung des Absturzes über Miami angeordnet.

britische Zivilluftfahrtbehörde

Die britische Zivilluftfahrtbehörde ist die Aufsichtsbehörde für den Luftverkehr in Großbritannien.

TRAVEL

go by train v [ˌɡəʊ baɪ ˈtreɪn]
We went to Frankfurt by train.

mit dem Zug fahren
Wir sind mit dem Zug nach Frankfurt gefahren.

boat train n [ˈbəʊt ˌtreɪn]
The boat train to Holyhead leaves from platform 5.

Zug mit Fähranschluss
Der Zug mit Fähranschluss in Holyhead fährt von Gleis 5.

commuter train n [kəˈmjuːtə ˌtreɪn]
Commuter trains take hundreds of thousands of people to work and back every day.

Pendlerzug
Pendlerzüge bringen jeden Tag Hunderttausende von Menschen zur Arbeit und zurück.

fast train n [ˈfɑːst ˌtreɪn]
Most fast trains between cities are now Intercities.

Schnellzug
Die meisten zwischen Großstädten verkehrenden Schnellzüge sind jetzt Intercityzüge.

rail n [reɪl]
The train jumped the rails at Andover.

Schiene, Gleis
Der Zug ist bei Andover entgleist.

live rail n [ˈlaɪv ˌreɪl]
Many railway lines in the South of England have a live rail.

Strom führende Schiene
Viele Eisenbahnstrecken in Südengland haben eine Strom führende Schiene.

track n US [træk]
The train to Houston is waiting on track 7.
→ platform

Gleis
Der Zug nach Houston steht an Gleis 7.

track n [træk]
Keep off the track.

Gleise
Gleise betreten verboten.

railroad n US [ˈreɪlrəʊd]
Amtrak is an American railroad company.
→ railway

Eisenbahn
Amtrak ist eine amerikanische Eisenbahngesellschaft.

railway n GB [ˈreɪlweɪ]
Virgin is a British railway company.
→ railroad

Eisenbahn
Virgin ist eine britische Eisenbahngesellschaft.

railway carriage n GB [ˈreɪlweɪ ˌkærɪdʒ]
Most local trains have no more than ten railway carriages.

Eisenbahnwagen
Die meisten Nahverkehrszüge haben nicht mehr als zehn Wagen.

railway engine n GB [ˈreɪlweɪ ˌendʒɪn]
Most British railway engines are diesel engines.
→ locomotive

Lokomotive
Die meisten britischen Lokomotiven sind Dieselloks.

station n [ˈsteɪʃn]
Travellers from the Continent arrive at Waterloo Station.
→ depot

Bahnhof
Reisende vom Kontinent kommen am Bahnhof Waterloo an.

depot n US [ˈdepəʊ]
The Amtrak depot is just round the corner.
→ station

Bahnhof
Der Amtrak-Bahnhof ist gleich um die Ecke.

railway guide n *GB* ['reɪlweɪ ˌgaɪd]
British Rail's railway guide used to list
all British train connections.

railway line n *GB* ['reɪlweɪ ˌlaɪn]
Stockton–Darlington was the first
railway line in the world.

locomotive n [ˌləʊkə'məʊtɪv]
The term "locomotive" is not often used.
➜ railway engine

rolling stock n ['rəʊlɪŋ ˌstɒk]
Scotrail is modernizing its rolling stock.

platform n ['plætfɔːm]
This train departs from platform 6.
➜ track

booking hall n ['bʊkɪŋ ˌhɔːl]
The booking hall is closed between 1 a.m.
and 5 a.m.

ticket n ['tɪkɪt]
Passengers can buy tickets at the ticket
office.

ticket collector n ['tɪkɪt kəˌlektə]
Passengers must show their tickets to the
ticket collector.

ticket office n ['tɪkɪt ˌɒfɪs]
The ticket office is closed from 1 a.m. to
4 a.m.

single ticket n ['sɪŋgl ˌtɪkɪt]
Single tickets are not valid for a return
trip.
➜ one-way ticket

return ticket n [rɪ'tɜːn ˌtɪkɪt]
Two return tickets to Liverpool, please.
➜ round-trip ticket

cheap day return ticket n [ˌtʃiːp deɪ
rɪ'tɜːn ˌtɪkɪt]
If you want to travel to London after
nine o'clock in the morning and return
any time during the day, you can buy a
cheap day return ticket.

season ticket n ['siːzn ˌtɪkɪt]
It goes without saying that commuters
have season tickets.

compartment n [kəm'pɑːtmənt]
Sorry, this is a non-smoking compartment.

Kursbuch
Das Kursbuch von British Rail führte früher alle
Eisenbahnverbindungen in Großbritannien auf.

(Eisen-)Bahnlinie
Die erste Bahnlinie der Welt führte von
Stockton nach Darlington.

Lok(omotive)
Der Ausdruck „locomotive" wird nicht oft
verwendet.

rollendes Material
Scotrail modernisiert gerade ihr rollendes
Material.

Gleis, Bahnsteig
Dieser Zug fährt von Gleis 6 ab.

Schalterhalle
Die Schalterhalle ist zwischen 1.00 Uhr und
5.00 Uhr geschlossen.

Fahrkarte, Fahrschein, Ticket
Passagiere erhalten Fahrkarten am Fahrkartenschalter.

Schaffner(in)
Fahrgäste müssen dem Schaffner ihre Fahrkarten vorzeigen.

Fahrkartenschalter
In der Zeit von 1 Uhr bis 4 Uhr ist der Fahrkartenschalter geschlossen.

einfache Fahrkarte
Einfache Fahrkarten sind nicht für die Hin- und
Rückfahrt gültig.

Rückfahrkarte
Zwei Rückfahrkarten nach Liverpool, bitte.

verbilligte Tagesrückfahrkarte

Wenn Sie nach neun Uhr nach London fahren
und irgendwann am selben Tag zurückfahren
wollen, können Sie eine verbilligte Tagesrückfahrkarte kaufen.

Zeitkarte
Es versteht sich von selbst, dass Pendler Zeit-
karten haben.

Abteil
Entschuldigen Sie, dies ist ein Nichtraucher-
abteil.

TRAVEL

sleeper n ['sliːpə]
Unfortunately we were unable to secure tickets for the sleeper to Edinburgh.
→ **sleeping car**

sleeping car n ['sliːpɪŋ kɑː]
Long-distance travellers are advised to book a berth in a sleeping car.
→ **sleeper**

berth n [bɜːθ]
Long-distance travellers are advised to book a berth in a sleeping car.

couchette n *frz* [kuːˈʃet]
I'm afraid this train doesn't have a couchette car.

open-plan carriage n [ˌəʊpn ˌplæn ˈkærɪdʒ]
I prefer travelling in an open-plan carriage.

Pullman car n ['pʊlmən kɑː]
A Pullman car provides the highest level of comfort.

diner n ['daɪnə]
The diner is the next-but-one carriage.
→ **dining car**

dining car n ['daɪnɪŋ kɑː]
The dining car is often between the first-class and the second-class compartments.
→ **diner**

tram n *GB* [træm]
Some English cities have reintroduced trams in recent years.
→ **streetcar**

tube n *GB* [tjuːb]
Travelling in London is quickest by tube.
→ **subway, underground**

underground n *GB* [ˈʌndəɡraʊnd]
London has a very extensive underground network.
→ **subway, tube**

subway n *US* ['sʌbweɪ]
Traveling by subway in New York is regarded as safe again.
→ **tube, underground**

streetcar n *US* ['striːtkɑː]
New Orleans used to have a streetcar named Desire.
→ **tram**

Schlafwagen
Leider haben wir es nicht geschafft, Schlafwagenkarten nach Edinburgh zu bekommen.

Schlafwagen
Langstreckenreisenden empfehlen wir, einen Schlafwagenplatz zu buchen.

Schlafwagenplatz
Langstreckenreisenden empfehlen wir, einen Schlafwagenplatz zu buchen.

Liegewagenplatz
Dieser Zug hat leider keinen Liegewagen.

Großraumwagen
Ich reise am liebsten im Großraumwagen.

Pullmanwagen
Ein Pullmanwagen bietet den höchsten Komfort.

Speisewagen
Der Speisewagen ist der übernächste Wagen.

Speisewagen
Der Speisewagen befindet sich oft zwischen den Wagen der ersten und zweiten Klasse.

Straßenbahn
In den letzten Jahren wurden in einigen Städten Englands wieder Straßenbahnen eingeführt.

U-Bahn
In London fährt man am schnellsten mit der U-Bahn.

U-Bahn
London hat ein sehr ausgedehntes U-Bahnnetz.

U-Bahn
In New York mit der U-Bahn zu fahren gilt wieder als sicher.

Straßenbahn
New Orleans hatte früher eine Straßenbahn, die den Namen Desire trug.

Amtrak n ['æmtræk]
Amtrak is government-subsidized and operates commercially unprofitable passenger services between big cities.

amerikanische Eisenbahngesellschaft
Amtrak wird von der Regierung subventioniert und betreibt einen unrentablen Personenbeförderungsverkehr zwischen Großstädten.

Going by road

motorway n *GB* ['məʊtəweɪ]
New motorways generate more traffic.
→ expressway, freeway, highway,

Autobahn
Neue Autobahnen schaffen zusätzlichen Verkehr.

motorway junction n *GB* ['məʊtəweɪ ˌdʒʌŋkʃn]
Near Birmingham there is a huge motorway junction, called Spaghetti Junction.

Autobahnkreuz

Bei Birmingham gibt es ein riesiges Autobahnkreuz, „Spaghetti Junction" genannt.

junction n ['dʒʌŋkʃn]
Turn off at junction 18.
→ exit

Ausfahrt
Nehmen Sie Ausfahrt Nr. 18.

exit n ['eksɪt]
Exit 8 is closed today.
→ junction

Ausfahrt
Ausfahrt 8 ist heute gesperrt.

lane n [leɪn]
Motorways in Britain usually have three lanes in each direction.

Fahrspur, Fahrstreifen
Autobahnen in Großbritannien haben gewöhnlich drei Fahrspuren in jeder Richtung.

fast lane n ['fɑːst leɪn]
Lorries are not allowed to use the fast lane in Britain.

Überholspur
In Großbritannien dürfen Lastwagen nicht die Überholspur benutzen.

dual carriageway n *GB* [ˌdjuːəl 'kærɪdʒweɪ]
The dual carriageway to Perth was upgraded into a motorway some years ago.

Schnellstraße

Die Schnellstraße nach Perth ist vor einigen Jahren zu einer Autobahn ausgebaut worden.

highway n *US* ['haɪweɪ]
The highways in Los Angeles are always full of traffic.
→ freeway, motorway, expressway

Autobahn, Schnellstraße
Die Autobahnen in Los Angeles sind immer voller Verkehr.

expressway n *US* [ɪk'spresweɪ]
Even on expressways there are very strict speed limits.
→ freeway, highway, motorway

Autobahn, Schnellstraße
Selbst auf Schnellstraßen gibt es strenge Geschwindigkeitsbeschränkungen.

freeway n *US* ['friːweɪ]
You aren't allowed to make a U-turn on a freeway.
→ expressway, highway, motorway

gebührenfreie Autobahn, Schnellstraße
Auf einer Autobahn darf man nicht wenden.

turnpike n *US* ['tɜːnpaɪk]
You have to pay a toll if you want to use the New Jersey Turnpike.

gebührenpflichtige Autobahn
Die New Jersey Turnpike ist gebührenpflichtig.

TRAVEL

bypass n ['baɪpɑːs]
There's been a Colchester bypass since the early 1970s.

Umgehungsstraße
Seit den frühen 70er Jahren des letzten Jahrhunderts hat Colchester eine Umgehungsstraße.

bypass v ['baɪpɑːs]
You should bypass London at all costs.

umfahren, umgehen
London solltest du auf alle Fälle umfahren.

central reservation n GB [ˌsentrəl ˌrezə'veɪʃn]
Cars must not be parked on the central reservation
→ **median (strip)**

Mittelstreifen

Auf dem Mittelstreifen dürfen keine Wagen geparkt werden.

median (strip) n US ['miːdiən ˌstrɪp]
All major freeways have a median.
→ **central reservation**

Mittelstreifen
Alle größeren Autobahnen haben einen Mittelstreifen.

hard shoulder n GB [ˌhɑːd 'ʃəʊldə]
Do not park on the hard shoulder.
→ **shoulder**

Seitenstreifen
Parken Sie nicht auf dem Seitenstreifen.

shoulder n US ['ʃəʊldə]
Do not park on the shoulder.
→ **hard shoulder**

Seitenstreifen
Parken Sie nicht auf dem Seitenstreifen.

double yellow line n GB [ˌdʌbl ˌjeləʊ 'laɪn]
If you park on a double yellow line, you'll get a ticket.

absolutes Halteverbot

Wenn Sie im absoluten Halteverbot parken, bekommen Sie einen Strafzettel.

garage n ['gærɑːʒ, 'gærɪdʒ]
We can give you a tow to the nearest garage.
→ **service station**

Werkstatt, Tankstelle
Wir können Sie zur nächsten Werkstatt abschleppen.

petrol n GB ['petrəl]
We got some petrol at the garage.
→ **gas(oline)**

Benzin
Wir haben an der Tankstelle (Benzin) getankt.

gas(oline) n US [gæsəliːn]
That automobile is a real gas guzzler.
→ **petrol**

Benzin
Das Auto ist ein wahrer Benzinschlucker.

right of way n [ˌraɪt əv 'weɪ]
Watch out! The oncoming traffic has right of way.

Vorfahrt(srecht)
Pass auf! Der entgegenkommende Verkehr hat Vorfahrt.

access road n ['ækses rəʊd]
The access roads to Heathrow need improving.

Zufahrtstraße, Zubringer
Die Zufahrtstraßen zum Flughafen Heathrow müssen verbessert werden.

cul-de-sac n GB ['kʌl də sæk]
This is not a through road. It's a cul-de-sac.
→ **dead-end**

Sackgasse
Dies ist keine Durchgangsstraße. Es ist eine Sackgasse.

dead end n ['dedend]
If you turn right at the next corner, you'll find our apartment in the block at the end of the dead end.
→ **cul-de-sac**

Sackgasse
Wenn Sie an der nächsten Ecke rechts abbiegen, finden Sie unsere Wohnung in dem Haus ganz am Ende der Sackgasse.

one-way street n [ˈwʌnweɪ ˌstriːt]
Don't turn! This is a one-way street.

slip road n [ˈslɪp rəʊd]
The slip road is closed for roadworks.

through road n [ˈθruː rəʊd]
This is not a through road. It's a strictly private road.

trunk road n GB [ˈtrʌŋk rəʊd]
Due to snow, the trunk road from Perth to Inverness is blocked near Blair Atholl.

congested adj [kənˈdʒestɪd]
Most of the streets in London are congested.

congestion n [kənˈdʒestʃən]
Due to congestion the M4 is closed between exits 8 and 10.

roundabout n GB [ˈraʊndəbaʊt]
If you want to turn right on a roundabout, take the right-hand lane when you enter.
→ **traffic circle**

traffic circle n US [ˈtræfɪk sɜːkl]
There are quite a few traffic circles in this district.
→ **roundabout**

traffic lights n pl [ˈtræfɪk laɪts]
Turn right at the next traffic lights.

traffic warden n [ˈtræfɪk wɔːdn]
The traffic warden gave me a parking ticket for parking on a yellow line.

No waiting [ˈnəʊ ˈweɪtɪŋ]
In a no-waiting zone you may load and unload your car for three minutes only.

service station n [ˈsɜːvɪs ˌsteɪʃn]
I had my car serviced at the service station on the main road.
→ **garage**

services n pl [ˈsɜːvɪsɪz]
The services at Scotch Corner are very convenient for holidaymakers en route to Scotland.

car park n GB [ˈkɑː pɑːk]
There's a large car park at the station.
→ **parking lot**

parking lot n US [ˈpɑːkɪŋ ˌlɒt]
The stores all have their own parking lots.
→ **car park**

Einbahnstraße
Nicht wenden! Dies ist eine Einbahnstraße.

Auffahrt, Zufahrtsstraße
Wegen Straßenbauarbeiten ist die Auffahrt gesperrt.

Durchgangsstraße
Dies ist keine Durchgangsstraße. Es ist eine reine Privatstraße.

Fernstraße
Wegen Schneefall ist die Fernstraße von Perth nach Inverness bei Blair Atholl blockiert.

verstopft
Die meisten Straßen in London sind verstopft.

(Verkehrs-)Stau
Wegen eines Verkehrsstaus ist die M4 zwischen Abfahrt 8 und Abfahrt 10 gesperrt.

Kreisverkehr, Kreisel
Ordnen Sie sich auf der rechten Spur ein, wenn Sie in einen Kreisverkehr fahren, um nach rechts abzubiegen.

Kreisverkehr, Kreisel
In diesem Bezirk gibt es eine ganze Menge Kreisel.

Ampel
Biegen Sie an der nächsten Ampel rechts ab.

Politesse, Verkehrsaufsicht
Die Politesse gab mir ein Knöllchen, weil ich im Halteverbot gehalten hatte.

Halteverbot
In einer Halteverbotszone dürfen Sie Ihren Wagen für drei Minuten be- und entladen.

Werkstatt, Tankstelle
Ich habe mein Auto in der Werkstatt an der Hauptstraße warten lassen.

Tankstelle und Raststätte
Für Urlauber auf dem Weg nach Schottland liegt die Raststätte und Tankstelle Scotch Corner sehr günstig.

Parkplatz
Am Bahnhof ist ein großer Parkplatz.

Parkplatz
Die Geschäfte haben alle eigene Parkplätze.

TRAVEL

multi-storey car park n [ˌmʌlti stɔːri ˈkɑːr pɑːk]
There's a multi-storey car park right in the middle of Kingston.

Parkhaus
Mitten in Kingston ist ein Parkhaus.

bend n [bend]
Our house is the first after the sharp right-hand bend after the bridge.

Kurve
Unser Haus ist das Erste nach der scharfen Rechtskurve hinter der Brücke.

tow v [təʊ]
I'll tow you to the nearest garage.

abschleppen
Ich schleppe Sie zur nächsten Werkstatt ab.

bus n [bʌs]
This bus takes you to Marble Arch in next to no time.

(Linien-)Bus
Dieser Bus bringt Sie im Handumdrehen zu Marble Arch.

bus driver n [ˈbʌs draɪvə]
The bus driver usually also collects the bus fare.

Busfahrer(in)
Der Busfahrer kassiert gewöhnlich auch das Fahrgeld.

bus fare n [ˈbʌs feə]
Please have your bus fare ready when boarding the bus.

Fahrgeld, (Bus-)Fahrpreis
Bitte halten Sie beim Einsteigen in den Bus das Fahrgeld bereit.

coach n [kəʊtʃ]
The group of holidaymakers from Falkirk had their own coach.

Reisebus, Langstreckenbus
Die Urlaubergruppe aus Falkirk hatte ihren eigenen Reisebus.

coach driver n [ˈkəʊtʃ draɪvə]
Coach drivers often drive very long distances.

Busfahrer(in)
Busfahrer fahren oft sehr lange Strecken.

coach fare n [ˈkəʊtʃ feə]
The coach fare is usually lower than the air fare.

(Bus-)Fahrpreis
Der Busfahrpreis ist normalerweise niedriger als der Flugpreis.

coach operator n [ˈkəʊtʃ ˌɒpəreɪtə]
Coach operators usually do good business in the summer months.

Busunternehmen, Busunternehmer(in)
Busunternehmen machen in den Sommermonaten normalerweise gute Geschäfte.

toll n [təʊl]
Car drivers must pay a toll on most French motorways.

Benutzungsgebühr, Maut
Auf den meisten französischen Autobahnen müssen Autofahrer eine Benutzungsgebühr entrichten.

toll bridge n [ˈtəʊl brɪdʒ]
The Forth Road Bridge near Edinburgh is a toll bridge.

mautpflichtige Brücke
Die Brücke über den Firth of Forth bei Edinburgh ist mautpflichtig.

tollway n US [ˈtəʊlweɪ]
Some American motorways are tollways because they are privately financed.

gebührenpflichtige Autobahn
Einige amerikanische Autobahnen sind gebührenpflichtig, weil sie privat finanziert sind.

Highway Code n GB [ˈhaɪweɪ ˌkəʊd]
The Highway Code contains the official rules for users of public roads.

Straßenverkehrsordnung
Die Straßenverkehrsordnung enthält die offiziellen Verkehrsregeln für Benutzer öffentlicher Straßen.

TRAVEL

go by boat v [ˌgəʊ baɪ 'bəʊt]
We went to England by boat.

navigation n [ˌnævɪ'geɪʃn]
Navigation becomes more difficult up-river.

fleet n [fliːt]
We have a fleet of ten ferries.

hovercraft n ['hɒvəkrɑːft]
It took thirty minutes to cross the Channel by hovercraft.

liner n ['laɪnə]
Liners sail on fixed routes according to fixed timetables.

ferry n ['feri]
Cross-Channel ferries often transport up to eight hundred cars.

ro-ro ferry n [ˌrəʊ rəʊ 'feri]
roll on/roll off ferry [rəʊl 'ɒn rəʊl 'ɒf feri]
There have been a number of serious accidents involving ro-ro ferries.

steamer n ['stiːmə]
Steamer pays dues.
→ steamship

steamship n ['stiːmʃɪp]
A steamship is driven by steam.
→ steamer

yacht n [jɒt]
There are hundreds of yachts out at sea in this lovely summer weather.

captain n ['kæptɪn]
Please notice that evening dress will be required for the captain's dinner.

first officer n [ˌfɜːst 'ɒfɪsə]
The first officer is the second most important member of the crew.

purser n ['pɜːsə]
The bureau de change is next to the purser's office.

ashore adv [ə'ʃɔː]
We'll be spending some time ashore tonight.

run ashore v ['rʌn ə'ʃɔː]
Make sure your boat does not run ashore.

mit dem Schiff fahren
Wir sind mit dem Schiff nach England gefahren.

Schifffahrt
Im Oberlauf des Flusses wird die Schifffahrt schwieriger.

Flotte
Unsere Flotte umfasst zehn Fähren.

Hovercraft, Luftkissenboot
Die Überfahrt über den Ärmelkanal dauerte mit dem Hovercraft dreißig Minuten.

Linienschiff
Linienschiffe verkehren nach festen Fahrplänen auf festen Routen.

Fähre
Fähren über den Ärmelkanal transportieren oft bis zu achthundert Autos.

Ro-Ro-Fähre, Fähre mit Auf- und Abfahrtrampe
Es hat schon viele schwere Unfälle mit Ro-Ro-Fähren gegeben.

Dampfer, Dampfschiff
Alle Gebühren werden vom Schiff getragen.

Dampfschiff, Dampfer
Ein Dampfschiff wird mit Dampf angetrieben.

Jacht
Bei diesem schönen Sommerwetter sind Hunderte von Jachten auf See.

Kapitän
Bitte denken Sie daran, dass für das Kapitänsdinner Abendgarderobe erforderlich ist.

Erster Offizier
Der erste Offizier ist das zweitwichtigste Besatzungsmitglied.

Purser, Zahlmeister
Die Wechselstube ist neben dem Büro des Zahlmeisters.

an Land
Wir werden heute Abend etwas Zeit an Land verbringen.

stranden
Sorgen Sie dafür, dass Ihr Boot nicht strandet.

TRAVEL

aground adv [ə'graʊnd]
The trawler ran aground and had to be salvaged.

auf Grund, gestrandet
Der Trawler lief auf Grund und musste geborgen werden.

gangway n ['gæŋweɪ]
Keep clear of the gangway until the vessel has safely docked.

Landungsbrücke, Gangway
Nicht an die Landungsbrücke herantreten, bis das Schiff sicher angelegt hat.

anchor n ['æŋkə]
We'll weigh anchor at dawn and drop it at dusk.

Anker
Wir werden den Anker im Morgengrauen lichten und in der Abenddämmerung werfen.

lighthouse n ['laɪthaʊs]
Most lighthouses operate automatically nowadays.

Leuchtturm
Die meisten Leuchttürme arbeiten heutzutage automatisch.

lock n [lɒk]
Before docking, the ferry must pass through the lock.

Schleuse
Vor dem Anlegen muss die Fähre die Schleuse passieren.

berth n [bɜːθ]
Sorry, no private berths available here.

Liegeplatz
Leider gibt es hier keine privaten Liegeplätze.

berth v [bɜːθ]
We'll have to berth our yachts first.
→ dock

festmachen, anlegen
Wir müssen erst unsere Jachten festmachen.

dock v [dɒk]
The ferry will dock at 8 a.m.
→ berth

anlegen, festmachen
Die Fähre legt um acht Uhr an.

dock n [dɒk]
This ferry docks at King George Dock.

Kai, Pier
Diese Fähre legt am King George-Kai an.

quay n [kiː]
The quay was lined with fishing boats.
→ wharf

Kai, Kaianlagen, Löschplatz
Am Kai lag ein Fischerboot neben dem anderen.

wharf n [wɔːf]
The wharf is the place where ships are unloaded.
→ quay

Kai, Kaianlagen, Löschplatz
Am Kai werden Schiffe entladen.

mooring n ['mʊərɪŋ]
This is only a temporary mooring.

Anlegeplatz
Dies ist nur ein vorübergehender Anlegeplatz.

moor v [mʊə]
The yacht moored in the bay awaiting the high tide.

festmachen, verankern
Die Jacht machte in der Bucht fest und wartete auf die Flut.

board n [bɔːd]
Man over board.

Bord
Mann über Bord.

board a ship v [ˌbɔːd ə 'ʃɪp]
Would all foot passengers please board the ship?

an Bord gehen
Alle Passagiere ohne Fahrzeuge werden gebeten, sich an Bord des Schiffes zu begeben.

disembark v [ˌdɪsɪm'bɑːk]
Disembarking 300 cars and 800 passengers only takes one hour.

(sich) ausschiffen, von Bord gehen
300 Autos und 800 Passagiere auszuschiffen, dauert nur eine Stunde.

disembarkation n [ˌdɪsˌembɑːˈkeɪʃn]
Would all passengers travelling to Hull please assemble on Blue Deck for disembarkation.

Ausschiffung, Landung
Alle Passagiere, die nach Hull reisen, werden gebeten, sich zur Ausschiffung auf dem Blauen Deck zu versammeln.

embark v [ɪmˈbɑːk]
Please collect your ticket before embarking.

(sich) einschiffen, an Bord gehen
Bitte holen Sie Ihre Fahrkarte ab, bevor Sie an Bord gehen.

embarkation n [ˌembɑːˈkeɪʃn]
Passengers must obtain a boarding card prior to embarkation.

Einschiffung
Vor der Einschiffung müssen sich die Passagiere eine Bordkarte aushändigen lassen.

cabin n [ˈkæbɪn]
We herewith confirm your booking of a two-berth cabin for 24 April.

Kabine
Hiermit bestätigen wir Ihre Buchung einer Zweibettkabine für den 24. April.

voyage n [ˈvɔɪɪdʒ]
I wish you a pleasant voyage on board our ship.

Seereise
Ich wünsche Ihnen eine gute Reise an Bord unseres Schiffes.

homeward voyage n [ˈhəʊmwəd ˈvɔɪɪdʒ]
The homeward voyage begins at 6 a.m.

Rückreise
Die Rückreise beginnt um 6 Uhr.

outward voyage n [ˈaʊtwəd ˈvɔɪɪdʒ]
The outward voyage begins at 8 p.m.

Hinreise, Reise vom Heimathafen
Die Hinreise beginnt um 8 Uhr abends.

outgoing adj [ˈaʊtgəʊɪŋ]
The first outgoing crossing is at 10 a.m.

auslaufend
Die erste Überfahrt von hier ist um 10 Uhr.

inward-bound adv [ˈɪnwəd baʊnd]
After six months at sea, the tramp was at last inward-bound.

mit Ziel Heimathafen
Nach sechs Monaten auf See steuerte das Trampschiff endlich den Heimathafen an.

crossing n [ˈkrɒsɪŋ]
We will have a moderately smooth crossing.

Überfahrt
Wir werden eine relativ ruhige Überfahrt haben.

passage n [ˈpæsɪdʒ]
The QE II is on passage to New York.

Überfahrt, Passage
Die QE II ist auf der Überfahrt nach New York.

cruise n [kruːz]
Last winter we went on a cruise in the Caribbean.

Kreuzfahrt
Im letzten Winter haben wir eine Kreuzfahrt in der Karibik gemacht.

tack v [tæk]
The yachts were forced to tack against the head wind.

kreuzen
Die Jachten mussten gegen den Wind kreuzen.

cruise v [kruːz]
Last summer we cruised in the Mediterranean.

eine Kreuzfahrt machen
Im letzten Sommer haben wir eine Kreuzfahrt im Mittelmeer gemacht.

cruise ship n [ˈkruːz ʃɪp]
Cruise ships are chartered for particular cruises.

Kreuzfahrtschiff
Kreuzfahrtschiffe werden für bestimmte Kreuzfahrten gechartert.

port n [pɔːt]
Hull is a major port in the north of England.

Hafenstadt
Hull ist eine wichtige Hafenstadt im Norden Englands.

port n [pɔːt]
The QE II is just coming into port.

Hafen
Die QE II läuft gerade in den Hafen ein.

TRAVEL

port authority n [ˌpɔːt ɔːˈθɒrəti]
The Port of London Authority is an important decision-making body.

Hafenverwaltung, Hafenbehörde
Die Londoner Hafenverwaltung ist eine wichtige Behörde mit Entscheidungsbefugnis.

harbour n GB [ˈhɑːbə]
This bay is a perfect harbour for yachts.
→ **harbor**

(natürlicher) Hafen
Diese Bucht ist ein perfekter Hafen für Jachten.

harbor n US [ˈhɑːbə]
San Francisco Bay is a perfect harbor since it offers ships protection against the wind.
→ **harbour**

(natürlicher) Hafen
Die Bucht von San Francisco ist ein idealer Hafen, weil sie Schiffen Schutz vor dem Wind bietet.

harbour master n [ˈhɑːbə ˌmɑːstə]
The harbour master's office is closed for the day.

Hafenmeister
Das Büro des Hafenmeisters ist für heute geschlossen.

sail v [seɪl]
The ferry is about to sail.

ablegen, abfahren
Die Fähre legt in Kürze ab.

sailing n [ˈseɪlɪŋ]
We regret to inform passengers that the 9 o'clock sailing has been cancelled due to bad weather.

Überfahrt, Abfahrt
Wir bedauern, mitteilen zu müssen, dass die 9 Uhr Überfahrt wegen des schlechten Wetters ausfallen muss.

steward n [ˈstjʊəd]
Our stewards will be pleased to assist you.

Steward
Unsere Stewards werden Ihnen gerne behilflich sein.

pilot n [ˈpaɪlət]
Before arriving at Hull, the ferry takes a pilot on board.

Lotse, Lotsin
Vor der Ankunft in Hull nimmt die Fähre einen Lotsen an Bord.

pilot boat n [ˈpaɪlət bəʊt]
The pilot boat bobbed up and down in the heavy seas.

Lotsenboot
Das Lotsenboot tanzte in der stürmischen See auf und ab.

tug n [tʌg]
Tugs are used a lot in ports.

Schlepper
Schlepper werden in Häfen viel genutzt.

tow v [təʊ]
The QE II is being towed into the port.

schleppen
Die QE II wird gerade in den Hafen geschleppt.

ship canal n [ˈʃɪp kəˌnæl]
The Manchester ship canal links the city with the Irish Sea.

Schifffahrtskanal
Der Manchester Schifffahrtskanal verbindet die Stadt mit der Irischen See.

shipbuilding n [ˈʃɪpbɪldɪŋ]
Glasgow used to be a major centre for shipbuilding.

Schiffbau
Früher war Glasgow ein wichtiges Schiffbauzentrum.

seafaring adj [ˈsiːfeərɪŋ]
Britain has always been a seafaring nation.

Seefahrer-, seefahrend
Großbritannien ist seit je eine Seefahrernation.

seaway n [ˈsiːweɪ]
The Channel is an important seaway.

Seeweg, Wasserstraße
Der Ärmelkanal ist eine wichtige Wasserstraße.

seaworthy adj [ˈsiːwɜːði]
This ship is no longer seaworthy.

seetüchtig
Dieses Schiff ist nicht mehr seetüchtig.

TRAVEL

launch v [lɔːntʃ]
This ferry was launched at Vestervik.

launch n [lɔːntʃ]
Sightseeing tours of this port are made by launch.

stem n [stem]
The ship must be re-painted from stem to stern.

stern n [stɜːn]
The ship must have major repairs done to its stern.

port n [pɔːt]
The best cabins for a voyage from Southampton to India are the port cabins because they're not exposed to the sun all the time.

starboard n ['stɑːbəd]
The best cabins for a voyage from India to Southampton are the starboard cabins because they're not exposed to the sun all the time.

trade wind n ['treɪd wɪnd]
In the past, the trade winds were exploited by clippers.

fathom n ['fæðəm]
A fathom measures six feet, i.e. 1.83m.

vom Stapel lassen
Diese Fähre ist in Vestervik vom Stapel gelaufen.

Barkasse
Rundfahrten werden in diesem Hafen von Barkassen durchgeführt.

Vordersteven
Das Schiff muss vom Vordersteven bis zum Achtersteven neu gestrichen werden.

Achtersteven
Am Achtersteven müssen umfangreiche Reparaturen vorgenommen werden.

Backbord
Für eine Reise von Southampton nach Indien sind Backbordkabinen am besten, weil sie nicht die ganze Zeit der Sonne ausgesetzt sind.

Steuerbord
Für eine Reise von Indien nach Southampton sind Steuerbordkabinen am besten, weil sie nicht die ganze Zeit der Sonne ausgesetzt sind.

Passatwind, Passat
Die Passatwinde wurden früher von schnellen Segelschiffen genutzt.

Faden
Ein Faden misst sechs Fuß, d. h. 1,83 m.

THE ENVIRONMENT

Environmental protection

environment n [ɪn'vaɪrənmənt]
We must make greater efforts to protect the environment.

Umwelt
Wir müssen größere Anstrengungen zum Schutz der Umwelt unternehmen.

environmental protection n [ɪn,vaɪrən,mentl prə'tekʃn]
Environmental protection is a major concern nowadays.

Umweltschutz

Der Umweltschutz ist heutzutage ein wichtiges Anliegen.

environmentalist n [ɪn,vaɪrən'mentəlɪst]
We're all environmentalists now.

Umweltschützer(in)
Heutzutage sind wir alle Umweltschützer.

environmental awareness n [ɪn,vaɪrən,mentl ə'weənəs]
There is a far greater degree of environmental awareness these days than in the past.

Umweltbewusstsein

Heutzutage ist das Umweltbewusstsein viel stärker ausgeprägt als in der Vergangenheit.

environment-friendly adj [ɪn,vaɪrən,ment 'frendli]
Environment-friendly products often carry an eco label.

umweltfreundlich

Umweltfreundliche Produkte haben oft ein Umweltzeichen.

environmentally compatible adj [ɪn,vaɪrən,mentəli kəm'pætɪbl]
Products carrying an eco label are environmentally compatible.

umweltverträglich

Produkte mit einem Umweltzeichen sind umweltverträglich.

environmental audit n [ɪn,vaɪrən,mentl 'ɔːdɪt]
For image reasons, well-known concerns are quite happy to submit to environmental audits.

Umweltverträglichkeitsprüfung

Aus Imagegründen unterziehen sich bekannte Unternehmen gern Umweltverträglichkeitsprüfungen.

environmental consultant n [ɪn,vaɪrən,mentl kən'sʌltənt]
Environmental consultants also offer environmental education courses.

Umweltberater(in)

Umweltberater bieten auch Umwelterziehungskurse an.

environmental costs n pl [ɪn,vaɪrən,mentl 'kɒsts]
Environmental costs are difficult to determine.

Umweltkosten

Umweltkosten lassen sich nur schwer bestimmen.

ecology n [ɪ'kɒlədʒi]
Ecology is the science of the relation of living creatures to each other and their environment.

Ökologie
Ökologie ist die Wissenschaft von den Wechselbeziehungen zwischen den Lebewesen und ihrer Umwelt.

ecologist n [ɪ'kɒlədʒɪst]
All ecologists should be familiar with several sciences, e.g. biology, chemistry, physics etc.

Ökologe, Ökologin
Alle Ökologen sollten sich in mehreren naturwissenschaftlichen Fächern auskennen, z. B. Biologie, Chemie, Physik usw.

ecosystem n [ˈiːkəʊsɪstəm]
The oil spill might destroy the ecosystem of the stream.

Ökosystem
Das ausgelaufene Öl kann das Ökosystem des Baches zerstören.

ecobalance n [ˌiːkəʊˈbæləns]
Ecobalances help to determine how environmentally friendly a product is.

Ökobilanz
Ökobilanzen helfen zu bestimmen, wie umweltfreundlich ein Produkt ist.

eco label n [ˈiːkəʊ leɪbl]
Eco labels are awarded for different product categories.

Umweltzeichen
Umweltzeichen werden für verschiedene Produktkategorien vergeben.

eco tax n [ˈiːkəʊ tæks]
Eco taxes have not been introduced in many countries yet.

Ökosteuer
Bisher sind Ökosteuern noch nicht in vielen Ländern eingeführt worden.

eco tourism n [ˌiːkəʊ ˈtʊərɪzəm]
Eco tourism reduces negative environmental impacts.

Ökotourismus
Ökotourismus reduziert negative Umwelteinwirkungen.

out-green v [ˌaʊtˈɡriːn]

Companies nowadays try to out-green each other.

in Sachen Umweltschutz überbieten, „grüner" sein
Unternehmen versuchen heutzutage, sich gegenseitig in Sachen Umweltschutz zu überbieten.

resources n pl [rɪˈsɔːsəz]
There are not many resources, i.e. supplies of raw materials, which have not been tapped.

Ressourcen
Es gibt nicht viele Ressourcen, d. h. Rohstoffvorräte, die noch nicht angezapft wurden.

resource recovery n [rɪˌsɔːs rɪˈkʌvəri]
Recycling initiatives are intended to establish resource recovery as a modern, effective process.

Ressourcenrückgewinnung
Recyclinginitiativen sollen die Ressourcenrückgewinnung als modernen, effektiven Prozess etablieren.

recycling n [ˌriːˈsaɪklɪŋ]
The recycling industry has developed into a growth industry.

Recycling, Wiederverwertung
Die Recyclingindustrie hat sich zu einer Wachstumsbranche entwickelt.

acceptance n [əkˈseptəns]
The acceptance of the car has suffered in recent years.

Akzeptanz
Die Akzeptanz des Autos ist in den letzten Jahren zurückgegangen.

conservation n [ˌkɒnsəˈveɪʃn]
Wildlife conservation is of paramount importance in Africa, South-East Asia and South America.

Naturschutz
Der Schutz von Wildtieren ist von höchster Dringlichkeit in Afrika, Südostasien und Südamerika.

sustainability n [səˌsteɪnəˈbɪləti]
Sustainability means acting in such a way so as not to have a negative effect on future generations' options.

Nachhaltigkeit
Nachhaltigkeit heißt, sich heute so zu verhalten, dass künftige Generationen nicht in ihren Möglichkeiten beeinträchtigt werden.

nature n [ˈneɪtʃə]
Nature has been destroyed in many parts of the world.

Natur
Die Natur ist in vielen Teilen der Welt zerstört worden.

preserve v [prɪˈzɜːv]
We all have a duty to preserve our natural environment.

erhalten, bewahren
Wir alle sind verpflichtet, unsere natürliche Umwelt zu erhalten.

THE ENVIRONMENT

endangered species n [ɪn,deɪndʒəd 'spiːʃiːz]
The panda is the best known endangered species.

bedrohte Art
Der Pandabär ist die bekannteste bedrohte Art.

rainforest n ['reɪnfɒrɪst]
Rainforests are immensely valuable ecosystems.

Regenwald
Regenwälder sind äußerst wertvolle Ökosysteme.

tropical timber n [,trɒpɪkl 'tɪmbə]
Some tropical timbers are subject to an import ban.

Tropenholz
Einige Tropenhölzer dürfen nicht eingeführt werden.

ozone layer n ['əʊzəʊn leɪə]
The ozone layer protects us from ultraviolet radiation.

Ozonschicht
Die Ozonschicht schützt uns vor UV-Strahlung.

global warming n [,gləʊbl 'wɔːmɪŋ]
As industrialization continues, global warming is bound to increase, too.

globale Erwärmung
In dem Maße wie die Industrialisierung weitergeht, wird auch die globale Erwärmung zunehmen.

greenhouse effect n ['griːnhaʊs ɪ,fekt]
The greenhouse effect is expected to lead to rising ocean levels because the polar icecaps are likely to melt.

Treibhauseffekt
Man erwartet, dass der Treibhauseffekt zu einem Anstieg des Meeresspiegels führt, da die polaren Eiskappen wahrscheinlich schmelzen werden.

acid rain n [,æsɪd 'reɪn]
Acid rain in Scandinavia is largely due to power stations in Great Britain.

saurer Regen
Der saure Regen in Skandinavien ist weitgehend auf Kraftwerke in Großbritannien zurückzuführen.

soil erosion n [,sɔɪl ɪ'rəʊʒn]
Felling trees and removing hedgerows inevitably leads to soil erosion.

Bodenerosion
Das Fällen von Bäumen und die Beseitigung von Hecken führt unweigerlich zu Bodenerosion.

artificial fertilizer n [ɑːtɪ,fɪʃl 'fɜːtəlaɪzə]
Artificial fertilizers lead to high levels of potassium in the soil.

Kunstdünger
Kunstdünger führen zu hohen Kaliumanteilen im Boden.

overexploitation n [,əʊvəreksplɔɪ'teɪʃn]
Typical examples of overexploitation are overfishing and overgrazing.

Raubbau (an der Natur)
Typische Beispiele für Raubbau sind Überfischen und Überweidung.

herbicide n ['hɜːbɪsaɪd]
Herbicides are widely used, but they should be applied sparingly.

Unkrautvernichtungsmittel, Herbizid
Unkrautvernichtungsmittel sind weit verbreitet, sollten aber behutsam eingesetzt werden.

insecticide n [ɪn'sektɪsaɪd]
DDT was extensively used as an insecticide in order to wipe out the chief carrier of malaria, the anopheline mosquito.

Insektizid, Insektenbekämpfungsmittel
DDT wurde in großem Maßstab als Insektizid eingesetzt, um den wichtigsten Überträger der Malaria, die Anophelesmücke, zu vernichten.

pesticide n ['pestɪsaɪd]
Many pesticides kill not only insects, but also some birds and small mammals.

Pestizid, Schädlingsbekämpfungsmittel
Viele Pestizide töten nicht nur Insekten, sondern auch einige Vögel und Kleinsäuger.

watchdog n ['wɒtʃdɒg]
Several central and local government agencies act as watchdogs in environmental matters.

Aufsichtsamt, Aufsichtsbehörde
Verschiedene staatliche und kommunale Stellen fungieren als Aufsichtsämter in Umweltangelegenheiten.

. . . . → regulator

THE ENVIRONMENT

waste n [weɪst]
It is imperative to reduce the volume of waste.
→ garbage, refuse

Abfall, Müll
Es ist unbedingt erforderlich, die Müllmenge zu verringern.

garbage n *US* ['gɑːbɪdʒ]
The garbage truck calls every Tuesday.
→ refuse, waste

Abfall, Müll
Die Müllabfuhr kommt jeden Dienstag.

refuse n ['refjuːs]
Some local authorities provide refuse bags free of charge.
→ garbage, waste

Müll, Abfall
Einige Gemeinden stellen kostenlos Müllsäcke zur Verfügung.

waste avoidance n ['weɪst ə'vɔɪdəns]
Waste avoidance is far better than waste recycling.

Abfallvermeidung
Abfallvermeidung ist weitaus besser als Abfall-recycling.

waste disposal n ['weɪst dɪs'pəʊzl]
Many large concerns have diversified into waste disposal lately.

Abfallentsorgung, Müllbeseitigung
In der letzten Zeit sind viele Großkonzerne in die Abfallentsorgung eingestiegen.

waste management n ['weɪst 'mænɪdʒmənt]
Waste management is a growing industrial sector.

Abfallwirtschaft

Die Abfallwirtschaft ist ein wachsender Industriezweig.

waste reduction n ['weɪst rɪ'dʌkʃn]
Waste reduction in the design stage is the ultimate aim.

Abfallreduzierung
Abfallreduzierung in der Designphase ist das Endziel.

waste-reducing adj ['weɪst rɪ'djuːsɪŋ]
Waste-reducing manufacturing processes can also be economically beneficial.

Abfall senkend, Abfall reduzierend
Abfall senkende Herstellungsprozesse können auch von wirtschaftlichem Nutzen sein.

building rubble n ['bɪldɪŋ rʌbl]
Local authorities usually designate special landfill sites for building rubble.
→ C&D waste

Bauschutt
Gemeinden weisen in der Regel besondere Deponien für Bauschutt aus.

construction and demolition n
[kən'strʌkʃn ən ˌdemə'lɪʃn]
C&D [ˌsiː ən 'diː]
Construction and demolition leads to a lot of waste.

Bau und Abbruch

Bei Bau und Abbruch fällt viel Abfall an.

C&D waste n [ˌsiː ən 'diː weɪst]
construction and demolition waste
[kən'strʌkʃn ən ˌdemə'lɪʃn weɪst]
More efforts are being made to recycle C&D waste.
→ building rubble

Bauschutt

Es werden jetzt mehr Anstrengungen unternommen, um Bauabfälle zu recyceln.

household waste n [ˌhaʊshəʊld 'weɪst]
Household waste is usually collected once a week.
→ municipal waste, residential waste

Hausmüll, Siedlungsabfall
Hausmüll wird normalerweise einmal in der Woche abgeholt.

THE ENVIRONMENT

municipal waste n [mjuːˈnɪsɪpl ˈweɪst]
Garden waste such as leaves, grass and tree prunings is estimated to acount for about 20% of municipal waste.
→ residential waste, household waste

Siedlungsabfall, Hausmüll
Gartenabfälle wie Blätter, Gras und Zweige machen schätzungsweise 20 % des Siedlungsabfalls aus.

residential waste n [rezɪˌdenʃl ˈweɪst]
Residential waste is usually incinerated.
→ municipal waste, household waste

Siedlungsabfall, Hausmüll
Hausmüll wird in der Regel verbrannt.

nuclear waste n [ˌnjuːkliə ˈweɪst]
Originally, nuclear waste was put into steel drums and dumped at sea.

Atommüll
Ursprünglich wurde Atommüll in Stahlfässer gefüllt und im Meer versenkt.

hazardous waste n [ˌhæzədəs ˈweɪst]
Sites containing hazardous waste are usually excavated.

gefährliche Abfälle, Sondermüll
Standorte, an denen Sondermüll eingelagert wurden, werden normalerweise ausgebaggert.

residual waste n [rɪˌzɪdjuəl ˈweɪst]
Residual waste is the waste that's left after all recyclables have been removed.

Restmüll
Restmüll ist der Müll, der zurückbleibt, nachdem alle Recyclingstoffe entfernt worden sind.

toxic waste n [ˌtɒksɪk ˈweɪst]
Toxic waste constitutes a major health hazard.

Giftmüll
Giftmüll stellt ein erhebliches Gesundheitsrisiko dar.

biodegradable adj [ˌbaɪəʊdɪˈgreɪdəbl]
A banana skin is an example of perfect packaging, because it comes off easily and is fully biodegradable.

biologisch abbaubar
Eine Bananenschale ist ein Beispiel für eine perfekte Verpackung, weil sie sich leicht entfernen lässt und vollständig biologisch abbaubar ist.

reuse v [ˌriː ˈjuːz]
Reusing bottles is better than throwing them away.

wieder verwenden
Flaschen wieder zu verwenden ist besser als sie wegzuwerfen.

reuse n [ˌriː ˈjuːs]
The reuse of bottles is better than recycling.

Wiederverwendung
Die Wiederverwendung von Flaschen ist besser als Recycling.

recover v [rɪˈkʌvə]
A major objective of waste recycling is to recover energy.

rückgewinnen
Ein wichtiges Ziel des Abfallrecyclings ist es, Energie rückzugewinnen.

recyclable n [ˌriːˈsaɪkləbl]
Recyclables are sold to various manufacturing industries.

Recyclat, Recyclingstoff, Sekundärrohstoff
Recyclate werden an verschiedene produzierende Industriezweige verkauft.

recyclable adj [ˌriːˈsaɪkləbl]
Paper, glass and scrap metal are the best examples of recyclable materials.

wieder verwertbar, recycelbar
Papier, Glas und Schrott sind die besten Beispiele für wieder verwertbare Materialien.

recycle v [ˌriːˈsaɪkl]
Steel scrap has always been recycled.

recyceln, wieder verwerten
Stahlschrott ist schon immer recycelt worden.

recycling adj [ˌriːˈsaɪklɪŋ]
The recycling industry has developed into a growth industry.

Recycling-
Die Recyclingindustrie hat sich zu einer Wachstumsbranche entwickelt.

recycling plant n [ˌriːˈsaɪklɪŋ plɑːnt]
The number of recycling plants has increased significantly.

Recyclinganlage
Die Zahl der Recyclinganlagen hat sich bedeutend erhöht.

recycling industry n [ˌriːˈsaɪklɪŋ ˈɪndəstri]
The recycling industry is one of the few growth industries in this day and age.

Kreislaufwirtschaft, Recyclingindustrie
Die Kreislaufwirtschaft ist heutzutage eine der wenigen Wachstumsbranchen.

dump v [dʌmp]
You'll be fined if you are caught dumping rubbish in the countryside.
→ tip

abkippen, abladen, verklappen
Sie müssen ein Bußgeld zahlen, wenn Sie beim Abladen von Abfall in der freien Natur erwischt werden.

dump n [dʌmp]
A dump is a place where rubbish may be dumped.
→ tip

Müllkippe, ungeordnete Deponie
Müllkippen sind Plätze, an denen Müll abgeladen werden kann.

tip n [tɪp]
The empty lot was used as an illegal tip until the town council had a fence put up.
→ dump

Müllkippe, ungeordnete Deponie
Das unbebaute Grundstück wurde als illegale Müllkippe benutzt, bis die Stadtverwaltung einen Zaun errichten ließ.

tip v [tɪp]
No tipping!
→ dump

abkippen, abladen
Schutt abladen verboten!

landfill (site) n [ˈlændfɪl saɪt]
Landfill sites remain a problem after they have ceased to be used.

(Auffüll-)Deponie
Deponien sind auch dann noch problematisch, wenn sie nicht mehr genutzt werden.

bottle bank n [ˈbɒtl bæŋk]
Bottle banks play a significant role in the recycling of household waste.

(Alt-)Glascontainer, (Alt-)Glasiglu
Altglascontainer spielen eine bedeutende Rolle bei der Wiederverwertung von Hausmüll.

paper bank n [ˈpeɪpə bæŋk]
Paper banks are often found in car parks.

Altpapiercontainer
Altpapiercontainer findet man oft auf Parkplätzen.

incinerate v [ɪnˈsɪnəreɪt]
Paper and plastics should not be incinerated, if possible.

verbrennen
Papier und Kunststoffe sollten möglichst nicht verbrannt werden.

incineration n [ɪnˌsɪnəˈreɪʃn]
The incineration of waste will not cause any air pollution if it takes place within a closed system.

Verbrennung
Die Müllverbrennung verursacht keine Luftverschmutzung, wenn sie in einem geschlossenen System stattfindet.

incineration plant n [ɪnˌsɪnəˈreɪʃn plɑːnt]
The ideal incineration plant is a closed system.
→ incinerator

Verbrennungsanlage
Die ideale Verbrennungsanlage ist ein geschlossenes System.

incinerator n [ɪnˈsɪnəreɪtə]
The ideal incinerator is a closed system.
→ incineration plant

Verbrennungsanlage
Die ideale Verbrennungsanlage ist ein geschlossenes System.

desulphurization n [diːˌsʌlfəraɪˈzeɪʃn]
Flue gas scrubbers and filters are nowadays installed in the stacks of fossil fuel-fired power stations for desulphurization purposes.

Entschwefelung
Zur Entschwefelung werden heutzutage Rauchgasreinigungsanlagen und Filter in den Schornsteinen von mit fossilen Brennstoffen befeuerten Kraftwerken installiert.

THE ENVIRONMENT

waste heat n ['weɪst ˌhiːt]
The waste heat generated by furnaces is often used for heating purposes.

Abwärme
Die von Schmelzöfen erzeugte Abwärme wird oft zum Heizen verwendet.

heat pump n ['hiːt pʌmp]
Heat pumps enable the use of the higher temperatures found in the deeper strata of the earth.

Wärmepumpe
Wärmepumpen ermöglichen die Ausnutzung der höheren Temperaturen tieferer Erdschichten.

energy n ['enədʒi]
We can save energy by using energy-efficient household appliances.

Energie
Wir können Energie sparen, indem wir energieeffiziente Haushaltsgeräte verwenden.

conserve energy v [kən'sɜːv 'enədʒi]
We can conserve energy by using our legs instead of our cars.

Energie sparen
Wir können Energie sparen, indem wir unsere Beine anstelle unserer Autos benutzen.

energy efficiency n [ˌenədʒi ɪ'fɪʃnsi]
Double-glazed windows increase the energy efficiency of your house.

effizienter Energieeinsatz, Energieeffizienz
Doppelt verglaste Fenster tragen zu einem effizienteren Energieeinsatz in Ihrem Haus bei.

energy from waste n [ˌenədʒi frɒm 'weɪst]
Most modern incineration plants generate energy from waste.

Energie aus Müll
Die meisten modernen Verbrennungsanlagen erzeugen Energie aus Müll.

refuse-derived fuel n ['refjuːs dɪ'raɪvd fjuːəl] RDF [ˌɑː diː 'ef]
RDF is a fuel made from waste.

Brennstoff aus Müll (BRAM)
BRAM ist ein aus Müll hergestellter Brennstoff.

energy production n [ˌenədʒi prə'dʌkʃn]
Energy production is an important factor in modern waste incineration.

Energiegewinnung
Energiegewinnung ist ein wichtiger Faktor der modernen Müllverbrennung.

energy recovery n [ˌenədʒi rɪ'kʌvəri]
Energy recovery is a major objective of waste recycling.

Energierückgewinnung
Energierückgewinnung ist ein wichtiges Ziel des Abfallrecyclings.

energy-saving adj ['enədʒiseɪvɪŋ]
An energy-saving bulb may cost more at first, but it is cheaper in the long run.

Energie sparend
Eine Energie sparende Glühbirne kostet vielleicht zunächst mehr, ist aber langfristig billiger.

nuclear power station n [ˌnjuːkliə 'paʊə steɪʃn]
Chernobyl has proved how dangerous nuclear power stations can be.

Kernkraftwerk, Atomkraftwerk
Tschernobyl hat gezeigt, wie gefährlich Kernkraftwerke sein können.

radiation n [ˌreɪdi'eɪʃn]
Unfortunately, radiation is not a short-lived phenomenon.

Strahlung
Leider handelt es sich bei Strahlung nicht um ein kurzzeitiges Phänomen.

meltdown n ['meltdaʊn]
The Chernobyl disaster was the first publicly known instance of meltdown.

Kernschmelze
Die Katastrophe von Tschernobyl war der erste öffentlich bekannte Fall einer Kernschmelze.

half-life n ['hɑːflaɪf]
Half-life is defined as the time during which the radioactivity of a substance is reduced to half its original level.

Halbwertzeit
Die Halbwertzeit wird als die Zeit definiert, während derer die Radioaktivität einer Substanz auf die Hälfte ihres Ursprungswertes zurückgeht.

pollution n [pə'lu:ʃn]
It's important to combat pollution.

Umweltverschmutzung
Es ist wichtig, die Umweltverschmutzung zu bekämpfen.

pollute v [pə'lu:t]
Uncontrolled discharges pollute rivers and streams.

verunreinigen, verschmutzen
Unkontrollierte Einleitungen verunreinigen Flüsse und Bäche.

pollutant n [pə'lu:tənt]
The soot particles given off by diesel engines are major pollutants.

Schadstoff
Die von Dieselmotoren ausgestoßenen Ru?partikel gehören zu den wichtigsten Schadstoffen.

pollution-free adj [pə‚lu:ʃn 'fri:]
Filters are installed to ensure pollution-free emissions.

schadstofffrei
Filter werden installiert, um schadstofffreie Emissionen zu gewährleisten.

pollution control n [pə'lu:ʃn kən'trəʊl]
A whole new industry has developed to supply pollution control technologies.

Schadstoffbekämpfung
Ein ganz neuer Wirtschaftszweig ist entstanden, der Schadstoffbekämpfungstechnologien anbietet.

polluter pays principle n [pə‚lu:tə 'peɪz prɪnsəpl] PPP [‚pi: pi: 'pi:]
There would be less pollution if PPP were enforced.

Verursacherprinzip

Es gäbe weniger Umweltverschmutzung, wenn das Verursacherprinzip rigoros Anwendung fände.

contamination n [kən‚tæmɪ'neɪʃn]

The degree of contamination of the soil may be so high that planning permission will be refused for housing projects.

Verunreinigung, Verseuchung, Kontaminierung
Der Verunreinigungsgrad des Erdreiches kann so hoch sein, dass eine Baugenehmigung für Wohnungsbauprojekte verweigert wird.

Carbon dioxide emissions by region 1990–2020
(Million metric tons carbon equivalent)

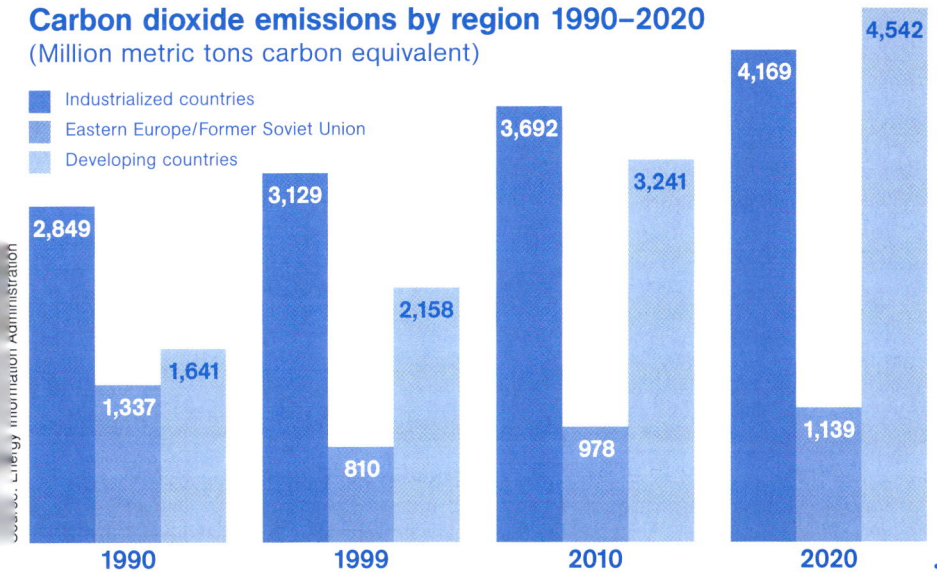

THE ENVIRONMENT

contaminate v [kən'tæmɪneɪt]
Much of Belarus is still contaminated as a result of the Chernobyl disaster.

verseuchen, kontaminieren, verunreinigen
Weite Landstriche Weißrusslands sind als Folge der Tschernobyl-Katastrophe immer noch verseucht.

contaminated site n [kən,tæmɪneɪtɪd 'saɪt]
Cleaning up a contaminated site is a very expensive business.

kontaminiertes Gelände
Die Sanierung eines kontaminierten Geländes ist eine sehr teure Angelegenheit.

clean up v [kliːn 'ʌp]
If you want to clean up a polluted canal, you should drain it first.

sanieren
Wenn man einen verschmutzten Kanal sanieren will, dann sollte man ihn zunächst trockenlegen.

clean-up n ['kliːn ʌp]
The clean-up of the contaminated site turned out to be quite difficult.

Altlastensanierung
Die Altlastensanierung erwies sich als ziemlich schwierig.

air pollution n ['eə pəluːʃn]
Heating systems based on lignite cause air pollution on a major scale.

Luftverschmutzung
Heizungssysteme auf Braunkohlebasis führen zu erheblicher Luftverschmutzung.

emission n [ɪ'mɪʃn]
California was the first American state to reduce harmful emissions from car exhausts.

Emission, Ausstoß
Kalifornien hat als erster amerikanischer Bundesstaat schädliche Auspuffemissionen reduziert.

smog n [smɒg]
In cases of temperature inversion, exhaust gases will rise to form smog.

Smog
Bei Inversionslagen steigen Abgase auf und bilden Smog.

dust n [dʌst]
Dust consists of fine particles of solid matter.

Staub
Staub besteht aus feinen Feststoffpartikeln.

catalytic converter n [,kætə,lɪtɪk kən'vɜːtə]
All new cars are automatically fitted with catalytic converters.

Katalysator
Alle Neuwagen werden automatisch mit Katalysatoren ausgerüstet.

litter n ['lɪtə]
After the concert, the site was strewn with litter.

(herumliegende) Abfälle
Nach dem Konzert war das Gelände mit Abfällen und Papier übersät.

noise abatement n [,nɔɪz ə'beɪtmənt]
Double-glazing is also a noise abatement measure.

Lärmbekämpfung
Doppelverglasung ist auch eine Maßnahme zur Lärmbekämpfung.

noxious adj ['nɒkʃəs]
Noxious fumes are a major health hazard.

schädlich
Schädliche Dämpfe sind ein gravierendes Gesundheitsrisiko.

dumping at sea n [,dʌmpɪŋ ət 'siː]
Dumping at sea used to be practised by the nuclear industry as well as the chemical industry.

Verklappung
Früher war die Verklappung eine sowohl von der Atom- als auch der chemischen Industrie praktizierte Methode.

discharge n ['dɪstʃɑːdʒ]
Uncontrolled discharges by chemical plants will destroy all life in a river.

Einleitung
Unkontrollierte Einleitungen durch chemische Werke zerstören alles Leben in einem Fluss.

discharge v ['dɪstʃɑːdʒ]
There are strict regulations on what substances may be discharged.

effluents n pl ['efluənts]
Nowadays, the discharge of effluents is strictly controlled.

waste water n ['weɪst ˌwɔːtə]
Some companies still discharge waste water into rivers.

outfall n ['aʊtfɔːl]
Some seaside resorts have outfalls which discharge raw sewage about a mile from the shore.

sewage sludge n ['suːɪdʒ slʌdʒ]
Sewage sludge can be spread on farmland, provided it does not contain any harmful substances.

slurry n ['slʌri]
Slurry is an inevitable by-product of battery farming.

illegal dumping n [ɪˌliːgl 'dʌmpɪŋ]
Illegal dumping will be prosecuted.

leachate n ['liːtʃeɪt]
Leachate is a liquid which seeps through a landfill.

landfill gas n ['lændfɪl gæs]
Landfill gas is formed when anaerobic degradation of organic substances takes place on a landfill.

methane n ['miːθeɪn]
Methane is a colourless gas formed during the anaerobic decomposition of organic matter.

combustion n [kəm'bʌstʃən]
The automobile is based on the internal combustion engine.

flue gas n ['fluː ˌgæs]
Flue gas is the gas emitted from a chimney after combustion.

fumes n pl [fjuːmz]
The fumes produced by chemical processes can be very dangerous.

carbon dioxide n [ˌkɑːbən daɪˈɒksaɪd]
Carbon dioxide is an inevitable by-product of burning fossil fuels.

einleiten
Es gibt strenge Auflagen, welche Substanzen eingeleitet werden dürfen.

Abwässer
Heutzutage wird die Einleitung von Abwässern streng kontrolliert.

Abwasser
Einige Unternehmen leiten immer noch Abwasser in Flüsse ein.

Abwasserrohr, Abfluss(leitung)
Einige Seebäder haben Abwasserrohre, die ungeklärte Abwässer etwa eine Meile vor der Küste einleiten.

Klärschlamm
Schadstofffreier Klärschlamm kann auf landwirtschaftlich genutzten Flächen aufgebracht werden.

Gülle
Gülle ist ein unvermeidbares Nebenprodukt der Intensivtierhaltung.

unerlaubtes Müllabladen
Unerlaubtes Müllabladen wird strafrechtlich verfolgt.

Sickerwasser
Sickerwasser ist eine Flüssigkeit, die durch Deponien sickert.

Deponiegas
Deponiegas bildet sich, wenn ein Zerfall von organischen Substanzen in einer Deponie stattfindet.

Methan
Methan ist ein farbloses Gas, das bei der anaerobischen Zersetzung von organischer Materie gebildet wird.

Verbrennung
Das Automobil basiert auf dem Verbrennungsmotor.

Rauchgas
Rauchgas ist das Gas, das nach der Verbrennung aus dem Schornstein entweicht.

Dämpfe, Abgase
Die durch chemische Prozesse erzeugten Dämpfe können sehr gefährlich sein.

Kohlendioxid
Kohlendioxid ist ein unvermeidliches Nebenprodukt bei der Verbrennung fossiler Brennstoffe.

chlorofluorocarbon n
[ˌklɔːrəʊˌflʊərəʊ'kɑːbən]
CFC [ˌsiː ef 'siː]
In the past, virtually every spray can contained some CFC.

dioxin n [daɪ'ɒksɪn]
Incineration plants used to emit dioxins.

hydrocarbon n [ˌhaɪdrə'kɑːbən]
When burnt, for instance in internal combustion engines, hydrocarbons combine with oxygen to form noxious compounds.

nitrogen oxide n [ˌnaɪtrədʒən 'ɒksaɪd]
Nitrogen oxides can be found in car exhausts.

lead poisoning n ['led pɔɪzənɪŋ]
In order to avoid lead poisoning, old pipes have been replaced over the years.

detergent n [dɪ'tɜːdʒənt]
In recent years, the chemical industry has developed phosphate-free detergents.

Fluorchlorkohlenwasserstoff (FCKW)

Früher enthielt praktisch jede Sprühdose etwas FCKW.

Dioxin
Verbrennungsanlagen stießen früher Dioxine aus.

Kohlenwasserstoff
Bei der Verbrennung, z. B. in Verbrennungsmotoren, gehen Kohlenwasserstoffe schädliche Verbindungen mit Sauerstoff ein.

Stickoxid
Stickoxide sind in den Auspuffgasen von Kraftfahrzeugen anzutreffen.

Bleivergiftung
Zur Vermeidung von Bleivergiftungen werden alte Rohre seit Jahren ausgetauscht.

Reinigungsmittel, Waschmittel, Detergens
In den letzten Jahren hat die chemische Industrie phosphatfreie Reinigungsmittel entwickelt.

INDEX ENGLISCH

Hinweise für Benutzer/innen:

Dieser englische Index enthält alle im Hauptteil des Buches vorkommenden Stichwörter mit Seitenangaben als Fundstellen. Um einen zusammengesetzten Begriff (z. B. ein Substantiv in Verbindung mit einem Adjektiv wie *general accepatnce)* zu finden, empfiehlt es sich immer, zunächst nach dem ersten Element *(general)* zu schauen.

B

E

G

H

high-street bank – I.R, IR

INDEX ENGLISCH

London Metal Exchange – negotiable letter of credit

INDEX ENGLISCH

PDS – public sector

INDEX ENGLISCH

Y

yacht *265*
Yellow Pages *32*
yield *5876*
yield gap *153*
young offenders institution *181*
youth hostel *251*

Z

zero rate *1092*
ZIP *18*
ZIP code *22*
zone improvement plan *298*

INDEX ENGLISCH

INDEX DEUTSCH

Hinweise für Benutzer/innen:

Der deutsche Index enthält die in den Übersetzungen vorkommenden deutschen Begriffe in alphabetischer Reihenfolge.

B

G

L

M

INDEX DEUTSCH

Personengesellschaft – Reisebüro

INDEX DEUTSCH

S

zinsgünstiges Darlehen – Zwischenschein

Liste der im Wörterbuch verwendeten Abkürzungen für Wortarten, Stilebenen und regional begrenzt verwendete Begriffe

adj	Adjektiv	lat	aus dem Lateinischen stammender Begriff
adv	Adverb, adverbialer Ausdruck	n	Substantiv
bes	besonders	n pl	Substantiv im Plural
coll	umgangssprachlich	old	veralteter Begriff
D	deutsch	prep	Präposition
formal	im formalen Sprachgebrauch verwendeter Begriff	Scot	in Schottland verwendeter Begriff
frz	aus dem Französichen stammender Begriff	US	Vereinigte Staaten, in den Vereinigten Staaten von Amerika verwendeter Begriff oder amerikanische Schreibweise
GB	Großbritannien, in Großbritannien verwendeter Begriff oder britische Schreibweise	v	Verb
infml	im informellen Sprachgebrauch verwendeter Begriff		

INDEX DEUTSCH